Mitchel P. Roth

[美]米切尔·P.罗斯——著

胡萌琦——译

以眼还眼

AN EYE
FOR AN EYE

犯罪与惩罚
简史

A Global History
of Crime and Punishment

中信出版集团|北京

图书在版编目（CIP）数据

以眼还眼：犯罪与惩罚简史 / （美）米切尔·P.罗斯著；胡萌琦译. -- 北京：中信出版社，2019.10

书名原文：An Eye for an Eye:A Global History of Crime and Punishment

ISBN 978-7-5217-0452-5

Ⅰ.①以… Ⅱ.①米…②胡… Ⅲ.①犯罪学—法制史—研究—世界 Ⅳ.①D909.9

中国版本图书馆 CIP 数据核字（2019）第 078651 号

以眼还眼——犯罪与惩罚简史

著　者：[美]米切尔·P.罗斯
译　者：胡萌琦
出版发行：中信出版集团股份有限公司
　　　　　（北京市朝阳区惠新东街甲 4 号富盛大厦 2 座　邮编　100029）
承 印 者：中国电影出版社印刷厂

开　本：880mm×1230mm　1/32　　印　张：11.5　　字　数：301 千字
版　次：2019 年 10 月第 1 版　　　印　次：2019 年 10 月第 1 次印刷
京权图字：01-2019-3737　　　　　　广告经营许可证：京朝工商广字第 8087 号
书　号：ISBN 978-7-5217-0452-5
定　价：52.00 元

本书献给数千年来所有遭受

不公正的指控、审判和惩罚的人

目 录

引 言 III

第一章 罪与罚：太初 001
第二章 法律传统的兴起 035
第三章 变化中的犯罪：从封建制度到城市和国家 071
第四章 惩罚的转变与监狱的兴起 099
第五章 路匪、土匪、强盗和绿林好汉：贼帮和早期
　　　　有组织犯罪 139
第六章 禁令、海盗、奴隶贩子、毒品走私犯和犯罪
　　　　全球化 169
第七章 现代谋杀 197
第八章 后殖民社会的罪与罚 229
第九章 21 世纪的罪与罚 265

注 释 307
参考书目 341
致 谢 347

引　言

往昔未逝，往昔犹存。

——威廉·福克纳，

《修女安魂曲》，第一幕，第三场（1951 年）

往昔俨然是另一个国度，彼时的人们行事古怪。

——莱斯利·珀斯·哈特利，

《中间人》（1953 年）

2006 年，国际新闻界再次被几个监狱系统中的不寻常事件搅得沸沸扬扬。你一定以为接下来会听到一个困顿绝望的悲惨故事。又有谁听说过"令人愉悦"的监狱故事呢？在大多数情况下，第一种反应是恰当的，毕竟，人们对监狱的认识——无论是过去的还是如今的——总是同饥饿、肮脏、混乱、暴力、堕落、帮派以及其他恶行画等号。不过，这一次是一段被关在瑞典监狱里的三名以色列罪犯的极不寻常的小插曲。通常，罪犯，尤其是被囚禁在海外的以色列罪犯，会寻求一切能从国外监狱被遣送回国的机会。然而，当这三名罪犯面对如此安排时，却都以更青睐北欧监狱的条件为由拒绝了，因为在那里，他们可以享受"牛排、性生活和播放世界杯的免费私人电视"。如果这些听上去还不够诱人的话，那就再看看这些"五星酒店级"监狱的其他福利吧。首先是上面提到的牛排、免费有线电视，以及为期三天并提供狱内豪华公寓的夫妻探访日。此外，不仅每名罪犯享有独立房间，而且还有各种便利设施，每年还可以（在警车的陪同下）在斯德哥尔摩逛两次街。[1]

之所以选择这个故事，是因为它在微观层面上展现了同一时期、同一类型的惩罚在两个截然不同的国家里的差异。这两个国家都处于发达国家的前列。今时今日，处在同一发展水平的国家在刑罚上尚且迥然有别，若纵观古今，放眼全球，不同种类的犯罪与惩罚间的差异想必会更明显。监狱和监禁概念在 18 世纪理性时代的出现，是全球犯罪与惩罚史上的里程碑。能施加在人体上的痛苦纵然有其极限，对监禁的理解却在全球范围内以各种形式继续发展和演变，且其发展和演变仅受限于资金、技术和创造力。21 世纪瑞典和以色列监狱的例子仅仅让我们对全球犯罪与惩罚的故事有了匆匆一瞥。不过，我们会继续深入下去。

本书将带领读者展开一段间或令人不那么舒服的旅程，穿越罪与罚的演变。这趟旅行恐怕并不适合时间旅行者，因为途中充满了古往今来的斩首、绞刑、石刑和其他可怕的刑罚。研究特定国家、宗教、地区和大陆的犯罪与惩罚史的佳作不在少数，但除了多卷本的参考书之外，还没有哪本书试图从全球视角考察该话题。本书中的历史叙事则广泛考察了数千年来罪与罚的发展。

就本书的目的而言，惩罚（在历史或书面记录中）被定义为一种通常由国家施加给违法者的强制性处罚。在历史上，罪的概念曾与恶的概念相伴相生。从恶行与善行的概念到罪行理论的形成，《圣经》、

《古兰经》和《摩西五经》起到了分水岭的作用。虽然罪与恶（违背道德法则）皆被视作不可接受的行为，但二者的区别在于，罪通常是对成文法的违反。随着处罚罪行的责任从神学权威转移至国家，神职人员被警察取代，"恶似乎消失了，因为它被赋予了一个新的名字和新的监控手段"。[2]

"何为罪？"这个问题没有绝对的答案。通常的观点是将罪与恶，或将罪与如今人们所说的反社会行为画上等号。但出于本书的写作目的及结构连贯性考虑，我们在此将把罪作为一个法律概念，即是否违背法律。读者会发现，一个社会的刑法主要着眼于该社会及其统治者的核心价值、道德和原则。事实上，在有些文化中，最初的文字记录或文学作品正是以行为准则和法典的形式流传至今，且往往伴随着一系列惩罚条款。将行为定罪是一个渐进的过程，且对罪行种类或个人罪行与国家暴力的区分只有在相对成熟的社会中才适用，这一点已成共识。在史前社会，罪犯由该地区的公众进行审判和惩罚，因为人们认为，罪犯的行为危害了整个地区。放眼全球，社会与社会间千差万别，各个社会所定义的罪行大相径庭，迄今犹是。本书基于过去20年对犯罪与惩罚史的关注，薄薄一册，只不过是就该论题进行了跨越千年的综述，绝非综合性的参考大全。

对于人类社会发展初期阶段的犯罪与惩罚状况，我们只能凭借假想。人们已尝试在某些学科中通过对殖民时代前的传统文化的观察来进行推断，并基于这些推断进行假设，从而解释晦暗不明的过往，弥合认识的断层。在14世纪之前的英国，关于世界其他地区的谋杀和个人犯罪的记录少之又少。大多数人认为，直到12世纪英国巡回法庭出现，国王的法官才会定期在郡与郡之间巡视、记录犯罪活动的细节，对杀人罪和其他罪行的系统研究方得以开展。[3]随着书面资料的积累，罪与罚的历史也自然变得更易梳理。之后，历史学家所要做的就不是单纯地收集点滴素材，而是要对材料进行扬弃。

社会往往依照其文化信仰来设计惩罚的手段。例如，亚洲社会曾青睐"其辱尤甚于死"的公开惩罚。没有哪种形式的死亡比死后还要被分尸更可怕。人们相信，躯体完好无缺地入土为安，灵魂才能顺利升天，因此斩首（通常还伴随其他形式的肢体破坏）便被视作极端的惩罚手段。

与媒体哗众取宠的报道以及流行文化对连环杀手、杀人狂的渲染相反，长期的证据表明，我们的世界事实上正变得更加安全。[4] 自文明伊始，人类似乎就展现出相互伤害的倾向，并发明了各种新奇手段来惩罚那些违反社会行为标准的人。每种文化都形成了其对犯罪与惩罚的理解。千年来，人们对恶行的反应惊人的一致，所不同的仅是受到技术与想象力的制约。早在成文法创立之前，人类社会就已有了规矩和习俗，以便维持秩序，形成约束，使社会免受犯罪者危害。研究者对这一时期的称呼各有不同，但都尽力避免使用"原始"之类带有贬义色彩的词语。学者在精神上更加中立，也不那么武断，他们更喜欢用更得体的词语，比如"史前的""部落的""无文字社会的""前殖民时期的"等等。随后的关键所在就是考察各个社会如何定罪并制定相应的惩罚。不同时代、不同地域对罪与罚的态度变化为我们提供了绝佳的棱镜，它折射出人类的进步。

罪与罚的历史不断发展，新的发现总是不断打破业已被认可的观点。想象一下，在 1901 年《汉穆拉比法典》（Code of Hammurabi）被发现之前，我们对巴比伦法律的理解，或者想象一下在 1799 年之前，为解开埃及象形文字之谜带来巨大突破的罗塞达碑（Rosetta Stone）尚未被发现之前的埃及学。书写任何一种"全球史"都必须考虑到，大部分人类活动根本没有书面记载。即便在 21 世纪，从人口稠密的地区获取有价值的罪与罚的数据也绝非易事。因此，从诸如中国、越南、朝鲜、沙特阿拉伯、苏丹和古巴等国收集有价值的犯罪数据即便不是不可能，也得考虑从前文字时代追寻原始记录、建立历史档案所要面临的挑战。当你对不透明的社会或专制政体下的罪与罚进行考量时，今昔有时也变成了如往昔那般的"陌生国度"，成了令人沮丧的密码。因此，在涉及大时间跨度的全球编年史时，无论何种题材，研究者往往都不得不借助推断、演绎和猜测。不过，我们也可以求助于民间传说、口述历史、传闻逸事、神话和古典文学，以及考古学和人类学的发现，它们有时能带来意外收获，以填补历史和史前记录的空缺。

当人们提起监狱和罚金、绞刑架和断头台、砍头或鞭刑时，指的无疑是各种各样的惩罚手段。然而，说到犯罪本身则要复杂得多，因为同样的行为在不同的文化中未必都会被视作犯罪。众所周知，宗教国家严禁通奸、淫乱、亵渎神明、滥引主名、叛教和其他犯罪行为。但如果绝大多数世俗国家并不禁止上述行为，对于通奸在美国 24 个州仍是一种犯罪，这一事实又该如何解释呢？

关于全球犯罪与惩罚的许多基本理论并不随时间的改变而改变。例如，随着社会的发展，对罪犯的惩处渐渐从体罚向经济补偿和监禁转变。但纵观历史资料，我们会发现有一个事实最为普遍，即受害者和犯罪者的地位是确定判决结果与量刑的主要因素。从远古时代到封建时代，再到如今，当人们需要同司法体系打交道时，特权阶层的身份总是有利的。自第一部成文法典起，法律就已为富人所独享。《汉穆拉比法典》明确规定，对低等阶层的惩罚最为严厉，律法之下完全没有平等可言。在印度的大多数普通犯罪事件中，如果受害者是平民或低种姓人，那么富有的罪犯将受较轻的刑罚，支付较少的罚金。依社会地位定刑的做法可以从印度古老的《摩奴法典》（Laws of Manu）、菲律宾的伊富高人（Ifugao）以及中国的唐朝找到踪迹。不过，总是不乏奇怪的例外，比方说，阿兹特克人认为贵族理应品行更端，因此倘若贵族违法，就会受到比平民更严厉的惩罚。此外，还有一些经久不变之处，比方说，数世纪以来，罪犯，尤其是暴力犯，绝大多数是年轻男性。与此相应，最残酷的惩罚也落在了男性的头上。例如，在英国历史上，从没有女性被处以绞刑。

纵观史料，罪与罚发展中的另一种模式是对更人道的处决方式的不懈寻求。从雅典人使用的毒芹和斩首，到断头台、电椅和毒气室的技术奇迹，最后（截至目前）是注射死刑，刑罚改革者在决定如何处决我们之中的败类的过程中扮演着重要角色。现代社会甚至还给一些如今仍在使用的原始惩罚方式添加了新意。以往，罪犯在见刽子手之前并没有什么准备，但在现代化的沙特阿拉伯等国家，死刑犯常常在被送往公共广场斩首前被注射镇静剂。在伊斯兰国家，那些面临削手削足刑罚的人也会事先被注射适量麻醉剂。

采用全球视角的历史性叙事方式，不仅是要论证某些犯罪与惩罚的普遍性，也是要试图让读者意识到，原始的惩罚手段并不比现代方式残酷。的确，刑罚是残酷无情、疏而不漏的，但总体而言，比起仅仅几个世纪前还在西方使用的轮刑、火刑或开膛破肚，古代部落的刑罚要温和得多。

所有历史作品，尤其是那些试图采用全球化视角的作品，都受制于内容与长度、内涵与外延，本书亦不例外。我在此类或彼类罪行、此类或彼类刑罚中反复斟酌，孰取孰舍取决于该类罪行是否与专门的成文法相对应。固然，全球史可以涉及诸如战俘营与集中营、种族灭绝、恐怖主义、宗教战争、种族和政治团体、西班牙宗教裁判所和其他反异端宗教运动等论题，但上述内容都超出了本书的探讨范围。

涉及犯罪与惩罚的史料里不常出现儿童和女性。正如上文提及的，大多数罪行长期以来一直是由年轻男性所犯。至于女性犯罪，我们会发现，越向久远回溯，她们就越频繁地出现在巫术、通奸和杀婴之类"特定性别"的案件中。由于儿童在司法体系中没有主体地位，提及他们的史料便更少。本书下文对罪与罚的讨论着眼于不同文化中最具时间连续性的部分。例如，虽然有若干书籍对绑架专门进行了探讨，但此类罪行不在本书讨论范围之内。不过，就全球犯罪与惩罚史而言，犯罪行为的理论基础这一论题却是相当新的。例如，直到1874 年查理·罗斯案（Charley Ross case）之前，绑架在美国尚未成为"成熟的公共话题"。[5]

另一个值得花整本书的笔墨进行探讨的问题是金融犯罪史。作为 21 世纪（截至目前）的标志性犯罪，经济犯罪自第一批铸币诞生、第一次税收令颁布、第一次金融犯罪行为出现以来便与我们如影随形。在大部分历史文献中，金融犯罪指涉的是伪造货币、走私、逃税、行贿受贿等等。但如今，当人们谈到这个话题时，主要想到的却是伯纳德·L. 麦道夫（Bernard L.Madoff）案那种高达数十亿美元的诈骗案。新技术为行骗者提供了难以置信的便利手段。自从 17 世纪商业迅速扩张以来，骗子横行的状况已司空见惯，但彼时的骗子尚不足以成为危害全人类的毒瘤，因此也不在本书的讨论之列。

为了给犯罪与惩罚这对不可分割的话题组织起既广泛又有趣的素材，作者深入挖掘了各国史学中不为人知的隐秘角落。以往相关的书籍主要以西方为中心，这在很大程度上是因为关于西方社会的原始素材更多。本书试图拓展该研究领域，关注那些不为人所熟知、较少被载入史册，因而其罪与罚的状况迄今为止尚未得到历史性讨论的地方。为了达到这个目标，我选取了大量富于启发性的话题、事件和故事，以便提供某种时间上的推动力和连贯性。

第一章带领读者领略从史前到古代社会的刑法和惩罚。在陪审团、监狱和法庭系统出现之前，相比成文法，前文字社会的文化更依赖于不成文的习俗。在对近东地区、埃及、印度、中国和其他地区最早的成文法典进行探索之前，本章将先考察我们对这些文化已有的认知。

第二章考察了各种有影响力的法律传统的发展。回溯史料，诸多法律传统起落兴衰，为当今社会留下了四种法律传统。至今有的法律体系依旧存在，比如伊斯兰法律传统、普通法传统、民法传统和社会主义法律传统，而更多的法律传统则或消失或融入某种混合体系。由于欧洲殖民势力在征服和统治的过程中，将普通法传统和民法传统传遍全球，所以本章将重点关注这二者。

第三章考察了罪与罚在不同社会进入国家体制进程中的发展。本章论述了在集权官僚体制兴起和威权建立之前封建社会的组织方式，以及为了征税、制定法律、保持和平所进行的司法实践。封建社会在日本和西欧这两个迥然有别的地区都昌盛一时，直到19世纪，该体制依旧是维系社会的重要力量。

第四章论述了惩罚的转型和现代监禁制度的发展。这个话题至关重要，因为一个国家的惩罚方式可以向我们展现出一个国家的面貌及其文明化程度。虽然各国对监禁的采用情况不尽相同，但它们有一个共同的趋势，即抛弃公开死刑和体罚，转而使用监禁作为惩罚手段。

第五章阐述了在犯罪全球化之前有组织犯罪的发展。直到19世纪，犯罪主要还是地区性行为。早期犯罪团伙往往出现在政府孱弱、警察无能、民众分化的地方。几乎在每个国家里，各类非法团伙都惊人地层出不穷。有些最早的记录来自亚洲，如 13 世纪日本带有幕府色彩的恶党或"恶帮"。从印度土匪、苏格兰强盗到墨西哥银帮、巴西游击队，以及其他各种各样的"亡命徒"形象，人们对亡命徒的印象可谓五花八门。欧洲甚至还有犹太人和吉卜赛人盗贼。但他们有一个共同点，即只活跃于能得到某些民众支持的地区，通常是在乡村。此外，一旦政府的组织更有效或警力更充足，他们便好景不长。直到组织更严密的犯罪团伙——奴隶贩子、海盗和贩毒集团——的兴起，同时伴随着运输、通信手段的进步以及因全球各地不同禁令而产生的机会，犯罪活动才开始超越国界。

　　第六章在前一章聚焦地区性有组织犯罪行为的基础上更进一步，追寻了国际犯罪团伙的根源。全球化发展促进了交通运输的改善和通信的进步，加之一些考虑不周的商业禁令的通过，刺激了跨国犯罪团伙的兴起，并令其得以继续危害现代社会。

　　第七章探究了谋杀的历史，重点关注多重谋杀和与性相关的谋杀形式。诚然，本章也可着眼于抢劫、强奸、贿赂和其他活跃了数个世纪的种种罪行，但没有哪种罪行能比始终被人们大书特书的谋杀更具代表性。从古希腊文学和《圣经》，到莎士比亚的作品，再到当下流行的犯罪纪实文学，谋杀一直是世界文学界的热门主题。尽管我们人类在科学和文化上取得了进步，但我们仍然以惊人的速度自相残杀。据估计，20 世纪，有 100 多万名美国人被谋杀（不包括战争中的受害者）。人类历史有多久远，谋杀的历史就有多久远。一个多世纪以前，弗雷德里克·威廉·梅特兰（Frederic William Maitland）曾说："如果一个仙女给他机会，让他亲自见证各个社会中的同样类型的场景，他会选择谋杀审判，因为它揭示了首要之事的方方面面。"[6]

一名犯罪历史学家甚至认为，"谋杀"这个词在日常用语中最为重要。与亵渎神明、过失杀人、弑君和恋童癖等罪行不同，当提到"谋杀"这个词的时候，任何人都明白那指的是夺人性命。正如历史学家罗杰·莱恩（Roger Lane）所言："事实上，谋杀是最容易深究其历史的一种罪行：总是受到认真对待，总是有法可依，且从未变得稀松平常以至于被人们容忍或忽视。"[7] 被研究最多的一类谋杀大约是连环谋杀。在大众的观念中，连环谋杀是一种现代现象，但事实相反，有证据表明，连环杀手自古有之。只要看看童话故事、魔法故事和数世纪以来关于狼人和吸血鬼的记载，就可略知一二。从非洲到西欧，各式各样豹人、狼人之类的故事很可能是从现代警察和法医调查尚不存在的迷信时代的真实分尸凶杀案中得到了灵感。

第八章探讨了殖民主义和其他政权的建立过程在惩罚的全球化传播中所扮演的角色。彼此相邻的国家，其罪与罚的理念往往相似。在相对孤立状态中发展起来的国家，比如中国和埃及，其罪与罚的观念则往往有天壤之别。但就罪与罚的理念传播而言，最强有力的途径之一莫过于欧洲殖民主义进程。数个世纪以来，世界强国在全球建立了殖民地，一方面传播他们的刑罚理念，一方面吸收借鉴当地的传统。此后，当这些殖民地、海外领地和受保护国纷纷独立建国，它们的许多刑罚理念都是建立在本土和殖民时期惩罚实践的基础上的。

第九章是这段漫长罪与罚之旅的终点。本章展示了罪与罚的循环，以及古代和现代犯罪行为之间显著的连续性。在高科技犯罪日益发展和增多的同时，诸如亵渎神明、信奉异端邪说、通奸、海盗和巫术等古老的罪行依旧长盛不衰，处决、耻刑、流放等古老的刑罚也相伴而存。此外，本章也指出，当涉及犯罪与惩罚时，一个社会往往会求助于历史资料，从过往的犯罪控制经验中寻找策略，同时对先前严重依赖死刑和监禁的惩罚制度提出质疑。

罪与罚的全球史表明，尽管人类发展的每个阶段都取得了辉煌的进步，但人们实施的犯罪行为以及对该行为的相应惩罚有着明显的延续性。在数字化的后工业时代，虽然犯罪手段日新月异，但犯罪目的和动机以及审判体系与早先的差异并不大。归根结底，本书表明，罪与罚的历史乃是一部反复无常的实践史——借鉴、吸收、寻找新的替代品，司刑者往往回到故纸堆中，向当前的新世界重新祭出古老的惩罚手段。虽然关于上述现象的证据并不充足，但在过去几十年间，人们的确看到，行耻刑、用锁链将罪犯锁在一起，以及公开行刑等旧式处罚方式已死灰复燃。

第一章　罪与罚：太初

在过去的两个世纪里，由于北欧泥炭沼泽的防腐特性，铁器时代早期那些令人惊骇的男性、女性和孩童的尸骨几乎完好无损地展现在世人面前。这些尸骨有的还保留着被扔进沼泽前受处决的痕迹，比如割喉、勒痕、骨折和其他创伤，其中最著名的当属公元前350年的林多人（Lindow Man）古尸，它于1984年在柴郡（Cheshire）的一处沼泽中被发现，目前被保存在大英博物馆里。现代技术手段让科学家得以还原他生前的最后时刻，并鉴定尸体上的无数伤痕以及依旧紧紧捆绑着四肢的绳子，而这些折磨仅仅是他被割喉的前奏。尸体脸部和颅骨上的多处伤痕表明，他是被杀死后弃尸于水中的。还有些尸骨带有被绞死、勒死和斩首的印记，这使得考古学家推测，这些象征着"审判与惩罚意识初露端倪"——至少在北欧是如此。[1] 无论如何，由于无法判断是被谋杀还是被处决的，林多人之死的真实场景将永远是个谜。[2]

古罗马历史学家塔西佗写于公元1世纪的文字为我们提供了关于北欧前文字社会惩罚实践的最早记录。塔西佗称，沼泽处死（他把沼泽中的尸体称为 corpores infames，或臭尸）是对诸如通奸等各种性犯罪的惩处，而且：

具体的处罚方式依罪行而异。叛徒和逃兵被吊死在树上；懦夫、逃兵和鸡奸者被塞进藤条笼里浸入泥泞的沼泽中。惩罚手段的区别是基于这样的理念：背叛国家的人应当被拿来杀鸡儆猴，而做出不齿行为的人则应从公众的眼前消失。

但此处的关键词依旧是"可能"，因为尽管有这些我们自认为已掌握的关于前文字时期的知识和古代历史学家的叙述，在沼泽尸骨究竟是惩罚、祭祀神灵的结果，抑或二者皆是的问题上，我们仍未能达成共识。[3] 不可思议的是，他们并不是自然死亡。

自古以来，人类似乎就已经有了制造骚乱并对制造骚乱者实施千奇百怪的惩罚手段的本能。事实上，暴力和同情似乎常常在我们体内共存。关于此类行为的最早书面证据可以追溯到 4000 多年前的古代中东地区。不过，人类的历史要比那久远得多。

某些秩序理念在各种文明中都发挥了稳固作用，比如我们不可否认，为了更广泛的社会的利益，个体的冲动必须以某种形式加以约束。各路权威声称，法律只存在于有法庭体系且法律条文能得到政治组织结构化的国家支持的地方；但前国家时期的文明极少拥有这种意义上的法律。然而，保护社会成员免受他人恶意伤害的规则却比比皆是。就此意义而言，大多数前文字时代中的确存在法律。不过，这些法律之间有着天壤之别。早期人类社会形态各异，其习俗和信仰体系也千差万别。正如一位人类学家所言："不存在放之四海而皆准的'远古法律'，一如不存在天下大同的原始社会。"[4] 尽管如此，每个文明都为管理和规范行为制定了规则。

在文字出现之前，当时的人们将我们所谓的"罪行"或"恶行"与那些极有可能令诸神迁怒于族群的行为——那些被认为有害于整个社群的行为——等同视之。例如，在非洲阿善提部落的人眼中，罪即是恶，指的是"令族人厌恶"或不仅冒犯部落祖先神灵，也极有可能为整个部族招来神明之怒的行为。因此，部落首领要惩戒作恶者，否则族人将遭受祖先怒火的惩罚。[5]

我们已有的或自认为已有的关于前文字时代罪与罚的知识，大多是基于推测，基于人类学、人种学和考古学的研究。但没有书面记录，任何发现都不尽准确，只能纯然仰赖口述历史和对现存游牧和狩猎采集者群体的观察。英国人类学家罗伯特·萨瑟兰·拉特雷（Robert Sutherland Rattray）在 20 世纪初研究非洲阿善提社会时，认为那些人是"和平的"，在他们中见不到任何积怨仇杀的痕迹，部族的惩罚体系掌握在法官、酋长和国王等高级领导者手中。他颇为自信地推测，地位越高的阿善提人受到的惩罚越严厉，这"可能与早期正义背道而驰"[6]。"可能"一词在此不可或缺，因为没有记录的历史只不过是一种有根据的猜想。拉特雷对过往的诠释至多不过是考察了欧洲人到达之前的阿善提文明。他最惊人的断言之一是，最严厉的制裁似乎是"嘲笑的力量"。通观他的研究以及对口述传统的考察，他发现人们对嘲笑的恐惧始终存在，也就是说，"与这种笑里藏刀、剥夺了一个人的自尊和被周围人尊重的武器相比，即便最残酷的惩罚也未必更可怕"。阿善提人有句谚语："若要在耻辱与死亡之间做出选择，则宁可选择死亡。"这种信念在一则小故事中体现得淋漓尽致。一名乡村长者向来访的显要人物躬身致敬，却"无意间放了一个屁"。不到一小时，长者回到家中悬梁自尽。当有人怀疑此长者的极端反应乃是由于精神错乱时，他的部落兄弟们却一致认为他在这种情况下做了恰当的事。[7]

由于口述传统以及由人种学家和人类学家，如拉特雷所做的研究，我们有了一些阐释早期阿善提人罪与罚传统的基础。最常见的死刑行刑方式是用小刀斩首。行刑者要抓住受刑者，从脖颈处由前向后切割。但行刑者"若不愿直面受刑者的脸"，务实的阿善提传统也允许行刑者按住受刑者的头部，"从脖颈后方切割"。其他方式包括用皮绳或徒手扼死，以及用大头棒打死。[8] 此外，某些残肢手段也可以作为处罚。若受刑人被认为犯了不敬之罪，可能会被割掉整只（或部分）右耳。有一则广为流传的故事可为我们提供佐证。故事中说，一名男子被判用一只绵羊作为对冒犯他人行为的赔偿，该男子却回答说，用一头牛更合适，尽管他很清楚牛这种动物不为本族群所容。结果，他被割掉了双耳。在其他情况下，那些被控做伪证或出口伤人的人会被割掉嘴唇；割鼻适用于对傲慢无礼或自我夸耀、飞扬跋扈者的惩罚。[9] 宫刑是专门用于惩罚那些不经意间窥见了首领的裸妻的宫廷侍者，因此，侍者往往要在进入宫闱时高呼"嗖嚯，嗖嚯"，以宣告自己的到来。当然，还有其他种种刑罚，但同样显而易见的是，直到欧洲人到来之前，在除谋杀罪之外的特定情况下，当地人可以通过"买人头"（支付罚金）的方式免于被处决。被判死刑的孕妇会被拴在木桩上等待分娩，之后，母亲和婴儿都会被处死。后来，在阿善提建立殖民地的英国人也允许被判刑的女囚在被处决前分娩，以此彰显其文明。二者相比，唯一不同的是，后一种情况下出生的孩子会被收养。

　　说到罪与罚，几乎没有放之四海而皆准的规范。实际上，"似乎并不存在绝对一致的人类良知"，至少，历史学家雅克·巴赞（Jacques Barzun）是这么认为的。[10] 不过，乱伦似乎在全世界都被视作不可容忍的犯罪行为。在史前社会中，血缘关系是人与人之间最牢不可破的纽带，这意味着早在史前时代之初，乱伦的禁忌便存在于几乎所有文明中。乱伦属于要被判死刑的性案。阿善提人认为乱伦的行为罪可处死，并视之为 mogyadie，即"饮自己的血"。但是，他们所谓的乱伦，其含义较之现代意义要宽泛得多，它囊括了与任何属于同一血缘或氏族的人发生性关系，无论两人的关系亲疏，只要他们的姓氏相同，就足以被双双处死。在大多数情况下，这是最为人所唾弃的恶行。

至于通奸，尽管往往仅在女性为过错方时才会进行惩处，却并不像乱伦那样具有普世规则。最早的成文法对通奸行为进行了严厉的惩罚。《汉穆拉比法典》《希伯来法典》和后来的古希腊法典均规定，犯通奸罪的女性将被处死。值得指出的是，在汉穆拉比统治时期（约前 1792 年—前 1750 年），巴比伦的居民可能实行某种形式的祖先崇拜，而通奸行为会危害或削弱血统，因而被视为亵渎之罪。在现今留存的近东地区最早的关于通奸的法律中，规定了旨在约束家庭成员关系的残酷惩罚。在通奸问题上，丈夫可以决定是处死妻子及其情夫还是将他们双双致残。如果是后者，则妻子可能会被割鼻，其情人会被阉割和毁容。在今天的喀麦隆，图普里部落的通奸妇女必须终生佩戴铜圈；在美洲原住民黑脚人中，若妇女通奸被丈夫当场抓获，就不得不立刻接受割鼻的惩罚。

在一些部落文化中，各类杀人行为，无论是事出偶然还是蓄意为之，因令统治者失去了臣民，故均被视作犯罪。[11] 与西方法律不同，乌干达塞贝人的法律规定，杀害近亲不算谋杀。要理解这一点，我们就必须意识到，在此，家族是个法律实体，且他们尊重杀戮。在这种情况下，家族首领会表现得相当务实。一名研究过塞贝人的人类学家记得这样一个案例：家族首领认为，"一个生命已经被毁灭了，我们不能让家族一下子失去两个人。死者是坏人，死有余辜"。一些非洲部落社会，比如非洲西南部的班图部落，对过失杀人和意外伤害做出了区分；而菲律宾的伊富高部落则对故意、过失和意外行为做出了严格区分。在一些美洲原住民平原文化中，对杀人的惩罚是四年的流放。在此期间，杀人凶手被要求留在营地周围，并不得与除直系亲属外的任何人接触，而他的直系亲属则被获准为他提供食物。惩罚期的长短取决于受害者亲属的态度，因为只要他们同意，杀人凶手就可结束流放。[12] 波尼人部落很少以命偿命，而居住在弗吉尼亚州的波瓦坦部落（Powhatan Confederacy）则把杀人视为对部落的冒犯，要求以酋长的名义处决触犯者。

荣誉杀戮、仇杀、赔偿和赎罪金

为荣誉之故而实施的犯罪如今在世界很多地方依旧常见。但若论此传统的传承，没有哪里能比地中海地区更强。早在公元前 400 年，该地区的丈夫就可以合法地杀死有通奸行为的妻子（以及情人）。时光飞逝 2400 年，到了 20 世纪，意大利刑法第 587 条规定，若被戴绿帽子的丈夫（或愤怒的父亲、兄弟）杀了出轨的妻子（或女儿、姐妹）或她的情人，只需在狱中服刑 3~7 年。与此类似，黎巴嫩刑法第 562 条允许男性杀死因性行为"给家族蒙羞"的女性亲属。20 世纪 70 年代，一个妇女团体试图推翻这条规定，但身为基督徒的总统苏莱曼·弗朗吉亚（Suleiman Frangieh）回应说："不要触碰荣誉。"作为对这句话的行动响应，他在一名男子勒死其与人调情的女儿仅仅 9 个月之后便赦免了该男子。直到 20 世纪，维护荣誉这个理由仍在美国至少 3 个州得到认可，包括得克萨斯州。仅在 20 世纪 80 年代，巴西圣保罗就有 722 名男子使用了维护荣誉这个理由，直到 1991 年该理由被取缔。值得一提的是，在拉丁美洲，为维护荣誉而犯罪的理念只是几个世纪前众多输入新大陆的殖民文化观念之一。

人类在早期社会就已意识到通过禁止氏族宿仇升级来维护秩序的重要性。其中一个行之有效的措施就是，规定只有由受害方家庭的一名成员对侵害人本人实施的杀戮或残肢行为才是被许可的复仇，且复仇行动应止于此。至此，侵害者的家庭与仇杀不再相干，并已向受害者家庭偿清了债务。早期法律体系中最常见的理念之一是用赎罪金或赔偿代替复仇。《汉穆拉比法典》和其他美索不达米亚法律以及《旧约》（尤其是《出埃及记》和《申命记》）都包含了赔偿条款（后来的伊斯兰律法亦然）。赎罪金在日耳曼法律中同样极为常见，且男系亲属负有偿付责任。赔偿制度在盎格鲁-撒克逊司法体系中也发挥着重要作用。约 1500 年前的《埃塞尔伯特法典》（Laws of Ethelbert）中罗列了对各类伤害的具体赔偿细则。

赎罪金在伊斯兰律法中由来已久（见第二章）。即便是在今日的巴基斯坦，因杀戮引发的纷争也依旧可以通过受害者的继承人与侵害者之间达成赔偿协议的方式实现庭外调解。前者必须宽恕，后者必须支付赔偿。中央情报局（CIA）探员雷蒙德·戴维斯（Raymond Davis）经历的一起案件足以说明这一点。戴维斯称自己杀死两名巴基斯坦人是出于自卫需要，但仍旧遭到了逮捕。巴基斯坦的高级官员表示，可以通过向死者家属支付赎金的方式了结此案。[13]

几个世纪以来，即便在那些家族仇恨可以逾越法律而得到认可的地方，往往也有着极其严格的规定。直到 20 世纪，阿尔巴尼亚的刺客仍应在行刺之前警示受害人，且永远不得从背后下手。一旦刺杀成功，要将尸体以仰卧姿态放置，且任何人不得劫掠尸体。另一些规定禁止在市场或繁忙的道路上袭击牧羊人或实施谋杀。在阿尔巴尼亚，当家族仇恨涉及的任何一方想种田、举行聚会或做生意时，可以在协商一致的情况下暂时搁置复仇。死者家属被允许在凶杀发生的 24 小时内向凶手或其任何亲属寻仇，24 小时之后则只能对凶手本人实施报复。

在过去的几千年里，大量证据表明，很多文明都认可用某种形式的物质补偿来避免愤怒的受害人家属或亲族实施报复。但亦有大量资料表明，各个文明对于何种罪行可以用赔偿方式解决意见不一。例如，伊富高人的习惯法（来自菲律宾吕宋岛）允许除故意杀人罪之外的几乎所有罪行适用赔偿代责，对故意杀人罪则必须血债血偿。

在其他承认集体责任的文化（意味着犯罪者的亲族也有责任）中，某个家族成员被杀会引发家族世仇。澳大利亚昆士兰地区的原住民采用"合法对抗"的方式来避免上述情况。"合法对抗"的一方是持盾的罪犯，另一方是被害人的亲属或近邻。被害人的亲朋好友可以向凶手投掷长矛，凶手则全力躲避。一旦凶手受伤流血，无论是死是活，对抗（以及双方未来的冲突）即宣告结束。与后来那种用折磨手段判定有罪或无辜的审判不同，这里提到的凶手首先须是已确定有罪之人。

在另一些文明中，比如格陵兰岛的因纽特人，对于伤害、偷盗、毁坏财物或用不齿手段诱拐他人妻子的事件，会编出讽刺歌曲来嘲笑犯罪者，"夸张地嘲弄他们，甚至抖搂出对方的陈年家丑"。受嘲弄的人可以用同样方法做出回应，但最关键的是没有明显的肢体冲突。不过，如果涉及凶杀，罪犯的麻烦就大了，因为受害人的近亲可以用相似的手段报复加害者或其近亲。集体责任的观念有可能在无意间将仇恨传给下一代，导致众多无辜生命的逝去。如一位人类学家所述："在人们试图惩罚凶手之前，罪行或许已过去很多年，而在此期间，凶手或许曾拜访受害者的近亲，受到他们的欢迎和款待，平静地生活了很久。然后，他可能会突然被同伴派去参加狩猎活动或摔跤比赛，且如果不能取胜就要被处死。"[14]

某些南非部落，比如祖鲁族（Zulu）和科萨族（Xhosa），让我们看到了部落刑法的另一个奇特之处。公正掌握在部族首领手中，因为按照传统，所有族人都属于他。因此，他也要对受害人的一切损失做出补偿。一名男性值 7 头牛，一名女性值 10 头牛（差别在于女性出嫁时可以获得的彩礼）。1820 年之前，丈夫可以杀死奸夫且免受惩处。在大多数情况下，对罪行的处罚以罚金为主。

从古到今，复仇一直是惩罚体系背后的驱动力。近年来发生在拉丁美洲、中东地区和其他地方的案件一次又一次表明，农业社会的人倾向于以正义的名义自行执法。2003 年 6 月 11 日，墨西哥拉坎德拉里亚村（La Candelaria）的村长在遭绑架和谋杀后被埋葬。村民迅速围捕了四名嫌疑人，用私刑处死了其中两人，听任另外两人慢慢等死。被制度腐败和镇压激怒的当地居民在不受政府干预的情况下行使了超越法律的公正，这让一名观察者认为"恰帕斯（Chiapas）从来不存在法律制度"，并说"当人们无法获得公正时，就处在一个全然不同的境况中，［且］公正由那些实施公正的人来定义"。2002 年，早在如今的贩毒集团火拼之前，私刑在墨西哥不少原住民居住的地区相当常见。很多杀戮都是由家族仇恨和世仇所致。警方则认为"印第安人杀印第安人不足为奇"，不愿介入，以免"打破村庄内部以及村与村之间脆弱的力量平衡，而这种力量平衡至少在表面上维持了该地区的秩序"。[15]

时隔两年，玻利维亚的一名镇长被粗暴地吊在灯柱上焚烧。当绳子系在他脖子上的时候，他已经被殴打致死。当地居民在实施此次私刑处决前曾经历了一场并不成功的法律诉讼。他们向玻利维亚财政部、参议院和法庭控诉有人侵吞了本应用于贫苦村民的数十万美元政府资金，但均以败诉告终。饱受欺压的阿尤阿尤村（Ayo Ayo）的镇长之死被人们普遍视为"群体正义行为"，这种行为在拉巴斯（La Paz）以南一小时车程的小山地区是一种"历史悠久的传统"。正如一名观察者指出，镇长被杀"是因为他是令玻利维亚印第安人贫苦无助的不公正制度的一部分"。用一名农民的话说，那些统治国家的白人和混血儿精英"也该落得同样下场，如果不被烧死，就该被淹死、绞死或者四马分尸"。这个观点受到了一名社会学家的支持，他将私刑处死看成是"对普遍视作服务于富人和权贵利益的司法体系的拒斥"。无论如何，这种死亡惩罚只有在整个社群找不到其他出路的极端情况下才会被使用。[16]

《汉穆拉比法典》

1901 年，法国考古学家在古美索不达米亚（即今天的伊拉克）发掘出《汉穆拉比法典》，这是一块 8 英尺①高的黑色玄武岩石板，上面刻有 4000 行楔形文字。[17] 此地位于底格里斯河和幼发拉底河之间，环境宜居，早在约 5000 年前就已形成了复杂的社会组织。这部法典后来进一步影响着整个文明世界的刑罚程序，但其法条只在与近东地区接触后才会影响古希腊和古罗马。

大量证据表明，新月沃地较早的法典在汉穆拉比之前约 300 年就形成了罚款和赔偿制度，可追溯到第三乌尔王朝的建立者乌尔纳姆（Ur-Nammu，约前 2111 年—前 2095 年在位）；那部法典中的部分措

---

① 　1 英尺 ≈ 0.3 米。——编者注

辞也被挪用到了《汉穆拉比法典》中。不过，令《汉穆拉比法典》卓然于世的是，它首次提出了"以眼还眼"的原则。与早前依靠罚款和各种补偿手段的法典不同，《汉穆拉比法典》引入了复仇的概念，被认为是第一次试图控制私人复仇行为。这部复仇之法从字面上看是一种问责制。比方说，如果一座房屋倒塌并导致屋主的儿子死亡，要偿命的不是造屋者，而是造屋者的儿子。不过，如果在房屋倒塌事故中丧生的是一名奴隶，造屋者只需向受损者赔偿另一名奴隶即可。另一则条款规定，"如果一名男子攻击了一名女性自由民并导致她流产，则该男子应赔偿她 10 谢克尔的损失"。但如果该女性死亡，则行凶者的女儿就会被处死。与此类似，趁火打劫的人会被投入火中。这些法律的影响力在近东地区的历史上显而易见。1903 年的考古挖掘中发现的年代稍晚的、刻在一系列陶土碑上的亚述法典用楔形文字重申着同样的理念："如果有女性在与男性市民的打斗中打碎了后者的一个睾丸，则要被判截去一根手指，如果经过治疗，另一个睾丸也破碎了，则要被判弄瞎双眼。"直到 1999 年，巴基斯坦法律仍规定，被害身亡者的家庭成员可以用该凶手作案的手法杀死已被定罪的凶手（也可以慈悲为怀）。一个用扼杀、肢解、溶尸的手段杀害了 100 名儿童的连环杀手被判以同样的方式处决，便是很好的证明。

大体而言，《汉穆拉比法典》共有 282 条，每一条都体现了国王的一项革新。法典不是一套完整的法律，而是设立了分别针对巴比伦社会三个等级民众的一系列惩罚措施。但它的缺憾在于，它没有编纂新的法律体系，既不指导法律程序，也不告知公民的权利与义务。[18]

法典规定的惩罚是严酷的，但相比短短几个世纪前欧洲使用的轮刑、烹刑或开膛破肚则温和得多。《汉穆拉比法典》里约有 30 次提及死刑，非死刑类的身体惩罚包括割舌、剜眼、削胸和鞭笞。溺死之刑用于通奸犯、与儿媳乱伦者，以及在酒馆里以水掺酒欺骗顾客的人。木桩穿刺刑是对强迫他人堕胎的女性的惩罚。

汉穆拉比声称自己是该法典的作者，法典的条款是国家权力的世俗体现。国家对越轨行为的反应从本质上说是一种复仇：以死偿死。复仇的概念对大多数刑法体系而言都是不可或缺的。此外，该法典也引入了"具有表现力的""刑同其害"的惩罚原则，对罪犯的部分身体实施体罚，通常是断肢或某种形式的致残。例如，如果一个人偷了别人的东西，他将要支付罚金或被砍掉一只手；若再次犯同样的罪行，则会被砍掉另一只手。如果一个男人亲吻一个已婚女人，他将被割掉下唇。类似地，猥亵案的罪犯会被砍掉手指，强奸犯会被阉割，而那些诽谤他人的人会被割舌。

《汉穆拉比法典》或许也是第一部涉及经济犯罪的法典。法典中提到了对窃贼的惩罚，但也适用于"酒馆招待"——通常是女性——的诈骗行为。她们不"接受人们用谷物按重量支付酒资，而是要收钱，且酒的价格低于谷物的价值"，从而触犯了法律。[19] 在这种情况下，这种女人"应被定罪且扔进水里"，即被溺死。

地位、罪行与惩罚

在汉穆拉比时期的巴比伦，社会等级分化进一步加剧。因此，他的法典成了富人的法律，明确规定侵害者和受害者的社会身份将决定适用何种惩罚。对罪行的惩罚取决于受害人和罪犯分别属于三个等级中的哪一个。例如："如果贵族打断了另一名贵族的骨头，侵害者将被打断骨头。如果贵族伤了一个平民的眼睛或打断了平民的骨头，他要为此赔付一米那①的银子。如果贵族伤了另一名贵族的奴隶的眼睛或打断了奴隶的骨头，则要赔付该奴隶身价的一半。"这种分级惩罚体系取决于犯罪行为的严重性和罪犯的社会身份。普通女性可以去酒铺，但如果女祭司走进酒铺则会被判火刑。如果酒铺的女老板在分量上做手脚，会被投入河中；但如果她允许强盗利用她的店铺接头，她会被处以死刑。

依照受害人和侵害人的地位决定惩罚的尺度，并非巴比伦独有。印度的《摩奴法典》也是根据当事人的种姓等级来惩罚犯罪行为。高等级的婆罗门通常只会被判处罚金或不受任何惩罚。他们即便杀了人，也至多被判放逐。另一个极端是低等级种姓的首陀罗，他们即便犯了最轻微的罪行也会受到体罚。根据《摩奴法典》："首陀罗若扬起手或棍子，就要砍掉他的手；如果愤怒时用脚踢人，就要砍掉他的脚。"谋杀婆罗门是死罪，低等级种姓的人攻击或诽谤高等级种姓的人则会受到"刑同其害"的惩罚。例如，如果一个首陀罗伤害了一名婆罗门，该首陀罗在攻击中使用的肢体就要被砍掉，向高等级种姓的人吐口水则会被割掉嘴唇。类似地，如果他把尿撒在了高等级种姓的人身上，会被割掉阴茎，"如果他冲高等级种姓的人放屁，就会被割掉肛门"（Ⅷ：279~280, 282~283）。他有诽谤行为，会被割掉舌头，对使用冒犯的语言提及高等级种姓人的名字和种姓的行为，惩罚是把"十根手指长的铁钉"和"烧红的钩子"塞进他的嘴里（Ⅷ：270~272）。

在唐朝（618—907），中国人也依等级量刑。地位高的罪犯可能会受到较轻的惩罚，或者完全免于惩罚；而犯了罪的仆人和家奴会受到较常规惩罚重一等的惩罚，至于奴隶则要加重两等。比方说，如果

①　米那：古希腊、古埃及等之重量及货币单位。——编者注

一个奴隶攻击平民，使其四肢或眼睛受伤，该奴隶会被处死；相反，如果主人（无缘无故地）杀死自己的奴隶，至多会被判一年劳役。我们从不同的资料中发现，在墨西哥早期的阿兹特克文明中，阿兹特克人同样依等级量刑，但具体的方式略有不同。比如，若案件涉及公开酗酒、行为有失身份的情况时，对贵族的惩罚比对平民的更严厉，但在通奸案中，贵族受的惩罚较轻。[20]

直到 20 世纪，很多非洲国家仍沿用习俗规范进行判决和惩处。比如在尼日利亚，一个人的身份往往决定着他要受的处罚。首领或富人不会因杀人被处死，他们可以将奴隶作为对受害者家属的赔偿，或让奴隶代替自己被处死。同样的案件，地位较高的人可以支付罚金，地位较低的人则要被判奴役。[21]

20 世纪的菲律宾伊富高人依旧认可贫富有别；社会地位不同，相应的罚金也不同，这与《汉穆拉比法典》的规定大同小异。他们明文规定，若犯杀人罪（无须血债血偿时），富有的罪犯要准备"丰盛的宴会和各种物品分发给死者的继承人"，除非受害者是下等人。若受害者来自中等或更低种姓的阶层，赔偿会少得多。然而，如果行凶者属于较低的两个种姓，无力以"物质代偿"的方式支付罚金，则不仅他的余生要背负这笔债务，甚至还要父债子偿。[22]

摩西律法和近东地区的传统

《汉穆拉比法典》对希伯来律法的发展产生了巨大的影响。事实上，希伯来律法中的大量词汇均出自苏美尔和巴比伦的法律传统。例如，现代正统犹太教徒使用苏美尔词语表述离婚，这表明希伯来词语 *keritut*（分离或中断）有可能源于古苏美尔人的做法：丈夫"割断妻子衣袍的一角以象征割断婚姻纽带"。[23]还有一个更好的例子：当正统犹太教徒在犹太教堂里诵读《摩西五经》时，仍然会用祈祷披肩的边缘触碰卷轴上的相应地方。他们做得如此自然，并未意识到其实自己正重复着一个古老的美索不达米亚传统，即要求人们用外衣的绳边拂拭陶碑以表示对法条的遵从。[24]无论如何，包含了《十诫》的《圣经》前五卷，也就是希腊人所谓的《旧约》首五卷、犹太人所谓的《摩西五经》，为西方世界大部分法律体系奠定了基础。

　　《圣经》中描述的传统家庭类似于一个以父亲为首的、拥有生死裁量权的大家族。在古希伯来人的村落里，权力掌握在父辈们手中，他们也是整个社群的首领，这体现了男性主导的司法体系。家庭中往往包括若干对有生育能力的成年人和他们的子女，人数足以自我保护并自给自足。当家庭中的一名子嗣或某个家庭成员被另一名家庭成员伤害时，将由父亲决定赔偿的数额，而这个数额通常取决于在儿子受伤休养期间"损失的工作量"（《出埃及记》，21：18~19）。如果坚持要伤害行凶者，则会令家庭损失两个劳动力，反倒事与愿违。如果受伤的是女性，则赔偿取决于袭击行为对其日后生育能力造成的影响。在杀人案中，如果凶手与受害人来自同一个家庭，即为手足相残；若凶手来自另一个家庭，则被视为谋杀。在这种情况下，村民将遵循对等原则进行处罚，一命偿一命。村民会议将决定是判凶手本人死刑，还是让其家中的另一名成员顶替。另一方面，村民会议也有可能允许凶手的家庭向受害者家庭支付赔偿。是否适用死刑判决，需要从整个村庄的最大利益着眼。如果会议认为不诉诸以命偿命的方式更有利于村庄，则可以适用赔偿。[25]随后，凶手要向受害者家属献出土地和子嗣。与希伯来人相似，非洲的一些村落也用赔偿替代死刑，赔偿给受害者家庭的通常是牲口、与受害者身体条件相仿的人，或可以为受害者的家庭生育子女的女性。

虽然摩西律法并未跻身世上最伟大的法律体系之一，但它的《十诫》或许是史上最著名的行为禁令；所不同的是，《十诫》没有包含对每一种罪行的具体惩罚，因此不应被误认为是法典。希伯来律法讲求刑同其害（受害者受到怎样的伤害就怎样惩罚凶手）。"以眼还眼，以命偿命"这句谚语最好地诠释了他们的罪与罚。这种严格字面意义上的罪与罚在《出埃及记》（21:23）里是这样写的："以命偿命，以眼还眼，以牙还牙，以手还手，以脚还脚，以烙还烙，以伤还伤，以打还打。"直到后《圣经》时代，评论家才开始用比喻手法诠释这些词，给惩罚设置了诸如"至多一只眼"或"至多一颗牙"的限制。彼时的着眼点已明显从身体伤害转到了某种形式的经济补偿上。

巴比伦律法和犹太律法有几个主要分歧。在古代以色列，涉及财产的罪行从不会被判死刑，而是适用罚金。由于人的生命神圣不可侵犯，人是根据上帝的样子造出来的，因此摩西法典在很多方面比早前近东地区的律法宽容得多，它既尊重身体，也极力避免部落流血。相反，在美索不达米亚地区的杀人案中，受害者可以接受经济赔偿；而根据犹太律法，已定罪的凶手则会被处决。根据希伯来《圣经》，夺去人类的生命，即杀人行为，只有在自卫、战争和适用死刑时才被允许。古代希伯来人确定了36种当判死刑的罪行，包括杀人、某些性犯罪、偶像崇拜、亵渎神明、不守安息日和行巫术；上述种种日后都在西欧产生了影响，令成千上万名女巫在5至17世纪命丧黄泉。

非死刑罪行通过各种非致死的手段进行惩罚，包括监禁、放逐、罚款和刑同其害的惩罚等。对于蓄意杀人或过失杀人，罪犯有可能被判放逐到六个避难城市中的一个，但绝不会被放逐到非犹太人的土地上, 因为那样的话, 他们就有可能被迫崇拜异教神明。同样, 在避难城市中, 罪犯会受到保护, 以免遭受害者亲属的私刑。正如我们前面提到的, 刑同其害的惩罚会让罪犯承受与受害者相同的伤害。放逐一直持续到该城的大祭司去世。被判放逐的罪犯自然希望刚刚到达流放地就有年长的祭司去世, 因为倘若大祭司年富力强, 这放逐恐怕就成了终身监禁了。在罪犯被迫住在避难城市期间, 当地的大祭司家庭会为他们提供衣物、住宿和食物。

《圣经》中提及了一系列处决方式, 包括火刑、石刑和斩首, 其中最常见的是投石击毙, 即石刑。这种刑罚的参与者包括整个社群成员, 特别适用于被认为给整个社会带来最大威胁的那些罪犯。行刑时, 提起诉讼的证人要最先投掷石块, 其目的在于杜绝不实控告。石刑是死刑惩罚中最古老的一种。两千多年来, 这种惩罚手段已经在许多国家使用。最早规定该刑罚的是摩西律法, 但由于伊斯兰国家在当代也偶尔使用, 因此在人们的印象中, 它或许与后者的联系更密切。最近的两次石刑分别于 2007 年和 2010 年发生在伊拉克库尔德雅兹迪 (Kurdish Yazidi) 社区和阿富汗北部地区; 在后一起事件中, 一对年轻夫妇因谋划私奔而被石刑处死。石刑往往遵循特定的程序, 受刑的男性在行刑前要被埋及腰部, 女性则要被埋及颈部。如今的宗教法庭规定行刑用的石块要足够小, 一方面要避免受刑人过早地一命呜呼, 另一方面也要足以造成确实的肢体损伤。一次石刑短则 10 分钟, 长则 20 分钟。皮尤研究中心 (Pew Research Center) 2009 年的一项研究显示, 83% 的巴基斯坦人认为通奸犯应用该刑处死。据大赦国际 (Amnesty International) 称, 就在 2008 年, 有 1000 多人目睹了索马里一名年仅 13 岁的女孩被石刑处死的过程。[26]

斩首作为最迅速也最人道的处决方式, 适用于那些故意杀人和集体叛教的罪犯。在 21 世纪的人看来，斩首等古老的行刑方式似乎已被抛诸脑后。然而，在过去 10 年中，伊斯兰极端分子采用这种方式惩罚某些西方人。有人认为，这种方式起源于古代中东地区，曾一度被所有主要宗教采用。斩首在今日的伊朗和沙特阿拉伯仍是官方惩罚手段。在沙特阿拉伯，仅 2003 年就有 52 名男子和 1 名女性被斩首，他们所犯的罪行从杀人、抢劫到同性恋、贩毒不一而足。如今，罪犯在被带往公共广场之前往往先会被注射镇静剂，蒙上眼罩，戴上脚镣，双手铐在背后，然后被斩首。虽然大赦国际等人权组织反复呼吁，但沙特人严守伊斯兰律法，对一系列罪行实施死刑。实际上，大部分沙特公民被处决的可能性很小，而大多数贫穷的外来劳工往往更有可能成为刀下鬼。但 1977 年，该国开国国王的曾孙女与其情人却双双被处死，她本人遭枪决，其情人则被斩首。[27] 大多数神职人员之所以指责恐怖分子将斩首作为惩罚手段，不是因为这种举动是非伊斯兰式的，而是因为它被滥用了。

尽管如此，若是将斩首视为伊斯兰文明所特有的行为就大错特错了，因为斩首在很多文明中都被用作绞刑、钉十字架或开膛破肚的人道替代手段。斩首是否真的人道，取决于刽子手的冷静程度。1587 年，苏格兰的玛丽女王被处死时，刽子手可能是喝醉了，砍了三刀才让尸首分家。英国人在 1076 年通过了砍头的法律，开始对高等级罪犯适用斩刑。500 年后，对托马斯·莫尔爵士（Sir Thomas More）的叛国罪惩处被减刑为简单斩首，令他免受先被吊个"半死"，然后活生生遭肢解，即"割掉私处、开膛破肚、灼烧内脏，四肢分挂在四个城门上，首级悬在伦敦桥上"的酷刑。

在《圣经》时代，火刑是对九种乱伦行为和一种通奸行为的惩罚。火刑，或许是因为象征着通过刑罚让罪人得到净化，因而更多地被用于道德犯罪。有了针对部族相残的禁令后，对体罚的设计少了些血腥，但残酷程度丝毫不减。到了后《圣经》时代，那些因乱伦和通奸被定罪的人会被判处缢毙。行刑时，两名见证人各执绳子的一端，绳子用光滑材料包裹，以免划伤受刑者的脖子。当死刑犯张嘴奋力呼吸时，熔化的铅水就会被灌进他的喉咙，烧灼其内脏。

古代以色列人使用的更痛苦的体罚之一是棒刑，该刑罚适用于168 种罪行，包括 7 种乱伦行为、8 种违背饮食教规行为、3 种祭司违反婚姻法的行为、与私生子或基甸人的后代通婚、与经期女性发生性行为等。在后《圣经》时代，鞭刑和棒刑的上限是 40 次；渐渐地，人们意识到应该根据罪犯的身体条件适度行刑，也就是说，量刑以法庭估计的罪犯的承受度为限。以 40 次为上限的做法体现了更人道的精神。

埃及

埃及文明与苏美尔文明大约同时兴起，却有着天壤之别，这在很大程度上要归功于邻近的广阔沙漠为其阻挡了潜在的入侵者。埃及几千年的历史比苏美尔王朝延续得更久，主要是因为后者位于开阔的平原上，便利的地理条件成了持续不断的战争的温床。相反，埃及的地理位置相对孤立，在这里居住的种族也更单一，因此，与古代近东地区的众多文明自相残杀不同，埃及人学会了在尼罗河沿岸共存，共同抵御每年一次的洪水，这或许可以解释为何埃及文明能持续 27个世纪。[28]

我们关于埃及早期罪与罚的认知，用一名埃及学家的话说，乃是来自"法庭文件、市民契约、私人著作、行为举止、虚构故事和一些王室法令的随机组合"。[29] 从这些资料里可以看出，埃及的罪行包罗万象，从未经许可强借驴子，到盗窃、暴力抢劫、诈骗、逃税、谋杀和罪大恶极的弑君罪等听上去更现代的罪行，不胜枚举。按照现代西方的标准，埃及人对有罪者的惩罚既迅速又严酷。那些被定罪的人，轻则被判苦役、鞭笞或各种肉刑；重则要受桩刑，被"置于木桩顶端"缓慢、痛苦地死去。最高法律实施者代表着国家权力，因此古埃及法老是法律的最终制定者，有权引入新的法律和惩罚手段。

根据一些保存最完好的关于第十九王朝塞提一世（Nineteenth Dynasty of Seti I）时期的资料，对偷盗神明供奉者的惩罚包括"杖两百，割五刀"。但痛苦的杖刑、割刑、断肢刑和死刑，既是为了让受刑者蒙受痛苦与屈辱，也是为了"满足国家重申其权力以警告他人的需要"。[30] 自第十八王朝起，体罚和（或）经济惩罚成为常态，死刑也在国家颁布的一系列惩罚手段中扮演着越发重要的角色。彼时，埃及几乎不使用货币，这意味着赔偿主要限于"金属物和劳役"。正是在这一时期，"欠税者马利成了（或许是）第一个因被判鞭刑而名留史册的埃及人"，他因"不实诉讼"挨了一百鞭。[31]

到第十八王朝末期（公元前 13 世纪），对罪犯实施更严厉制裁的观点已成为规范。严刑峻法被用于惩治官员腐败。如果一个人因阻止尼罗河上的自由通行而被判有罪，他将被割掉鼻子，流放到西奈沙漠的一个社区。各种新残害被用来标记罪犯（从而确定他们的罪行）。割耳和割鼻最为常见，适用于苦刑犯，因为面部的损毁并不会妨碍劳动。有学者认为，当时的社会中可能不乏畸形人，他们的身体要么毁于疾病或糟糕的医疗技术，要么在可怕的意外事故中受伤，因此面部损毁和其他残害带给公众的惊惧可能并没有如今那么强烈。割鼻和割耳虽然痛苦，却很少导致死亡或并发症。由于这两个器官主要由软骨构成，基本不参与血液循环，因此出血的风险极低。受刑者或许会出现呼吸或听力问题，但这对身体的损害远小于削手和断肢。[32]

死刑主要适用于背叛国家（国王以及他所代表的神圣秩序）的罪行，相比其他古代社会，埃及的死刑判决似乎相对较少。人类历史上现存最早的书面死刑判决可以追溯到公元前 16 世纪的埃及，当时一名罪犯因施魔法被判死刑，且被要求自裁。处决往往是公开执行，虽然场面不如后来古罗马斗兽场中的那般精彩，却是国家对潜在违法者的警告。当涉及叛国、叛乱和通奸罪时，这种意味尤为明显，罪犯有时会被处以火刑。在其他情况下，平民处决的首选方式是被钉在木桩上，而对杀人犯则适用斩首。[33]与大部分古人一样，埃及人将弑亲视作最严重的罪行，并给予更严酷的惩罚。弑亲者会赤身裸体滚过荆棘，然后葬身火海；若母亲杀了孩子，则会被迫将孩子的尸体绕在脖子上，直到其腐烂。

官方使用的三种逼供方法包括笞打脊背和四肢、威胁放逐到努比亚（Nubia，苏丹），或斩断部分肢体。最常见的体罚形式似乎是鞭笞，残害则适用于更严重的罪行。杀父母者要被碾过荆棘然后活活烧死。犯通奸罪的男性会被处以 1000 下鞭刑，女性会被割掉鼻子。强奸犯会被阉割，叛徒则会被割掉舌头。

从理论上说，同样的法律适用于全体社会成员，即使是最富有的贵族也不能逍遥法外。任何等级的人如果犯叛国罪这样的罪行都会被严惩。埃及的文献中充斥着抢劫、偷窃、入室盗窃以及其他刑事犯罪的记录，包括团伙盗墓并抢劫，其年代可以追溯到拉美西斯九世（Ramses IX）统治时期。

埃及人相信每个人都有肉体和灵魂，并将肉体的死亡视作生命的中断，而非终止。此外，他们相信随着死亡的到来，死者将面对奥西里斯（Osiris）和地狱四十二判官的审判。最严厉的惩罚莫过于死后不得安葬。正因如此，处以火刑会对亡者无尽的阴间生活带来极大伤害，因为没了躯体，亡灵就无法通过审判。一个人的来世或受折磨或交好运，影响来世的一系列律法在埃及的《亡灵书》（*Book of the Dead*）中均有记载。

古代中国

3000 多年前,《易经》以非常含蓄的方式提到了一种名叫"何校"的惩罚："何校灭耳，凶。"校即枷，是一种笨重的木质项圈，约 3~4 英尺见方，中间开有一孔供头伸出。枷被固定在佩戴者的脖子上，其宽度使得佩戴者的手无法触及面部。视情况而定，罪犯会被判戴枷 1 至 2 个月不等。通常而言，这种惩罚含有羞辱的意味，戴枷者要被迫坐在其实施犯罪行为的地方。到了夜晚，他会被一个官员带回牢房，如果运气好，他可能会被允许摘下木枷，直到第二天。此外，倘若没有人为他提供食物，他还不得不靠乞讨为生。

帝制时期的中国刑罚制度源远流长。古中国的刑罚与西方和近东地区建立的制度和传统形成了鲜明对照，这在很大程度上可以归因于其或天然、或人为的与世隔绝状态。孤立保障了中国司法体系得以独立发展，不受或多或少源自美索不达米亚法律的中东法典和欧洲法典的影响。

到公元前 22 世纪，中国出现了复杂的社会结构。在很多情况下，人类早期社会为惩治恶行而发展出的刑罚手段大同小异；而在中国，即便是早期，惩罚手段的划分也相当清晰，从罚款、黥到笞、劓、刖、宫等肉刑不一而足。此外，它有一个突出特点：衣着服饰也是惩罚的一部分。受黥刑的罪犯只能戴头巾，不能戴帽子，因为后者会遮挡其面部。那些被判刖刑的罪犯可以穿麻衣，但不能穿丝绸服饰或草鞋。受宫刑的人不得穿长袍，只能穿及膝短袍，（截短的袍子）表示他遭受了阉割之刑。类似地，被判斩首的人只能穿无领短衣。但这些惩罚手段显然只适用于那些罪大恶极的行为，因为律法中还规定了各种宽大条款。与后来的不少社会一样，只要有可能，流放往往成为代替刑罚的手段。

杖笞是宋朝（960—1279 年）常见的刑罚。根据法律，行刑用竹杖，上限为 40 下。行刑规范要求罪犯趴在地上，解开臀部周围的衣物，以臀部接受杖打。如果是女犯，则可以跪在地上，只脱去外套，以背部或腿部受刑。刑罚的严酷程度取决于笞打的力度而非次数，贿赂行刑者以求手下留情的现象自然免不了。还有一种肉刑是用 1 尺长的皮条（2~3 英寸宽）抽打脸部。行刑时，罪犯跪在地上，行刑官一只手抓住罪犯的头发，一只手用皮条抽打。抽打次数被限定在 20 到 30 下，但这并不能避免罪犯的嘴唇时有被打得"血肉模糊"的情形。[34] 虽然超出常人想象力的非法酷刑的确存在，但在大多数情况下，刑罚限于流放、监禁和斩首。

古希腊

古希腊是数百个独立和半独立城邦的集合体，而非一个统一的国家。在这些城邦中，雅典声名远播，几乎成了希腊在古代的代名词。形成于公元前 7 世纪的希腊法典在很多方面皆异于早前的近东法典和摩西律法。与万能的汉穆拉比王颁布的法律和由摩西律法所代表的上帝之法不同，雅典律法乃是基于民众的意见。大体而言，希腊人吸收借鉴了美索不达米亚律法和东方法律的思想，并塑之以西方特色。不过，与古代希伯来人不同，希腊人并未直接接触东方文化。这两种文明之间有着天壤之别。在美索不达米亚，国王是绝对的统治者；而希腊人，至少是雅典人，却对公民权利有着基本的尊重。但无论如何，希腊法律毫无疑问受到了美索不达米亚和希伯来律法的间接影响。

有充分的证据显示，古代雅典人非常害怕成为暴力的受害者，或在大街上或公共场所被抢劫财物。[35] 亚里士多德、苏格拉底、普罗塔哥拉和其他雅典人很早就提出了贫穷与由贫富差异造成的罪犯之间的因果联系。尽管如此，贫穷并未因此成为偷盗、抢劫等罪行免遭惩罚的理由。被抓的抢劫犯与入室窃贼若不能在审讯中提供任何辩护，将被依法处决。处决常常含有某种公开羞辱的意味，罪犯会被钉在木板上慢慢等死，或在众目睽睽之下被勒死。在罪犯被处以罚款的情况下，也可以同时附加某些羞辱刑，比如束缚在枷具上五日等。

在荷马时代（Homeric Age，公元前 8 世纪），古希腊出现了刑法制度的第一次重大飞跃，正义的齿轮开始绕着受害者与罪犯之间的非正规程序旋转。在通奸、诱奸和强奸案中，应由被戴绿帽子的丈夫或其最亲密的亲属（当受害人是自由女性时）来主张正义；若受害人是奴隶，则由其主人提出诉讼。偷牛、抢劫和海盗等罪行不仅常见，而且威胁到整个社会，因此应由社群提出集体诉讼。发生在家庭成员间的凶杀案，凶手会被放逐。如果行凶者和被害人没有亲属关系，则行凶者通常会尝试逃亡或支付赔偿，以免死于受害者家人的怒火之下。

古希腊的第一部成文法当归于政治家德拉古。公元前 7 世纪，他受命编写一部新的法典，以遏制氏族仇恨、控制民众动乱。据说，他对几乎所有违法行为都残酷无情地施用死刑，"严酷的"（draconian）一词便由此而来。对德拉古的法典，我们基本上只能通过后世希腊历史学家的著作来了解一二。据普鲁塔克记载："就连那些偷沙拉或水果的人也会受到与亵渎神明或谋杀犯相同的惩罚……德拉古的律法不是用墨水，而是用鲜血写成的。"[36] 不过，我们对希腊历史早期的罪与罚的实际了解仅限于那些涉及凶杀的案件。这个时代最重要的司法革新是建立了专门审判杀人案、纵火案和其他严重罪行的雅典最高法庭（Court of Areopagus）。我们能够确知的是，受害人在临死前拥有宽恕凶手的权力，可使凶手免于惩罚。稍晚的德摩斯梯尼（Demosthenes）证实了这一点，他写道："如果受害者本人在死前为凶手开脱了罪责，则其他家庭成员不得继续控告他，除非凶手已被定罪；驱逐、流放和死亡由法律决定，罪犯一旦被赦免，就不再受其他任何控诉。"[37]

为了避免无止境的仇杀，德拉古法典给了凶手三个选择。他们可以认罪并被立即放逐；可以服从审判，在判决确定前遵守规定并依旧享有自由，但这意味着他们不得出现在祭祀和公共场所；他们还可以不选前两条路，不过倘若如此，罪犯有可能因出现在公共场所或圣地而被雅典人当场杀死或逮捕（这是市民拘捕的雏形）。在德拉古的法典中，我们可以看出对正当杀人与不正当杀人的区分，二者适用不同的处罚。只有在预谋杀人或主动杀人案中，城邦才有权做出死刑判决。同时，法律允许受害者家属接受赔偿，以代替城邦处罚。

与其他类型的犯罪不同，杀人案的诉讼期不受时间限制，受害者家属对侵害者的合法报复也不受时间限制。如果受害者家属不采取行动，就会让家庭蒙羞。此外，雅典人担心有罪之人会因未被及时发现而逃脱审判。这一点对现代司法影响深远，在美国，谋杀罪仍是少数没有诉讼时效的罪行之一。由于资料匮乏，我们对这一时期的罪与罚的认知仅限于杀人罪。我们知道，蓄意杀人的罪犯会被处以刑期不定的流放，只有当受害者亲属同意时，流放方能结束。当时的一段文字记录了一名被判终身流放者的话，他哀叹道："若被判死刑，我所做的恶将会令子孙蒙羞；若被流放，我将无家可归，在异乡乞讨终老。"[38] 被流放的罪犯在流放期间会受到保护，免遭暴力或威胁，如果他受到伤害，行凶者将被惩罚。然而，一旦他提前从流放地返回，他所受的保护也将不复存在，很容易成为复仇者的目标。

故意杀人、行凶、纵火、投毒案会在雅典最高法庭审理（蓄意杀人行为不受惩罚）。随着时间的推移，处决工具从沉重的木头变成了剑。用于行刑的木头究竟是何模样，目前尚存争论，但有可能类似棍棒。考古学证据显示，还有一种处决方式规定，要把罪犯的脖子、手腕和脚踝分别用五根铁箍固定在一块直立的木板上，然后或者任由他忍饥挨饿慢慢死去，或者按照有些人的说法，收紧绕在罪犯脖子上的铁箍将其勒死。

希腊人提到"穿石衣"的做法，我们可以推断，石刑在古希腊是一种正式的处决手段。早期希腊的刑罚制度在多数情况下允许适用赔偿方式，对杀人犯和叛徒则往往适用投石处死或毒芹处死。英雄时代的希腊人也采用坠落处死的方式，即将罪犯扔下绝壁。这种刑罚往往也包括把罪犯猛地从高石台上扔下或推进深坑，由于坑里布满专门用来刺穿身体的尖刺和钩子，因此可以确保其死亡。到公元前 5 世纪，毒芹取代了深坑。与此同时，绞刑、钉十字架和用棍棒殴打致死的方式也投入使用。与斩首、断头台、现代毒气室、电椅和注射死刑一样，毒芹的使用标志着死刑人道化的早期尝试。在众多使用这种从种子和茎叶中提取的黏稠毒剂的案例中，最著名的当属对 70 岁的哲学家苏格拉底的处决。公元前 399 年，他因败坏雅典青年、拒绝承认城邦神灵的罪名被判死刑。死于毒芹之下当然不舒服，死亡常常伴随着痉挛和抽搐，但这种方式仍被视作不流血的文明手段。

偷窃某些蔬菜和水果、亵渎圣物、游手好闲和杀人都是死罪。事实上，德拉古法典或许并不比传统习惯法更残酷，但因其未对法律体系做出任何彻底变革，因而招致雅典民众的不满，留下了恶名。德拉古法典代表了从前文字时代习惯法到成文法的转变。它的重要性在于，它要求人们遵守某种固定不变的法律程序，并给出了各种罪行的预定惩罚。为了公示于众，法典中关于宗教的条款被刻在木头柱子上，其他条款则被刻于铜柱之上。

到了公元前 5 世纪和公元前 4 世纪，雅典人对杀人罪的态度变得令人费解。与早期其他社会的做法一样，受害者家庭有责任寻求惩罚或复仇。然而，这绝非单纯的"以眼还眼"。除了复仇之外，赎罪也必不可少，也就是说要让城邦免受杀人罪行的污染。人们认为，凶手的手是肮脏的——被罪行玷污了——且会污染所有和他接触的人以及发生罪行的整个城邦。为了净化城邦，要由受害者家属决定，或者对凶手实施复仇，或者达成某种和解，让受害者家庭能最终宽恕凶手。[39]

雅典人是名副其实的爱国者，任何不忠诚或背叛的行为都会被视作最严重的罪过，将被城邦判处死刑并没收财产。但对很多罪犯而言，最糟糕的莫过于死后不能埋在雅典。据历史学家修昔底德记录，特米斯托克利因叛国罪被处决后，他的朋友将其尸骨偷偷带回雅典埋葬，这便是极好的例证。抢劫神庙、施魔法或破坏神像的行为，其惩罚几乎可以与叛国罪等同。与早前（及后来）的文明相比，当涉及道德犯罪时，希腊人的态度明显温和得多。在大多数时候，罪犯受到的最严厉的处罚也不过是被拔掉体毛或肛门里被插进一根小萝卜。[40] 但若涉及通奸且被当场抓获，愤怒的丈夫有权杀死通奸者。这条规定出自德拉古法典："如果一名男性杀死了与他的妻子通奸的人……他不会因为该行为被判杀人罪而遭流放。"当然，他也可以接受金钱补偿，放弃个人报复。

造假币的古老手艺

　　古代和现代的犯罪形式有很多相似之处，大多数古老的罪行以这样或那样的方式摇身一变进入了现代法规。以杀人、抢劫和盗窃为例，这三种行为很早就被认定为罪行或恶行，尽管具体定义随着历史的发展有所变化。这一点在经济案件中犹然。随着生活日益繁复，且涉及了各种法律条文，人们有必要通过某种形式的账目来记录一些基本事项，诸如仓库里有什么货物、市民是否向公共基金缴了应缴的款项。例如，在美索不达米亚，每个人都要向神明提供供奉。但出于人类的本性，很多人会设法逃避（就像今天的人逃税那样），声称他们已经"付过了"或捐献过了。用楔形文字或埃及象形文字记录的账目不仅使文明社会得以采用更高级的统治形式，也确保了特定责任得到履行。

　　早在公元前3000年，继书写和有组织耕作之后，货币作为另一种文明迹象也出现在埃及和美索不达米亚。尽管如此，早期的货币乃是金银，而非铸币，因此其价值取决于交易金属的重量。别忘了，人类的本性中有着对犯罪行为不同寻常的偏好。很多证据表明，人们自古便试图伪造金属货币，后来则发展成伪造皇家铸造的硬币。受德拉古的影响，公元前7世纪的梭伦成了法治的热情支持者，他坚持认为，只有严惩偷窃或挪用公款等罪行，法治才能向前推进。

　　相比之下，《圣经》不太重视涉及财物的犯罪，不像古代世界其他地方的法典那样对该类犯罪适用体罚或死刑，而是判处支付罚金和赔偿。

到了古罗马帝国时期，伪造者的技艺已相当精湛，掌握了用来浇铸金属的陶土磨具的制作工艺。历史资料显示，伪造者会被处以最严酷的刑罚。君士坦丁大帝曾将这些人活活烧死。从硬币上切削、熔化稀有金属的人会被"切削或割掉"耳朵。其余相关罪犯会被剥夺公民权。随着帝国的壮大，伪造者若是不被阉割或扔进狮笼，至少也会被割掉鼻子。尽管如此，当帝国日薄西山之际，伪造之风却在古罗马贵族间悄然兴起。

严惩伪造者的做法也延伸到其他社会。随着公元 8 世纪伊斯兰教的不断扩张，伪造者会被处以剁手之刑。在 7 世纪的中国，对伪造者的惩罚是黥面，之后发展到死刑。到了 14 世纪，中国甚至在钱票上印着"伪造者处死"的警告。[41]

奴役和监禁

奴隶制度贯穿人类的整个历史。几个世纪以来，大量使用奴隶的社会不在少数，包括希腊人、朝鲜人、印度人、美洲原住民、古罗马人、维京人、土耳其人、英国人和英裔美国人建立的社会。大多数观点认为，奴隶制"在所有古代文明社会中都被视作自然和合理的社会制度"。[42] 奴隶的生命都比较短暂，埃及人用奴隶为皇室成员陪葬。事实上，在不少社会中，人们购买奴隶的主要目的正是作为牺牲。不过，在很多情况下，奴役，或者更准确地说是强制劳动，也是一种惩罚制度。古希腊历史学家希罗多德曾提到，公元前 11 世纪，埃塞俄比亚国王萨巴科斯（Sabacos）——此人后来也成了埃及的统治者——用"想必也伴随着监禁"的强制劳动取代了死刑。与 19 世纪基于人种的奴隶制度不同，在当时，人种并不能决定某人是否会受奴役。在古代刑罚实践中，人们更常用罚款或放逐作为惩罚手段，除非需要大量劳动力去完成某个超出早期社会能力的工程。在足够先进的技术出现之前，奴役劳工是获取大量劳动力仅有的几种方式之一。因此，只有当需要调动劳动力开采稀有金属，修建金字塔、道路和纪念碑时，强制劳动才会成为社会的惩罚手段。[43]

从我们现有的少量证据中可以看出，蓄奴出现后，将奴役作为惩罚手段便失去了明显的意义。不过，这个变化在古代近东地区和古希腊并不突出。在埃及，因罪沦为奴隶的主要原因是欠了国家债务。在古代朝鲜，因叛国、抢劫和屠杀珍贵家畜而被定罪的人，其家属将沦为奴隶。在中国汉朝以前，死刑犯的家属会成为奴隶。自此，因罪成奴不仅是主要的，也是唯一被认可的奴隶来源。因此，中国的奴隶制与惩罚制度相伴相行。所有犯了罪并被判奴役的人通常都会被刺上某种刺青或毁容，以区别于自由民。这种罪犯标记乃是人口买卖的最重要的基础。此外，与近东和西方不同，中国的刑事制度强调家族纽带和责任，一人犯罪，其家庭成员和旁系亲属往往都会受牵连。[44]

在不使用奴役作为惩罚手段的早期社会里，为了强迫债务人还债或控制那些等待审判和惩罚的罪犯，必然要使用某种形式的监禁措施。古代监狱与现代监狱的区别在于，早期的监狱不是专门建造的。大部分关于古代刑罚的历史记录都忽视了一个事实，即与现代刑事体系的其他诸多方面一样，监狱的历史也源远流长。当然，究竟早到何时，目前并没有确凿的证据，但坟墓、处决室和在战争中用于关押奴隶的地方已存在了数千年。关于这方面的最早期信息的确相当匮乏，但在埃及象形文字记录、希腊神话和《创世记》中绝非一笔带过。将某人关押起来然后扔掉钥匙的做法自古有之。

纵观历史，早期社会追求的是迅速、确定的惩罚，无论断肢、罚款、流放或死刑皆是如此。有足够的证据表明，监禁亦属于这一类惩罚。现有的最早记录可以追溯到古代埃及，人类历史上最宏大的建筑奇阿普斯（Cheops，希腊人对胡夫的称呼）大金字塔（约前 2650 年建成）内有个地下深坑，据说是"迷失者的牢房"。与此类似，几百年后，埃及人把建于第六王朝泰蒂（Teti，约前 2345—前 2333 年）时期的萨卡拉（Saqqara）金字塔称作"金字监牢"。坐落于它东边的另一座金字塔，其阿拉伯语名称的意思是"卓瑟的监狱"。在国王谷（Valley of the Kings）和其他地方保存着大量关于在这些古迹中实施监禁的图画。1799 年被发现的罗塞达碑上甚至多次提到了监狱。最古老的埃及墓地可以追溯到 5000 多年前（位于尼罗河对面的孟斐斯遗址），而监狱的符号可追溯到古埃及象形文字中"房子"和"黑暗"的结合体。当然，除此之外，我们几乎一无所知。还有大量猜测认为，金字塔是由监狱罪犯所建。[45]《创世记》（39:20~40:5）中提到了监禁，古巴比伦人曾使用 bit kili 关押欠债者和轻罪罪犯（前 3000—前 400 年），亚述帝国则使用 bit asiri（前 746 年—前 539 年）。《旧约》记载了埃及人、亚述人和古代以色列人对监禁手段的使用。在尼布甲尼撒时代，耶路撒冷至少有三座监狱，分别是：Beth ha-keli，或称拘禁室；Beth haasourim，字面意思是"锁链室"；Bor——地下室。

监狱在中国和日本的历史资料中也有记载。《尚书》（或称《书》）提及夏王芬曾建监狱。① 雅典人在不同的历史时期使用过不同的刑罚，

---

① 　此处作者引用的典籍应为《竹书纪年》，其中有"夏后芬三十六年作圜土"的记载。夏王芬，一名"槐"。——编者注

其中包括罚款、没收财物、公开羞辱和拆毁罪犯的家园。[46]雅典的自由民很少被关入监狱，除非是涉及叛国罪或需要用强制手段迫使债务人偿还城邦债务的情况。那些面临酷刑或死刑处罚的罪犯会被囚禁，让他们在受酷刑之前先暴露在众目睽睽之下。在雅典，甚至有一座名为"锁链之地"的建筑，虽然或许修建的初衷并非是要作为监狱。监禁和奴役常常出现在柏拉图（约前300年）的笔下，在他看来，二者都是好政府的必备要素。苏格拉底宁愿选择死亡也不愿接受入狱惩罚的故事更是家喻户晓。在《法律篇》中，柏拉图提出，城邦应该有三座监狱：一座位于市场附近的公共监狱，用于关押普通罪犯；一座位于夜间议事会（Nocturnal Council）附近的"改造中心"；另一座要在荒郊野外，并配以彰显惩罚意味的名字。柏拉图建议应根据罪行的严重程度、罪犯的"本性"和具体的犯罪情形确定监禁期，最长可判终身监禁。不过，他虽阐述了关于监禁体系的理论，却没有证据表明他的这些观点在当时得到实际应用。[47]

1860年，小说家纳萨尼尔·霍桑参观了位于古罗马的马梅定监狱（Mamertine Prison）。[48]公元68年，正是在这里，圣徒保罗被尼禄处死。这座位于市场里的宏大建筑是专为等待处决的罪犯准备的监牢，起初叫carcer（监牢），从中世纪起被称为马梅定监狱，"监禁"（incarcerate）一词由此而来。私人监狱（carcer privatus）在古希腊和古罗马均偶有使用，主要关押欠债者和等待审判或处决的人。古罗马的第一部成文法（参见第二章）《十二表法》（Twelve Tables）提到了被称为ergastalum的强制拘禁所。不过，各种监牢中最令人胆寒的当属dungeon。该词源自拉丁文dominium，指的是建在绝壁上的城堡或要塞，后来在法语中演化成donjon，之后又变成了那个我们更熟悉的英语词。随着时间的推移，dungeon成了地牢和黑牢的同义词。

小结

在复杂的法律、审判和监狱体系建立之前，早期社会依靠习俗、巫术和宗教来维护社会秩序，而彼时的习惯法往往比现代成文法更死板。在国家诞生之前的社会里，律法常常或源出神明或由部落首领确定，通过判决或立法程序制定法律的方式则要晚出。在人类历史的大部分阶段，法律都被视作神明直接命令的衍生品。迄今为止发现的最古老的完整法典描述了太阳神（也是正义之神）沙玛什（Shamash）登上宝座并将法令交给虔诚的苏美尔国王汉穆拉比的故事。[49] 与此类似，几个世纪之后，当摩西登上西奈山时，耶和华亲手将《十诫》刻在两块石板上。虽然《十诫》中的某些条文可以从《汉穆拉比法典》中找到踪迹，但在希伯来人的故事之前，《十诫》本身并不存在。有学者认为，最早的与《十诫》类似的叙述可见于埃及人的《亡灵书》第 125 章，书中提及进入公正之地的死亡宣言："我从未轻慢神明。我从未杀人。我从未教唆他人行凶。我从未通奸或行不洁之事。我从未偷盗。我从未说谎。"无独有偶，据说克里特之王米诺斯（Minos）每 9 年就要登上奥林匹斯山接受宙斯的法律忠告。

美索不达米亚的法律程序影响了很多同时代的国家，包括埃及、波斯和印度，但其在上述地区的影响力并不如在西方那么深远，也未能"扎下根"。[50]《汉穆拉比法典》继续影响着整个文明世界的惩罚程序，古希腊和古罗马在与近东接触之后均受到了它的影响。伊斯兰国家在征服了如今的伊拉克地区之后也有了法典。早期的古希腊人和古罗马人通过对民众认可的特定法律原则的确认完成了立法。而在相对更孤立的地方发展起来的中国文明和埃及文明则提供了截然不同的关于罪与罚的理念。

　　最早的法典几乎完全由惩罚条款构成，着眼于惩罚那些最危险的罪行，比如杀人和人身伤害。由于社会发展受制于经济发展的程度，彼时的惩罚手段不似后来那般多样。在大多数情况下，所谓刑罚只是简单地以命抵命或其他同态惩罚（以相同的手法和相同的程度进行处罚）。一些世间最常见的罪行及其惩罚可以追溯到古代，其中包括石刑、绞刑、斩首和钉十字架。由波斯人或古代腓尼基人发明的十字架被亚述、古埃及、古希腊、印度、迦太基、凯尔特和古罗马等文明古国广泛采用，直到 315 年君士坦丁皈依基督教后才淡出历史。[51] 不过，日本直到 19 世纪仍在使用十字架刑。钉十字架传统上是一种政治或军事惩罚手段，迦太基人和波斯人用它来处决军事指挥官和高级官员。古罗马人则喜欢用十字架对付下等人、奴隶和暴力犯。严刑峻法以约束民众的理念强化了依身份量刑的观念，并影响着随后的几个世纪，给贫穷无助的劳苦大众带去了最深切的苦痛和折磨。

第二章 法律传统的兴起

　　虽然大多数现代学者将注意力放在当代四大法律传统上，但在历史上，至少有 16 种不同的传统曾繁盛一时。1928 年，亨利·威格莫尔（Henry Wigmore）将这些法律体系分别命名为埃及法系、美索不达米亚法系、中华法系、印度法系、希伯来法系、希腊法系、罗马法系、海洋法系、日本法系、伊斯兰法系、凯尔特法系、日耳曼斯拉夫法系、教会法系、大陆法系和英美法系。8 年之后，威格莫尔认为，上述法系中有 6 个已经完全消失[1]，5 个发生了混合，中国、印度和伊斯兰法系则基本保持独立。1936 年，即中华人民共和国成立之前 13 年，威格莫尔将中华法系定义为迄今尚存的世界上最古老的法律体系。

　　除了少数实行社会主义法律体系的国家（古巴、中国、越南、朝鲜）之外，当今世界上绝大多数国家的法律体系都是基于民法传统、普通法传统或伊斯兰法律传统。当然，采用民法法系和普通法法系的国家最多，这在很大程度上是因为殖民势力将这两种法律传统带到了全球。由于大英帝国的统治，普通法传统在加勒比、美国、加拿大、澳大利亚、新西兰、非洲部分地区、印度等曾经的英国殖民地占据主导地位。另一方面，社会主义法律体系是最年轻，或许也是使用国家最少的主流法律传统，尤其是在苏联解体之后。于 1917 年布尔什维克革命后的动荡年代里诞生的社会主义法系极大地借鉴了民法法典和俄国习惯法。由于缺乏系统构架，（没有受过法律训练的）特别法官拥有大量自由裁判权。俄国民法典深受早期俄国、德国、法国和瑞士民法典影响。古巴、朝鲜、越南和中国是如今仅有的采用社会主义法系的国家，但其各自在罪与罚的实践上迥然不同，无法一概而论。

　　几个世纪以来，上述法律传统或经由征战或通过殖民传遍了世界的每个角落，随后在新家园里因地制宜地发生了这样或那样的变化（见第八章）。普通法传入新大陆时必须依殖民地环境进行调整，以便既能适用于荒野化外之地，亦能与众多高度发达的本土社会相互交融。类似地，当英国人在非洲、印度和亚洲其他地区建立殖民地时，他们的法律体系也被迫同那些已经有自身的罪与罚体系的复杂社会法律体系展开竞争。到 20 世纪 40 年代末，大英帝国日薄西山，但普通法影响下的刑法判例在从津巴布韦、尼日利亚到大洋洲、北美洲的各前殖民地生根发芽。

　　鞭刑于 19 世纪 20 年代开始实施，比大英帝国的统治期更长久，被用于行乞、传播色情作品、叛国和暴力抢劫等罪行。1965 年新加坡独立后，其法典中保留了肉刑，甚至在当年将适用肉刑的罪行增加到 30 种。最近的一个案例向我们展示了旧法律传统在被移植到全新的环境中后是如何演化的。用白桦木棍笞打是英国殖民司法体系中沿袭近 200 年的传统，此类肉刑曾令英国人臭名远扬，以至于被法国人称为"英国之恶"。[2] 但在 1998 年 3 月，英国议会投票废除了笞刑，同样废除该刑罚的还有其曾经的殖民地新西兰（1990 年）、南非（1996 年）和苏格兰（2000 年）。然而，笞刑并没有从这个前帝国的偏远角落里消失。1994 年，侨居新加坡的 18 岁美国人迈克尔·费伊（Michael Fay）因受笞刑在国际社会引发轩然大波，指责之声多来自西方世界。起初，费伊被控与 53 起涉及破坏公共财产的案件有关，最终坐实两项破坏公共财产案、两起恶作剧和一项藏匿盗窃财产案，并被判有罪。但最令人权观察家愤怒的是，他被判 4 个月监禁、2500 美元罚款和 6 下笞刑（申诉后减为 4 下）。新加坡受到西方世界围攻，但坚持立场。1994 年 5 月 4 日，费伊和其他 9 名被判同类刑罚的罪犯一起在监狱的笞打室接受了惩罚。他们被剥去衣服，手脚用带子绑在一张 H 形的条凳上，肾脏部位被施以保护。除了行刑手，唯一的目击证人是一名医务官。一名记者描述道："行刑手铆足了劲儿，使出全身力气，挥舞着 13 毫米厚的藤条。藤条事先已在水中浸泡了一整夜，以防开裂。藤条抽打在费伊裸露的臀部，每两次之间大约间隔半分钟。"[3] 整个过程最多用了 10 分钟。行刑完毕，行刑手和罪犯相互握手，费伊未借助任何帮助独自回到囚室。

　　虽然新加坡的司法体系根植于英国普通法，但自独立后形成了自己的法律传统和哲学烙印。不少观察者注意到，英国人喜欢在学校里实施体罚，这种做法同样被很多前殖民地国家采用。就很多方面而言，新加坡人已基本抛弃了英国传统，包括在几年前取消了陪审团制度（他们认为这种制度容易造成错误）。这个城市国家近 80% 的居民是华人，虽与中国有不同之处，但其核心价值体系同样强调儒家道德，比如尊重权威。东西两种世界观之间存在巨大的分歧。宁可放过罪人也不错杀无辜的西方观念突显了个体的重要性。相反，亚洲人的观念体现了另一种道德原则，即宁可错杀无辜以保护大众福祉，不可放过罪人令社会再受危害。除了考虑到普通法与儒家道德原则的结合，我们也不应该忘记这里还居住着大量穆斯林，遵从马来穆斯林习惯法的人超过了其总人口的 16%。除了英国普通法，新加坡还存在一个仅为穆斯林设立的单独的宗教法庭体系。这个例子（以及其他很多例子）说明，法律传统始终在不断发展，不断与各种传统融合，从而适应人口状况、地缘政治以及全球化的变化要求。此外，明确划分各法律传统间的界限，并将一个国家的司法实践归为其中某一种，也正变得越来越困难。

古罗马民法传统

作为现存最古老的法律传统，罗马法的发展经历了几个世纪：从公元前 6 世纪这个位于意大利中部的小共和国成立，到公元前 1 世纪罗马法成为所有居住在意大利境内的人都需遵守的法律，再到公元 3 世纪成为西起大西洋、东至幼发拉底河、北达英格兰和苏格兰、南及撒哈拉沙漠边界的庞大帝国内所有自由民的律法。随着古罗马帝国扩张到古代世界的遥远边陲，它也吸收了大量新律法，将不同的文化和传统纳入了帝国。

古罗马人在很多方面都是古希腊人的学生，但说到法律，他们算得上大师，为现代法律的发展做出了最杰出的贡献。与其他大多数文明社会类似，古罗马法律基于数世纪前的不成文习惯法，彼时，立法是上层贵族的职权。由于法律由上等阶层把持，罪行与处罚对于普通古罗马人而言始终神秘莫测。到了公元前 5 世纪，来自下层的反对派强迫立法者将社会规则编写成法典，以平息人们的不满。于是，《十二表法》成了古罗马的第一部成文法。不幸的是，公示于古罗马广场上的原件已在公元前 390 年高卢人攻占古罗马时被毁。我们能确知的是，这些法条当时被刻于十块铜板之上，放在集市供所有人观看和了解。由于遗留的部分残缺不全，我们只能从后世作品的众多引述中拼凑重现这部法典。相比严格意义上的实体法，早期罗马法更多涉及程序问题，它是现存最早的、最重要的法规汇编。

《十二表法》规定了罪行及其相应的惩罚，为我们窥视早期古罗马社会的文明提供了线索。该司法体系特别关注了在夜色掩护中实施的罪行。事实上，用于描述偷窃的词 furtum 正是由 furvus（黑暗的）衍生而来，表明大多数偷窃发生在黑暗笼罩之下。绞刑适用于夜间在他人的庄稼地里偷偷放牧的罪行；而对焚烧谷仓或谷堆的惩罚是将罪犯活活烧死。变节背叛的高级将领会被用三辆马车车裂。据说，国王宣称这是"对全人类的警告"。[4]

流放是一种专为社会高等级成员保留的处罚手段；类似的罪行，低等级成员则要被迫服劳役或被处死。流放分若干种不同形式，比方说，流刑只是将罪犯逐出特定地区，而驱逐出境则意味着不只被长期放逐，还要被剥夺公民身份，没收所有财产。公元 1 世纪，当涉及杀人罪时，无论是使用武器行凶、做伪证致人死亡还是下毒，贵族都会被处以上述的流放之刑，而下层民众则没那么幸运，等待他们的是钉十字架或葬身猛兽之口。[5]

古罗马人精心立法，同样也费心设计酷刑。彼时最著名的一种惩罚是"袋刑"。这种刑罚可以追溯到公元前 100 年，最初用于惩罚那些杀父弑母的人。传统的做法是将鲜血淋淋的罪犯与一条狗、一只猴子、一条蛇、一只公鸡或其他动物缝进皮革袋子里，然后将皮袋扔进河中或大水池中。接下来的事情可想而知。公元前 1 世纪后期，庞培律废除袋刑，代之以火刑或被猛兽撕咬。[6]此外，若古罗马公民按照"犹太礼仪"行割礼或纵容其奴隶行割礼，将被剥夺所有财产并终生放逐孤岛，施行割礼手术的医生则要被处死。

早期，对女性的处决是在私下里进行的，因为行刑前首先要剥去她们的所有衣服。由于规定刽子手不得杀死处女，所以他们要先玷污女犯。[7] 对其他罪犯的处决则是公开进行，手段包括活活焚烧、野兽撕咬、丢进塔平岩（Tarpein rock，类似于希腊人的深坑处决）等等。

公元 1 世纪和 2 世纪，角斗是古罗马人日常生活的一部分，恢宏的古罗马斗兽场淋漓尽致地展现着昔日古罗马的辉煌。在那里，奴隶、罪犯和职业角斗士在众目睽睽之下上演着生与死的搏斗，不是互相厮杀，就是面对从帝国的偏远角落运来的猛兽。然而有一点并不为人所熟知，也往往被导游刻意回避，即这座斗兽场作为行刑场所的核心角色已有 200 年之久。古罗马哲学家塞内加称这种处决是"毫无技巧的屠杀"。但在古罗马皇帝们看来，这是震慑民众的好机会，可以让他们牢牢记住至上的古罗马统治者手握生死大权。罪犯们在行刑前夜被马车运来，关在位于斗兽场地下臭气熏天的小屋里直至次日。罪犯们深知等待自己的将是怎样的命运，试图自杀的人不在少数。根据塞内加的记载，一名奴隶把头塞进车轮之间，碾碎了自己的脑袋，用这种特别的方式结束了生命。[8]

中午时分，罪犯们被带入斗兽场，分成两组，具有古罗马公民身份的一组，非公民和奴隶另一组。公民往往先行处决，且得益于他们的公民身份，他们死得相对痛快些。有些是被刽子手一击致死。也有时，两名古罗马公民会被一同送进斗兽场，一个人有武器，另一个人没有，有武器的人要追赶那名赤手空拳的人并将其杀死。一旦完成，幸存者要交出武器，然后被另一名罪犯追杀。这个过程如此重复下去，直到最后只剩一名幸存者，而他将被刽子手处决。在此类处决中，施于非公民罪犯的羞辱也同样落在公民罪犯身上。有时候，身为公民的罪犯会屈辱地与奴隶一同受折磨。

处决公民罪犯之后，非公民和奴隶就要面对最残酷的死亡，且缓慢的处决过程往往会占去大部分午休时间。他们被钉十字架，被活活烧死，被野兽吞噬。这其中许多人是违反了神圣律法，杀人、纵火、亵渎神殿。基督教作家们记载了大量被野兽撕咬的处决案例。别出心裁的杀戮无穷无尽。有时，不同的行刑方式会结合使用。比如，奴隶有可能会先被钉上十字架，然后再被烧死；也有时，他们可能会被绑在某个位置上，让猛兽恰好能撕咬他们的四肢。神话是古罗马信仰体系的重要组成部分，为了打破千篇一律的传统处决方式，古罗马人也会上演各种致命的神话，由罪犯充当牺牲者的角色。

至此，我们有必要进一步考察钉十字架的处罚方式，这不仅是因为其象征意义，也是因为围绕这种死刑有很多误解。多数意见认为，发明钉十字架刑的是腓尼基人，但也有观点认为是波斯人。[9]这种刑罚后来传入古希腊、亚述、埃及和古罗马。据估计，有数万人死于十字架上。单单是古罗马，克拉苏皇帝就曾为庆祝胜利在一天之内钉死了6000人。

最初，钉十字架（"极痛苦的"[10]一词的原型）是一种屈辱的死法，通常用于处罚奴隶和重犯。在采用十字架刑之前，罪犯只是被简单地绑在柱子上等死。十字架问世之后，曾有若干种不同的造型，有的是四臂或三臂，还有的是 X 形结构。通常，受刑者会被剥去外衣，只留下缠腰布，而在此之前，他们还要受鞭打，并被迫将十字架的主梁（整个十字架的重量是一个人无法承受的）扛到行刑地。

近期的研究证实，无论是被钉在十字架上还是被绑在十字架上，罪犯其实都是"缓慢窒息"而亡。事实上，关于如何将罪犯固定在十字架上，目前仍存在争论。1952 年，一名法国物理学家发现，想从手掌处钉住一名成年人是不可能的。通过使用尸体做试验，他发现，被钉子钉住的手掌可承受的最大体重是 40 公斤，只要超过这个重量，手掌就会被撕裂。通过排除法，剩下的方法要么是用钉子钉住腕骨

（这样就能承受整个身体的重量），要么是用绳子绑在十字架上。无论如何，最终的目标是要让罪犯的身体悬挂在十字架上，缓慢窒息而死。当身体呈悬挂状态时，经过一段时间，由于膈和肋间肌承受着巨大的压力，受刑者只能吸气（不能呼气），胸腔被越胀越大，最后窒息。这种折磨短则三四个小时，长则四天。

　　1971 年 1 月，以色列考古学家宣布他们已鉴定了一具名为约哈南（Yehohanan，"约翰"的希伯来文写法）的犹太青年的骸骨。该遗骨在 1968 年首次出土，很可能是公元 1 世纪时被钉十字架。这一发现为古代地中海地区的十字架刑提供了首例铁证。大部分记录表明，十字架刑在古罗马一直使用到 4 世纪，直到被君士坦丁大帝废除。然而，早前的证据至多只是推测，因为人们虽在（意大利和罗马尼亚出土的）尸骸的前臂和脚跟处发现孔洞，却从未能在附近找到钉子。约哈南的骸骨是在一处埋遗骨的洞穴中被发现的，旁边还有另外几具骸骨。亚兰文字母拼写的名字已模糊难辨。令考古学家们兴奋的是，他的脚踝骨上穿着一根 7 英寸长的锈迹斑斑的钉子。研究者分析，这根钉子之所以被留在原地，很可能是因为它被钉在了做十字架的橄榄木的硬节处，因此当锤子砸下去时，钉子稍稍变形弯曲。解剖学家和人类学家尼库·哈斯（Nicu Hass）在一篇文章中分析了约哈南之死的过程。按照传统，在经历一系列死亡前奏之后，约哈南的下肢有可能受到棍子的致命一击，双腿折断，随后的大出血和休克加速了他的死亡。事后，有人曾试图从十字架上拔出弄弯的钉子以便移开尸体，但或许是出了什么岔子，固定尸体的钉子顽固地埋在十字架里纹丝不动。哈斯认为，要将受刑者同十字架分离，唯一可行的方法是砍断双足，然后将钉子、木块（用于固定罪犯的脚）和脚一起从十字架上移开，之后按犹太习俗立刻安葬，以免尸体长时间暴露在外。一系列事件完美地结合在一起，方才有了这一前所未有的发现。[11]

若论严刑峻法，古罗马暴君之中当首推卡利古拉，他的名字后来成了残忍酷刑的代名词。据说他喜欢亲临刑场，边进餐边以此为乐。在一次宴会上，他命令刽子手砍掉一名奴隶的双手，因为有人指控这个奴隶偷了沙发上的银带子。之后，他又命人将断手系在那个奴隶的脖子上，在大厅环行示众。卡利古拉追求残酷，开创了惩罚的新境界。他在签署处决名单前时常咕哝着"我在清理渣滓"。他偏爱共和国时期遗留下的火刑（活活烧死），把斗兽场当作上演杀戮盛宴的舞台。在一次斗兽表演期间，他以价格太高为由拒绝从屠夫手中买肉，因为反正有足够的罪犯可以拿来喂野兽。据说，他站在柱廊间俯视着排成一行的罪犯，命令道："杀了那两个秃头之间的所有人！"[12]有时，卡利古拉会强迫死刑犯的父母眼睁睁看着儿子被处决。有一次，一名父亲声称自己病得很重，无法亲自去看儿子被执行死刑，卡利古拉竟派人送去了担架。卡利古拉的暴虐没有底线。一名士兵在被投入野兽之口前为自己的无辜申辩，卡利古拉命令将罪犯带回来，似乎是要宽大为怀，谁知他只是将罪犯的舌头扯下来，然后继续行刑。一名卡利古拉的传记作家称，如果有若干种处决手段可用，卡利古拉定会选择能造成无数小伤口、慢慢折磨的方式，正如他本人说的"让他感受到死亡的降临"。面对人们的指责，卡利古拉回应说："让他们尽情地恨我好了，只要他们惧怕我。"[13]

在提比略皇帝治下，所有罪状一律判死刑，且告发者的每一句话都会被采信。有些被告由于确信只要出庭就会被判有罪，索性直接自杀，逃避注定将至的屈辱和痛苦。

公元4世纪，当君士坦丁改信基督教并奉其为国教之后，对性犯罪和道德犯罪的惩罚比以往严厉了许多。昔日私下里的小过错成了要被公之于众的罪行，且常常受到残酷的惩罚。以往，通奸者可能会被流放至孤岛；但在基督教帝制时期，各类伤风败俗的性犯罪，包括通奸、兽奸、乱伦和同性性行为，都成了死罪。不过，有研究者认为，这种对性犯罪不再从轻处罚的现象，与其说仅仅是朝着古代《圣经》式处罚的转变，倒更有可能是对一系列强奸和绑架案的回应。彼时，有些野心勃勃的古罗马人试图用性侵行为达成与富家女性结婚的阴谋。[14] 无论如何，与过去相比，将通奸、淫乱定为死罪的做法是一次明显的转变。在古罗马帝国初期，通奸的定义为与"体面的已婚女性或寡妇"或"未婚且不以卖淫为业的自由女性"发生性关系。[15] 对此的惩罚通常是剥夺已婚女性的一半嫁妆以及三分之一的其他财产，并将其放逐到岛上，她的情夫也会被剥夺一半财产并放逐到另一座岛上。涉案女性的父亲有权杀死自己的女儿及其情夫，但前提条件是要在他女婿的家中当场抓奸，并将他们双双杀死，一如戏剧中的情节。否则，如果做父亲的只杀了女儿的情夫，就会被控谋杀。从本质上说，这个规定是为了防止被戴绿帽子的丈夫及其家人不将案件移交法庭而自行实施报复。

　　或许早在公元 3 世纪初，当两名士兵因与一名女仆发生性关系而被定罪时，马克里努斯皇帝（Emperor Macrinus，217—218 年在位）就已为后来的基督教式惩罚开了先河。由于这名女仆身为娼妓，士兵们的行为本不触及通奸法令，但仍遭到了审判。皇帝命令划开两头阉牛的身体，趁牛还活着的时候把这两名士兵分别塞进牛身里，只把脑袋露在外面，以便他们能相互交谈。根据一名历史学家的记载，由于他们的行为并没有实际违反任何法律，因此受到了从任何书本里也找不出的"独一无二的惩罚"。[16]

　　作为罗马法的基础，十二表法直到近 10 个世纪之后才被查士丁尼的《民法大全》（Corpus Juris Civilis）取代。在尤里安大帝（Emperor Julian）治下，罗马法发展到了顶峰。此时的罗马法将1000年的法律实践整合进条理清晰的系统中，兼顾了简明与公平。这部法典是后来欧洲（及其殖民地）大多数民法典的基础。然而，正如一名法律历史学家指出的，其中的刑法部分"仅仅是以一种异常古怪的形式影响了现代欧洲"。[17] 无论如何，527—565年查士丁尼的统治标志着由古代向中世纪的转型，他所开启的时代将一直延续到现代欧洲的诞生。[18] 但古罗马文化早在中世纪欧洲国家成形前就将土崩瓦解。

　　随着公元5世纪西罗马帝国的衰落，日耳曼部族，也就是古罗马人所说的那些生活在古罗马帝国之外的蛮族，以国家的形式登上了世界政治的舞台。日耳曼部族是早期欧洲律法汇编的重要催化剂。在欧洲大陆，法兰克人在北高卢建立了自己的国家，西哥特人在西班牙建国，东哥特人在意大利建国，勃艮第人在高卢东南建国（不久就被法兰克人征服），汪达尔人则在北非建国。其中，西哥特人、勃艮第人和法兰克人贡献了最有实质意义的法律材料，且相互之间影响颇深。截至目前，后期日耳曼部族最重要的法律文件正是出自法兰克语文献，且被认为是除盎格鲁—撒克逊人法典之外的所有蛮族法律中最具日耳曼特色的。[19] 在这些法令中，最著名的当属6世纪第一个10年间编纂的《萨利克法典》（Salic Code）。彼时，法兰克人在北高卢建立了存续时间最长的蛮族王国之一。法兰克法律是受古罗马影响最小、最具日耳曼特色的部落法典。与罗马法不同，该法典没有关注婚姻、家庭、遗产、赠物和契约，而是为诸如杀害女性和儿童、"击打头部致头颅破碎"或"未经马主同意私自剥死马皮"等各种危害行为确立了固定的货币处罚和其他类型惩罚。《萨利克法典》中有很大篇幅涉及暴力犯罪、杀人和偷盗。我们从法典中可以确知，一个人的财产及其本人皆可被当作犯罪赔偿的最终抵押物，而罚款则适用于偷盗"蜂群、狗、牛、家禽、山羊、绵羊和奴隶"的行为。通常情况下，自由民可以支付罚金，而犯了偷窃罪的奴隶则会被处 120 鞭甚至阉割之刑。

《萨利克法典》的一大特色在于量刑完全取决于身价，即依受害者和罪犯的身份来确定罚金，该制度后来在公元 5、6 世纪时被德国入侵者带到了英国。每个人都有其"身价"。比方说，如果任何人杀了为国王效力的人，会被罚 24000 第纳尔；如果杀了一名法兰克自由民或受《萨利克法典》管辖的野蛮人，会被罚 8000 第纳尔。如果所犯罪行是暴力袭击的话，具体处罚取决于攻击的程度和涉及的人员。根据《萨利克法典》，"如果任何人殴打另一人的头颅导致头顶的三块颅骨破裂、脑浆毕现，袭击者将被罚 1200 第纳尔"。如果有人被打断肋骨"造成开放性伤口并伤及内脏"，相应的罚款是 1200 第纳尔；如果只有血"滴落在地上"，罚金是 600 第纳尔。若是奴隶犯法，惩罚要严厉得多。奴隶若偷盗价值 2 第纳尔的物品，一经发现，不仅要赔偿，还要被按在地上打 120 棍；若偷盗价值 40 第纳尔的物品，则会被阉割或判罚 6 先令。[20]

英国普通法传统

从 5 世纪中叶到 6 世纪中叶，英国受到来自北海对岸的日耳曼和斯堪的纳维亚移民的侵犯。随着时间的推移，这些盎格鲁部族、撒克逊部族和朱特部族逐渐融合，形成了盎格鲁-撒克逊文明。事实上，英格兰（England）这个名称正是得自"盎格鲁人的土地"（Land of the Angles）。在这片昔日古罗马帝国的北部边陲，400 年来古罗马推行基督教的失败尝试几乎未留下任何痕迹。公元410年，古罗马军队撤离，罗马法典也从当地人的记忆中随之消散。从彼时直到1066年诺曼人入侵前，日耳曼传统给英国地区的犯罪与惩罚制度带来了最强烈的冲击。同彼时欧洲大陆的其他地区一样，在盎格鲁-撒克逊时代的英国，最根本的法律思想之一是人皆有价，即"身价"。有100多条法律条款列举了各类罚金，涉及从谋杀到点滴不和的方方面面。法律规定了身体每个部位的价值，比方说一只眼睛值半个人的身价；损坏一颗牙的赔偿是16先令，但后臼齿只值半价。打一拳赔偿3先令，扇一巴掌则是两倍赔偿。在大多数人看来，被掌掴的人既受了侮辱又受了伤害，可谓双倍倒霉。

到了7世纪，英国成了武装贵族精英领导下的诸多小侯国的大杂烩，基督教得以在此生根发芽。星罗棋布的小王国起起落落，直到公元9世纪初才出现了若干个较为稳定的国家。在此期间，为了避免暴力循环和世族仇杀，法律规定对杀人罪的惩罚是向受害者家庭支付赎罪金。

梅特兰（Maitland）和波洛克（Pollock）在其关于英国法律史的经典著作中指出，日耳曼入侵者"不擅文字"，且所谓的盎格鲁-撒克逊时代也不甚清晰。[21]约公元6世纪的根特王埃塞尔伯特（Ethelbert of Kent）颁布的律法——当时的人们称为法令——是第一部日耳曼成文法，其中大部分涉及暴力犯罪和牛马盗窃罪。除了规定身价金，这部盎格鲁-撒克逊时代的英国法典也采用了一些监禁方式来处罚偷盗、行巫术之类的罪行，但最常见的刑罚仍体现了欧洲大陆特色，比如断肢、死刑或放逐。自5世纪起，绞刑成了盎格鲁-撒克逊时代的英国的主要处决方式。绞刑作为主要的处决方式被一直沿用到20世纪，尽管在诺曼时代早期曾短暂地遭弃。在诺曼时代的大部分时间里，执行绞刑的过程毫无技术可言，受刑人得被慢慢勒死，而不是利用身体下坠时的重力和绞索结折断脖颈子加速死亡。从缓慢勒死到利用位于脖子底下的绞索结折断脖子，这个较人道的方法改进花费了刽子手们几个世纪的时间。

在现代刑法制度出现以前，几乎不存在什么审判程序。影响了日后正式审判程序的大量实践均来自欧洲诸日耳曼王国，例如神裁和辩护人，也就是誓言帮手（愿意为你的人品发誓担保的人）。上述这两种做法均来源于这样一个信念：上帝将站在正义的一方。自从日耳曼部族将这些基于上帝审判的做法从欧洲大陆带到英国，直到1066年诺曼人入侵之前，当地人一直依靠这套简单易行的方法进行裁决。

正如前一章所述，回顾历史，在不同的社会中，我们都可以见到某类神裁以这样或那样的形式出现。用火或水来审判在英国最常见，且审讯通常在牧师的协助下完成。曾经做过伪证或无法提供足量誓言帮手的罪犯必须接受神裁。这种方法一直沿用到13世纪，其理念基础在于相信上帝会保护无辜者。在实践中，神裁是终极审判，人们希望罪犯能在走到这一步之前就坦白。火审有若干形式。有时候，被告要被蒙住眼睛走过滚烫的木炭或炽热的金属。有时候也会用"浸锅法"，要求被告将手伸进盛着沸水的大锅，并从锅里取出一块石头或约1磅（约0.45公斤）重的东西。如果被告的手或脚在神裁三天后依旧化脓未愈，则被判有罪。在另一些情况下，被告会被投入水中，沉下去就是无辜，浮上来是有罪。杀人、伪造、行巫术、信奉异端邪说等罪行往往会用这种方式审判。

判定有罪或无辜的第二种重要方法是使用誓言帮手。在这种情况下，原告和被告都要提供誓言帮手来担保本方主张的真实性。誓言帮手的人数取决于身份等级和案件的严重程度。那些拒绝进行宣誓采证、神裁或拒绝连续四天出庭的人会被剥夺法律权益，也就是说他们将不再受到法律保护，可以被追杀。剥夺法律权益的手段可以适用于回避司法机构、拒绝支付罚金、拒绝出庭或潜逃的人。此外，这些人也会被剥夺所有财产和公民权利。梅特兰和波洛克把剥夺法律权益称为"野蛮时代的死刑"。[22] 一旦失去法律权益，一个人注定会同他所在的社群发生冲突，而周遭的人也会攻击他。在 13 世纪以前，驱逐被剥夺法律权益的人，焚烧其住所，毁坏其田地，对其追杀到底，是每个公民的权利和义务。

有些罪行，比如叛国或暗杀，是罪无可恕的，除非被告能提供足够多的誓言帮手或通过更严苛的神裁考验，比如从沸水中取出 3 磅（约 1.36 公斤）重物（而非通常的 1 磅）。此外，常规神裁中要求沸水没过手腕，更严苛的神裁要求沸水没过手肘。未能通过神裁意味着将被处决。而在诬告、习惯性犯罪等较轻的案件中，未通过神裁的人将被判断肢刑或肉刑。

日耳曼部族钟情"容易辨识的"惩罚手段，比如对诬告者割舌，对发伪誓者斩断右手。在诺曼人征服英格兰之前，盎格鲁-撒克逊的主要刑罚包括绞刑、火刑、溺毙、石刑、深坑处决、割耳、削鼻、割上唇、剁手、剁足、宫刑、笞打和卖作奴隶。有趣的是，以囚禁为目的的建筑未被提及。或许，正如梅特兰和波洛克指出的："对于一个没有监狱和收容设施的国家而言，最简单的惩罚方式就是处死。"[23]

根据 6 世纪的《埃塞尔伯特律法》（Laws of Ethelbert），逃犯在特定条件下可以向教堂寻求庇护，这些条件包括向神职人员忏悔罪行、交出所有武器、向教堂支付费用、坦白犯罪细节。罪犯可以得到 40

天的庇护，之后要面见 coroner① 并发誓从此流亡。在离开故土的过程中，罪犯会被安全地指引到最近的海港。不同于被剥夺法律权益者，自愿流亡者可以穿着白袍，带着木十字架，以免受各种侵害。但流亡者一路上不得在任何地方停留超过两晚。到了 16 世纪，亨利八世要求给流亡者打上易于辨认的烙印，以防这些人在没有得到宽恕的情况下返回英格兰。这项规定在诺曼时代剩余的时间里一直得到奉行，直到 1623 年被国王詹姆士一世废止。

公元 9 世纪，斯堪的纳维亚移民循着残暴的丹麦维京海盗的航迹，在从泰晤士河一直延伸到利物浦的一片被称为丹麦法区的地方安了家（也将"法律"这个词引入了英语词典）。他们带来了具有浓厚的斯堪的纳维亚宗教色彩的风俗，比如将罪犯勒在长木棍上并反复扎刺直至其死亡。这个向奥丁表达敬意的习俗称为 galgatra，或称绞刑树。在随后的一个世纪里，斯堪的纳维亚移民与附近的盎格鲁–撒克逊人逐渐混杂，其各自的律法和制度也相互融合，形成了英国文化。

英国历史以及普通法传统形成中的一个关键事件是居住在法国北部的诺曼人对盎格鲁–撒克逊时代英格兰的入侵。1066 年，威廉一世、诺曼底公爵的军队在黑斯廷斯战役中大获全胜，完成了对英格兰的征服。按照当时的传统，被征服地的民众通常可以保留他们自己的法律体系。为了赢得新臣民的支持，威廉一世顺势而行，沿用了大部分盎格鲁–撒克逊司法制度，同时又从欧洲大陆引入了诺曼习惯法。他最突出的一项改革是采用断肢刑而避免死刑。在此后的 40 年间，绞刑一度销声匿迹。不过，这项措施未能防止大量罪犯在被挖眼或阉割后死亡。

---

① coroner，中世纪为英王派出的官员，兼有税收和调查凶案两重职责，今译"验尸官"。——编者注

诺曼人带来了很多新元素，其中包括设立治安官、coroner、法警、太平绅士和执行官职位，这些革新后来成了刑事审判体系中家喻户晓的部分，并影响着英国普通法传统。比如 1194 年开始设立的郡级 coroner 一职，负责调查死因可疑的案件和入室案。最早记载于拉丁文和法文史料的宵禁在当时已存在了数个世纪，成为上等阶层限制下等民众活动的主要手段。威廉一世则赋予了宵禁更神秘的色彩，用它来防范时刻存在的火灾隐患。在那个广泛使用木材的世界里，这是一种非常自然的预防措施。但事实上，这一手段更有可能是为了防止盎格鲁-撒克逊反叛者利用寒冷的夜间时光秘密集会。每晚 8 点，当宵禁钟声敲响时，所有的火都要熄灭，违者将面临严厉惩罚。

诺曼人还在盎格鲁-撒克逊人裁定有罪或无辜的各种方式之外增加了一种新的神裁方式——决斗审判。早在诺曼人攻占英格兰之前 5 个世纪，决斗——源于拉丁词语 duellum（两个人之间的战争）——在日耳曼勃艮第人中就是一个约定俗成的传统。用一名先王的话说，"每个人都应时刻准备用剑来护卫他所坚持的真相，并服从上帝的裁决"。决斗规定允许神职人员、女性和残疾人雇用代理人或帮手出战，只要他们发誓不使用魔法或毒药。在大多数情况下，上等人使用马上决斗，下等人则徒步决斗。如果被告能在决斗场上从日出坚持到日落，就会被裁定无罪，原告会被绞死。在 1096 年的一起著名的决斗审判中，原告控告伊尤伯爵密谋反叛国王威廉二世。国王本人亲临现场。伯爵决斗失败，被处阉刑并挖去双眼。对决斗场地进行改进之后，比武审判变得更加实用，且规定不再允许雇用代理人。如果一名女性在审判中要对战一名男性，该男性必须站在齐腰深的坑里，该女性在坑外用拴着石头的皮带进行攻击，男性则用棍棒还击。如果该男性三次未能击中女性，就意味着该女性是无辜的。[24]

诺曼人攻占英格兰 100 年后，英格兰的犯罪问题越发严重。于是，亨利二世于 1166 年颁布《克拉伦登敕令》（Assize of Clarendon），建立了大陪审团制度。陪审员要提交本地所有已知的罪犯名单，对他们进行拷问。一旦被判定有罪，罪犯将受到严酷惩处，以儆效尤。所有没能通过拷问的人都会被处以绞刑，或被砍掉一只脚并流放 40 天。10 年之后，也就是 1176 年，《北安普敦敕令》（Assize of Northampton）规定了更为严厉的刑罚，包括（在拷问定罪之后）砍断右手和右脚。

《克拉伦登敕令》也极大地促进了监狱建设。威廉一世是这一变化的引领者，在他的推动下，英国修建了第一座皇家监狱——伦敦塔。不过，这座监狱主要是用于关押国王的敌手。除伦敦塔之外，当时还有另几座专门羁押所。到了亨利二世时期，《克拉伦登敕令》要求治安官在各郡修建监狱，关押所有等待皇家巡回法官审判的重犯。自 13 世纪后期以来，随着监狱的增加，被处监禁的罪行种类也越来越多。

被誉为"普通法之父"的亨利二世设立了巡回法官一职。这些法官定期巡视英格兰各地，通过使用标准程序处理案件，旨在最终让"普通法"通行于全国。与大多数前现代法律传统一样，习俗曾在英国各地的地方法庭裁决中扮演着重要角色，但因地理因素和涉案人的社会地位千差万别，它们常常给法官带来困扰。在随后的几年中，基于国王法庭大法官裁决的法体日趋成形。渐渐地，这些法律，或称普通法，与丹麦、日耳曼法律主导的那些地区的法规形成了明显差异。随着新判例的增加，法官们开始引用类似判例作为参考。这种做法确立了先例在审判中的重要性，并逐渐形成了一套统一的规则，它们不仅适用于英国，也适用于后来成为英国殖民地的国家。

伊斯兰法律传统

7世纪下半叶，与条顿蛮族入侵盎格鲁-撒克逊英国大约同一时期，伊斯兰教在阿拉伯半岛兴起。作为罪与罚这一主题的后来者，其后几个世纪里形成的伊斯兰法律传统在随后的1400年间逐渐传播至北非、中亚和世界其他地区。在前伊斯兰时代，阿拉伯地区的大部分惩罚主要遵循同态复仇的原则，"很好地满足了游牧社会对公共安全和社会秩序的需要"。在没有法律体系和国家概念的环境中，亲族协同成了社会最强有力的纽带。先知穆罕默德出生于约公元570年，公元610年左右开始传教，但伊斯兰律法直到公元8世纪才开始形成。[25]早期的伊斯兰律法在很大程度上沿袭了阿拉伯文化的遗产。与摩西律法相似，伊斯兰法律传统也是一种神权法律体系，基于神通过圣典授法于先知的信仰。不过，犹太律法的发展从未能达到伊斯兰律法的程度，这在很大程度上要归因于犹太人屡屡被监禁和驱逐的命运。

根据伊斯兰律法，犯罪指的是"行被禁之行或疏于应尽之责"。[26]这个定义与西方实证法中的定义"违反公法并会受到以国家名义实施的惩罚的主动行为"[27]差不多。伊斯兰的司法实践始终强调双重保护，既尊重被告人权利，也重视对社会的保护。对此，我们可以通过发生在"9·11"恐怖袭击事件之前的一个现代案例来说明。一名索马里军阀讲述了这样一个故事：他命人把失手杀死了一个平民的士兵送到受害者家中，"迅速对其头部开枪"。军阀无意间对采访者说道："这是伊斯兰法律。这让公众满意。"[28]

伊斯兰法律传统最重要的两个来源是《古兰经》中的伊斯兰教法（Sharia）和圣行（Sunna）。被视为"《古兰经》外经"的圣行由阿拉伯习俗和先知的生平事迹构成。伊斯兰教法则是来自真主的不容亵渎的律法。从西方观点看来，它似乎不像法典那般包罗万象，结构上也较松散。作为法律典籍，它的一大弱点在于，既然是真主所定，那就既不能改变亦不能增补。此外，由于《古兰经》刑法的形成年代太早，如果想适用于当代的刑事审判，即便绝非不可能，也有相当难度。

诠释先知遗训的任务落在了乌力马（ulama，或称法律专家）的身上，他们自中世纪起就在社会生活中占有一席之地，这一点同基督教的神职人员没什么不同。公元 900 年，乌力马认定伊斯兰教法是完备的，无须再做更多的诠释。人们很难概括伊斯兰律法的发展，原因之一就在于，穆罕默德死后的若干世纪里出现了四大伊斯兰法律学派，每一派都对法律做出了不同的诠释。这四大学派各自以其创始学者的名字命名，有的宽容开明，有的则坚持宗教激进主义。其中最开明的当属哈乃斐学派（Hanafi），他们意识到，社会在改变，创造各种法律的环境也在改变，因此"律法并非不可改变"。发源于伊拉克的哈乃斐学派在漫长的奥斯曼人统治期间因诠释律法而声名卓著，它也是如今印度大部分地区、巴基斯坦以及除阿拉伯半岛之外的其他几个中东国家的官方学派。态度最严格、最保守的是罕百里学派（Hanbali），它对其余三派的任何创新都一概反对。该学派如今活跃在沙特阿拉伯。

在穆斯林刑法中，罪行分成三大类，相应的惩罚是由《古兰经》确定还是由法官决断各有不同。那些不可饶恕的罪行须给予强制惩罚，因此适用罚戒重罪的伊斯兰教法，且不得宽恕、调解或开脱，相应的惩罚也严格遵循《古兰经》和圣行的规定。对罪犯的惩罚方式以肉刑为主，但与终身监禁和西方国家使用的其他惩罚手段不同，伊斯兰教法的行刑过程迅速、公开，且只给罪犯带来短暂的痛苦。[29] 比如，若窃贼被判削手，医生通常会事先为他们施麻醉，然后用利刃行刑。究竟何种罪行要依伊斯兰教法判决，目前并没有共识，但绝大多数资料显示，伊斯兰教法涉及的罪行主要包括通奸、偷窃、抢劫和诽谤。通奸或发生非法性关系，也就是主动与配偶（无论是否已婚）之外的任何人发生性关系。不过，近来伊斯兰教法已对涉案一方是否已婚做出了区分。若性接触的程度仅限于男性器官插入女性器官，具体惩罚可依情酌定。正如上一章提到的，各个社会十分重视保护和维护信众中清白、高尚的血统。有罪一方的身份不同，犯通奸罪的惩罚也不同。通常，对已婚者的惩罚是石刑，对未婚者则处 100 下鞭刑。

关于伊斯兰法律传统中的石刑，在此有必要附上一笔。与伊斯兰法律本身一样，石刑基于早前的习俗，尤其是《旧约》里提到的摩西用石刑惩罚不守安息日的人。从公元 1 世纪起，犹太教法将石刑定为对一系列违法行为的惩罚手段，并详细规定了行刑方式。不过，对于石刑究竟在多大程度上得到应用，我们只能凭借推测。

石刑并没有记载于《古兰经》，但出现在关于伊斯兰律法传统的圣言录中，并被明确规定为对通奸行为的惩罚手段。直到 2007 年，伊拉克库尔德雅兹迪教派聚居区仍有石刑处罚的案例。西方人或许认为石刑野蛮残忍，但从历史的角度来看，有学者认为，石刑符合穆罕默德时代阿拉伯社会的价值观。纵观历史，人们在实施刑事处罚时往往雷声大雨点小，更多的是"一种象征性的警告"，而非结结实实的惩罚。

不经允许转移他人财物并意欲据为己有的行为是偷窃。该类行为的严重性通常取决于偷窃的价值和手法。尽管如此，伊斯兰教法规定："偷窃者，无论男女，一律砍断双手。"为了起到震慑作用，行刑通常公开进行。不过，被窃物品应具有最基本的价值，如果偷窃的是酒、猪肉等在伊斯兰教义中毫无价值的东西，则无须受断手刑罚。

抢劫，即武装抢劫或拦路抢劫，由于使用了强迫和埋伏手段，被视作更为严重的罪行。《古兰经》对此类罪行的惩罚是"处死、钉十字架、交叉断肢或驱逐出境"。有一种司法解释认为，法官在判决时有一定的自由裁量权，可以根据罪行的严重程度决定具体的惩罚手段。但大多数解释认为，实施何种处罚完全取决于罪行的严重程度，法官并没有自由裁量权。杀人者将死于剑下；偷窃者将被交叉断肢（斩断右手和左脚）；使用暴力威胁但并没有杀人或偷窃的，被驱逐出境（或监禁）；同时犯有偷窃和杀人罪的将被钉十字架。同斩首一样，断肢刑也用剑或弯刀执行。不过，关于钉十字架的方式仍存在争论。大多数人认为，抢劫犯会被活生生钉上十字架，然后用长矛刺死。另一些人则认为，罪犯会先被处决，然后尸体被钉在十字架上三天，任凭风吹日晒，以此作为对其他人的警告和震慑。既谋财又害命的土匪将被斩首，陈尸十字架。如果仅仅杀了人但没有偷窃，则仅被判斩首。总之，侵害商贸和旅行的行为绝不能轻饶，这或许可以解释为何相应的刑罚如此严酷且要公开进行。

伊斯兰教法规定的第四种罪行是诽谤，也就是诬陷他人有不道德行为。要证明一起通奸案，必须有四名男性证人对目击的情况做出清晰描述。如果其中三个人的证词对被告不利，但有一名证人不能证实该行为，则另三人将受惩罚。比如说，若一名女性被控通奸，但控诉人无法依照法律要求提供四名证人，便属于诽谤。对诽谤罪的惩罚是鞭打 80 下。

被判以同态复仇类惩罚的罪行，或被称为"血腥"犯罪，通常是指有意或无意地伤害他人的躯体。和这个概念相似的现代法律术语是"人身伤害罪"，包括谋杀、主动或被动杀人、故意或非故意的人身伤害、致人伤残。对此类罪行的惩罚有两种方式。同态复仇惩罚只适用于针对人身的故意伤害，且需证据确凿。同态复仇在伊斯兰教法中由来已久，目的是要满足受害者及其家人寻求报复的普遍心理，同时避免报复过度，不致引发世仇和更多暴力。在此情况下，同等程度的复仇是被法律允许的，这与《汉穆拉比法典》以及后来的希伯来法律中感同身受、刑同其害的原则从本质上来说是一回事。但与《汉穆拉比法典》不同的是，根据伊斯兰教法，如果有人放火烧了他人的房屋，受害人不能用同样的手法实施报复，否则便会受到处罚。另一种惩罚方式是支付赔偿金，即向受害者或其家庭支付赔偿，该方式适用于非故意伤害罪，包括被动杀人和非故意伤害。最初，赔偿金的数量是一定的，不依社会经济地位而变。大部分学者认为，对女性的赔偿金是男性的一半。按照举证要求，使用赔偿金惩罚之前必须证明被告人神志清醒且做出犯罪行为时是出于自愿。因此，想寻求同态复仇的人必须具备相应的知识和技能，能够做出适宜的复仇行动，否则就要由专业行刑者代劳。同态复仇的限度在于施予罪犯的痛苦不能比受害人遭受的更大。如果缺少确凿证据，则只能适用赔偿金处罚。

第三大类，也是最轻的一类，是可判酌定刑的罪行，主要指的是《古兰经》或圣行没有规定惩罚方式的犯罪行为。有阿拉伯学者认为，酌定刑惩罚比伊斯兰教法或同态复仇规定的惩罚更严厉，因为后者有预先规定且惩罚是有限度的，而酌定惩罚则完全由法官决定。在此方式下，"一个人有可能被反复鞭笞，直到完成必要的忏悔或赎罪"。[30]可处以酌定刑的罪行包括小偷小摸、通奸未遂、同性恋行为、强奸以及其他伊斯兰教法禁止但并未规定相应惩罚措施的行为。因此，对被控吃猪肉、做伪证、放高利贷、饮酒、在秤上做手脚者的惩罚各有不同。既然惩罚方式由法官或统治者决定，他们就要首先考虑罪行的严重性，然后考虑罪犯本身的人品、犯罪记录、生活方式和最终给社会造成的损失。此类罪行很少会被处死，但遭鞭笞极为常见，这对罪犯本人和社会都是最好的选择。鞭刑受青睐的原因在于执行迅速，能让罪犯——通常是其家庭唯一的收入来源——返回工作岗位养活家人。不使用监禁手段，罪犯的家庭就不会成为国家的经济负担，罪犯个人也不会受到监狱里其他罪犯的负面影响。鞭笞刑的下限是三鞭，上限说法不一，但通常为 39 至 75 鞭不等。有一则故事或许可以说明法官在处理酌定刑时如何灵活地行使自由裁量权。也门的首任总督用葡萄酒招待宾客，然后对那些喝醉了的人提起控诉。当客人们提出抗议时，他解释说："我惩罚的不是饮酒，而是醉酒。"哈乃斐学派只禁止饮用葡萄酒，因为那是先知时代唯一可得的酒类，其他种类的酒精（或毒品）只要不至于使人沉迷，就未必会被禁止。

就很多方面而言，酌定刑似乎更现代。某些行为并没有相应的具体惩罚，但这些行为的确不是穆斯林应有之举，酌定刑的运用使得伊斯兰教法既可以"发展并应对现代生活的新需求"，同时仍然能满足伊斯兰社会的要求。调和中世纪价值观与现代社会之间差异的困难可以从最近的一个案例中窥见一斑。一名沙特女性因违反本国禁止女性驾车的禁令被判鞭笞 10 下。作为全世界唯一不允许女性开车的国家，那里的很多家庭被迫雇用驻家司机。然而每月至少 300 美元的额外开支超出了大多数家庭的经济能力，因此女性不得不依赖男性亲属送她们上学、就医和购物。于是就出现了这样一个问题：没有成文法规定女性不得开车，但按照传统习俗和宗教信仰，有必要设立限制自由和活动的禁令，从而让女性远离罪恶。抗议者指责当局因驾车鞭笞女性，因为对交通违法行为的惩罚至多不过是罚款而已。在此要为警方辩解的是，尽管警方的确会拦下开车的女性，但通常只是询问而已，并在她们签署不再开车的保证书后便放行。巧的是，那名被判鞭刑的女性当时正在参加一场有组织的抗议活动，因此这顿鞭刑有可能是来自宗教强硬派的报复。[31]

现代世界的伊斯兰教法

从现代观点来看，保守的伊斯兰法律往往被视为既严酷又不合时宜。这主要是因为现代政权抛弃了伊斯兰法律中的实证思想，背离了伊斯兰教义和精神。不幸的是，在伊朗、巴基斯坦、沙特阿拉伯、苏丹、尼日利亚和阿富汗这些用伊斯兰教法取代了更开明的世俗法律的国家里，教法中不太人道的一面愈演愈烈，尤其是有些惩罚的确源自以伊斯兰教法为基础的刑罚体系。石刑是这一类惩罚中最常被提及、最容易被误会的一种。伊斯兰法律和其他习俗的设计初衷是要保护男性血统、家庭、荣誉和财产。在部族社会里，族长掌握着孩子的血统关系。性犯罪之所以要被处以石刑（而非其他形式的处决），是因为人们认为此类罪行辱没了族群的血统，因此要由部族成员共同惩罚。与其他惩罚手段不同，被家人、旧日好友和邻居在大庭广众之下用石头砸死，对罪犯而言一定相当可怕。人们希望这样的判决能够杀鸡儆猴，减少引发亲子关系问题、威胁部族血统完整的犯罪行为。

以下是伊斯兰教法在过去几十年间的几个应用案例。伊朗的伊斯兰教法禁止放高利贷行为，任何放贷牟利的人都会被判处 74 鞭以及最长 3 年的监禁。此外，法令还规定，初犯者要被剁掉右手的 4 根手指，再犯者被剁掉脚趾，第三次犯则要被终身监禁。一个案例体现了同态惩罚的持久影响力。2011 年，一名伊朗男子因将一桶硫酸泼在一名拒绝与他结婚的女性脸上而被定罪，并被判以相同的方式弄瞎双眼。[32] 此案发生在 2004 年，受害人在攻击中失明，容貌被毁。她有权宽恕攻击者，但她不顾国际人权组织和英国政府的呼吁，拒绝原谅他的罪行。她的理由是，惩罚乃是对其他打算做类似行为的人的警告。2008 年，伊朗的一个法庭"同意受害者的要求，依据伊斯兰法理允许受害者向罪犯寻求报复"，下令在该犯的每只眼中滴入 5 滴相同的化学品。只有受害者本人才能以宽恕罪犯的方式阻止判决。[33]

沙特阿拉伯仍使用斩首作为处决方式，侨居利雅得的外国人把行刑的地点译作"咔嚓咔嚓广场"。在那里，刽子手用 4 英尺长的弯刀公开行刑，血水通过一个小小的金属阴沟盖流进下水道。

1983 年 9 月的一天，气温一如往常达到近 38℃，数千名苏丹人聚集在喀土穆城北一所监狱的庭院内，焦急地等待观看伊斯兰式行刑。两名因偷窃获罪的男子坐在椅子上，脸上蒙着白布，准备接受传统惩罚。行刑前，焦躁的群众聆听了对这两个人的指控。《古兰经》中关于非法占有的韵文被大声念诵，人们齐声高呼："真主是伟大的！"接着，持刀的行刑者出现了，麻利地砍下了两名罪犯的右手。令人惊讶的是，罪犯几乎没有流多少血。观察者认为这可能是因为他们的上臂扎了止血带。对于其中一名罪犯而言，这还不算完。此人是尼日利亚移民，下个月，他还要被砍掉一条腿。[34]

1996 年，阿拉伯联合酋长国的一个伊斯兰教法庭判决一名菲律宾女佣受罚 100 鞭，罪名是她刺死了雇主。鞭刑分 5 天进行，每天执行 20 鞭。当地官员说，这只是象征性的惩罚，行刑者在胳膊下垫了一本书以减轻抽打的力度。尽管女佣声称前雇主企图强奸她，自己只是在自卫，但仍免不了被判鞭刑并处一年监禁，之后被驱逐出境。

有很多伊斯兰教法的支持者将本地的低犯罪率与非伊斯兰教法地区的高犯罪率进行对比，声称这是伊斯兰律法的功劳。这个观点值得商榷，因为这些国家的犯罪数据很少被拿出来与世界其他地区共享。不过，有一个地方的确可以体现出伊斯兰教法的作用，那就是1996年的索马里。当时，摩加迪沙（Mogadishu）到处都是家族仇杀、强奸、抢劫以及——用一名《纽约时报》记者的话说——"宛如世界末日后的"随意杀人。走投无路之下，一所伊斯兰教法法庭临危受命，将首都部分地区由"无法无天之地变成了相对安全、文明的区域"。如果说有人对平息犯罪潮的方法有任何质疑的话，那主要是针对砍掉本地窃贼手足（在不使用麻醉的情况下公开行刑），并置于本地体育场前示众的做法。[35]

20世纪90年代以及21世纪的第二个10年间，塔利班用伊斯兰法律的极端版本完成了"自我定义"。随着该组织在阿富汗的壮大，他们也向世人展现了自己的伊斯兰法律。与大众认知相反，在20世纪90年代塔利班上台之前，对通奸犯行石刑的做法在阿富汗并不常见。而那些确实使用石刑的案例均有严格的宗教监督，且首先进行了公正的审判，并由宗教学者为惩罚设定限制。按照规定，石头应体积较小，参与行刑的人在投掷时手臂抬起的高度不得超过头。最重要的是，必须通过合法的法庭来完成。在2010年的一起案件中，一对夫妇因私奔被石刑处死，行刑地点位于一个村落里，没有政府监督。一名教派长老指责这起石刑违法，指出用大石头执行石刑，是不正义的，也是错误的。[36]

在2010年的一起案件中，昆都士省（Kunduz Province）的数百名村民参与了处死一对年轻人的石刑。但在更多情况下，尤其是如果涉事男性属于塔利班组织或与该组织有密切关系，石刑只会落在女性身上。有时候，同性恋会被迫站在砖墙前，被推倒的砖墙砸死。塔利班极尽严格地践行伊斯兰教法，对宽恕问题亦不例外。1999 年，一名男同性恋被判死刑，具体方式是用一堵 15 英尺高的墙砸死。一辆坦克被用来摧毁砖墙，这名 60 岁的受害者头部严重受伤，似乎已一命呜呼。然而，他活了下来。按照塔利班法律，如果罪犯在处决中死里逃生，死刑判决就一笔勾销。受害者抱怨着伤痛，感谢真主将自己从死亡的边缘拉回来。他事后告诉记者："我被错判了鸡奸罪。真主证明了我的清白。"[37]

1996 年，塔利班控制了近 3/4 的阿富汗领土，他们在那里强制推行自己的司法体系，并在当年年底前公开处决了自秋季占领喀布尔以来的第一名罪犯。行刑前，一名毛拉（伊斯兰教民对人的尊称）通过扩音器宣布了塔利班统治下的第一起处决，并强调，"让这次处决成为对其他人的警告……很快，我们将把我们的伊斯兰律法推行到阿富汗全境"。接着，他重复了塔利班的刑罚，从断肢、石刑到鞭笞。罪犯请求宽恕，冷峻的行刑手置若罔闻，手持卡拉什尼科夫冲锋枪靠近这个在几周前杀死了自己的妻子和三个幼子的男人。不会有宽恕，"他快速迈出最后几步，单膝跪地，举枪瞄准"，从约 30 步开外的地方射击。处决受到了数千名围观者的欢呼，其中很多人是塔利班的铁杆支持者。[38]

在另一起案件中，塔利班在一座可容纳两万人的体育场内对一名犯通奸罪的女性实施了鞭刑。大多数时候，行刑用的鞭子长 3 英尺，罪犯的痛苦呻吟常常被伊斯兰经文的吟诵声淹没。未婚的通奸犯一般被判处 100 鞭，已婚的被石刑处死。不过，在上面提到的例子中，该女犯离时显然没有明显的伤痛。在这起事件中，惩罚的目的不在于施加肉体痛苦，而是要让她颜面尽失，因此公开行刑是必要的，但落鞭很轻。

　　有一起伊斯兰法律案件彰显了宽恕之道。此案发生在尼日利亚，该国现行的法律体系基于英国殖民者引入的普通法，并吸收了阿拉伯商人和征服者带来的伊斯兰法律。2002 年，一名文盲女性因婚外性行为被判石刑。然而，在另庭上诉期间，发现由于法律程序错误，她实为无罪蒙冤。如果她当时被处死，那将是自 1999 年尼日利亚北方十二州采用伊斯兰教法以来的第一起石刑处死案件。对这名女性的判决中有个新颖的辩护主张，叫作"沉睡的胎儿理论"。伊斯兰法律的某些解释认为，有些胎儿会在母亲的子宫里待 5 年以上。如果是这样的话，就有可能意味着她的前夫在他们离婚前两年让她怀上了这个孩子。此外，判决认为逮捕她的警察违反了伊斯兰教法，因为她并非被当场抓奸，而警方没能按要求提供四名证人。[39]

　　法律传统在不断发展，这往往可以体现在对某些罪行的惩罚由严酷变温和上。迟至奥斯曼帝国时期，当宗教权威和世俗权威合二为一时，石刑以及其他刑罚已是残酷的旧日余孽。但至奥斯曼帝国四分五裂后近 60 年，也就是 1979 年，伊朗革命修订了刑法典，不仅重新收入石刑，而且还规定了行刑程序。在正式行刑前，男犯以站姿被埋至腰部，女犯被埋至胸部。石块不能太大以至于让受刑人立时毙命，也不能像小鹅卵石那么小。如果通奸犯坦白了罪行，法官必须第一个投掷石块。如果罪行是由证人证实的，则证人必须先投掷。任何幸运地在石刑中存活下来的罪犯将被释放，不再受其他惩罚，不过这种概率非常小，因为受刑人在被埋好等待受刑前已被捆住双手并蒙上布。2010 年，伊朗的律师们声称，自 1979 年革命以来，只有 100 人被执行石刑，且石刑数量呈逐年下降的趋势。2006—2008 年至少执行了 6起，与此同时，在阿富汗，石刑在事关道德的案件中的应用似乎有所增加。[40]

在西方有这样一种倾向，观察者们往往认为伊斯兰法律传统残酷无情。但近期发生在伊朗的一个案件或许可以说明，围绕着支持死刑的辩论在高级神职人员和法官间正越来越激烈。2007年，一名17岁的年轻人在冲动愤怒之下——年轻人常有的事——持刀杀死了情敌。在大多数情况下，在这样一个有着最繁忙的处决机器的国家里，这名年轻人的生命就算走到了尽头。然而，过了7年，这个年轻人仍然活着，郁郁不可终日地等着轮到自己被送上法场。虽然在此前的一年里已有至少600人被处决，但与其他很多地方一样，伊朗社会对死刑的支持率正在下滑。有些观察者认为，这或许要归功于日益增加的中产阶级和社会媒体的壮大。但这个案例并没有那么简单，它还涉及关于何为成年的矛盾解释。根据伊朗的伊斯兰教法，女孩9岁就被视为成年，男孩则是15岁。另一方面，年轻人取得驾照或服兵役的合法年龄是18岁。因此，17岁时杀了人，这个男孩便给法律制度出了一道难题（虽然在此期间仍有其他青少年被执行死刑）。最终，在2012年，负责维护宪法的宪法监护委员会（Guardian Council）修改了青少年惩罚条例，废除了包括涉毒在内的"可酌情裁量的"罪行的死刑处罚。

萨法尔·安古提（Safar Anghouti）原本要在他24岁那年，即2014年1月20日被处以绞刑。要不是有伊玛目阿里流行学生协会（Imam Ali Popular Students Association）的帮助，他必死无疑。这个社团援引了对伊斯兰律法的官方解释原则，该原则允许受害者及其家人寻求报复，且在很多案例中可通过现金赔偿的方式达成谅解。根据伊朗的伊斯兰法律，被定罪的杀人犯和其他罪犯可以向受害者家庭支付赎罪金。但这名年轻人出身贫寒，注定拿不出受害者家庭要求的5万美元赔偿金。学生会在 Facebook（脸书）上发起了一场不同寻常的活动，筹得的钱款比所需的还多出 1.3 万美元。虽然司法部并不赞同志愿者介入法律诉讼，称此举损害了受害人寻求报仇的权利，但学生团体在 2013 年不断向死者家庭求情，力图让他们接受赔偿。在受害者家庭和学生团体的共同努力下，受害者家庭认为允许杀人者活下去"是宽容慈悲之举"。或许，借用凶手的姐姐的话来概括传统伊斯兰教法中蕴含的这种宽容品质最合适，她说："他们没有为复仇欢呼，而是用钱一笔一笔凑出了我弟弟的生命。"[41]

不幸的是，21 世纪偶尔发生在伊朗、巴基斯坦、苏丹、阿富汗和尼日利亚对窃贼削手、对通奸者石刑处决的案例已经给一个就很多方面而言非常公正的法律体系带来了坏名声。我们应该明白，典型的伊斯兰审判和实证保障在很多时候都被忽视了，这才使得宗教激进主义政权得以拥抱与伊斯兰教义和精神背道而驰的惩罚手段与对罪行的解读。

中国和蒙古的法律传统

人们在讨论世上最伟大的法律传统时很少提及中国，但中国有着令其自豪的近 2000 年的法律体系。中国传统经由朝鲜半岛影响了日本的发展。早在公元 8 世纪，随着诸多建立中央集权国家所需的要素传入日本，儒家学说、佛学和汉字也在日本被奉为范式。在日本，与中国的交流常常被视为来自亚洲的最早的外部影响，而其与西方的接触则要再过 8 个世纪。

要想理解中华法律的变化过程，关键在于意识到它经历了一个相当漫长的独立发展阶段。商朝（前 1600—前 1046 年）是第一个有据可考的朝代，也是第一个有刑法的朝代。最早的中华法典《法经》是在早期法典的基础上编纂而成的，其中收录了关于盗窃和抢劫的律条，以及拘捕、监禁和审判规则。各种肉刑在早期的中国都有应用，其中一些是作为标记罪犯的手段。当罪犯带着被刺墨的脸、缺失的鼻子和伤残的双脚出现时，无言中就已宣告了罪行的存在。不过，被处宫刑的罪犯就不那么容易辨认了。对于一个试图用有限的工具凝聚起整个社会的国家而言，这部早期法典可谓一大进步。直到约8个世纪之后，即唐朝（618—907年）时，另一个重大转变方才出现。

大部分资料显示，中世纪时期中国的罪犯以青年、无一技之长的人和单身汉为主——这类人在今天通常也是犯罪高危人群。大约从7世纪到18世纪，法律规定没有供状不得定罪。法律允许法官进行刑讯，但如果有无辜者因刑讯死亡，法官及其师爷会被处决。法律允许的刑讯手段包括用小鞭子抽打、以竹棍笞股、夹指、夹脚踝、用皮带抽脸。当被告最终招供后，法官便可按照自7世纪中叶时启用的判决程序进行定罪。[42]

起初，中国人把最严厉的惩罚手段通称为"五刑"。不过，这一通称的实际内容已在数个世纪中发生了变化。在上古时代，五刑专指墨、劓、刖、宫、大辟五种体罚。汉朝（公元前202年—公元220年）的刑罚较为宽松，朝廷在公元前167年废除了劓刑、刖刑和墨刑。宫刑大约是在3世纪时被废除的。在汉朝，除死刑和鞭笞外的所有肉刑都被各种形式的劳役取代。

根据公元581至583年颁布的隋律（此律令是公元624年的唐律的前身），上述五刑得到进一步调整，形成了一直沿用至现代的形式。这五种刑罚包括：笞（用细荆条打10~50下），杖（用粗荆条打60~100下），徒（劳役1~3年），流（流放千里之外），死（绞刑和斩首）。[43]

唐朝时期的中国或许是世界上疆域最广、最富庶、人口最多的帝国。它的边界直抵伊朗和朝鲜半岛大部。由于早期的法典残缺不全，因此在这里，我们将把唐律这部中国现存最早的完整法典作为研究的起点。与希腊法典类似，唐朝的法律并非源自宗教，而是出于需要的人为产物。同其他很多社会的情形一样，依照一个人的社会地位以及罪犯和受害者的关系，相应的惩罚往往有所不同。

威胁皇帝和国家、以下犯上、破坏家庭的行为被视为最严重的罪行。犯此三类罪，通常不仅要处死罪犯本人，还要惩罚其全家。对于叛国罪，父亲和儿子皆判绞刑，其余家庭成员中不满 15 岁者连同家中的祖父母辈、曾孙辈一律充作奴役。根据公元 653 年的唐律，有233 种罪行可被处绞刑或斩首。300 年后，宋律又增加了 60 条死罪。凌迟之刑最早出现在元朝律法中。在 1397 年的大明律中，有 13 种罪行适用凌迟，282 种罪行适用传统刑罚。如果有人因此以为中国滥施死刑，那么请别忘了，中国的死罪从未超过 300 种，与英国 18 世纪太平盛世时使用的《血腥法典》（Bloody Code）相仿。（《血腥法典》指的是 1688—1815 年英国的刑法制度，彼时，刑法中增加了数百条死刑重罪。）

现代中国刑法改革的主要障碍之一是这个国家悠久的历史和深厚的传统。在此传统中，刑法不是适用于所有居民的"客观法典"，而是被视作帝王权力的延伸。因此，"供词是对权威的屈服，而鸣冤则被视作大逆不道"。换句话说，按照唐朝律法，只有有了供词才能定罪（没有供状的案件不会被正式受理）。归根到底，确立司法制度是为了维护政府的权威，而不是为了保护嫌疑人的权利。[44]

为了理解中国的惩罚制度，尤其是帝国时代的惩罚制度，我们必须把握儒家学说的某些要义。在儒家"忠"（尊敬师长、官员和皇帝）的原则之下，古代中国的官员拥有特权地位，这使得他们有时可以"用赎金或降职的方式免于惩罚"，甚至某些特定的死罪亦可被免除。这种保护措施与儒家的士应以善行为天下表率的思想是一致的。反之，当他们未能达到这样的期许且作奸犯科时，将受到比普通人更严厉的惩罚。这一点在叛国罪上尤为突出，犯此罪者诛灭三族，包括父母、兄弟、妻室和子女。涉及儿女之道，也就是"孝"的案件，若儿子殴打父亲，可判死刑；反之，若父亲殴打儿子，可以不受惩罚，因为约束子女乃是做父母的责任。另一方面，如果家中的独子被判死刑，或许可以得到宽恕，因为他是唯一能照顾父母的继承人。儒家的仁指的是仁爱，认为一个社会应该保护弱小。刑法中的规定或许最能说明此思想：未满 15 岁的少年、超过 70 岁的老者、女性（尤其是孕妇）以及精神异常、身体羸弱的人若犯罪，其所受惩罚应轻于普通人。[45]

成吉思汗在其统治时期颁行了《大扎撒》（ Great Law）。虽然他的法律成就常常被军事功绩淹没，但值得我们在此做一番回顾。由蒙古帝国首领推行的这部法典同当时其他的法典有很大区别。它既非基于神明的启示，也非承袭自定居社会的古老法典，而是整合了数个世纪以来游牧部落践行的习俗和传统。《大扎撒》是所有人都要遵守的习惯法，但各部族可以在自己的领地内遵循各自的传统法律，只要不与《大扎撒》冲突即可。根据近期的一项关于成吉思汗的研究，《大扎撒》并不是一部法律汇编，而是一项持续的工作，一个在他生命的最后 20 年仍然不断发展的"活法律"。[46]

成吉思汗用《大扎撒》来控制日常生活中最麻烦的问题。他的法律大部分来源于自身的经历。他的妻子曾遭绑架、强奸，并生下了第一个孩子（虽然不是自己的亲生孩子，成吉思汗仍将他当亲骨肉般养育，并视为长子）。从此，他废除了草原上绑架女性的传统，以图终止部族间的不和。此外，他宣布所有的孩子，无论是嫡出还是庶出，都受到法律认可，这同样来自他的亲身经历。他大刀阔斧地斩除矛盾源头，宣布通奸为非法行为。从定义上说，这里的通奸不包括女性和她丈夫的近亲发生性关系，也不包括男性和女仆以及家中的小妾之间的性关系，仅仅指来自两个不同家庭的已婚男女间的性关系，且除非这种关系引发了家庭间的矛盾，否则不被视为犯罪。

成吉思汗的《大扎撒》仅实行了 70 年，在那期间，所有人都享有宗教自由。而且与当时的西方国家不同，《大扎撒》规定没有人可以凌驾于法律之上，包括统治者在内。到了 13 世纪，这部法典的影响力已渗入蒙古帝国司法体系的方方面面。法典将死罪由 233 种减为 135 种，而且很少施用。成吉思汗在位 34 年，其中 30 年有记录留存。这些现存的记录显示，在那期间，被判死刑人数最多的是 1283 年，为 278 人（最少的是 1263 年，只有 7 人）。最值得一提的是，当蒙古朝着限制死刑和酷刑方向迈进时，欧洲那些更"先进"的国家以及天主教会正颁布法律扩大死刑范围，以应对日益增多的犯罪。当蒙古人对拷问做出限制，规定只能使用藤条时，西欧人却在用越来越精巧的刑具增加罪犯的痛苦，比如轮刑架、钉板和火刑柱。

小结

从犯罪学和历史的角度而言，关于法律传统的讨论往往带有地方性观念，且主要着眼于 21 世纪仍然存续的那些传统。然而，我们在这么做的时候，其实遗漏了那些主流法律传统之外的地方性法律体系，忽略了那些独立发展、未受外界影响的地区。[47]在下一章，我们将讨论封建文化最终让位于城市化发展和国家建设后罪与罚的变化。封建制度不仅是西方现象，而且是直到 19 世纪为止遍及亚洲、非洲、欧洲和新大陆各社会的重要组织因素。

第三章　变化中的犯罪：从封建制度到城市和国家

在现代民族国家诞生之前，诸多类似的社会体系（一般是封建社会）遍布全球。[1] 每个带有行省色彩的地区都体现着其独特的地域文化。在有些观察者眼中，封建制度意味着一系列在 9 至 15 世纪盛行于中世纪欧洲的法律和军事传统；另一些人则将封建制度更宽泛地理解为以分封土地换取效忠和服务为核心的社会构建体制。

封建社会在欧洲中世纪早期，即 5 至 8 世纪时就已成形，彼时，社会进入了以传统亲族安全体系破裂为标志的新时代，正构建着社会组织和凝聚的新模式。很多人把该时期中央集权的弱化归咎于古罗马帝国的瓦解和西罗马官僚国家机构带来的混乱。在这个分崩离析的漫长过程中，城市作为行政中心和专门的经济活动场所的重要性一步步减弱，公共权威逐渐落到了大地主手中。还有其他很多因素也对削弱传统的政府结构起到了推波助澜的作用，其中包括管理能力不足、教育水平低下，以及货币流通受限。总之，10 至 12 世纪，欧洲缺乏强大的中央集权国家，这是不争的事实，这意味着没有哪个政权有足够的力量去征税、执法、屯兵、维持和平、主持正义。除了苟延残喘的中央政府——教廷[2]、屈指可数的几个君主国和神圣罗马帝国，大部分政府机构只能在本地相对较小的人群中实施统治。封建时期罪与罚的一个特点就是，政府当局将民众划分成小单元，置于本地封建领主的管辖之下，后者承担了很多通常该由国家行使的职能。这样一来，当涉及司法事务时，大部分罪犯最常接触的可能是本地领主的采邑法庭，这也是唯一同农民或平民打交道的司法机构。采邑法庭被赋予了解决争端和处理法律事务的权力，将罪犯移交给领主处理是司空见惯的事，领主也有权就地绞死窃贼。

从杰弗里·乔叟（Geoffrey Chaucer）到蒙蒂·皮东（MontyPython）和昆汀·塔伦蒂诺（Quentin Tarantino），不少人都让我们对封建社会有了成见。的确，封建社会既残酷又愚昧，但也庞杂而层次分明。封建社会建构在错综复杂的等级关系之上，这个关系网维系着领主、武士、主教、农奴、工匠和属臣，他们彼此协助、相互依赖。[3] 鲜有学者能在"封建主义"这个术语的准确含义上达成共识。该词常常与"中世纪主义"互换使用，在大多数情况下，二者都带有负面色彩，暗示着某种"倒退"。我在此无意探讨一个社会是封建社会还是半封建社会，而是要研究具有封建基本特征的社会里的罪与罚的特色。对于看过塔伦蒂诺那部颇受争议的影片《低俗小说》的读者而言，"回到中世纪"这个表述听起来可能像是不合时宜的用词，或者是对历史的蔑视，但事实上，它捕捉到了世界各地封建时代的特色——暴力，涂炭生灵的暴力——无论过去还是现在。中世纪社会真的是冷酷又"残暴"。[4]

按照经典定义，封建制度存在于"领主将封地分封给属臣""属臣提供军事服务作为回报"的社会中。[5] 法国历史学家马克·布洛赫（Marc Bloch）扩展了该定义，将领主与提供劳力以换取保护的农民之间的关系（采邑制）也纳入其中。[6] 依年代与地域不同，封建制度有多种表现形式，在西方和非西方社会中均存在。马克思主义历史学家的看法较为极端，他们把封建制度视为人类历史的必经阶段，认为每个社会或早或迟都要经历。除了中世纪的欧洲之外，有些历史学家甚至在印度、前殖民时期的非洲和中国、中亚和中东的农业社会里也找到了封建经济和社会结构。不过，这些例子显然与将"封建制度"这个术语严格限定在中世纪西欧少数几个国家的传统学术观点大相径庭。鉴于本章的研究目的，我们在此将封建制度定义为一种以世袭等级为特征的社会和经济制度。在此制度之下，个体拥有可以继承的社会与经济特权。或许，对封建社会最好的理解就是，这是一种"政权组织形式，其中的基本关系不是统治者和臣民，也不是国家与城市，而是领主与属臣"，这是一种封建领主与其自由属民和重装武士之间的自愿关系，后者承诺用军事服务换取个人忠诚。[7] 早在 843 年，《凡尔登条约》(Treaty of Verdun) 里就载明，"每个人都应臣服于某个领主"，只有教皇和在君士坦丁堡的神圣罗马帝国皇帝除外，因为他们是上帝的属臣。[8]

　　关于封建社会的罪与罚，最经典也是最常被引用的例子来自西欧和日本。1066 年，诺曼人对英格兰的征服开启了法国北部封建体系进入英国的过程。日本的封建制度始于 12 世纪末，并随着皇室中央政权在长期内战中的权力旁落而得到进一步发展。到了 14 世纪末，守护（军事长官）割据一方，获得了国家层级的民事和军事大权。传统的日本封建制度在 1603 年德川幕府实施中央集权化后开始衰落，但还是持续到了 19 世纪。直到 19 世纪（在有些地方甚至直到 21 世纪），封建制度及其相关实践仍是各个社会的重要组织因素。事实上，西西里直到 1812 年，俄国则到 1861 年才废除农奴制。本章将论述从封建社会到前现代社会罪与罚的嬗变。

西欧中世纪的罪与罚

大部分人将公元 500 年至 1500 年视为西欧的封建时代早期，这段时间恰与中世纪有所重叠。彼时的法国和英国最具封建社会和中世纪特质，英国与欧洲大陆及其他地方虽有些许不同，但大体相似。进入 10 世纪，"拥有广阔土地的军事贵族"控制了欧洲的大片农庄，继而控制了以"依附于土地、靠领主的仁慈为生"的农奴为主的农业人口。相应的，刑事机构也并非由法官、地方行政官和警察主导，而是由贵族、国王、基督教会领袖、领主和富有的城市居民（通过市镇政府获得权力）掌握。[9]

到了 11 世纪，封建采邑外围地区的中世纪城镇逐渐扩大，开始背离以领主和属臣间的传统义务为特征的古老的封建制度。在接下来的两个世纪里，这些不断发展的城镇将形成全新的法律传统，最终，城镇法律将与在乡村占统治地位的封建法律彻底分道扬镳。与封建领地一样，城镇也面临着其特有的犯罪问题，这意味着要对窃贼、土匪、强盗、扒手和各种混混实施惩罚。城镇依靠的是一种特殊的公开惩罚方式，通常公开行刑，轻罪处以杖笞和辱刑，重罪处以死刑。与封建领地不同，城镇里通常有专门雇用的绞刑吏和刽子手。城镇与封建领地更大的区别在于，所有违反法律的城镇居民都要承担责任，而在封建领地，一个人受到的惩罚取决于他在这个等级森严的农业社会里的地位。很多时候，若涉事各方均为贵族，可通过赔偿金自行解决冲突；穷人则要承受越来越残酷的肉刑和死刑（代替几乎不存在的法律强制措施）。无论是在英国还是在俄罗斯，封建刑罚均由地方层级掌控。

在波洛克和梅特兰看来，随着国家机器的出现，英国（或许还有其他地方）的刑罚变得更加残酷。很多以往可以用罚金抵偿的罪行到了 12、13 世纪都成了死罪。在第一代诺曼国王威廉一世，也就是人们熟知的征服者威廉治下，断肢之类的肉刑取代了绞刑等死刑。在随后的 40 年中，的确没有罪犯被绞死，但这并不意味着没有人死于刑罚，不少罪犯在被挖去双眼、割掉睾丸后没能活下来。威廉遵循中世纪的传统，允许被征服地区的民众保留自己的法律制度，采纳了大部分盎格鲁–撒克逊刑法原则，同时从欧洲大陆引入了另一些法律传统。他的继承人亨利一世则加重了刑罚，开始对被当场抓获的窃贼处以绞刑，亨利二世把对叛国者和杀人犯的惩罚由断肢刑改为绞刑。从 1166 年（诺曼人征服英格兰 100 周年）起，随着犯罪问题的恶化，刑罚的设计开始着重于震慑效果。例如，任何未能通过神裁的人都会被判处绞刑，或先被斩断一只脚然后放逐 40 天。10 年之后，《北安普敦敕令》引入了更为残酷的刑罚，经神裁定罪的罪犯会被斩去右手和右脚。在随后的一个世纪，对重罪犯大多适用死刑。

在各类重罪中，盗窃罪的量刑相差最悬殊，且这些刑罚一直沿用到 19 世纪。小偷小摸和巨额盗窃之间的区别只有 1 先令，这个界限的设置绝非随意而为：按照民间说法，12 便士可以换来足够一个人生存 8 天的食物。[10] 从 13 世纪的某个时期开始，巨额盗窃成了死罪。判决时常在地方法庭公布，由失主负责行刑，罪犯或被砍下脑袋，或被推下悬崖。至于小偷小摸，罪犯有可能会被剁掉一根拇指，然后被迫流亡，又或者可能被锁在木枷或粪车上受辱，外加割掉一只耳朵。在有些地区，窃贼得自己充当行刑者的角色。他的耳朵会被钉在刑柱上，只有亲手操刀割掉耳朵才能获得自由。根据规定，初犯割掉一只耳朵，再犯割掉另一只。一旦再没有耳朵可割，惯犯便别无可选，通常得面对绞刑。说到这里，有个有趣的题外话，在那个需要手持利刃近身肉搏的骑士年代，骑士在战斗中丢失一只耳朵的事并不罕见。这会令他们在战后蒙羞，因为少耳朵常常意味着此人是惯偷。在这种情况下，武士可以从国王那里获得一纸文书，随身携带，证明自己是体面人。[11]

若论应用最广泛的惩罚手段，鲜有能与木枷刑相媲美的。这种刑罚从 12、13 世纪开始普及，在各地叫法不一。在如今的德国北部地区，这种刑具被称为 Katz，在南部和如今的奥地利境内则被称作 Prechel 或 Schreiat。法国人把它叫作 pilori 或 carcan，英国人叫它"拉脖子"或"颈手枷"。虽然名称各异、样式繁多，这种含有羞辱意味的刑具只有一个目的：展示性惩罚。因此，木枷总是被安置在公共场合，通常在钟楼或其他公共建筑外。各类违法者都会被锁在这种装置上示众（还有一种坐式的木枷，木板上开两个洞锁住腿脚，罪犯的手则用铁链铐住）。另一种类似的刑具叫作"耻辱凳"或"耻辱驴"，也是一种安放在公共场所的木质装置，罪犯要被迫骑坐在上面。

弄虚作假是中世纪时期最典型的经济犯罪。做生意不老实、伪造、冒充乞丐行乞或冒充官员行骗的人都会被送上脚枷和颈手枷。曾经有个面包师因克扣斤两被多次送上法庭，自此得了"颈手枷"的外号，并最终在这种刑具上送了命。在盎格鲁-撒克逊时代，阿瑟斯坦国王（King Athelstan）下令对伪造货币的人严刑拷打并处死。在克努特王（King Canute）治下，伪造货币者会被砍掉双手。到了 14 世纪爱德华国王（King Edward）时代，曾有神职人员因伪造罪被绞死。

在欧洲中世纪晚期，最常见的犯罪行为是人身攻击和小偷小摸。[12]大量记录表明，15 世纪初，英国城镇和林区的犯罪率高于乡村和开阔地区。扒手和小贼被欣欣向荣的城镇吸引，城镇里的小旅馆则成了犯罪团伙和娼妓的窝点。在伦敦，娼妓早在 14 世纪就已成为组织有序的职业。随着堕落放荡之举与犯罪行为间的关系越发密切，新的处罚应运而生。有时，在某些将娼妓视为问题的城镇，驱逐全部娼妓成了一种手段。[13]

随着家庭财富的积累，有技巧的窃贼开始尝试入室行窃。为了让受害者说出最值钱的财物藏在哪里，窃贼有时会使用暴力手段。在一起案件中，窃贼为了防止受害人事后指认，挖掉了受害人的眼睛，割掉了他的舌头。

现代刑法涉及大量金融类犯罪，但中世纪可没有限价、垄断、内幕交易、证券欺诈、虚假广告等罪名。在银行和国库等复杂机构诞生之前，金融犯罪仅限于地方层面，其手段主要是使用虚假度量衡和伪造。就金融犯罪而言，我们如今这个充斥着比特币和套利基金的时代与过去几乎没有共同点。

在大多数情况下，最常见，同时也是最不引人注目的惩罚手段是放逐和罚款。很多遭起诉的犯罪行为都涉及某种形式的肢体暴力，相应地，罪犯通常会被处以某种经济处罚，具体情况依照受害者和罪犯的相对地位、伤害的严重程度以及凶手是不是本地居民而定。中世纪犯罪历史学家特雷弗·迪安（Trevor Dean）以 14 世纪的罗马刑法为例，解释了所谓的"罚金正义"（tariff justice）是怎么回事。[14] 对违法行为的罚金是固定的：持武器驱赶他人处罚金 4 里拉，不持武器只罚40 分；被控恶意抢夺刀剑的罚款 40 分，蓄意致人摔倒的罚款 100 分，打架斗殴罚 3 里拉；若骑士、骑士之子和财产超过 2000 里拉的人犯上述罪行，罚款加倍。条款中列出的有些行为会让人觉得回到了野蛮时代。打晕他人、打碎他人的牙齿、把他人推进火里或从马上拉下来的人会被判罚 10 里拉。如果哪个恶棍胆敢把粪便或类似污秽物塞进另一个人的嘴里，罚金将翻倍，最高至 25 里拉。这些例子无一不展现着一个饱受矛盾困扰的社会。[15]

　　在英国早期历史的各个时期，若论世俗罪行的严重性，当首推叛国罪，犯叛国罪的人也因而不太可能以金钱赎罪。在诺曼王朝时期，用绞刑来惩罚杀死领主的人已显得不够严厉。对此类罪犯"应百般折磨，让地狱之火都相形见绌"成了人们的共识。[16] 为了达到这个目的，人们逐渐发明了吊、拉、分之刑。起初，无论叛国罪情节轻重，罪犯都要被拴在马尾上仰面朝天地一直拖到绞架前。可想而知，有些罪犯的脑袋会撞上半道里尖利的石头，没等被拖到刽子手面前就已一命呜呼，于是就有了用木架将罪犯拖到行刑地的做法，以示"仁慈"。事实上，这只不过是为了确保罪犯能活着来到行刑手面前。后来，人们仍觉得这种刑罚对重罪犯而言太过温柔，于是，行刑过程被加长，包括拖、吊、开膛破肚、割阴茎、火烧、斩首和分尸。正式行刑规则规定，罪犯要"被拖到绞刑台前"，"套住脖子吊起，趁着还没断气放下来"。接着，他要被摊手摊脚、仰面朝天地绑好，开膛破肚拉出肠子。如果罪犯仍活着，就当着他的面灼烧肠子（有时候这一步也包括灼烧生殖器，象征着他无法再生出逆种）。最后一步是斩首、分尸。一旦行刑完毕，"他的首级和四肢将被扔在国王指定的地方"。[17] 有人认为，这事实上体现了对多重死罪的惩罚。该刑罚最臭名昭著的一次使用是在 1305 年，传奇的苏格兰人威廉·华莱士被判犯下了"违背上帝和人类的所有罪行"，应处 4~5 种死刑。于是，他因叛国罪被拖，因抢劫杀人罪被吊，因亵渎罪被开膛破肚，作为逃犯被斩首，因"各种掠夺行为"被分尸。无论如何，最初的拖吊之刑适用于较轻的犯罪，比如情节较轻的叛国罪和伪造货币罪。[18]1352 年的法令对叛国罪给出了详细定义：杀害（或图谋杀害）女王、国王或最年长的王子，玷污王后、最年长的公主或最年长的王子之妻，在王国内发动反对国王的战争，协助或资助敌人，伪造国王的印章或货币，向国内走私假币，杀死执行公务的官员或法官。

　　中世纪时期，英格兰和欧洲大陆都出现了基督教会和世俗法庭的双重司法体系。公元 1000 年左右，今天的西欧地区开始划分出明确的疆域，各个国家之间又凭借共同的语言紧密联系。同样，天主教各教区间的关系也日益复杂，各教区都"通过详尽的制度、规则和教会法律来约束信众"。这一变化体现在权力和权威模式上就是，旧有的、划分更细致的犯罪与惩罚手段被淘汰，转而出现了更暴力的手段、地方性的公共司法体系，以及基于铁腕人物的权力及其堡垒的执法活动。[19]

　　基督教会规定的罪行主要涉及性犯罪和道德犯罪，比如未婚淫乱、通奸、重婚或乱伦，且一般不在平民法院审理。世俗法律中最严重的罪行是叛国，教会法律中则是信奉异端邪说。这两种罪都要被处以极刑。在欧洲大陆，对信奉异端者的惩罚是火刑。不过，英格兰第一宗有记录的信奉异端案发生在 1166 年，是由世俗权威处理的，罪犯被处以鞭刑、烙面、放逐。到了 13 世纪，拉特兰会议（Lateran Council, 1215 年）之后，英国的宗教刑罚进一步升级，囊入了火刑。

　　至诺曼人攻克英国之时，基督教已在英伦兴盛了约 400 年。但诺曼王朝开国国王征服者威廉于 1066 年将教会法庭引入了英国，此举造成后来世俗与教会的分离，也造就了教会法律。天主教会退出对世俗纠纷的审判，专注于精神层面（且不受世俗影响）。起初，教会法律超越了英国国家法律，将教皇视为至高无上的统治者。教会法庭处理关于婚姻、合法性、身份地位的事务，也审理通奸、做伪证、亵渎神明、放高利贷和信奉异端的案件。自 12 世纪起，教会建立了自己的法庭，开始自行审判，并将司法权延伸至神职人员、教会财产、性犯罪和家庭事务。神职人员只能在教会法庭受审，且最严重的惩罚不过是被革出教会。有些法律专家曾指出，将神职人员革出教会相当于教会语境中的剥夺法律权益。[20] 从世俗角度来看，革出教会或许是一种相当温和的惩罚，但它其实剥夺了一名神职人员的一切：从此以后，被革除教籍的人再也不能自称神职人员，不能做法事，信众不得再同他一起祈祷、交谈，甚至不能同他一起进餐。

1215 年及其他

欧洲历史上很少有哪个年份能像 1215 年那样对欧洲司法产生如此深远的影响。单单是约翰王于该年 6 月 15 日在兰尼米德（Runnymede）签署《大宪章》一事就可令那一年彪炳千秋。《大宪章》以书面形式确立了人权的基本原则，从而激励了 500 多年后美国宪法的制定。作为现代民主的奠基之作，它树立了司法保护制度，即不经审判不得入狱，司法公正不偏不倚。不过，还有一个事件在犯罪与惩罚方面甚至比《大宪章》的影响更深远，那就是 5 个月之后由教皇英诺森召集的第四次拉特兰会议。继 1199 年减少宣誓断案（誓言采证）在教会审判中的使用之后，他在这次为期三周、从主教和修道院长到"来自各天主教国家"的代表共 1500 人参加的会议上更进一步。[21] 会上提出了 70 项改革措施，其中很多直指神职人员的堕落。自此以后，神父禁止掷色子、看小丑表演或穿尖头鞋。王公贵族们被告知，应要求穆斯林和犹太人穿着特殊服饰，因为有太多的基督徒曾与这些异教徒发生性关系，然后声称自己不知情。每个天主教徒每年至少要做一次忏悔，违者将被逐出教会，且死后不得被葬入神圣之地。

更重要的是，第四次拉特兰会议禁止神父参与水审神裁或火审神裁，此举推动了欧洲刑事审判的转型。数年之后，这些改革措施将渗透进基督教国家的每一个角落。对神裁的禁令留下了一个法律真空。随着神职人员被禁止涉足神裁活动，其他替代方式应运而生。用简单的方式审案定罪开始流行。例如，绞刑被自然而然地适用于杀人罪，火刑适用于纵火罪，阉割适用于强奸罪，割舌头适用于诽谤中伤和做伪证。直到 13 世纪，所有被当场抓获的罪犯都会面临此类简单审判，且通常由地方领主在其封地内进行。

从世俗角度而言，英国的监禁历史至少可以追溯到 10 世纪，但直到 1250 年，大多数城镇都是"在特许安排之下"利用会馆或城堡充当小型监狱。当时，鲜有专门建造的监狱。[22] 诺曼人征服英国之后，亨利二世对那些等待神裁的人规定了固定的监禁期，并命令每个郡（县）都要建造监狱用于关押罪犯。例如，伪证罪的固定刑期可达一年。在亨利三世治下，违反森林法的人也可能在等待神裁的过程中被处以长达一年的监禁。

13 世纪晚期的教皇卜尼法斯八世（Boniface VIII）被普遍认为是西方传统中第一个将监禁定为"普世法律制度之合理惩罚手段"的最高权威。[23] 在教堂之外，中世纪社会缺乏长期监禁和肉刑的资金与设施。在第四次拉特兰会议之前，只有教会才根据教规禁止流血，而使用监禁作为惩罚。由修道院负责执行的终身监禁层出不穷，表面上是为了纠正错误，悔罪补赎。一名权威人士说："天主教会是西方第一个一贯使用监禁手段处理其辖内所有人的纪律问题的机构，且监禁只是一种实用的方式，而非目的。"[24] 监狱历史学家诺曼·约翰斯顿（Norman Johnston）指出，这种做法并非凭空而来，而是源于教会为逃避司法的罪犯提供庇护的传统。随着时间的推移，当初为此目的设计的特别宿舍演变成了宗教场所内的教会监狱。

日本封建社会和诺曼封建社会

我们可以把日本的中世纪看作夹在两个稳定的中央政府时代之间的权力真空期。这个封建时期是日本历史上的转折点，有的历史学家认为它可以同西方中世纪初期相比较。在此期间，日本社会与中国模式渐行渐远，形成了新的格局，变得"不那么亚洲化，而带有更多欧洲色彩"。[25] 与中世纪的欧洲互为镜像，彼时的日本正经历着各省份上层社会的军事化转变。随之增强的依附关系维系着领主与他们的家臣，封建领地的形成也将很快主导这片大地以及劳作在土地上的人。

历史学界已经习惯于将封建时期的日本与西欧做对比。二者都具有尚武精神，忠于领主，且日本"（在程度上）与中世纪的欧洲"相仿，或比之更甚。这使得有观察者断言，就某些方面而言，中世纪的日本比中世纪的欧洲封建色彩更浓烈。[26] 大约在诺曼人构建英国的封建社会并逐步形成一个职业武士阶层的同一时期，日本也在培育着自己的武士（samurai，意为护卫或侍从）。在国家实现中央集权并建立起正规军队之前，有些封建社会会鼓励军事阶层的壮大。英国有自己的骑士和武装市民，日本也在宣扬某个特殊封建阶层独有的军事艺术——武士道（bushi）。[27] 彼时，安保属于地方事务，法律和秩序要由富有的地主维持。这些大地主之下是众多有依附关系的小农和小地主。随着时间的推移，主仆关系变得牢不可破。

诺曼人和日本人的典型军人都来自以作战为职业的特权阶级。有些观点认为，日本的中世纪始于 12 世纪，终于 17 世纪，是一个"处在两个稳定的中央政府时代之间的权力真空期"。在这些年里，政府权力分散，日本被一系列宗派冲突和内战蹂躏。这是一个"武士的时代，一个属于把日本带入中世纪的幕府将军及其属臣们的时代"。[28] 在这样一个由众多武士主导的社会里，制定严格的惩罚制度以确保令行禁止是很有必要的。1232 年，受中国唐朝习俗影响的武士条例被编纂成法律汇编，称为"御成败式目"（幕府的善恶评定规则），并逐步在日本全社会推行。12 至 19 世纪，政治权力落在军事–属臣等级系统的首领幕府将军的手中。1232—1432 年，守护负责维持法律和秩序，在军事司令部（幕府）和内地封臣间充当着中间人的角色。

在封建日本这样的武士社会里，为平息内部矛盾，需使用严苛的惩罚。过去，妒火中烧的丈夫可以对妻子做出违法的行为；但现在，政府为阻止潜在的家族积怨和私人战争开始进行干预，其中很多惩罚指向了武士们誓死守卫的财产。这样一来，严重的违法行为有可能导致地产被没收，有时还会被处以流放。监禁刑非常罕见（且作为比流放更温和的手段）。在大部分情况下，平民受到的惩罚是以羞辱为目的的肉刑。普通罪犯通常会被烙面或黥面。另一方面，强奸无人陪伴的女性却并非重罪，犯事者可能只会被剃掉半边头发，让他"在头发重新长出来之前显得荒唐可笑"。[29]

日本的封建文化大多延续到了德川时代（1603—1867），其中对责任、社会和谐以及个体在群体中的身份的强调至今犹存。一个人出生于哪个阶层，就终生属于哪个阶层。事实上，德川政权的法律特色正是依身份而治。深受中国儒家忠君、仁政思想的影响，个体权利的概念在此无处可寻。

在 1603 年德川时代（亦称江户时代）到来之前，日本曾使用各种酷刑，比如割鼻、割耳、冲锤击顶、活剥人皮、悬崖抛坠、牛裂、石刑、烹刑、活埋，还有将人倒绑在海滩的十字架上等着涨潮时被慢慢溺死。不过，到了 17 世纪初德川幕府掌权后，死刑被简化为斩首、钉十字架、火刑和割喉。一名历史学家写道："整个德川时代，对罪犯的惩罚严酷、公开、颇具震慑力。"[30] 必须让公众敬畏国家权威，公开严惩罪犯则是实现这一目的的间接方式。惩罚手段多种多样，从斩首、钉十字架、断肢到游街示众不一而足。在社会流动能力有限的年代，流放或逐出家乡的惩罚远比今日看起来可怕得多。这种惩罚也传达了一个信息：社会力量可以令政府以最低的成本遏制犯罪。违反乡规的人会被处以罚金、大米或丝绸，或者被迫充当守夜人。诸如杀人、纵火之类的重罪则会被判处死刑。在江户时代，不少地方都有刑场，约有 10 万~20 万名罪犯在那里命赴黄泉。处决方式包括烹煮、火刑、钉十字架、斩首、割喉和腰斩（将人一砍为二）。鞭打和杖笞适用于一系列常见罪行，尤其是偷窃和打架斗殴。1720 年，日本开始用杖刑取代割鼻和割耳，刑量最多可至 100 杖。

虽然日本刑法后来受到法国和普鲁士的影响，但现代的日本刑法体系仍深深根植于德川时代的封建制度，根植于那个由出身决定等级的社会。有名学者说得好："西方的自然法观念在此看上去好像是'不自然法'"，因为"自然法认为，人民的权利是不可动摇的普世原则，它超越了国家，并将公正带给所有人"。"德川时代的法律制度旨在为该政权保障公正"，所言不虚。[31] 因此，它实际上很少依赖成文法，而更强调对政府和家族的忠诚。

封建制下的中国

中国的唐律和其他法律影响了德川时代的司法。日本的法学家们曾学习中国法庭案例的历史记录。事实上，中世纪的日本病理学家正是在接触了一名叫宋慈的中国官员写于 1247 年的《洗冤集录》之后，才对法医科学有了基本的认识。这本书是最早的关于法事医学的论文集之一。近 2000 年来，法律和司法部门对中国的封建制度起到了积极的支撑作用。与欧洲的封建体制类似，在中国封建社会里，受害者和施害者在刑事司法系统方面的经历取决于其社会地位。贵族、官员和大地主如果犯了罪，会得到宽大处理。

公元 960 年开国的宋朝从前朝唐朝继承了传统的五刑，五种刑罚由轻至重依次为笞、杖、徒、流、死。类似的惩罚体系也存在于其他东亚国家。五刑几乎原封不动地一直沿用到 1905 年。最轻的笞刑是用细荆条打 10~50 下。次轻的杖刑是用粗荆条打 60~100 下。按照麦克奈特（McKnight）的说法，在实践中，通常会打个折扣，只执行七成。被判上述两种刑罚的人可以用缴纳赔偿金的方式替代受刑。（杖笞之刑在不少社会里都相当普遍，英国人喜欢用竹棍，法国人则把这种刑罚称为 bastinado。）有时候，将罪犯流放到发配地也可以作为惩罚手段。通常情况下会要求罪犯离开家乡服一至三年劳役，比较严重的案例则要流放到 650 至 1000 英里之外，距离视罪行而定。

最严厉的惩罚是死刑，或绞死，或斩首。数个世纪以来，唐律逐渐发展，增加了新的刑罚等级，并给予法官一定的自由裁量权。例如，随着荆杖逐渐加长，行刑手借助杠杆效应可以让罪犯吃更大的苦头，于是笞杖之刑也就变得更严酷。以戴枷为形式的公开羞辱仍在使用，在很多人眼中，这"比死更难堪"，且带来的"耻辱将伴随一生"。[32]

　　对于中国人而言，以斩首或其他形式的肢体断裂方式实现的死刑是终极惩罚，因为中国人认为死者的尸体应完整保留，以便灵魂升天。在帝国时期，"死无全尸"是人们最大的恐惧。[33]分尸，尤其是斩首，是将惩罚一直延续到了坟墓里。为了加重惩处的羞辱色彩，在早期，罪犯的尸身和首级常常被分开焚毁。与斩首相比，绞刑虽然更痛苦，却相对不那么恐怖，因为毕竟尸体是完整的。在对一个人处以绞刑时，通常会将其绑在柱子上，由两名士兵慢慢拉动绕在其脖子上的绳子，就像绞刑架一样。[34]依照传统，死刑在特定的季节执行，深秋就是"肃杀之季"。已被判死刑的罪犯会被囚禁，等待合适的季节。这种做法直到宋朝才被废除。[35]

　　中国最有名的非常规惩罚手段是"凌迟处死"，或称"千刀万剐"。这种刑罚的起源尚不明了，最早被提及是在辽（907—1125），但直到后周（951—960）才被作为官方刑罚。[36]该刑罚刻意要制造最大的痛苦与不堪，因而被视为极端的处决方式。与斩首类似，罪犯在行刑之后没有全尸。一份关于凌迟的研究写道："把罪犯削得越不成人形，刑罚等级就越高。"[37]凌迟起初用于惩处叛国罪，毁坏寺庙、宗祠或皇家建筑罪，以及杀害尊长罪。不久后，土匪、强盗和煽动叛乱的人也得承受这种利刃带来的痛苦。行刑通常在下午 1~5 点，刑场一般就设在案发地点附近。即将面临如此痛楚与羞辱的人有时会雇用亲友或他人将自己先行杀死。为了保证司法程序的完整，任何在行刑前协助罪犯寻死的人都将被处以相同的刑罚，虽然实际执行的时候往往会减刑两级变为劳役。[38]

　　中国中世纪时期的行刑记录已很难找到，但若真的有人觅得，或许会同下面这份 19 世纪出自观察家 T. T. 密迪乐（T. T. Meadows）之手的报告差不多：

> 罪犯跪在地上，面朝地面，脖子横伸出来。他的双手交叉绑在背
> 后。罪犯身后有个人将他的手臂向上抬，以确保他的脖子处在合
> 适的位置……刽子手站在罪犯的左侧。通常情况下，刑刀只有三
> 英尺长……刽子手……来自军营……双手紧握刑刀，右手在前，
> 拇指环扣抓住刀柄。刽子手两脚稍稍分开，牢牢站稳，举着刑刀
> 在罪犯脖颈上方约一英尺的地方比画一下，瞄准关节处，接着厉
> 声喝令犯人："不要动！"他笔直地将刀举过头顶，铆足了两胳
> 膊的力气迅速劈下来。在刀刃碰到脖子的一瞬间，他的身体也随
> 之垂直下蹲，为刀注入额外的力量。他从来不用补第二刀，人头
> 总是干净利落地应声而断。[39]

西西里黑手党的封建根源

早在 1970 年，旅行作家诺曼·托马斯（Norman Thomas）写道：
"在其他地区早已于好几个世纪前就消失的封建制度却在西西里留存
了下来。"[40] 这个位于地中海文明咽喉要道的兵家必争之地曾被诸多
帝国和国家收入囊中，其中包括古罗马、古希腊、阿拉伯、诺曼、法
国、奥地利和西班牙入侵者。古罗马人在公元前 3 世纪—前 2 世纪将
封建制度带到这里，而诺曼人则在 1000 多年前从英国群岛带来了他
们的特色。外国统治者们通过培植本地贵族的方式来加强对该岛的统
治，后者则获得各种特许。于是，法律成了统治者的游戏。

1812 年，两西西里（那不勒斯和西西里）国王斐迪南一世下令
废除封建制度。随着封建封地被废，西西里大部分地区成了归本地男

爵们所有的私人领地。大多数有土地的贵族被城市吸引，时不时离开本岛前往更精彩的大城市，将他们的领地交给了强硬的本地中间人。这些中间人称为 gabelloti，也就是富农。早年间，他们负责向农民收税，管理领地，成了事实上的权力代理人和农民的资助者。一如往日的封建领主，富农把小片地产租给小佃农，并拿收成的一部分作为回报。他们使用铁腕控制着农民，正如意大利老话所说："谁控制了土地，谁就控制了人民。"到了 19 世纪的某个时期，这些"受尊敬的人"已能上下盘剥，游刃有余。不过，他们或许被称为"尊贵的人""可敬的人"，但在法律问题上却毫不值得尊敬。整个 19 世纪，西西里的司法权都归于地方。由于不相信古罗马政府能保护自己，农民不得不另寻他路，被迫仰仗富农和他们的亲信。一名以写黑手党题材的作品闻名的当代作家指出，彼时，"封建社会的遗迹仍清晰可见，封建制度的思想和法律形式塑造了大部分社会关系，尤其是在乡村"。[41]

在《黑手党》（*Made Men*，2013 年）一书中，作者安东尼奥·尼卡索（Antonio Nicaso）和马塞尔·达内西（Marcel Danesi）断言，"西西里的犯罪归根结底是其封建制度的产物"。[42] 因此，如今的西西里黑手党可以溯源到 19 世纪封建制度末期，那个叛乱失败、试图改革的年代。1812 年封建法律被废除之后，私人所有权随之兴起，结果造成大片男爵领地和教会地产四分五裂。西西里封建制度的终结使得昔日的富农及其同伙可以大展身手，他们善于使用暴力和恐吓，充分利用了后封建时代出现的机会。

1861 年意大利统一之后，部分曾经的富农成了犯罪家族的首领，这些家族又进而成了影子政府，一面影响着西西里人生活的方方面面，一面为自己的金库敛财收税。[43] 19 世纪下半叶，这些昔日的强人摇身一变，从在封建领地上解决争端、主持公道，变为通过恐吓、贿赂来控制市场和社群。本地农民早就意识到司法体系如何盘剥大众，法官以钱买位，司法官员以权谋私。如此一来，农民对国家制度的大多数方面都极不信任也就不足为奇了，由此造成的权力结构真空自然而然地让黑手党得以从封建社会末期的喧嚣中崛起。

如果当初贵族和教会更积极地投身公正执法，设立更好的学校，修建更好的道路，提供更好的工作，西西里也许会是另一番模样。但神职人员与地主沆瀣一气、维持现状，因为二者的利益都来自多劳少得的贫苦农民。

俄国的经历

俄国历史学家杰罗姆·布卢姆（Jerome Blum）指出，如果说西欧是通过封建制度建立起强大的中央集权，那么俄国则是通过强大的中央集权建立起封建制度。此外，俄国花费的时间长得多，而一俟封建制度最终确立，其残酷程度也超过欧洲其他任何地方。农奴没有任何权利，可以像牲口一样被主人随意买卖，就连他们的家人和一切物品也都被理所当然地视为主人的财产。布卢姆说："在过去的几个世纪，在数百万被奴役的欧洲人之中，他们（俄国农奴）是最后得到解放的（1861 年）。"[44] 在 11 世纪的俄国，所有自由民一律平等，但这种平等在 600 年之后却很难想象，因为那时的共有土地已变为地主的私有财产。最终，这些曾经自由的劳动力不得不租种自己以前拥有的土地，而另一些人则失去了一切，为了生存被迫成为雇工或契约劳力。15 至 17 世纪，俄国农奴陷入了国家和地主强加给他们的束缚。到 15 世纪末，佃农只有在圣乔治日（儒略历 11 月 26 日，是一年丰收后的庆祝日）那两周才能合法地离开地主，而且还要为此支付巨额罚金。

随着用于确定地主和农奴关系的法规与习俗汇编完成，缓慢发展的俄国农奴制终于在 1649 年正式确立。不过，这部法规汇编存在很多缺陷。它虽然没有明文规定农奴无权投诉地主，但除非地主涉嫌叛国，否则农奴的控告不会被采信。凯瑟琳二世在 1767 年视察俄国乡村时曾被铺天盖地的申诉弄得不知所措，于是从此规定农奴控告主人属于违法行为，控诉者要遭皮鞭抽打并被送往西伯利亚服劳役。于是，农奴失去了控诉主人不公的唯一途径。虽然死刑已被废止，但主人可以有恃无恐地打死农奴。按照一名 19 世纪初在俄国生活多年的法国人的说法，"农奴主对农奴的权威胜过世界上任何君主"。[45]

渐渐地，皮鞭成了最常见的惩罚工具（有人甚至可能把它当作俄国的象征），鞭刑也成了俄国人——尤其是农奴——以及外国观察者最熟悉的刑罚。由伊凡三世在 15 世纪启用的皮鞭有多种式样，行鞭刑的方式也五花八门。皮鞭通常是一个"约一英尺长的木柄，加上数条长约两尺、编在一起的皮条，末端再系上一根十八英寸长、越来越细的皮条"。这条额外增加的皮条可以在需要时拆下来，任意更换。虽然皮条在使用前会在牛奶里浸泡并冰冻，但它很快就会因沾满受刑人的血而变软。行鞭刑时，行刑手的助手会将受刑人架在自己的背上。额外的惩罚还有"吊坠刑"。在这种情况下，罪犯会被反剪双手吊起来，如此一来，除了皮鞭，他还得承受肩胛骨脱臼造成的痛苦。

如果某个农奴在没有预谋的情况下杀了属于另一名地主的农奴，他会先挨上一顿可怕的鞭子，随后他和他的家人都会被转让给死了农奴的地主。如果那个地主不想接受罪犯，他可以要求杀人者的主人另换一个农奴（及其家人）作为赔偿。如果是有预谋地杀死了一个农奴，则杀人者或他的主人就会被判死刑。按照 1661 年的一项法律，收留逃跑农奴的管家也要遭鞭打。[46] 在中世纪的俄国，死刑相当罕见，且在不少公国里被明令禁止。11 世纪的雅罗斯拉夫法（Law of Yaroslav）严格规定了何种罪行应为死罪。该法律经过改良，最终在公国的大部分地区废止了死刑。14 世纪末颁布的一部俄国早期刑法中曾提到一种死罪：第三次行窃（这项规定被人们拿来同一些美洲国家所谓的"三振出局"法案相比）。不过，正如大部分朝现代社会迈进的中世纪国家一样，彼时俄国的死罪也在逐渐增加。1497 年的全俄罗斯法典（Sudebnik）将死刑的适用范围扩大到了三种特殊盗窃罪——盗窃教堂、盗窃马匹或第三次行窃——以及纵火罪和叛国罪。到了 1649 年，死罪增至 63 种，到了彼得大帝时期则又翻倍。只要有可能，处决会被公开执行，处决方式虽然残酷，但与其他走向现代的国家相比并不算出格，具体方式包括溺毙、活埋或往罪犯的喉咙里灌熔化的金属。

17 世纪 30 年代中期，一个名叫亚当·奥伊施拉格的德国年轻人——他自称亚当·奥利阿瑞斯——游历了莫斯科公国和鞑靼。他留下的一份俄国旅行记录描述了一些鲜为人知的关于犯罪与惩罚的案例，为我们了解那个时代提供了有趣的视角。他声称："做伪证和欺骗在当地非常普遍，他们不仅会威胁陌生人和邻居，也会威胁自己的兄弟和配偶。"盗窃罪是要受最严厉惩罚的"恶行"之一，有过节的邻里之间以这种罪名进行诬告、借助司法部门实施报复的情况并不罕见。[47] 显然，诅咒、中伤、侮辱"名人和普通人的事件"层出不穷，以至于当局设置了特别罚金来惩罚造谣者。罚金数量由造谣者的身份及其攻击的对象决定。这个所谓的"名誉损失费"往往大大超出普通人的支付能力。比方说，如果沙皇的官员被侮辱，他得到的赔偿可能相当于其一年的薪水。如果冒犯者所有的钱财家产被罚没后仍不足以支付罚金，就会被"送到受害人家中，任由受害人处置"，最终结果通常是公开鞭刑。[48]

到19世纪上半叶，农奴主惩罚农奴受到了诸多限制。比如，用棍子笞打不得超过40下，用粗棒则不能超过15下。囚禁在领主监狱中不得超过2个月。不过，如果农奴主觉得惩罚还不够，可以把罪犯送往政府的改造所关押至多3个月，或充作政府工程的苦役。

在俄国各乡村，惩罚农奴的手段基本一致，通常包括笞打、鞭打、上木枷、戴尖刺颈圈、坐监和罚款。某些行为会受到严厉惩罚，比如游手好闲、流浪行乞、偷窃和在公共场合烂醉如泥，对此的惩罚是藤杖笞打、粗棍击打或罚款。随着时间的推移，俄国鞭刑在西欧变得臭名昭著。更有甚者，那些俄国大人物还会冷冰冰地描述抽打农奴的情景，甚至吹嘘鞭打的次数超过了限定的三倍。[49]

尽管有大量令人发指的惩罚案例，大多数农奴受到的对待或许还算得上文明。然而，他们举目无助的现实处境的确令他们完全暴露于农奴主的肆意虐待之下。例如，1756年，一名地主的遗孀继承了约600名农奴，据说她在此后的短短7年间因琐碎小事或凭空想象出来的罪行将其中不少人折磨致死。这起事件如此恶劣，以至于政府当局也罕见地插手干预。当局针对她的行为发起了一项调查，最终剥夺了她的贵族身份，判她佩戴颈手枷在莫斯科示众一小时，并进一步判决她终身监禁在修道院里。此举将严刑留给了那些曾协助她实施恐怖统治的农奴，他们被判鞭刑，并流放西伯利亚终身服苦役。[50]

根据大多数记录，领主能实施的极端惩罚是将农奴放逐到西伯利亚。这种处罚始于1760年，其目的不言自明。不过，流放刑主要限于年龄不超过 45 岁、能胜任体力活的重罪罪犯。罪犯的配偶通常会被一同流放，在某些情况下，孩子也要同行。大量证据显示，很多相应的规定常常被无视。[51] 有一项规定要求领主在农奴离开前为其提供充足的衣服和鞋子，并给予一定资金援助。单身汉可得到 20 卢布，有妻室的 30 卢布（如果有孩子，每个孩子再额外增加 10 卢布）。大多数证据表明，高达 75% 的人在徒步到达西伯利亚的野营地之前就死了。[52] 那些最终到达营地的人则或者被罚苦役，或者得到一片土地成为农民。

直到 1861 年俄国农奴制被废除前，大地主完全依赖农奴的劳动为生。有些历史学家甚至将农奴的生活同美国南方的种植园奴隶相比，二者皆可被自由买卖。[53] 农奴一旦被卖给或作为礼品赠送给其他地主，就要被终身束缚在土地上或在主人的家里服务。不过在大部分地区，非家养农奴可以在主人的田里劳作，同时得到一块田地用于养活自己。在这种情况下，他们通常花三天时间耕种主人的地，另三天耕种自己的地。鞭笞是家常便饭。农奴有可能因各种违规行为受鞭打，包括偷窃、逃跑，甚至偷懒。有人猜测，农奴未必会抗拒体罚，尤其是犯了偷窃或人身攻击罪时，因为若不接受肉刑就会被判处罚金或蹲监狱，那样一来便毁了全家。

19 世纪晚期，俄国农村仍存在大量残酷的刑罚，不同的是，此时的施刑者变成了村民。超越法律实施惩罚的情况不只发生在落后社区和穷乡僻壤，城市中心区偶尔也会出现，虽然比较罕见。[54] 生活在偏远乡村的俄国农民发展出了一种叫"自行判决"的做法[55]，自己掌握法律，顺带将刑法体系的中间人也一并踢出了局。值得指出的是，村民在实施惩罚前会先将案件提交给村民委员会，尤其是当犯罪嫌疑人是本村村民的时候。通常，最严厉的体罚会适用于外人。究竟适用何种惩罚手段，最终要取决于犯罪行为以及——毫无意外——当事人在社群中的地位。[56]

　　关于体罚的报道出现在很多地方媒体中。下文所述只是其中一个例子。1873 年，农民用砸破脑袋、砍掉双手、木棍殴打、将木棍塞进肛门，"让整条木棍贯穿身体"直到从嘴里穿出来的方式惩罚了一名犯罪嫌疑人。8 年之后，也就是 1881 年，来自基辅默霍维塞（Mukhovitsie）乡村的农民抓住一个窃贼，割断了他的右腿和左手的筋腱。同年，在基辅的另一个村庄，农民对一个疑似窃贼实施了酷刑，他们先"削了一根棍子，棍子的一头带有很多类似箭头的尖齿"，然后把棍子塞进他的肠子里，"让箭头钩住肠子，令他无法取出来"。[57] 不过，人们常常也会用羞辱或某种赔偿金的方式解决矛盾。有些历史学家甚至将自行判决视作现代国家特有的"社会监督的前身"，并断言"政治组织化社会的成长可以通过社会控制，也就是我们所说的法律，取代自行纠正"。[58]

　　说到惩罚，最严厉的手段往往会施加在盗马贼身上。与美国西部地区非常相似，俄国人对盗马行为绝不轻饶，尤其是在缺乏警方保护和运输手段有限的年代。对于俄国农民而言，有没有一匹马可能意味着生存与死亡的区别。没有马，农民就失去了种庄稼的能力，这将给他造成极严重的经济威胁。被抓获的盗马贼要面临一连串惩罚，从阉割、挖眼珠，到用木棍刺穿咽喉或胸口、用烧红的铁烙烫，以及殴打大腿根部直到打死为止。对盗马贼的一种常见惩罚是，首先在门柱上高高竖起一套滑轮装置，然后利用绳子和滑轮把盗马贼吊在半空。一旦罪犯被升到一定高度，就放开绳子，让他摔落到地面，"用这种可怕的方式撞击他的后背下方。如此重复多次，每一次这个倒霉鬼脊椎断裂的声音都清晰可辨"。另一种精巧的方式是剥去盗马贼的衣服，用一个"湿麻袋"裹住他的上身。接着农民会"在他的肚子上放一块木板，用能找到的任何东西——锤子、原木或石头——击打木板"直到他的内脏破裂。与现代酷刑相似，这个方法之所以受到青睐，是因为即便案件引起了调查官的注意，从尸体表面也看不出任何伤痕。[59]

在 21 世纪的俄国，封建制度本应早已销声匿迹，然而，它却残存于若干个尚未进入现代社会的地区。从近期的一宗案件中，我们可以看出，在某些仍被大地主把持的落后地区，犯罪与惩罚依旧带有封建色彩。这个故事完全有可能在印度、墨西哥或巴西等少数几个至今仍有封建残余的国家上演，但它却发生在经济领先的发达国家里。2010 年 11 月 4 日晚本该是庆祝俄罗斯民族统一日的夜晚，富裕的农民塞罗瓦尔·阿米妥夫、他的妻子和一群朋友聚在一起享受传统的乡村晚餐。他们住在俄罗斯南部克拉斯诺达尔大区的库什契夫斯卡雅（Kushchevskaya），该地区也是 2014 年冬运会的主赛场。几乎没有人能够想到，破晓时分，人们发现阿米妥夫、他的妻子以及全部 10 名来参加晚宴的客人都死了，包括 4 个年幼的孩子。其中 10 个人被刀刺死，另外 2 人窒息而亡。

俄罗斯南方部分地区依旧以农业经济为主，其基础是苏联时代的大型国有单位组织领导下的大农场。苏联解体后，这些国有农场实行私有化。随后，雄心勃勃的地主之间发生了血腥冲突，就像在俄国城市里各帮派为控制新兴的自由市场企业互相争斗那样。凶案发生后，地方议会议员谢尔盖·扎珀克（Sergei Tsapok）几乎立刻被锁定为嫌疑人。此人领导着一个名为扎布基（Tsapki）的团伙，使用暴力和恐吓手段来争夺本地肥沃的农田。与扎珀克一样，那些势力最大、最成功的地主都拥有自己的私人武装。被捕头目扎珀克的母亲恰好是该地区最大的地主之一，与此同时，她的儿子还掌控着一个名为超级百夫长的"私人保安公司"。很多地主都这么做，以私人保安公司的名义组织军队来保护自己的产业，但他们的大多数行动是非法的，"这些私人武装和有组织犯罪之间的界限"非常模糊。[60]

回到早年，远离莫斯科监视的俄国地方权威宁愿让地主自己处理问题。但政府不作为的结果是，这个家庭在本村的权力争斗中拒绝向更有权势和政治背景的扎珀克家族低头，因此招来了灭门之灾。有些观察者将俄罗斯政府与中世纪的宫廷相比，二者都在监督官僚体制的问题上表现得异常被动。一名记者甚至将俄罗斯的社会体系比作一个"新封建权力结构"。

我们或许不该对该地区直到19世纪才被并入俄国版图的事实太过惊讶。大部分报道在谈到这起事件时使用了通常用来描述封建制度的词语。一名观察者的描述就像是在讲述一个中世纪的故事，他说，扎珀克"家族"给村民提供了工作场所，允许他们修建农庄，保护他们免受外来势力的干扰；作为回报，扎珀克获得了偷窃、强奸、伤人的"附带特权"。这样的交易"在中世纪没问题"，但在现代社会行不通。[61]

小结

无数编年史家都曾见证了困扰着13世纪和14世纪无法无天的日子，那种状况大多是由反反复复的传染病和军事冲突引发的经济、社会危机所致。战争和疾病引发了新的社会问题，包括城市人口失业、乡村贫困萧条和打家劫舍的游民问题。更重要的是，它也给劳动阶层带来了更大的流动性。14世纪，淋巴腺鼠疫，也就是人们常说的黑死病，紧随着大饥荒和持续不断的战争而至。有些历史学家已提出了有力的证据，认为公元 1000 年—1250 年的气候变暖不仅使得人口大大增加，也促进了城镇和贸易的发展。随着贸易和人口密度的增大，携带跳蚤的老鼠也越来越活跃，并将鼠疫传给了人类。诺曼·康托尔（Norman Cantor）指出，如果气候没有变暖，这些老鼠本该待在洞里"静静地"死掉，而不会传播疾病。也有些人认为，在鼠疫暴发期间，欧洲人口 1/10 的死亡率加速了农奴制的衰退，并"削弱了中世纪王国的基础"。[62] 随之而来的经济动荡令农奴得以离开封建领主，罪犯、乞丐、娼妓和其他无业游民加入了从乡村到城市的迁徙大军，又进一步使伦敦这样的发展中城市的犯罪率攀升。这种模式时至今日仍能在城市人口激增的撒哈拉沙漠以南的非洲城市和拉丁美洲城市见到；在这些地区，农业工人涌向城市周边，寻找各种合法和非法的商机。[63]

　　关于西欧中世纪末期的犯罪与惩罚，有一点可以确定，那就是：肉刑和死刑变得越来越残酷。有些国家增加了种种更功利的新式肉刑，花样之多已超出常人的想象。死刑的运用越来越频繁。正如一名观察家所言："改革，在大体上可以理解成，针对的是惩罚在旁观者中产生的效应，而非针对受刑者本身。"[64] 成长中的国家追求的不仅是打击犯罪，也要羞辱罪犯，辱刑、断肢和烙刑得到了更广泛的使用，并在 17 世纪随着欧洲司法的日趋详尽与公开而达到顶峰，其景象足令罗马皇帝们闻之色变。死于绞刑、轮刑、火刑、煮刑、开膛破肚、石刑、火钳刑、烙刑、挖眼、割舌、断肢、阉割或鞭刑的罪犯不可胜数。

　　如果观察得够仔细，你几乎可以在往昔的所有文明世界中找到封建制度的变体。尤其在从所谓"黑暗年代"到现代国家出现前的那个时期，封建制度在中央集权国家的演变过程中扮演着重要角色。随着社会的变革，流动人口增长和穷人流动能力的增强呼唤着人们重新审视其面对犯罪与惩罚的态度，而在很多当权者眼里，这种再审视无疑是对劳动道德和宗教戒律的一种背弃。

第四章　惩罚的转变与监狱的兴起

巴士底狱[1]、伦敦塔、克里姆林宫、阿尔卡特拉斯岛，它们的名字如今成了传奇，能魔幻般地在我们脑海里唤起恢宏堡垒的景象，好像生来就是为了抵御敌人的围攻。的确，这正是建造者的初衷。这些建筑的共同点在于，没有一个最初即是监禁所，但都曾在某个时期被当作监狱使用。与 18 世纪和 19 世纪的其他监狱类似，它们起初大多是带有地牢和牢房的军事要塞，用来临时关押等待处决、移交或清偿债务的罪犯。监狱的发展是个坎坷的过程，一个交织着尝试与失败、改革与成功的过程，也是个历经许多世纪仍在不断发展的过程。

虽然监狱常被视作后启蒙时代的产物，但利用现有建筑实现监禁目的的做法由来已久。苏格兰人早在 1480 年就开始利用小村庄里空闲的收费站作为关押地点，到 17 世纪中叶，人们干脆用"收费亭"这个词作为小型监狱的简称。收费亭最初只是设置在市场里的一个小屋子，人们在那里缴纳税费、通行费，也把扰乱市场的人扣押在那里。随着时代的变迁，收费亭演变成监禁室，其在苏格兰城镇中的作用也越发突出。[2] 在中世纪的欧洲，世袭贵族、主教和市政长官纷纷修建起监禁所。这些早期的监狱雏形与后来监狱的主要区别在于，前者的建造初衷并非实施惩罚，而是作为临时关押等待审判、惩罚、转移或被强制要求偿还债务的罪犯的设施。

一个社会的惩罚体制不仅能在很大程度上说明这是一个怎样的国家，也可以衡量出这个国家朝更高文明进步的程度。18世纪末监禁手段的发展堪称刑罚改革的里程碑。此前，中世纪和现代社会早期的欧洲最主要的刑罚手段——断肢、烙刑、轮刑，在后人眼中野蛮不化。公开的处决和肉刑在彼时是人们日常生活的一部分，欧洲如此，全世界亦然。但自18世纪开始，一些社会开始抛弃旧有的刑罚，转向全新的、基于监禁手段的刑罚体制。现代监狱的出现，连同治安管理的发展、司法体系和法典的改革，标志着一种新的社会秩序的实现，这种新秩序不再热衷于血腥的公开惩罚。

18世纪在西欧通常被称为理性时代或启蒙时代，这一时期对罪行与罪犯的惩罚造成了极大的冲击。以切萨雷·贝卡里亚（Cesare Beccaria）、杰里米·边沁（Jeremy Bentham）、约翰·霍华德（John Howard）、孟德斯鸠等人为代表的刑罚改革者的努力强有力地推动了从残酷、公开的肉刑到监禁刑的转变，并奠定了现代监禁制度的基础。随着时间的推移，他们的思想传遍全球，被致力于宣扬法律和政治启蒙理念的现代贵族带到或远或近的地方。其中一些最雄辩的改革观念出自意大利贵族切萨雷·贝卡里亚之笔。他没有受到律师或法官的狭隘视野束缚，大胆地得出了自己作为一名博学的局外人的结论。贝卡里亚认为，惩罚应当确定且一视同仁，而无关适用者的社会地位；此外，惩罚不必追求更轻，而应追求更好，换言之，罚应"与罪相适"。[3] 他不仅在18世纪中期就公开反对死刑，而且是对全世界刑法制度进行抨击的首批现代作家之一。他强烈地谴责使用酷刑和拷问，谴责对轻微罪行适用极不相称的严厉惩罚。贝卡里

亚的哀叹在美洲得到了最热烈的反响，但讽刺的是，美国每年收监
的人数比其他任何国家都多，且是发达国家中为数不多仍保留死刑
的国家之一。

18 世纪的某个时期，当曾经持续数世纪的公开处决和肉刑惩罚
在西欧日薄西山、现代欧洲刑罚制度逐渐兴起之时，不止一个人像
作家维克多·雨果那样在 1874 年发出了"酷刑已灭亡"的欢呼。就
躯体层面来说，雨果此言不虚。事实上，18 世纪中期的人就已经致
力于减少酷刑和肉体痛苦，拷打在苏格兰、普鲁士（1740 年）、丹麦
（1771 年）、西班牙（1790 年）、法国（1798 年）和俄国（1801 年）
相继被宣布为非法。然而，随着欧洲诸国在海外设立殖民地，酷刑又
以另一种形态死灰复燃。此外，尽管官方酷刑在 18 世纪一度退出欧
洲的舞台，但到了现代却再度出现在沙皇俄国、后革命时期的苏联、
纳粹德国、战后的希腊、智利、葡萄牙、西班牙和其他地方。

使用酷刑公开处决的一个最常被引用的例子是弑君者罗伯特-弗
朗索瓦·达米安之死。米歇尔·福柯在关于监禁社会之诞生的开创性
研究《规训与惩罚》（*Discipline and Punish*，1975 年）一书中对此做了
精彩描述。该书首页详尽叙述了 1757 年处决达米安的惨痛情形。达
米安经受了一连串痛苦的折磨，包括用烧红的铁钳从胸脯、手臂、大
腿和小腿肚上撕下皮肉，用硫酸、滚油、燃烧的树脂和熔化的铅水灼
烧身体，割断各关节的筋腱，最后用四匹马将整个人生生撕裂。[4] 此
次处决的意图与目的同 1757 年罪与罚的新状况背道而驰，宛如不合
时宜的陈年噩梦。事实上，在 1757 年处死达米安之前，在 1610 年试
图刺杀亨利四世之后，法国人再也没有使用过这种刑罚。尽管此次处
决常常作为刑罚变革的转折点被引用，但其他学者已经证明，"不该
让人们误以为很多罪犯都曾受到如此惨无人道的对待"。[5]

　　刑讯和公开惩罚直到现代社会早期依旧存在，这在某种程度上是中央集权政府在发展初期"长期缺乏信心"的写照。[6]发展中的国家时常被全国性的灾难、传染病、宗教和民间冲突困扰，除了用既痛苦又羞辱的刑罚威胁之外，缺少强化社会秩序、有效遏止犯罪或阻止平民骚动的能力。事实上，犯罪行为往往被视作对最高统治者权力的挑衅，而统治者则以牙还牙，将怒火发泄在罪犯的身上。18世纪之后，惩罚公正化的改革在西方落地生根。经过一段时间，酷刑改造效应的光环褪尽，肉刑在西方越来越受排斥。[7]但另一方面，监狱的发展程度在全球范围内并不一致，通常首先兴起于那些有能力修建和维护它们的国家。尽管公开处决日益减少，监狱在不断发展，但肉刑和放逐到海外苦役营的惩罚仍在20世纪的刑罚体系中占有一席之地。

英国的罪与罚

　　要考察现代国家崛起和罪与罚的转型之间的关系，从英国入手或许是个不错的选择。正如历史学家艾伦·麦克法兰（Alan Macfarlane）所言，"除了日本之外，英国大体上被视作第一个'现代'集权国家……第一个确立了法律制度并控制暴力的国家"。[8]这一切并非一蹴而就，而是在15至18世纪市场经济逐渐兴起的刺激下断断续续地发展起来的。伟大的经济学家亚当·斯密甚至在18世纪末特别指出了根除暴力和"所谓资本主义"兴起之间的联系。[9]

　　离城市中心越远，人们就越容易觉得周遭的社会混乱、暴力持续时间长，所有处在现代转型会切点的国家莫不如是。托马斯·巴宾顿·麦考利（Thomas Babington Macaulay）在19世纪中期的评述便是这种现象的极佳注解：

旅行者都得先下遗嘱才敢去乡下（过了特伦特、诺森伯兰和北部边境）……定罪量刑的随意性让那些习惯了在安宁地区生活的人大为震惊。陪审团被愤怒和共同危险感驱策着，毫不犹豫地将入室抢劫和偷窃牛马的行为定为暴动。定了罪的罪犯被匆匆赶上绞架。[10]

　　的确，16 世纪末 17 世纪初"对于英国人而言是个棍棒交加的年代"，"每个乡村都竖着鞭刑桩，这已成了维护秩序的惯常手段"。[11]

　　亨利八世（Henry VIII，1509—1547 年在位）与当时欧洲大陆的其他君主一样，也对酷刑的效果笃信不疑。他对平民暴乱和犯罪行为实施了越来越强硬的打击，是第一个也是唯一一个允许在周日进行处决、允许将烹煮之刑作为合法刑罚的英国国王。1512 年，他将在教堂内或大道上杀人定为"罪无可恕的"行为（死罪）。1536 年，他又将此类罪行扩大至海盗、杀人、强奸、渎圣、拦路抢劫、诱拐以及某些入室盗窃行为。1530 年，亨利八世颁行了针对盲流和乞丐的鞭刑法，下令将这两类人拴在马车后面，剥去全身衣裤（后来改为只剥去上衣），一边游街一边鞭打，直到"抽得浑身是血"。男人、女人、儿童，一律适用此刑。对于那些企图逃避去教堂的人，割双耳。

　　苏格兰的刑法较之英格兰略为仁慈，但也仅体现在量刑上而已。诚然，普通窃贼不会被判死刑（除了累犯），但肉刑的使用相当广泛。被当场抓获的窃贼会先被烙面、割耳，然后被鞭打或绞死。处决的手段包括斩首、绞刑、溺毙、火刑，以及用绳子扭断脖子。如果罪犯罪不至死，那么有可能会被判处用钳子扯掉指甲、鞭刑加烙刑、割舌（或者在舌头上钻孔）、斩断手脚。在 15、16 世纪，政治犯和女巫会被施以最残酷的处罚。1437 年，一名行刺苏格兰国王詹姆士的刺客的右手被钉在绞架上，用车一直拖到爱丁堡。到达目的地后，行刑者先用烧红的铁矛刺入他的大腿和手臂，然后强迫他眼睁睁看着亲生儿子被处决，最后将他本人车裂。[12]

数个世纪以来，苏格兰和英格兰分别拥有各自的司法体系。但若犯罪行为发生在国界上，则两国会就如何裁决达成国际协议。1249—1599 年，所谓的"边界法"得到修订和补充，但直到 16 世纪，关于如何适用这些法规仍存在诸多不确定因素，这在很大程度上是因为缺乏书面记录。该机制大致是这样的：如果一名英格兰人遭一名苏格兰人抢劫，则被抢的英格兰公民应向他的（英格兰）管理者申诉，由该管理者向苏格兰管理者转诉。[13] 接着，苏格兰管理者要进行调查，如果指控属实，罪犯会被传讯。与非边境区相比，边境区的惩罚变数很大，且较少适用赔偿手段。1367 年，被判抢劫罪的人可用支付基本赔偿的方式赎罪，而到了 1384 年，抢劫犯则要被绞死。绞刑是最常用的处决方式。苏格兰边境有很多以此命名的地方，诸如"绞架山"、"绞刑吏山"以及其他种种。除了绞刑，斩首和溺毙亦有使用。在一次集体处决中，有 36 人被绞死，另一次则一下子淹死了 22 名土匪。在所有处决方式中，廉价的溺毙往往最受当局青睐。1563 年，面对猖獗的边境犯罪，当局颁布了一个法案，同现代强制性判决和在美国直到不久前依旧流行的"三振出局"法案倒有几分相似。"三振出局"处罚规定，对"三次实施或企图实施"犯罪的人适用死刑。值得一提的是，所谓三次实施，必须是在三次独立的事件中连续实施犯罪。[14]

在英国崛起的过程中，最严重的世俗罪行当属叛国罪（在宗教罪行中则以信奉异端邪说为最）。不过，与欧洲大陆不同，除了针对叛国罪，英国刑法不会使用花样百出的公开处决手段，也从未对罪犯使用轮刑或用数天时间将罪犯折磨至死。1351 年的叛国法对轻叛逆罪给出了定义，指的是威胁国王的某些行为。该罪名也适用于社会地位低的人对地位高的人实施的谋杀，通常包括女性杀死丈夫、仆人杀死主人。犯此罪的妻子和女仆有可能会被处以火刑。不过，轻叛逆罪很少遭起诉。至于重罪罪犯，则多数会被处以绞刑。由于行刑不够精准，罪犯最终往往死于缓慢窒息。受刑人挣扎着试图呼吸，这便是所谓的"跳舞"。直到 19 世纪，该方式的行刑过程仍会持续 3 到 45 分钟。罪犯的亲友参与行刑的情况不在少数，他们把受刑人的双腿使劲儿向下拉，以期早点儿终结这垂死的挣扎。[15]

早期的金融犯罪

国家安全与可靠的国家财富之间的关系在 17 世纪的英国日益受到重视。彼时，金融犯罪主要还是局限于逃避债务、在度量衡上做手脚、贿赂、假冒伪造，其中伪造算是最具欺骗性的手段。使用伪币进行交易的现象至少从 12 世纪起就困扰着英国，当时，"硬币粗制滥造，拿着 1 英镑在市场上居然买不到价值 12 便士的东西"。国王亨利一世雷霆出击，下令对滥造硬币的人处以阉割和剁去右手的惩罚。[16]17 世纪，英国有两种硬币——手工铸造的硬币（1662 年以前）和国家铸币厂用机器制造的硬币（1662 年之后）。老硬币质量参差不齐且容易磨损，给了"剪刀手"以可乘之机。他们用剪刀从硬币边缘刮下一些碎银，然后把边缘重新修光。简言之，这些人可以通过切刮货币积攒起一堆银子。到 17 世纪末期，切刮硬币的行为变得非常猖獗，麦考利爵士对此评论道："所谓的 1 先令真正值 10 便士、6 便士还是 1 格罗特，完全凭运气。"他在那部权威的英国史中说道："3 名大名鼎鼎的金匠曾受邀各自拿出 100 英镑流通银币在天平上过秤。这些钱应该重约 1200 盎司（约 34 千克），但实际称出的重量只有 624 盎司（约 18 千克）。"[17]

剪硬币显然不是什么新鲜花招。在英国，这种行为从伊丽莎白一世时期就被作为叛国罪处刑。被定罪的造假者通常会被判处火刑或绞刑，但此举未能降低犯罪率。犯该罪的女性会被活活烧死，但她们可以请求"看在肚子的份上"改判，也就是说，孕妇可以请求先生下孩子，并期待得到宽大处理。不过大多数时候，她们得到的宽大处理只不过是在接受火刑之前先被勒死。14 世纪的威尼斯对造假者和"剪刀手"进行了区分。"剪刀手"不会再被活活烧死，而是被砍掉右手并遭放逐。至于女性，则会被割掉鼻子。1359 年，威尼斯当局对该罪行的惩罚除砍断右手外又加了挖掉双眼，且增加了作为替代惩罚的罚金数量。女性罪犯在新规下再次获得所谓的仁慈待遇，对她们的惩罚是肉刑和终身监禁。[18] 在俄国，对待造伪币者的方式是将他们假造的硬币融化，并将金属水灌进他们的喉咙里。[19] 在英国，针对造假者的惩罚常适得其反，陪审团往往因此不愿判决罪犯死刑和断肢，除非证据确凿（出示了切削工具和被毁的硬币）。

根据一部不太知名的关于 17 世纪罪与罚的编年记录，由于罪犯暗中将切削下的银子铸成银锭卖往欧洲大陆，17 世纪 90 年代末的英国流通市场里已越来越难找到"合法的"银子。该现象引起了政府高层的关注，并触发了议会调查，因为若没有足够的资金，英国就无力承担对欧作战的开销。政府任命艾萨克·牛顿——"全英国最聪明的人"——为铸币厂主管，以期阻止这场蔓延全国的危机。牛顿的办法非常具有牛顿特色，就是召回所有硬币，无论新旧，通通重铸成统一式样，这样就很难再切削了。历经各种困难，这个任务终于在 1699 年完成。此举，连同英格兰银行在 1695 年发行的票据，共同造就了"世界上第一张由银行发行的纸币",对遏止英国金融危机大有助益。[20]

牛顿在担任铸币厂主管期间发现,由于《血腥法典》过于血腥",起诉造伪币者成了难题。[21]酷刑在英国的最后一次合法使用是在 1641 年。在那之前,伊丽莎白一世女王成了全国"最多产的酷刑君主",83 份被记录在案的许可令中有 53 份出自她手。[22]议会最终将伪造硬币列入叛国罪。

1688 年光荣革命后,英国政府颁布了大量新法规,旨在对付包括藏匿赃物、贪污、诈骗、使用欺诈手段获取财物在内的新型财产犯罪。

作为公开表演的处决

1616 年 8 月,一个名叫约翰·泰勒(John Taylor)的英国旅行者来到了德国北部海港汉堡。下船不久,他就目睹了一件从未见过的事情:很多人蜂拥而至,打算观看次日举行的公开处决。人们的怒火指向了一名因用斧子砍死小女儿而被定罪的父亲。在好奇心的驱使下,泰勒决定一探究竟。他找到个绝佳的位置,记录下了永生难忘的可怕情景。他在 1617 年发表的文章中写道:

> 那名罪犯被押上一个土堆,土堆很高,以便方圆 0.25 英里[①]内的人都可以看见处决。刽子手的四名助手每人各持一小根绞索,分别抓住罪犯的双手双脚,将他仰面朝天展平。接着,主行刑手,

_____

① 1 英里 ≈1.6 千米。——编者注

也就是这行当中的大师，拿出一只约同四轮马车的大轮尺寸相仿的轮子。他先脱下上衣，摘掉帽子，只穿着衬衫，就像准备打网球似的。他拿着轮子，固定好轮缘，用一只手旋转着，犹如在拧盖子或是转风车。接着，他抓住轮辐猛地一击，将那个可怜虫的腿折成数截（我是指骨头），那家伙放声惨叫。稍停一会儿，他以同样的方式折断了罪犯的另一条腿，接着打断了他胸部的四五根骨头……最后是脖子。他失手了，把那家伙的下颚打成了碎片。随后，他把这具破碎的尸体在轮子上展开，往轮子中央的孔里扎进一根杆子，再将这根杆子的另一端埋进地里约 6 英尺深，地表以上留 10~12 英尺长。尸体就这么晾在杆顶，直到被自然耗尽或被猛禽啄食干净。[23]

将这场寻常的德国处决与本国的死刑方式相比，泰勒觉得如此野蛮的举动让"英国的绞刑看上去实在是小菜一碟"。[24] 泰勒所言不虚，尤其是处在那个通奸仍然要被斩首、纵火仍要被活活烧死的现代社会早期的德国。但更可怕的当属专为伪造者设置的刑罚——油烹。"不是一下子整个儿扔进锅里，而是用滑轮和绳子系在罪犯腋窝下，一点一点下油锅：先是脚，然后是腿，把他活生生地烹到骨肉分离。"[25]

在欧洲大陆，或许没有哪种公开惩罚比轮刑更能展示国家权威。这种刑罚广泛适用于谋杀家人或劫财害命的男性罪犯。在对待重罪犯时，采用"自下而上"的方式，让罪犯在整个行刑过程中都能保持神志清醒，从而造成更大的痛苦。略仁慈些的方式是"自上而下"，通常首先弄断脖子，这就意味着罪犯会即刻死亡。虽然这种刑罚通常被称为"轮上断骨"，但也有人认为应该更准确地说成"以轮断骨"。[26]

轮刑有一种更常见的形式，一般为法国人采用：将轮子水平放置在行刑台上，罪犯被绑在轮子上，然后行刑手按照规定用铁棍打断罪犯的四肢。

轮刑起源于中世纪，并于18世纪在法国和德国复苏。与英国的绞刑类似，死于轮上乃是一种公开折磨。正如上文中泰勒所描述的，轮刑在德国更普遍。在德国的早期历史中，轮刑通常只用来惩罚男性杀人犯。行刑的具体过程或略有不同，但通常是将罪犯仰面朝天地放在地上，将其四肢拉到极限，手脚绑在橛子上，每条胳膊和腿下面都垫上木块，下方留些空间。接着，行刑手会用一只沉重的轮子打碎肢干（包括脊柱）。需要打断多少根骨头由法律决定。一旦罪犯身体各部分的骨头都碎成了玻璃碴状，其四肢就会被螺旋盘绞在轮辐上。最后，把附着尸体的轮子架在桩子或者托架上。[27]直到18世纪70年代，轮刑仍被广泛使用，拦路劫匪、盗贼、杀人犯和其他罪犯纷纷在这个奇特的杀人装置上送了命。截至1789年法王路易十六废除轮刑，死于该刑罚的人数超过了命断绞刑架的人数。

欧洲有数不胜数的残酷处决手段，其设计目的都是为了震慑旁观者，遏制潜在的犯罪。对上等阶层的人而言，处决通常意味着利剑与斩首。意志坚定的罪犯被允许自行跪倒，不必被刽子手强行按住。但最后关头的退缩往往会让本该痛痛快快的一刀变成斩破头颅或肩膀的痛楚。至于那些懦弱的罪犯，则可在上断头台前先静坐安神。火刑被用于处置渎圣者、信奉异端邪说者、伪造货币者、投毒者和鸡奸者，其目的在于彻底毁灭这些罪犯的躯体。即便已被烧成灰烬和骨渣，还要再被碾成齑粉，然后埋在刑台下或倒进河里。

在德国，溺毙之刑主要用于女性，尤其是犯了通奸、信奉异端邪说等道德和宗教罪行的人。与火刑类似，水刑同样也被认为具有净化的功能。有些时候，女犯会被从桥上放入水中，由行刑手的助手将她摁在水下直到死亡。更残忍的方式是将女犯连同一只猫、一只母鸡和一条蛇塞进麻袋，沉入水中（令人想起古罗马的"麻袋之惩"）。蛇在英国不常见，用蛇的图案替代足矣。[28] 那些因杀婴被定罪的人得受火刑与穿刺刑。有时候，她们会先被溺毙；也有时候，她们会被捆在刑台下的一个浅坑里，身上覆盖荆棘，然后从脚到头开始焚烧，并在焚烧过程中或焚烧后用桩子刺穿心脏。

到 18 世纪 50 年代中期，吊拉分之刑已经很少被使用。事实上，英国人最后一次使用这种刑罚是在 1803 年，处决爱德华·戴斯帕德（Edward Despard）上校和他的同伙，而彼时，能记得起上一次——半个世纪前——使用吊拉分刑罚的人大多已不在人世。爱德华·戴斯帕德及 6 名同伙因密谋推翻政府被定叛国罪，遭受这恐怖的古老酷刑。这 7 人被分别绑在传统的木架上拖到各自的处决台前，一个一个地被吊到半死，然后放下来，开膛破肚掏出内脏焚烧，直到断气。约 2 万人围观了发生在 2 月 21 日的这历史性的一幕，但他们或许并没有意识到这将是刑罚史上一个时代的终结。不过，有些保皇派或许对此次处决的结果大失所望，因为这几人被斩首后并没有被分尸。[29]

随着时间的流逝，很多公开处决方式被诸如断头台之类更"仁慈的"装置取代。尽管如此，仍有一名德国女性在 1893 年因毒杀丈夫被利剑斩首，另有两名德国女性在 1914 年被斧头斩首。1792 年，断头台成为法国的官方处决工具，此举最初被视作人道主义的里程碑，其意义与古代雅典使用毒芹、美国 20 世纪 80 年代使用注射死刑不相上下。断头机的原型可以追溯到古罗马，但直到苏格兰人在 13 世纪发明了哈利法克斯断头机（Halifax Gibbet），断头机才成了人们熟知的模样。1286—1650 年，断头机在英国得到应用，并于 1566 年因爱丁堡那台人称"苏格兰少女"的装置而声名大振。最初的哈利法克斯断头机只不过是将一把斧子安装在一块木头上，用绳索拉至支架的顶端。如早年的一名观察者所述：

> 安装在木板上的斧子呼啸而下，即便罪犯的脖子粗得像头公牛也能应声斩断，人头落地滚出很远。

还有一种通常为偷牲口的窃贼准备的行刑方式：把原本系在椽子上用于拉升斧子的绳子拴在被盗的牲口身上，这样，牲口只要一动就能处死绑架它的人。[30]13 世纪初，德国人使用了一种类似的装置，并一直沿用到 16 世纪。与法国的刑罚史密不可分的断头机在 15 世纪时叫作 doloire。不过这种装置在 18 世纪晚期时早已被人遗忘，是约瑟夫–伊尼亚斯·吉约坦医生（Dr Joseph-Ignace Guillotin）让这种"老旧发明"重获新生，取代了法国刽子手手中的斧头利剑。[31]

18 世纪 90 年代之前，对穷人通常适用绞刑，对富人适用斩首，残忍的轮刑则用于犯宗教罪行的人。1791 年 5 月，吉约坦说服法国议会的同僚对所有死刑犯一律使用斩首的方式。他最信赖的顾问中有个叫夏尔–亨利·桑松（Charles-Henri Sanson）的，此人来自刽子手世家，家中六代人（1688—1889）都曾担任官方刽子手。桑松与吉约坦医生一起挑战着使用刀斧实施批量处决的做法，认为刀斧需要经常磨砺，而要砍下那么多脑袋实在太费劲。

也许在现代社会早期，英国的公开绞刑在欧洲诸国中首屈一指。不过，就公开惩罚而言，英国和很多欧洲国家的做法不同。例如，在荷兰，阿姆斯特丹法庭在所谓的"审判日"期间不会区分肉刑和死刑，呈献给公众的是一场丰盛的刑罚大典。单单一下午的时间，你就可以目睹一大排人被挂上绞架。鞭打、烙烧和处决可以在同一天、同一个刑台上执行（整个过程通常从处决开始）。相反，英国对执行死刑和肉刑有着严格划分。绞刑极少会与其他体罚在同一地点执行。鞭笞一直是人们喜闻乐见的消遣，当局通常会专门竖立鞭刑桩。尽管如此，鞭刑吸引来的围观者永远赶不上绞刑。[32]

在英国，当有人面对应被判绞刑的指控时，标准的辩护方式是要求"牧师特权"。这种辩护最初旨在减轻对神职人员的惩罚，但从16世纪时开始适用于普通信徒。在1706年之前，神职人员和其他有文化的市民如果犯了较轻的罪行，有可能通过请求"牧师特权"来逃避处决。这种古老的特权允许神职人员在教会法庭受审，而不必接受世俗审判。规定要求主张牧师特权的人接受一项读写能力测试，包括朗诵一段《圣经》，通常是赞美诗第51篇，即所谓的《刽子手之歌》。到了18世纪，这种宽恕只允许适用于初犯。以过失杀人罪为例，获得牧师特权的罪犯手上会被烙上字母 M（代表过失杀人），或被处以流放，或者同时接受以上两种惩罚。正如现代历史学家瓦妮莎·麦克马洪（Vanessa McMahon）指出的，过失杀人罪是一种"纯粹由16世纪造出来的"罪行，"与可饶恕的杀人行为以及正当杀人不同，过失杀人依旧是一项重罪，严格来说应该同其他重罪一样被判死刑"。牧师特权的普遍应用为大量被判死刑的人换取了替代性惩罚。[33]

1706年的法案废除了读写能力测试，此举或许从绞架上拯救了很多文盲罪犯。但另一方面，通过扩大对死刑的适用范围，"大人物一只手给出去的，另一只手又收了回来"。政府当局通过禁止调用神职人员保护的做法，确保了新增的死罪无法应用牧师特权。时间仿佛倒回至严厉的都铎时代，绞架成了重罪犯的唯一归途。正如一名历史学家的解释："彼时的社会，资本正在释放出新型的财富，而如果没有常规警察力量，这种新财富就无法得到充分保障。上述做法正是那个特定社会对此的回应。"[34]

《血腥法典》的荒唐之处表现在处理财产犯罪时显现出的"滥杀"倾向。例如，偷盗 1 匹马或 1 只羊，扒窃价值超过 1 先令的财物，从寓所里盗窃 50 先令，或从生意场所盗窃 5 先令，以上行为皆要被判处死刑。诸如从洗衣店偷窃亚麻布，从布店偷窃毛料布，从果园里盗伐树木，掘挖鱼塘围坝放走塘鱼的行为，也加进了这份迅速变长的死罪名单。[35] 从很多方面而言，由于不仅没能废除旧有法条，反倒越发"膨胀"，这部法典在残酷程度上更进一步。例如，18 世纪初，偷盗价值 5 先令的物品要被判绞刑。而在随后的几年间，所有东西都涨了价，唯独"人命越来越贱"。[36]

幸好，在《血腥法典》实施的那些年里，法官们意识到为区区小罪就把人绞死是极不合理的，且这种认识体现在了他们的判决之中。除了杀人、拦路抢劫等在 1688 年之前就适用死刑的罪行之外，（那些在 1688—1750 年新增的死罪）往往会被改判为流放到美洲殖民地和澳大利亚。结果，《血腥法典》算是雷声大雨点小，实际上并没有造成更多的杀戮。人们普遍认为，18 世纪英格兰被判绞刑的人中大约有一半或被赦免，或被执行其他的替代性惩罚。当然，这一切都取决于罪行的暴力程度。人们对罪犯品行的判断也会对死罪判决结果产生影响。[37]

在 1660 年 10 月 13 日的一场处决中，围观者中有一名叫塞缪尔·佩皮斯（Samuel Pepys）的日志作家，此人是来见证 1649 年处决了查理一世的那帮弑君者的末日的。年少时的佩皮斯曾挤在人群里目睹了对先王的处决。作为一名"热情的保皇党人"，他对这一系列事件的感受绝非寻常过客可比。如今，时隔 11 年，他再次目睹死刑之后描述道：

> 我去查令十字街观看对哈里森少将实施的绞刑：把他的内脏取出
> 并肢解。他展现了一个人在此等境况下能展现的最大的乐观。如
> 今，他被分了尸，脑袋和心脏被割下来示众，引得一片欢呼声。[38]

佩皮斯在有生之年还参加了另外几场处决，但英国司法愈演愈烈
的报复性令他不久便厌烦了国人对复仇的过分渴望。然而，英国人对
公开绞刑的热情丝毫未减。1571 年初次使用的泰伯恩刑场（Tyburn
Triple Tree）到 1724 年已经成了大众娱乐胜地，1724 年时更是建起了
大看台，以便为付费观众提供更好的座位。

监禁的前身：流放地、流放和劳役

正如我们看到的，在现代社会早期，欧洲的法典充斥着各类死
罪。不过，在这些颇有创意的惩罚之外，亦不乏其他惩罚手段的发
展，而后者则预示着监禁的兴起。从理论上讲，有不少罪行必须适用
死刑，但随着替代性惩罚在欧洲各国的采用，死刑的实际执行量大大
减少，数以千计被定死罪的罪犯得到宽恕，被改判为长期服苦役。在
西班牙和其他地中海国家，服劳役自古罗马帝国时期起就已成为常
规惩罚手段。彼时的劳役包括从事公共设施建设、清理污水沟等等。
更严厉些的劳役则要求罪犯在采石场和矿场度过余生。这两种判决
都"被视作缓慢而痛苦的死亡，以为国家出苦力的形式实现了惩罚性
的监禁"。[39] 大多数历史学家认为，这种惩罚性的劳役是监禁的雏形。
与古代相比，惩罚性劳役在中世纪时期并不常见。除了教会，大部分

中世纪社会缺乏实施长期监禁的资金和设施，因此更多地使用廉价的肉刑和死刑。

与其他地中海国家一样，西班牙曾长期使用各种惩罚性劳役。有些罪犯被迫从事公共设施建设，另一些则被判处更严厉的处罚，要在矿场和采石场做苦工。被锁链束缚着的罪犯一直劳作至死的情况并不罕见。归根结底，这两种劳役只不过是极其缓慢的死刑而已。苦役在西欧的复活与民族国家的出现以及财富、权力的增长发生在同一时期。16 世纪早期皇家司法权的扩展和中央集权的深化标志着民族国家的建立，国家可以使用罪犯做劳力为国家利益服务的观念也随之成形。[40]

苦役船是 16 世纪和 17 世纪兴起的另一种惩罚手段。1530 年颁布的一系列新法规将苦役船服刑扩展至所有类型的罪行。没工作也没主人的吉卜赛男性会面临 6 年苦役船服务。流浪汉第一次被抓到会判 4 年苦役船服务，第二次判 8 年，第三次终身。到 16 世纪下半叶，被宗教裁判所或世俗法庭判处重婚罪和亵渎罪的人往往会被送上苦役船，在那里与他们做伴的常常是卖骰子的、做伪证的和拒捕的人。彼时，这已成了大多数普通罪行的常规惩罚。不过，免于羞辱性惩罚的贵族和神职人员只有在犯叛国罪时才会被送上苦役船。苦役船刑期可以为两年到终身，一般 4 年到 6 年居多。少于两年的刑期极为罕见，据说是因为罪犯至少需要一年时间才能成为合格的桨手。到 17 世纪中叶，苦役船劳役被限定为 10 年。然而，无论苦役船多么可憎，能"顶风破浪"地呼吸总比被挂在绞索上强，这一点几乎不会有人质疑。[41] 将男性罪犯送上苦役船服刑的做法渐渐取代了绞刑，到 17 世纪早期，基于一系列苦役船服刑规定修建的监禁室不仅用于惩罚男性罪犯，也适用于女性罪犯和少年犯。所谓的女性苦役船与普通苦役船的条件别无二致：剃刀削发，粗糙的饮食，黑面包或饼干以及蔬菜。[42]

随着新型帆船的普及，西班牙于 1748 年废除了苦役船劳役。罪犯被转移到陆上，在北非要塞从事艰苦的劳作，这些要塞实际上就是流放地。[43] 西班牙人也把服劳役的罪犯送去墨西哥炼银，这种做法始于 16 世纪 60 年代。与苦役船相比，罪犯显然更喜欢矿场的生活条件，在那里，他们每天都能吃肉喝酒，有足够的衣物，还能得到医生的照料。不过另一方面，汞中毒的情况屡见不鲜，很多人在精神错乱中死去，而采矿作业本身也是痛苦的折磨。到头来，待在苦役船上或许能比在阿尔马登（Almaden）的矿场里活得更久些。从历史的角度来看，使用罪犯作为矿场劳力刺激了私人承包开采体制，使其"在西属美洲得到了最充分的发展"。[44]

16 世纪，西班牙的惩罚手段传到了新大陆殖民地，为这片缺乏强有力的本地法律传统的地区引入了严酷的欧洲司法标准。体罚从鞭刑、断肢刑到绞刑，不分性别一律适用。与欧洲大陆一样，流浪行乞会受到无情的惩罚。一名意大利旅行者描述了他见到的三名女性因行乞被鞭打，然后被带到绞刑架下，身上被涂抹糖浆、沾满羽毛，痛苦地示众。[45]

在奥斯曼帝国的全盛时期，放逐是对纵火犯（以及未尽到责任致使火灾发生的守卫）、吉卜赛人、麻风病人和做出不道德之举的人的惩罚。16 世纪，由于海军缺少桨手，从叛教、同性性行为等较严重的死罪，到酗酒、赌博、咒骂宣礼人等轻微违法，无论犯何种罪过通常都会被判处上船服 8 年劳役。到 18 世纪，随着桨船被帆船取代，船上对劳役犯的需求减少，罪犯于是被送往要塞和兵工厂劳动。

用一位历史学家的话说："除了拥有广阔的西伯利亚作为流放地

的俄国，没有其他哪个文明国家能在流放的程度和范围方面赶得上英国。"[46] 虽然流放或放逐常常与 18 世纪、19 世纪英国在美洲和澳大利亚的殖民经历紧密相连，但这种手段其实在那之前一个世纪就已被詹姆士一世使用。到 17 世纪末，其他几个欧洲国家也采用了这种方式。不过，直到 1718 年，英国人对流放仍只是偶尔为之。18 世纪 50 年代，沙皇俄国用流放到西伯利亚做苦力的惩罚取代了死刑。18 世纪 90 年代，法国立法要求将所有犯两项重罪的人都终身流放到马达加斯加。至此，流放在法国普及起来。

流放制度在英格兰的确立大约与《血腥法典》在同一时期，彼时，英国的刑法以数不胜数的绞刑罪为特色。1688 年，英国的死罪不到 50 种，但到 1765 年已超过 160 种，到拿破仑战争末期则增至 225 种。英国的流放政策对判决产生了戏剧性的影响，或许也把英国的监狱实践推迟了若干年。在 1718 年《流放法案》问世之前，几乎 60% 获得"牧师特权"的罪犯都在烙上印记后被释放。法案实施之后，同样数量的人被流放，而死刑则主要适用于杀人犯、盗马贼、匪帮和其他重罪犯。1718—1775 年，也就是将罪犯流放到美洲的那段时间，收监人数大幅减少。但 1779 年《监禁法案》的通过很快触发了现代监狱制度的兴起。这一转变在很大程度上得益于约翰·霍华德对监狱条件的调查，他根据调查结果写就的具有重大意义的作品《英格兰和威尔士的监狱状况》（*The State of the Prisons in England and Wales*）于 1777 年出版。霍华德在书中指出，1773—1775 年，死在监狱里的罪犯竟比被处决的还多。

以繁重的劳动为特征的流放地及其相应的管理机制在欧洲南部地区通常被称为监禁营，罪犯在那里从事各种公共工程建设，包括修建港口、要塞和道路。该做法不仅在 19 世纪的法国颇为流行，西班牙和意大利也纷纷对早年用于囚禁苦役船奴隶的陆上拘禁室加以利用。关押在这里的罪犯，其量刑从 10 年监禁到死刑不等。法国后来关闭了监禁营，以便将罪犯送往阿尔及利亚、新喀里多尼亚和几内亚的殖民地服劳役。劳役制度规定，当罪犯不从事繁重的劳动时，应用锁链锁在一起，关在类似兵营的监狱里。在所有这些流放地中，最臭名昭著的莫过于魔鬼岛，它是法属圭亚那海岸附近一座礁石林立的小岛。在 1663 年被法国控制之前，这座小岛曾在欧洲列强中几易其手。1791 年，法国刑法规定，所有第二次犯下重罪的男性将不再被送往马达加斯加，而是终身流放此地。此后，受拿破仑战争影响，流放一度被中断，直到 1851 年才重新恢复。1852—1946 年，在这座恐怖之岛上服过刑的罪犯总计超过 8 万。鲜为人知的是，关于流放的问题曾在法国争论多年，直到拿破仑三世当权方告平息。他声称，英国人用流放政策换来了其澳大利亚殖民地的繁荣，于是争论的天平倒向了赞成流放的一方。但后来的历史表明，法国人未能复制英国人的成功，魔鬼岛最终在 1946 年关门大吉。

在殖民鼎盛时期，英国人曾在 1787—1852 年把澳大利亚作为流放地，约有 18.7 万名罪犯被放逐到那里。澳大利亚流放时代实施了一系列革新，比如假释许可制度、假释实施和假释监督，对 1852 年之后的英国刑罚发展产生了重大影响。[47] 甚至有历史学家认为，澳大利亚流放实践是"英国、美国乃至欧洲历史上最成功的刑罚改造方式"。[48] 尽管自由移民和罪犯将澳大利亚建成了事实上的监禁地，但为了对付那些现有制度无法控制的罪犯，其他惩罚措施也必不可少。于是，本土流放制度应运而生，即将罪犯送往范迪门斯地（Van Diemen's Land，今塔斯马尼亚）和诺福克岛（Norfolk Island）等偏远地区。英国刑事官乔治·阿瑟爵士（Sir George Arthur）被选为范迪门斯地的管理者。用历史学家罗伯特·休斯（Robert Hughes）的话说，此人日后成了"澳大利亚早期历史上最受争议的人物"。在担任英属洪都拉斯负责人期间，乔治·阿瑟管理着一个"奴隶国"，这个经历为他在澳大利亚流放地建立的惩罚体制带去了灵感。[49] 阿瑟在塔斯马尼亚留下了浓墨重彩的一笔，他主导的刑罚包括七个等级，由轻至重依次为：拥有假释许可证，被指定分配为自由移民工作，强制从事公共设施建设，在已有居民点附近修建道路，带着锁链强制劳动，关押在隔离的监禁区，带着锁链从事惩罚性劳动。罪犯可以通过勤奋工作和良好表现来改善自己的待遇。不过，真正令他声名鹊起的则是阿瑟港（Port Arthur）。此处与大陆只有一条狭长的通道相连，恶狗把守，悬崖为障，无异于"一座天然监狱"。

　　俄国的流放体系与澳大利亚的截然不同。最早生活在澳大利亚的欧洲人几乎是清一色的违法分子，而罪犯"从来都不是西伯利亚的主力军，虽然那里的罪犯和流放人员数量比澳大利亚多得多"。[50] 此外，澳大利亚作为流放地只有 80 年（1788—1868），总计接收了 15.5 万名流放犯，与 300 年来被放逐到西伯利亚的人相比微乎其微。

　　1648 年，在沙皇亚历克西斯（Tsar Alexis）统治时期，流放首次出现在俄国法律中，但当时，流放本身尚不是刑罚，而只是一种将已接受刑罚的罪犯逐出文明社会的手段。俄国刑法中充斥着各种残酷的肉刑，例如鞭笞、灼烙、断肢、割舌等等。其中最可怕的大约要算"用钩子穿过两根肋骨，把人吊在半空，直到其缓慢而痛苦地死去"。17 世纪末，上述很多惩罚被放逐取代。放逐甚至被用于惩罚算命、职业拳击、持缰策马、意外失火等微小过错。至于吸鼻烟的人，则要先被扯掉鼻隔膜然后再放逐。[51]

　　流放在俄国起初是被当作肉刑的补充惩罚，最终演变成了在亚极带西伯利亚拓展殖民地、开荒务农的手段。但那些被迫长途跋涉的人鲜有种田的技术或意愿，且即便他们愿意，自然条件也并不适宜。随着采矿业的发展，强制劳动取代了长期监禁，适用流放的罪行也不断增加。为了获得重劳力，俄国女皇伊丽莎白一世在 1753 年废除了死刑，并将流放制度推至顶峰。大批普通罪犯以及成千上万因放高利贷、算命、欠债、淫荡、酗酒、殴打妻子、非法砍伐树木、过失放火、佯装行乞等新增罪行被判流放的农奴被送往矿区。根据有些记录，约 1/3 的流放犯被就地释放安置，1/7 的人做苦役，其余的被判刑期不等的监禁或流放。这些人中有近 1/5 的人甚至没有犯任何罪，只不过是在以前的居住地"不受欢迎"。在这种情况下，他们会被推定有罪，且无任何上诉的胜算，因为将他们送上流放之路的正是他们自己的乡邻。[52]

　　进入 19 世纪，俄国平均每年都会新增 2000 名流放犯，到 19 世纪末，这个数字增加到每年 1.9 万。超过 10% 的流放犯会死在从俄国皇权核心区到他们最终目的地近 8000 公里的艰苦旅途中。一旦抵达遍布西伯利亚的各个流放点，他们就将面临下一个挑战：残暴的典狱长、可怜的食物、疾病、永不消散的恶臭，以及无时不在的皮鞭威胁。历史学家本森·博布里克（Benson Bobrick）将俄国流放者划分成若干类，包括苦役犯、单纯被判放逐的人，以及那些自愿跟随前来者——通常是前者的家属。苦役犯和被放逐的人要被流放终身。他们通常被打了烙印以便识别，头发也依各自的身份被剃成古怪的式样——右侧长，左侧短。这两类人被沉重的脚镣压得喘不过气来。在早年，男性罪犯的脸颊或额头上要用烧红的烙铁烙上代表其罪行的字母。比如，"K"表示"KAT"或 katorzhnik（苦役犯），"B"代表"brodyaga"（流浪汉）。随着时间的推移，这种方式发生了变化，很多肉刑，包括烙面，都被鞭刑取代。到 19 世纪 60 年代，俄国紧随欧洲其他国家的步伐开启了"开明的"刑罚改革，除鞭打外的大部分酷刑都成了中世纪的遗物。尽管如此，迟至 1873 年，罪犯仍会被锁在手推车上长达 3 年，而行刑手在执行鞭刑时仍要从若干个角度下鞭，以便打出"星星的形状"。[53]

尽管 1861 年废除农奴制之后发生了很多变化，但皮鞭的地位依旧不可动摇。监狱改革虽在进行，新入狱和初到监禁地的罪犯却仍免不了一顿鞭打。陀思妥耶夫斯基在小说《死屋手记》（*The House of the Dead*，1862 年）中描述了自己在西伯利亚营地的经历："被判处 500、1000 甚至 1500 鞭的，通常一次执行；但如果被判处 2000 或 3000 鞭，就会分两次甚至三次执行。行刑者会留出时间让罪犯的背伤愈合。"[54] 陀思妥耶夫斯基因抱怨伙食遭鞭打，他记得那痛楚"像火在灼烧，后背像被放在最炽热的烈焰上炙烤"。对于有经济能力的罪犯而言，贿赂行刑手以求鞭下留情绝对值得。俄国革命者彼得·克鲁泡特金（Peter Kropotkin）也提到被罚 100 鞭"与在欧洲监狱里被罚关一周禁闭同样稀松平常"。[55] 克鲁泡特金对监狱的兴趣始于他作为一名年轻官员时被选中调查刑罚体系，那段经历困扰了他整整一生，令他最终转变为一名无政府主义运动的杰出理论家。

到 19 世纪末，流放渐渐成为历史。尽管如此，它在大英帝国那些遥远的角落里依旧徘徊不去，直到第二次世界大战之后。最初作为 1857 年印度起义追随者流放地的安达曼群岛的布莱尔港，后来被英国殖民当局用来关押印度罪犯和普通罪犯，其中武装抢劫犯和杀人犯占了很大一部分。在 20 世纪 40 年代被日本占领之前，布莱尔港也关押过印度民族主义者。该机构最终在战争结束时被废弃。[56]

济贫院、改造所和感化院

　　紧随英国旧封建秩序崩溃而来的人口动荡引发了大量农业工人的长期失业问题。16世纪30年代亨利八世解散修道院也带来了类似的效应，原先生活在僧侣体制下的人被扔进了就业市场，大量面包师、园丁和洗衣工因此失去了工作。这些人加入了流浪大军，从一个城镇到另一个城镇，游荡在英国各地。与此同时，职业罪犯和鸡鸣狗盗之辈也日益增多。改造所和济贫院应运而生，成为现代监狱出现之前管束这些难以控制的乌合之众的手段。1553年，国王爱德华六世将亨利八世于1520年在布莱德维尔（Bridewell）修建的宫殿辟为"为道德——而非身体——畸形者而建的感化院"，其功能就是改造所。在随后的年月里，罗马天主教徒、不信奉圣公会的人和各种罪行轻微的罪犯被强行监禁在此。17世纪30年代，初进感化院的流浪汉和娼妓通常会领受一顿鞭子，成年人12鞭，儿童减半。1576年，英国议会授权在每个郡设立一所感化院。最终有300所被投入使用，其中有许多一直使用到19世纪。彼时，经常可以见到教区事务员在地方官员的授命下在各自辖区内巡视，将流浪汉和无所事事的混混送进感化院。一旦进了感化院，孰放孰留便完全由官员决定。轻微违法者、流浪汉和穷困潦倒的人往往会被关在这里，完成大量建设性的（但非常乏味的）任务。他们制作的东西大部分会被出售，以维持感化院的日常开销。这种做法为其他地方日后的监狱建设提供了借鉴。

　　感化院在改造所和济贫院的发展中扮演了重要的角色，后两者最初的目的同样是在现代监狱出现前的那些年月里抑制潜在犯罪。与现代监狱相比，这些机构彼此之间倒是更为相似，济贫院运动之兴起即是为了控制贫困以及由愈演愈烈的贫困化衍生的社会问题。由于年老、健康状况不佳、精神疾病，很多人失去了养活自己的能力；此外，还有无法找到工作的人（这些人会被当成是不愿工作）。16 世纪 50 年代的人普遍认为，任何身体健康但没有工作的人完全是出于个人的选择而不去工作。当局为此制定了各种法规。1552 年英国的一项法律规定，"任何有工作能力的男性或女性，如果拒绝劳动、无所事事达三天"，就要被用"烧红的烙铁在胸前"烙上代表"无业游民"（vagrant）之意的字母"V"。此外，这些人还会被"判给举报他们的人为奴两年"。直到 17 世纪 50 年代，济贫院才开始变为"现代意义上的济贫院"。[57]

在 19 世纪末监狱改革之前，因懒惰无业被判数年刑期的罪犯通常会被安排从事各种"无价值的工作"，目的在于让他们别闲着。这些工作包括踩踏车、转曲轴以及最枯燥的捡麻絮。早期济贫院里那些被迫参与的造钉子、打麻绳、清理下水道等工作已然无聊透顶，到了 19 世纪，罪犯更是被要求拆解长长的老旧焦油绳并将其分成单股，或徒手拆解麻絮。之后，这些麻绳麻絮会被涂上柏油，用于修补木船。不过，随着木船退出历史舞台，这些工作也渐渐过时，虽然有报道说拆麻绳的活计一直沿用到 20 世纪，较踏车、曲轴更晚被淘汰。[58]

在济贫院和监狱生活的种种革新之举中，最臭名昭著的当属踏车——有时也叫踏轮。这种装置通过运用下肢肌肉的力量来带动水泵和磨坊，其简单原型古已有之。第一台监狱踏车是由工程师威廉·库比特（William Cubitt）设计的。他在 1818 年参观位于贝里圣埃德蒙兹（Bury St Edmunds）的萨福克郡监狱时看见一群罪犯在监狱大门附近懒洋洋地漫步，由此获得灵感。一名当地行政长官注意到库比特对这种懒散状况不满，便请他设法给这些——用库比特后来的话说——"讨人厌的"罪犯找点儿事做。不久，库比特设计出了人力踏车。这台令各地罪犯沮丧异常的装置后来成了英国罪犯的日常伴侣，一直被使用到19世纪晚期。1821年，伦敦的萨里改造所——如今的布里克斯顿监狱——引进了该市第一台踏车。

　　踏车由一只巨大的轮子以及一组安装在轮子上的踏板构成，罪犯通过蹬踏使轮子转动。平均200名男性和女性做出的功可以与一只水车相仿。有些观察者将这种装置同桨轮相比，后者是由扶着栏杆蹬踏桨片的工人驱动。也有人说这种劳动就好像一连几个小时爬楼梯。现代健身俱乐部的爱好者大约会很乐意花钱尝试这种玩意儿。踏车之所以深受监狱官员的欢迎，是因为它具有双重功能，既是一种惩罚方式，也是磨玉米、车水的实用手段。起初，罪犯一整天都要花在踏车上，干15分钟，休息15分钟，如此循环。到1824年，使用该装置的监狱已超过50所。1838年，踏车上增加了垂直隔板，如此一来就可以迫使罪犯在隔离状态下劳动。在北爱尔兰阿尔马监狱的高墙深院之内，罪犯要以每分钟48步的快节奏在踏车上劳作10分钟，然后才能得到5分钟的休息，这样的规定一直实施到19世纪50年代。[59] 位于伦敦中部的冷水浴场监狱于1794年作为改造所开始运营，那里的惩罚手段包括搬运石炮弹和在一台可同时容纳340名罪犯的巨大踏车上劳作三四个小时。此外，罪犯每个月只能收一封信件，每三个月才能被探视一次。1834年的管理模式要求罪犯完全静默，否则便会遭到上脚镣、单独监禁的惩罚，且每日只有面包和水充饥。该监狱于1885年被关闭。曾有人不断尝试将这种禁锢头脑与身体的方式移植到美洲，但应者寥寥。到19世纪末，人们越发觉得踏车不仅浪费劳力，而且会产生适得其反的效果，于是议会终于在1898年将其取缔。

除了踏车之外，罪犯不得不应付的还有曲轴，这种装置在维多利亚时代的监狱里相当常见。所谓曲轴其实就是个填满沙子的带摇柄的箱子。罪犯要不停地转动摇柄，舀出沙箱里的沙子，然后再把沙子装回去，重复之前的过程。为了防止罪犯偷懒，曲轴上有个精巧的计数器，可以记录罪犯摇动手柄的次数，每名罪犯每天要转动近一万次。同踏车一样，曲轴也在 1898 年被取缔。

与改造所类似，济贫院也旨在树立繁重劳动的改造价值，灌输勤奋工作的道德伦理。别以为只有英国人才会费尽心机地让罪犯忙碌不停。约翰·霍华德便是在 18 世纪 70 年代参观欧洲监狱时从荷兰人的监狱管理中获得了启发。荷兰有一种锉房，两名罪犯每天要在里面协力锉出至少 50 磅（23 公斤）碎末。将染料木粉碎以便制造印染粉末是个费力的过程。依各个济贫院而定，犯有重罪的男性罪犯每天可能要花 10~12 小时（与当时普通的工作时长形成鲜明对比）来为木工房准备粗料。霍华德的报告中提到那些罪犯如何不停地工作，见不到三五成群懒洋洋地在监狱大门边游荡的人。女性罪犯的劳动场所叫纺织房，她们在那里从事纺织、缝纫和纺纱劳动。此类劳动改造大多没有固定期限，或期限不明确，其理念在于只有通过劳动才能实现改造，这与大多数现代监狱无所事事的景象截然相反。

美国共和初期的刑罚进步

直至 1790 年，英国还在不停地往《血腥法典》中增加死罪，美国的新联邦政府却只保留了四项死罪：杀人、叛国、强奸和纵火。虽然 18 世纪时美国各州尚未废除死刑，但宾夕法尼亚州已距此不远，1794 年，该州宣布仅一级谋杀罪适用死刑。在 1776 年美国独立战争爆发之际，新英格兰主要有三大类监禁场所——债务人监狱、看守所和改造所。按照当时的惯例，债务人及其家属往往得一起入狱，直到债务被免除。但各类监禁所之间常常出现功能重叠，看守所里同时关押着债务人、重罪犯、儿童和无辜者的情况并不罕见。

在美洲殖民地，按照作家大卫·J. 罗斯曼（David J. Rothman）的话说，"劳动监禁是为了制止和惩罚那些试图混入社区的陌生穷人"。也有人认为，当1682年威廉·佩恩颁布大法典时，济贫院实际上变成了宾夕法尼亚"真正的惩罚机构"，"不再仅限于收容贫困和流离失所的人"。法律明确规定，"所有监狱均应成为重罪犯、窃贼、流浪汉、不检点者、行为不端者、无所事事者的教养院"。随后，每个县都依照命令设立了监狱。[60]

佩恩为随后在宾夕法尼亚殖民地进行的监狱改革奠定了一些基础。佩恩和其他贵格派改革者领导了监狱改造，废除了向罪犯收取服务费、伙食费、住宿费的做法。他们的努力影响了后来19世纪的美国监狱改革。18世纪早期，美国看守所的条件与西方其他国家差不多。牢房事实上并不存在，所谓看守所和监狱几乎就是个收容了各类渣滓的大屋子，其中混杂着债务人、重罪犯、儿童、精神病人和淫乱放荡的人。1790年宾夕法尼亚胡桃街看守所（Walnut Street Jail）的诞生对于本杰明·拉什（Benjamin Rush）和约翰·霍华德这样的改革者而言无疑是梦想成真。该看守所以及其他效仿而建的看守所引领了——至少是美国的——刑罚改革之路，将其重点从惩罚变为改造、恢复，以及最重要的，忏悔（所以叫"感化院"）。

很多改革者都提倡使用单人牢房来把最危险的罪犯同其他人隔离开，消除所谓的"犯罪传染"因素，也就是说防止新进罪犯被职业罪犯"传染"上犯罪恶习。现代社会建立了分类制度来隔离不同类型的罪犯，但在早期，这种理念尚未形成。到 19 世纪 20 年代初，胡桃街看守所的改革中浮现出两种相互竞争的监狱模式。宾夕法尼亚模式，或称独处模式，以全天独处和在独立牢房内进行某些劳动为特征。而纽约的奥本模式基于静默和集体劳动，主张只有在晚间才把罪犯单独关押，允许罪犯日间在一起无声地劳动。最终，后一种方案主导了美国的监狱规划，这在很大程度上是因为这种管理方式更经济，可以在监狱运营中节省更多成本，制造更大利润，这也是所有监狱管理人员的底线。

在 19 世纪早期美国修建的所有监狱中，最知名的当属东州教养所（Eastern State Penitentiary）。这所建于 1822—1829 年的监狱位于宾夕法尼亚州的一个樱桃园附近，耗资 75 万美元，是当时美国最昂贵的建筑。一名建筑史学家曾大胆断言，它是美国"首座真正具有海外影响力的建筑"。[61] 建筑的花岗岩墙厚 3.5 米，高 9 米，且是全国第一个拥有室内自来水管道的建筑。监狱占地 11 英亩[①]，罪犯在服刑期间都有单独的牢房，整个管理体系体现了贵格派的改造和悔罪理念。1842 年，初抵美国的查尔斯·狄更斯曾被问及想参观哪些地方，他回答，"尼亚加拉瀑布和东州教养所"。但参观了该监狱之后，他却提出了最尖锐的批评。他在关于美国之旅的书《游美札记》（*American Notes for General Circulation*，1842 年）中描述了这种"死板、严厉、毫无希望的单独监禁"，认为宾夕法尼亚模式是"冷酷而错误的"，"慢慢地、日复一日地往罪犯脑子里塞什么奥义远比任何对身体的折磨更糟"。[62] 世界上采用这种管理模式的 300 座监狱大多位于美国之外，包括比利时的鲁汶监狱（Louvain Prison，1860 年）、日本的函馆

---

① 　1 英亩≈6 亩。——编者注

监狱（Hakodate Prison，1931 年）、伦敦的本顿维尔监狱（Pentonville Prison，1842 年）和俄国圣彼得堡的克列斯特监狱（Kresty Prison，1890 年）。

俄国之谜

1781 年，伟大的英国刑罚改革者约翰·霍华德首次到访俄国。[63]得知死刑已在俄国废除之后，他对那里的刑罚制度产生了特别的兴趣。他听闻的越多，就越想找出必然存在的其他惩罚手段。冷酷的皮鞭手给了他答案。就很多方面而言，鞭刑比英国使用的绞刑或斩首更残酷。通过废除死刑，俄国已然超越于那些不开化的欧洲国家之上，这成了其民族自豪感之源。但是霍华德发现，皮鞭的使用造成了无数意外死亡。他询问一名行刑手该刑罚如何竟能致命。行刑手回答："一两鞭打在体侧，撕下一大块肉。"霍华德问他是否曾奉令故意制造这种致死的创伤，对方回答："偶尔。"[64]这名总爱刨根问底的贵格教徒决定亲眼见识一下该刑罚。8 月 10 日那天，他如愿以偿：

> 我看见两名罪犯受了皮鞭之刑，一男一女。女的先被带上来，剥去上衣，手脚用绳索绑在鞭刑桩上。一名仆从跟着行刑手，二人都孔武有力。仆从站定，抽了那女人五鞭，鞭鞭力透血肉。但行刑手觉得他太温柔，将他推到一边，亲自打完了剩余的二十鞭。[65]

在离开俄国前，霍华德——他后来于 1790 年因斑疹伤寒死在俄国——在圣彼得堡警长的指点下领略了各种专为制造痛苦而生的可怕刑具。他记录了一种用于折断手臂和腿的装置、一种撑裂鼻孔的工具，以及一种能刺穿皮肤并在伤口上揉进黑色粉末的烙刑工具。

正如前文所述，与其他国家采用监禁手段之前（有时候即便已有监禁手段，依然如此）一样，俄国有着使用肉刑的悠久历史。在彼得大帝（Peter the Great，1672—1725）当政时期，酷刑主要用于三个目的：逼迫招供，惩罚，作为"处决的前奏或改进"。[66] 在这些令人胆寒的酷刑刑具之中，有一种约一根指头粗细、名为巴套的小棍棒，用于惩罚普通罪行。行刑时，受刑者平趴在地，两腿伸直，脊背裸露。两名行刑手面对面，一人或坐或跪在受刑者的头、臂之上，另一人坐在他的腿脚上，"有节奏地轮流"挥舞着手中的巴套，"像铁匠敲打铁砧，打到棍梢开裂就重新换一根，直到得到停止的命令"。[67] 体弱的受刑者熬不过漫长的拷打，一命呜呼的情况并不罕见。

不过，若论臭名远扬，所有刑具中当然首推用来对付重刑犯的皮鞭。在霍华德大开眼界之前的一个世纪，有名到访者就已提到过鞭刑的场面，"鞭子在裸露的脊背上撕开皮肉，有时甚至触及骨头"。鞭刑的数量依罪行而定，标准为 15~205 鞭。行鞭刑有一套奇特的程序："皮鞭手首先从观众中选出一人，将罪犯举起来背在背上"；接着，罪犯的手臂被环绑在一名站立不动的卫兵肩上，双腿绑在这名卫兵的膝部，"皮鞭手的一名助手抓住受刑人的头发，确保他的脑袋不会妨碍鞭子有节奏地落在他的背上"。也有时候，受刑者得采用更难受的姿势，他的"手被反绑在背后，一根长绳系住手腕，并绕过树枝或横梁"。当向下拉绳索的另一头时，罪犯就被提到半空，胳膊在肩胛骨处反拧着。还有一些额外的手段可以促使罪犯的手臂脱臼。1716 年，一名目击者描述：

法官判决的鞭数要不折不扣地落在赤裸的脊背上，每打一鞭，行刑者先退后一步，然后向前猛冲，鞭鞭有力，血花飞溅，红肿的鞭痕有男人的手指那么粗。这些皮鞭手——俄国人这么称呼他们——对工作一丝不苟，很少让两鞭落在同一个地方，而是娴熟地让鞭子均匀地落满受刑者的整个后背，从肩头一直到裤腰处。[68]

为了让罪犯招供，有可能每周都会使用皮鞭。而在另一些时候，撬开罪犯嘴的则可能是烈焰。罪犯的手脚被捆在杆子上，像被架在炙烤架上那样。火舌舔着罪犯的脊背，直到其招供。行刑手有时甚至会用这种方式对付刚刚受过鞭刑的人。[69]

奥斯曼的罪与罚

奥斯曼帝国是历史上疆域最辽阔、延续时间最长的帝国之一，帝国在 16 世纪、17 世纪苏莱曼大帝治下达到了顶峰。彼时，它跨越大洲，从南部疆界一直北延到维也纳和神圣罗马帝国的边界，堪称世界上最强大的国家之一。奥斯曼的强盛乃是基于强国通常必备的一系列因素。国家的权力高度集中在中央统治者手中，司法体系也由国家掌控。作为一个依靠伊斯兰教信仰凝聚起来的帝国，它的统治者极为务实，在扩张过程中从被吞并的各种文化传统中借鉴了最好的理念。

对于伊斯兰教法，奥斯曼人一方面认为自己有责任去保护和维持，另一方面也意识到它"在处理帝国各处的日常事务时并不总是很实用"。[70] 于是，帝国颁布的法律常常借鉴一些与伊斯兰教法截然不同的解释。显然，奥斯曼的刑罚包罗万象，既有世俗的手段，也有出自宗教文本的方法。罚金是一种重要的手段，往往作为石刑和鞭笞等残酷刑罚的替代惩罚。这种从身体到金钱的惩罚转变成了争论的源头。无论如何，只要意识到这个辽阔的帝国在 16 世纪时的疆域从今天的伊拉克一带横跨北非、北及巴尔干，我们便不难理解，经常调整现有法律实践，以满足包括基督徒和犹太人、游牧氏族和农耕民族在内的各种不同人群所需，是多么必要。有些欧洲观察者赞美奥斯曼的司法体系，认为"它灵活快速的司法体系与欧洲持久、昂贵的法律实践相比毫不逊色"，当然也有人对其"草率的死刑判决和间或残忍的处罚手段"提出了批评。[71]

奥斯曼的犯罪与惩罚同基于伊斯兰法典形成的很多传统截然有别。事实上，在叙利亚阿勒颇等地，按照奥斯曼人的做法，性放荡罪[72]往往不会被处以石刑，而是给予一些非暴力性的判决，比如逐出居住地。曾有权威断言，阿勒颇 300 年来没有一起伊斯兰教法庭判处的石刑。[73]不过，城市与城市之间确有差别。18 世纪时，阿勒颇人偏爱用放逐作为对卖淫嫖娼者的惩罚，而在安纳托利亚更流行的是笞跖刑——一种鞭打。以下是对这种刑罚的现场描述：

> 罪犯躺在地上，脚被固定在粗木桩的槽里，绳子两头分别穿过两个孔。两个人抬起桩子，让罪犯肩膀着地。另外两人用约一指粗细、长而有韧性的棍子抽打罪犯的光脚底（以及身体的其他部位）。[74]

这些区别表明，与其说伊斯兰法律是一部单一的法典，倒不如更准确地说，它是"一系列依时间、地点和场景而变的法条"。[75]

奥斯曼刑罚的创新让我们领略了伊斯兰法律的务实性。依据大多数记载，罚金是最常被使用的惩罚方式。对于酌定刑，如果要适用鞭笞，必然会在判决中同时给定依鞭笞数量折算的罚金。那些被判死刑的人也可以选择相应的替代处罚，尤其是没收个人财物。在有些情况下，如果有理由相信罪犯还有藏匿在别处的珍宝，可以在执行死刑前进行拷问。补充刑罚，例如各种辱刑，有时会与其他惩罚合并使用，比方说，因偷鸡被捕的罪犯会被迫把那只死鸡挂在脖子上游街。[76] 还有些文献提到，伤人者会被强制在手臂上扎着箭或刀游街。那些违反商业规章的人，鼻子上会被穿孔结绳，挂着他的伪劣产品走街串巷。与中国用于羞辱罪犯的枷类似，奥斯曼人也发明了一种沉重的木板，强制罪犯将木板套在脖子上，上面贴着标记、摆着他的伪劣商品。也有时，不法商人的耳朵会被钉在他店铺的门柱上，高度刚好让他的脚能勉强沾着地面，然后就那样留在那里供不满的顾客取乐。[77]

但在奥斯曼的各种刑罚中，最常用的依旧是鞭打和杖笞。鞭刑通常施于受刑者的背部或脚底，数量依罪行严重性而定。鞭打须严格确保不致罪犯死亡，如果罪犯死于鞭下，国家需要支付一半的身价赔偿（鞭打 100 下之后）。惯犯永远是个麻烦，屡次抢劫、造假或触犯其他法规的人会被砍去右手以示警醒，尽管从 16 世纪中叶开始，这类人通常会被送上苦役船。断肢刑不局限于斩手，也有诱拐劫持犯被割掉阴茎的记录（女性共犯会被灼烧外阴）。其他肢体惩罚手段还包括：造假和拉皮条的罪犯烙烫前额，逃兵削鼻割耳。不过，与死刑一样，自 16 世纪起，这些肉刑可能会被减刑为苦役。[78]

说到犯罪与惩罚，充满象征喻义的死刑是最能体现国家权力的。为了强化苏丹权威与总督等其他高级领袖之间的联系，罪犯被斩首之后，首级常常会被置于伊斯坦布尔的宫殿大门外，同时标明被处决的原因。宫殿前摆放着数百个头颅，其中还有在边远地区被处决的土匪，这样的场景倒也并非闻所未闻。为了便于运输，罪犯的首级会被塞满稻草，泡在盐水里。有时候，也会把人头用麻布包着浸入蜜中，直到抵达伊斯坦布尔。斩首通常使用斧头或弯刀。用弓弦勒死的方式适用于高级官员，这种传统可以追溯到蒙古–土耳其的高官不得流血的禁忌。与吊拉分刑的目的相似，最恐怖、最痛苦的手段是为了起到强调国家权力、震慑围观者的作用。叛乱者和其他政治犯会被处以刺穿刑，也就是把他们挂在固定于墙上的尖钩上，或扔在尖利的桩子上。也有的罪犯会被用超大号的臼捣死，或者被锯子锯成两半，被活活剥皮。

奥斯曼帝国时期在埃及发展起来的马穆鲁克（Mamluk）军事制度体现了令人胆寒的惩罚在抑制犯罪、维护公共秩序方面发挥的作用。一名上埃及（Upper Egypt）的巡视官在 1433 年受命"给犯罪分子和拦路强盗设计不同的惩罚方式"。有一次，他逮捕了一名罪犯，便下令"用风箱对着他的肛门鼓气"，让他的身体膨胀，"眼珠子进出来，脑壳炸裂"。[79] 为了替自己的残酷名声辩驳，这名巡视官曾释放了被囚禁在开罗的所有罪犯，并警告他们说，任何人将来如果因盗窃被捕，不会再有被监禁的机会，而是直接一刀两断。他的残暴手段似乎让开罗的窃贼在他的统治期内"几乎销声匿迹"。[80] 在 1402 年对累犯的一次集体处决中，罪犯通通被"利钩穿窍，挂起来"慢慢等死。巡视官显然清楚此举会引发怎样的震撼，但照行不误，因为这伙罪犯曾肆意杀人越货。在近百年后的一起案件中，一名盗墓贼先被活剥了脸皮，剥下的皮垂在胸前，脸上骨头毕现，之后再被处以绞刑（好像单单绞刑的惩罚力度还不够似的）。问题在于，这么做是否遏制了犯罪。大部分观点认为，极端处罚的效果至多只能算得上"模棱两可"。[81]

清朝

中国在最后一个王朝时期进入了现代。从 1644 年到 1911 年，清朝的司法制度朝着现代化方向大踏步地迈进。减少极端肉刑的迹象已初露端倪。在此时期，于 1699 年首次出版的《福惠全书》成了地方行政官定罪量刑的指南。作为 17 世纪中国的百名地方行政长官之一，作者黄六鸿指出，"今日所用之刑具轻于旧日……做惩戒之用，当使竹板"。[82] 按照书中所述，竹板有不同种类。重的用于惩罚强盗、暴徒和"受贿的衙役"，中等的用于"普通案件"，轻的用于惩戒"拖欠税务或涉案轻微的无知乡民"。[83]

对于在审讯中拒绝招供的人，会使用拶刑或夹脚踝，也会让罪犯戴枷示众。手铐脚镣是为了防止罪犯逃脱。虽然得到法律的认可，但这些刑具的使用需根据具体情况而定。脚踝夹只能用于拒绝招供的杀人或抢劫犯罪嫌疑人。根据大部分记录，这种刑罚由经验丰富的行刑手操作，他们深知把握力度、避免罪犯意外死亡的必要性。正确的做法是，将罪犯的双足穿过三块木板的孔洞，用绳子从两侧渐渐拉紧木板，既要给罪犯造成极大痛苦，又不能"让血液瞬间冲上心脏"。如果手法不合适，脚踝就会被夹碎。有些罪犯知道自己可能面临怎样的拷问，会事先服用软骨剂。据说无论脚踝被夹得多紧，这种药物都能防止骨头受伤。总而言之，除了脚踝夹和拶刑，其他拷问是不被允许的。[84]

枷刑常被用于包括道德堕落在内的种种罪行，且一般公开执行。不法之徒会被剃掉头发，让他无法逃避众人的目光（希望以此达到遏止再犯的目的）。枷这种戴在肩颈部的刑具很单薄，目的是限制罪犯的活动，通常只用于惩罚本地的流浪汉和无业游民。枷刑不适用于高等阶层的人，因为它所带有的侮辱性质对于士族阶层而言比死亡更不可接受。

清朝展示了现代国家的一个重要特点，即对叛国罪（和反叛罪）给予最为严厉的惩罚。叛国罪，也就是颠覆现有政权或故意破坏皇室宗庙、陵墓、宫殿，（无论是主犯还是从犯）会被处以"漫长的死刑"。在这种情况下，罪犯的所有男性亲属——祖父、父亲、儿子、孙子、兄弟，以及其他与罪犯同居一处者，"无论姓氏"，凡满 16 岁皆要被斩首。[85]

中华法律中有个更有趣的原则叫反坐，或称"报应"，任何诬告他人的人都要按被诬告者所受的惩罚论处，包括绞刑、斩首和其他惩罚。如果在被诬陷者受刑之前就发现其系被诬告，则诬告者会被笞打 100 棍，并被永久驱逐出住所至少 3000 里。[86]

中华法律中规定了 7 种杀人罪，每种各有不同的惩罚。预谋杀人，主犯斩首，同谋绞刑。越货杀人罪行最重，所有共犯一律斩首。如果是意外致人死亡，法官有自由裁量权。"徒手、持棍棒或其他武器，或以其他种种方式"杀人，无论是否出于意外，"都应依律按纷争中杀人或伤人罪处罚"。[87] 在这种情况下，惩罚有可能是死刑，但法官在审判中有一定的自由裁量权。事实上，行凶者可以向受害人家庭支付赔偿金，以花钱买命的方式让自己免于刑罚。

1793 年，一支英国远征队来到中国，试图打开中国对西方的贸易大门，这行人中有一名官员带着他 12 岁的儿子托马斯·斯汤顿（Thomas Staunton）。年轻的斯汤顿当时写了一篇日记，其成熟与坦率令人惊叹。他说，死刑"很少在未经皇帝批准的情况下执行，但遇紧急情况时，比如叛乱或煽动叛乱，省级总督也可下达死刑命令"。不过，与很多一手材料类似，斯汤顿的发现也经不住深究。他称，大体而言，被判了死罪的罪犯会被送往北京，而在那里，罪犯通常会得到特别法庭减刑。他还解释说，死刑处决一年只有一次，在秋季。每年有 200 名罪犯被处决。从大部分记录判断，他的数据似乎过少。我们可以对比一下 19 世纪 30 年代的法国，当时法国的人口是中国的 1/12，每年仍有数百起死刑判决。[88] 根据另一名观察者南弥德神父（Father Lamiot）的记录，秋季处死罪犯并不只限于北京，"所有省会"亦然，除非皇帝大赦，否则有的省每年都会处死数百名罪犯。尽管如此，无论你是否认同年轻的斯汤顿的发现，他关于中国刑罚似乎"比彼时英国用绳索绞死窃贼的做法"更温和的观点是很难被驳斥的。[89]

　　中国最早提到将监禁作为惩罚手段的是孔子，他在《书经》——一部据说由他编纂的文献汇编——中写道，早在公元前 2300 年，尧就曾放逐三名政治犯，并对另一人给予"严格监禁"的惩罚。[90] 另一项关于早期使用监禁手段的证据出自一块出土约公元 723 年的石碑，碑文注明佛教寺庙应建在监狱附近，这可能是为了促进罪犯的改造。[91] 不过，尽管有这些粗略证据，那些监狱很可能只不过是地方城堡和要塞里的土牢。

　　到了清朝晚期，县级行政官员判处的刑罚主要是罚金、杖笞、劳役、流放和死刑。彼时，监禁尚未成为法定的惩罚手段，大多数情况下只是在嫌疑人等待审判、已决犯等待流放或处决期间短暂使用。文献中提到土匪和杀人犯在处决前会被打入"暗牢"。18 世纪末，中国人口出现了惊人的增长，这导致社会和经济秩序的崩溃。于是，政府开始扩大流刑的适用范围。刑罚史学家冯客指出，这种放逐制度在很多方面类似于法国和英国的流放，而且也是作为一种比死刑更仁慈的替代手段。[92]

在朝现代化发展的过程中，鉴于已有的刑罚体系日趋不合时宜，19世纪60年代，中国向海外派出使节寻找其他的替代手段。他们的第一站是1842年刚刚完工的伦敦本顿维尔监狱。这座基于单独监禁、静默化管理理念的监狱最初被用于监禁等待被流放至澳大利亚的罪犯。参观者很快便得出结论，认为这或许是替代流放的可行手段，因为监狱更能体现"悔过和自新"的理念，而这个理念不仅符合中国的文化传统，也与他们对现代监狱的认知一致。

中国的刑罚学一直落后于西方，直到20世纪初受日本西式监狱改革影响才修建了第一座现代监狱。一名杰出的中国监狱专家指出，"监狱改革只有在全新的政治秩序出现时才会成为政府优先考虑的问题"，而始于1895年的帝制崩溃恰恰提供了这样的契机。不过，直到那时为止，中国的刑罚手段仍以劳役为主，包括制砖、做被褥和草帽、编织、制造丝网和印刷。与其他地方类似，女犯会被分配从事对性别要求较高的工作，比如缝纫、织布和编织。第一座现代监狱于1909年在北京设立，此后，其他省份也纷纷基于本顿维尔模式建起了监狱。

始于18世纪的欧洲刑罚制度转型的重心在于监狱的兴起，绞刑架和其他前几个世纪残存的手段"让位给了监禁和流放"。[93] 惩罚的对象由身体转向灵魂，这种变化引起了一些学者和作家的注意。狄更斯曾讲述自己1842年走访东州改造所的情景。他声称，"慢慢地、日复一日地往犯人脑子里塞什么奥义远比任何对身体的折磨更糟"。狄更斯的话也预示了米歇尔·福柯等人的立场，后者认为，考虑到（监禁）是体罚与劳役的结合体，所谓"惩罚的转变"并不令人信服。但无论如何，这种新增的惩罚手段让官员在选择刑罚时有了更多的余地（且更少需要适用死刑）。流放、苦役船以及各种形式的专门监狱在很多方面获得了广泛支持。最终，公开处决的衰落和监禁的兴起证明，随着集权化国家成为主流，西方世界的确发生了一次惩罚的转变。

第五章 路匪、土匪、强盗和绿林好汉：
贼帮和早期有组织犯罪

国家集权化带来了一个意料之外的结果：地方有组织犯罪团伙得到了发展壮大的机会。这些团伙在连接各城镇的商业要道上谋生，他们有的是路匪、土匪、绿林好汉，有的是被判了烙刑的劫匪、暴徒、强盗或更可怕的恶棍。他们有一个共同的特点：哪里的政府孱弱、警力不济、民众分化，哪里就有他们的身影。有些人将土匪活动与农业社会挂钩，也有些人认为工业社会中也存在土匪。当就业严重不足或战争结束后大量临时征召的士兵卸甲归田、无以谋生时，土匪就出现了。有时候，我们能从这些匪帮身上看到现代有组织犯罪团伙的迹象，但更多时候，他们只是短期存在的地方性威胁。

"不法之徒"这个词至少可以追溯到9世纪的英格兰，当时，剥夺法律权益的概念指的是将个体排除在法律保护之外，成为"不受法律保护的人"。[1] 在盎格鲁-撒克逊社会里，任何拒绝出庭、没有支付身价金或试图逃避司法机关的人都会失去法律保护，被剥夺所有财产和公民权利。例如，按照当时的法律程序，一个人因连续四次不出庭而失去了法律保护，就会像猎物那样被追捕。即便没有在拒捕过程中被杀，只要其不受法律保护的判决被坐实，他迟早也得面对行刑手。

战争引发暴力是史书的老生常谈。数世纪以来，战争的创伤也往往是不法团伙兴起的诱因。西班牙王位继承战争（1701—1714）结束后，身经百战的老兵将战斗经验带进了已有的犯罪团伙，使得土匪活动成了社会的大问题。在随后的一个世纪，拿破仑入侵意大利和西班牙，当地农民和其他人群纷纷落草为寇，其中很多人在法国军队撤退后仍留在匪帮。在美国，1865 年内战的结束也开启了匪帮的鼎盛时代，且其风头一直延续到 20 世纪二三十年代。

战争是土匪活动的诱因，这本不值得惊讶，因为已被定罪的罪犯应征入伍以换取宽恕在英国这样的国家是常事。以 1337—1453 年英国和法国为争夺法国王位进行的百年战争为例，复员军人尝到了掠夺的甜头，返回家园后常常组成小型团伙，继续靠抢劫为生。类似的，在黑死病造成人口数量锐减的背景下，自由农民有时也会因涨工钱的要求被潜在雇主忽视而成为不法之徒。百年战争催生了有组织的乡村犯罪，当武器精良、训练有素、作战勇猛的退伍士兵不必再攻击法国城镇和村庄时，本国的村民和市民便成了他们的袭击目标。战功赫赫的英国老兵极可能在后来获得赦免。几乎没有人会否认这样一个事实：军队教给人们在战争与和平时期都很实用的技巧，而很多人既不愿再回到先前那种循规蹈矩的乏味生活，也无法重新融入社会。

15 至 17 世纪，欧洲很多地区，包括法国的部分地区、意大利、西班牙和德国，经济上都曾遭战争破坏，散兵游勇、走私犯、强盗以及失业的士兵和雇佣军随处可见。百年战争后，有"剥皮者"之称的匪帮活跃在法国中部和其他地方的山区，掠夺钱财，令当地人饱受其苦。

有些历史学家将英国路匪的源头一直追溯到前保皇派士兵在英国内战（1642—1651）后的活动。英国路匪最活跃的时期恰好在查理一世和议会交战之后，这绝非巧合。1649 年，国王被处决，很多前保皇派官员也被剥夺了财产，不得不自谋生路。这些"大道绅士"骑着精心饲养的马匹，穿着骑士的行头，为此后风行数十年的"游侠"准则树立了标杆。

英国的路匪喜欢在商路上抢劫，而在其他地区，地形往往是匪帮能否活跃的决定性因素。19 世纪中期的一名观察者在关于土匪活动根源的笔记中写道：

> 纵观匪帮猖獗的各个国家，我们不无沮丧地发现，匪帮的存在或许可以归结为统计学和地理环境因素。某些地区的自然条件本身就适宜强盗和海盗活动。在政府无所作为、文明不举、繁荣不复、民众未得教化的地方，强盗和海盗就会利用那些进可攻退可守的据点兴风作浪，每个时代都是如此。

作为例子，作者列举了一些多山地区、拥有绵长海岸线的地区或众多小国交界的地区，比如他那个时代的意大利。[2]

在早期的各式土匪中，劫掠者算是名气较小的一类。苏格兰边境的劫掠者曾被人们视为超越等级界限的"独特群体"。他们中的有些人同不法帮派生活在一起，另一些人则是农业工人，在苏格兰和英格兰的边境打理着自己的小片土地。劫掠者们以偷牛的本领著称，也擅长打游击，能熟练使用武器。根据编年史家乔治·麦克唐纳·弗雷泽（George Macdonald Fraser）的记载，劫掠者"往往也是高度职业化的有组织土匪，早在芝加哥建城前三个世纪就形成了完美的保护勒索体系"。[3]此外，这些恶棍的所作所为也为英语词典增添了"勒索"一词。这种做法源自 16 世纪 50 年代，苏格兰的勒索者向位于英格兰东部边境地区的城镇提供保护，帮助他们对抗英格兰人的侵犯，那些拒绝缴纳保护费的人只能眼睁睁地看着自己的家园被夷为平地。

就土匪活动的研究论述方面，英国历史学家艾瑞克·霍布斯鲍姆的贡献首屈一指。他在 1959 年创造了"社会土匪"（social bandit）一词。[4] 在此后半个世纪，霍布斯鲍姆的观点引发了越来越多的争论。按照他对土匪的基本分类，"义匪"的最佳例子莫过于美国人杰西·詹姆斯（Jesse James）那样的"农民不法者"。然而，有些学者认为他的理论缺乏说服力，他们辩称"从未有需要被守护的美国公民"。[5] 霍布斯鲍姆将社会土匪描述成一类特殊的罪犯，"被地主和国家视作罪犯，但仍生活在农民群体中的不法农民"，他们在农民中被当成"英雄""正义的斗士""值得崇敬、帮助和支持的人"。[6] 罗宾汉的传说无疑是此类义匪的最佳诠释。随着时代的变迁，人们对不法之徒的称呼也不断演化，但诸多豪杰和匪帮却跨越时代和地理的局限，留下了响当当的名声。[7] 霍布斯鲍姆论证说，正是世界各地农业社会中的类似情形缔造了社会土匪。不过，按照最初的定义，他的社会土匪大体上只适用于欧美语境，并不具有历史普适性，且此类土匪也存在于 19 世纪美国、澳大利亚和英国的非农业社会中。

非普通法地区的不法之徒

关于土匪活动的一些最早记录出自亚洲。12 世纪，中国宋朝年间，土匪或盗贼占山为王的情况之所以被视为"法律和秩序的头等大患"，在很大程度上乃是因为此类犯罪行为不仅具有暴力性，而且"在一定程度上是有组织、有合作的"。[8] 通常，多人合作的犯罪行为对于国家权力而言是明显的威胁，现代犯罪学者可能会称之为"威胁安全的团伙"。或许 12 世纪一名官员的表述最贴切，他说："土匪之于社会犹如老鼠之于房屋……房中鼠患永远难除。"[9]土匪与老鼠的类比在宋朝再自然不过。然而，土匪毕竟不同于外敌，外敌是"老虎"，要用武器和陷阱来对付，反之，对土匪则可以"围而烟熏之"。

在 17 世纪的中国，抢劫是所有罪行中最严重的一种，相应的惩罚一般是将所有参与者（甚至包括窝藏赃物的人）统统斩首。没有武器的小团伙抢劫是"劫掠"，当发生在光天化日之下时，被视为公然劫掠，相应的惩罚略轻，大多限于鞭笞和劳役。但若受害人受伤，抢劫团伙的头目就会被处死。如果是武装团伙在光天化日之下抢劫，则无论受害人是否受伤，亦无论匪帮规模，所有参与者一律被斩首示众。[10]

13 世纪日本幕府时代的官员对"恶党"问题尤为重视。恶党问题在 1258 年首次被提及。当时的一名行政官员说："各省恶党频现，我们已获悉他们打算夜袭、抢劫、做匪事、当海盗。"[11]到 14 世纪，恶党威胁愈演愈烈，他们抢劫税务员，骑马夜袭，偷割谷物，非法盗伐山林木材修建防护工事。尽管有后来人将强盗和武士传统联系在一起，但在 1348 年，有个不知名的和尚却坚称二者毫无相似之处。[12]与完美无缺、擅长军事艺术的武士截然相反，和尚口中的土匪拿着竹质长矛和锈迹斑斑的长剑，"蓬头垢面"。他们戴着古怪的六边帽，穿着无袖衣，精心装饰着作战和服，脸上蒙着黄头巾，却不像大多数男性那样戴传统的乌帽子（如今日本神道教祭司戴的高头饰）。"恶党选择用这种不循传统的装束来宣誓对主流思想的叛逆，正如土匪希望通过挑战来显示自己的边缘化，将自身与普罗大众区别开。"[13]极道（yakuza）这个通称源自日本纸牌游戏 oicho-kabu 中的一手烂牌——8、9、3（ya、ku、za），因此也带有赌博色彩。在这种类似于

21点（Blackjack）的游戏里，合计牌点达到20就算输。久而久之，yakuza这个词就被用来形容毫无价值的人、输家或不入流的人。作为日本现代有组织犯罪的典型，黑道游走于社会边缘，他们的成员自视无所作为、失败者、弱者。[14]

日本早期的犯罪团伙并没有什么共性，有的会偶尔像雇佣兵那样接受雇用，有的会在赌博游戏中作弊或干些小偷小摸的事。常常受本地农民保护的恶党甚至会帮助农民收谷物、割干草，但也会放火烧毁本地人的房屋，抢劫物资以满足自身所需。起初，恶党成员并不仅仅是被剥夺法律权益、被边缘化的居民，也包括社会各阶层受排斥的人。事实上，这些匪帮的头领往往也曾属于地方统治阶层，曾是为了土地控制权争斗不休的武士和庄园管理者，后来却被地主当作土匪向当局告发。到14世纪30年代，犯罪团伙的组织更完善，也掌握了一些作战技能，开始有能力对抗将军的军队。

非洲经典匪帮的最佳例子"绝对出自南非"。[15]自19世纪起，在钻石和黄金开采的刺激下，那里就已经出现了有组织的犯罪团伙。澳大利亚移民斯科特·史密斯（Scotty Smith）是南非最早的路匪和匪帮首领之一，声名赫赫。他的活动范围主要在北角（North Cape）和奥兰治自由邦（Orange Free State）。有专家指出，史密斯的帮派将大量马匹通过南非边境私运到德属西南非，供给当地的德国骑兵，因此应该被视为"南非最早的跨国犯罪行动"。[16]20世纪初期，福斯特匪帮因暴力抢劫银行和邮局声名鹊起。但1914年，这个匪帮走到了末路。彼时，他们在约翰内斯堡的一座矿山废料堆被围，没有投降，而是选择了自杀。[17]到20世纪中叶，地方匪帮更多来自本地民众，比如20世纪50年代活跃在该国的穆索米匪帮。这个帮派借鉴了美国黑帮的策略手段，也更难对付。[18]他们的首领沙德雷克·马修斯（Shadrack

Matthews）——他更为人所熟知的外号是"首相"——以狡诈残忍著
称，不过到头来还是走上了绞刑台。

英国路匪

在英国进入现代社会之初，维持公共秩序的最大挑战来自有组织
的匪帮的崛起。由平民实施的犯罪，比如霸占土地、骚乱、诱拐、拦
路抢劫和氏族仇杀，大多要求众人合作完成。在大多数人持有武器、
亲缘纽带足以维系起一个大家族的时代，这些犯罪团伙的成员间往往
有着亲密的血缘关系。当某人因逃避法庭责任而被剥夺法律权益时，
他通常会与其他志同道合的人为伍，寻求群体保护和发财的机会。例
如，活跃在 14 世纪的考特瑞尔帮是由詹姆斯和他的两个兄弟伙同几
个本地人组成的，该帮最鼎盛时期约有 20 人。根据一份研究该时期
犯罪行为的文献，当时大多数帮派的核心成员约为 6 人，彼此通常有
亲缘关系，帮派与帮派之间又常相互勾结，彼此保护。在有组织的警
察力量尚未形成的年代里，英国政府在多数情况下至多只能让各帮派
及其首领交罚金，服劳役，然后给予赦免。[19]

从罗宾汉到迪克·特平（Dick Turpin），英国普通法催生的不法
之徒不乏其例。在很多历史记录者笔下，拦路抢劫"或许是中世纪后
期最多姿多彩的犯罪行为"，唤起了人们关于"义匪"和"绿林好汉"
的想象。但在现实中，此类罪犯却很少是什么"绿林好汉"，倒更有
可能是令人发指的杀手。路匪喜欢选择固定地点——你也可以把那些
地方称为犯罪的温床，尤其是便于埋伏和撤退的道路两旁。[20] 英国路
匪在抢劫时多骑马，戴面罩。有资料称，骑马的路匪比不骑马的路
匪伤亡少，因为前者撤退更迅速。众多路匪中最著名的当属迪克·特

平。据说，登上设在约克镇外的绞刑架之后，特平"怀着惊人的冷漠与无畏"朝围观人群鞠了一躬。他与行刑手简短交谈了几句，送给对方一只小小的象牙口哨作为纪念，然后坚定地站在手推车上，脖子套在绳结里。他没有等待行刑手拖走手推车，让绳子借助体重慢慢勒死自己，而是主动从梯子上一跃而下，当即毙命。[21]

路匪悠然出没于通往大城市的道路上，那里不仅过往人多，而且旅客比乡村田野里的农民更富有。17世纪和18世纪英国路匪之猖獗，令其他国家望尘莫及。当时，英国还没有任何专业的警察力量。欧洲大陆国家有军事巡逻队或国家宪兵队在乡村道路上巡逻，英国却把这种做法视为对自由的威胁。此外，维持专业警力所需的高昂费用类似于维持一支正规军，因此人们也觉得性价比不高。于是，几个世纪以来，保护英国的任务一直落在久经考验的地方业余团体肩上，比如用处不大的治安员、教区事务员和守夜人。到17世纪末，独行路匪和匪帮横行，抢劫中产商人、富有的贵族、赶集的农民，甚至独自赶路的小贩。传说，他们的打劫行动总是以一句"站住，交出钱来"或"要钱还是要命"开场。被鸦片弄得精神错乱的作家托马斯·德·昆西（Thomas De Quincey，1785—1859）曾说路匪这一行当的"技术含量比审案子或布道高多了，得有丰富的经验"。[22]

从1658年开始，当第一驾公共马车开始在往来伦敦的路上运送信件和货物时，匪帮找到了发大财的机会。地方小客栈老板勾结不法之徒共享战利品的事情屡见不鲜。英国路匪最猖獗的时期是在17世纪下半叶和18世纪初，彼时，很多英国家庭贫穷潦倒、勉强维生，而如弓街骑兵巡逻队（Bow Street Horse Patrol，1805年）和罗伯特·皮尔爵士的都会警察（Metropolitan Police，1829年）那种更高效的警察力量尚未建立。到18世纪末，英国道路状况得到长足改善，更快捷也更安全。此外，政府也取缔了伦敦城外收费道路上那些被充作不法之徒窝点的小旅店。

18世纪是"路匪的年代"，也是绞刑的年代。为了让人们牢记路匪的最终下场，当局不断给出严厉的提醒。著名日记作者塞缪尔·佩皮斯曾描述了自己与一具"吊死鬼"的相遇。当时是1661年4月11日，塞缪尔骑马沿着戴弗路而行，"从挂在射手山绞索上的一具死尸下经过，风干的肉附在骨头上，令人作呕"。[23]但传统做法还不止于此，对罪行更严重的罪犯，会在处决之后将他们的尸体涂上沥青防腐，然后在案发地点附近竖起绞架，将这些尸体挂在上面作为警示。

乔纳森·威尔德（Jonathan Wild，1682—1725）是18世纪上半叶伦敦声名赫赫的罪犯。在其生命的最后10年里，他用当时独一无二的手段掌控着黑社会，将偷来的财物妥善保管并归还原主以换取报偿。此前，他曾因债务入狱，4年牢狱生涯让他摸清了黑社会的门道。1712年获释后，他经营着一家妓院，并通过沉迷于妓院的匪帮成员进一步熟悉了匪帮的运作。威尔德很快发现，销赃牟利是个棘手的问题，于是开启了作为销赃犯的职业生涯。他刊登广告宣传自己的新生意，近期遭劫的受害者纷纷上门寻求服务。威尔德清点赃物，利用自己庞大的黑社会关系网准确找出窃贼，将珍贵的失窃物归还原主并得到承诺的回报。这门生意让他在之后的近10年中登上了伦敦黑社会的头把交椅。对犯罪活动的全面了解带给他巨大的权力，而这种权力又为他带来了滚滚财源。1717年，议会对此做出反应，通过立法将借帮助失主找回失窃物为名获取回报的行为定为死罪，而原本的窃贼则不接受此法案管辖。1717年的这份《贼赃法案》（Receiving Act）[24]在制定之初便是专门针对威尔德，因此自然而然地被人们称为《乔纳森·威尔德法案》。

在 18 世纪 20 年代的伦敦犯罪潮中，大多数有后台的罪犯都能通过贿赂免于诉讼。于是，政府开始悬赏缉拿盗贼。精通销赃生意的威尔德在老贝利（Old Bailey）附近开了间办公室，亲自充当窃贼和受害者的中间人。他充分利用法律，组织起一帮窃贼捕手。有些历史学家曾有失严谨地认为，威尔德的生意是现代警察的原型。顶着自封的"捉贼将军"大名，他成了英国最高效的打击黑帮的执法人员。作家亨利·菲尔丁爵士甚至认为，"乔纳森·威尔德天生就是个侦探，他要是晚生两个世纪，说不定能在苏格兰场（Scotland Yard）高就呢"。[25] 或许他的确是走在时代前面的人，但在现实中，威尔德只不过是改进了 17 世纪由娼妓扒手（玛丽·弗里斯[26]）发明的将赃物高价卖给失主的做法。当然，威尔德自诩为追捕罪犯的私家捉贼手，靠向失主收取报酬牟利，的确棋高一着。他还组织了一帮窃贼，指导他们有计划地作案。任何敢于与他竞争的窃贼很快就会发现自己身陷囹圄、命送绞架，因为 1717 年的反偷窃的系列立法已将盗窃定为死罪。1723—1725 年，伦敦的路匪明显消停了一阵子，伦敦绞刑场在此期间竟未执行过绞刑。尽管威尔德的支持者声称，匪帮问题得到遏制，威尔德功不可没，但 1725 年被同伙供出之后，他终于还是同昔日的竞争对手一样，落了个魂断绞架的下场。

欧洲的不法之徒

数个世纪以来，伴随着政治动荡，不法之徒的活动已让欧洲大陆饱受痛苦。14 世纪晚期，欧洲大陆瘟疫肆虐，饥荒遍野，战争和农民起义不断，一步步削弱了地方政府和封建政权。人们目无法纪，加之极度的贫困和艰辛，整个社会世风日下。此外，粮食歉收、税收不公和阶级仇恨也进一步引发了社会骚动。但无论是哪种不法之徒，无论是社会土匪、绿林好汉还是普通的罪犯，常规犯罪环境中最重要的环节依旧是为了各自的利益彼此联合、互相保护，以免被送上绞架。在欧洲大部分地区，这种祸害最终将随着强权政府的建立、国界的固定、更严峻的刑罚以及由地方社群支持的乡村警察力量的提高而得到解决。不过，对于大多数国家而言，这一步的实现还要等到 19 世纪。

与美国、英国和澳大利亚等普通法国家里的匪帮相比，欧洲大陆的匪帮通常规模更大、更独立于社会，有时甚至足以对羸弱的政府造成威胁。16 世纪意大利和西班牙部分地区的匪帮势力甚至超过了地方政府，这在很大程度上乃是由于在民族国家的发展进程中，地方贵族为了保住自己的封建利益，往往与匪帮相互勾结，沆瀣一气。

"bandito" 这个词最初指的是意大利不法之徒，后来外延扩大，泛指战乱地区的大型犯罪团伙。同样，"brigante" 意为游击队员或非正规军士兵，但也可以指 16 世纪名震欧洲的意大利匪帮成员。事实上，至 1860 年，2/3 的意大利军队担负着镇压南方匪帮的任务，特别是在卡拉布里亚（Calabria）、阿普利亚（Apulia）以及西西里岛和科西嘉岛。这些地区层峦叠嶂、地形崎岖，孕育了长期以来——尤其是税务沉重、贫苦农民几乎无法取得土地保有权的 18 世纪——欧洲土匪活动中最著名、最成功的范例。此外，西西里和其他地区的平民对遥远而冷漠的中央政府缺乏忠诚感，也对这些地区匪帮的发展起到了推波助澜的作用。

直到 19 世纪中叶之前，意大利仍是由诸多割裂的小教皇国组成，这使得匪帮可以轻松地游走于国界之间寻求司法庇护。在国家统一前的那些年月里，意大利不法之徒的嚣张气焰来自作为土匪头子的封建贵族的支持和保护。政府使出种种招数来镇压这股祸害。近 16 世纪时，那不勒斯当局为了捣毁土匪的天然藏身地，曾焚烧大片灌木和树林。各种武器禁令也轮番出台。随着法律和秩序的力量开始占据上风，土匪犯了一个致命的错误——袭击农民，此举让他们失去了曾引以为傲的支持和保护。尽管如此，由于贫苦农民和其他平民得靠向匪帮售卖食物为生，且贪污腐化之徒也在继续为匪帮提供保护，彻底根除匪患难于上青天。

西班牙的匪帮活动主要局限在东北的加泰罗尼亚山区和莫雷纳（Sierra Morena）山脉以南地区。这两地的乡村贵族都在当地扮演着举足轻重的角色。16 世纪晚期的加泰罗尼亚，由于富有的地主庄园常遭匪帮袭击，当地对农民的镇压异常残酷。在那些声名赫赫的土匪之中，最著名的当属佩罗·洛卡奎纳达，这其中部分是由于米格尔·德·塞万提斯在《堂吉诃德》的第二部分以此人为原型塑造了洛基·奎纳达。与当时的很多土匪不同，洛卡奎纳达最终以在意大利军队服役为条件获得了赦免。[27]

18 世纪中叶，多少得益于与热那亚人的冲突，科西嘉匪帮迅速壮大，并在大革命时期和拿破仑时代因抵抗法国统治而名声大震。与其他匪帮一样，他们也崛起于政治危机和政府孱弱之际。当局则以各种手法应对，比如颁布武器禁令，再比如于 1822 年成立追捕匪帮的科西嘉尖兵（Voltigeurs Corses）。[28] 这支警察部队的人数一度达到1000 人，后来因政府官员倾向于使用更本地化的剿匪队伍和更军事化的宪兵和士兵，部队宣告解散。[29]

在导致土匪活动猖獗的诸多因素中，抵制征兵和从军营逃跑是最重要的原因。"科西嘉的罗宾汉"特奥多罗·波利（Teodoro Poli）就是在 1821 年因杀死试图抓他服兵役的地方官才走上了这条路。还有些人则是被生活方式、名声、权力吸引，或为捍卫家族荣耀而当了土匪。以波利为例，此人出身当地最富有的家庭之一，但他的追随者大多是贫苦的牧人、工匠、劳工、骡夫以及其他从事低等职业的人。这个例子进一步说明，地方性土匪活动是如何被本地穷人和富人当作地方斗争的武器的。除了在国家处于危机时期，比如法国入侵期间，一个匪帮的平均人数通常为 6 人，极少超过 12 人。到了 20 世纪初，所谓义匪已成旧事。正如科西嘉的一名地方官在 1896 年所言，"如今的形势大不一样。土匪已成了普通的罪犯，这些强盗抢劫邮车、旅客，靠偷窃和劫掠为生"。[30]

诨名"子弹壳"（Cartouche）的法国路匪路易·多米尼克·布吉尼翁（Louis Dominique Bourguignon，1693—1721）曾对商贸造成严重影响。1721 年，他被判活生生剥皮并处轮刑，而此后他的外号竟成了"路匪"的代名词。当了逃兵，干上了勒索、杀人、走私行当的路易·芒德兰（Louis Mandrin，1725—1755）则带有更多"社会土匪"的色彩。此人谙熟旅途生活，曾当过税吏，知道在抢劫税吏或将大宗未交税的烟草和廉价纺织品偷运过法国边界时该使用何种策略。据说，他麾下曾有 500 名追随者，且他的成功完全得益于本地农民的支持。为此，当局组建了一支骑兵治安队。但区区 3000 名警察要顾及法国全境，地方官员从中能得到的帮助极其有限。然而，匪帮头目一旦被治安队抓获，等待他的通常是轮刑。行刑前，罪犯要先将一条横幅扛到处决地，横幅上用醒目的大字写着他的罪名"走私头目、逆贼、行刺者、窃贼、和平的破坏者"。即便是 18 世纪末，法国政府在恐怖统治中勉强支撑之际，仍保有少量警察用于对付日益增加的不法之徒。那些没有遭处决的土匪往往被送上了苦役船。

从 16 世纪晚期到 17 世纪初的大部分时间里，德国都苦于没有足够警力对付不法之徒。此后几年，约翰内斯·布克勒（Johannes

Bückler）——别名"辛德勒汉尼斯"或"剥皮者汉斯"——因抢劫犹太人落下了恶名。19 世纪早期，上黑森省（Upper Hesse）的一名刑事法官对现代有组织犯罪团伙的认定确定了一些标准。他指出，恶棍"是从事抢劫、盗窃行当，从中牟利，并发展出自己的规则和语言的人。那些接受了他们的生活哲学和规则的人是他们的同伙，黑话则是帮助他们识别彼此的工具"。[31] 与人们通常的印象相反，犹太人和吉卜赛人匪帮有时在路匪生意中负责销赃环节，尤其是在 17 世纪末到 18 世纪末的德国和荷兰。[32] 他们的参与符合霍布斯鲍姆模型，即强盗与社会土匪在"构成和运作方式上"有所区别，前者"有可能由犯罪部族的成员或无家可归的个体组成"。[33] 当时德国一个著名的犯罪团伙名为 Grosse Niederländer（伟大的荷兰人），其成员主要是犹太人。根据一名德国犯罪学权威的观点，之所以出现这种现象，是因为早先的犹太社会体系曾有能力照顾群体中的贫困者，但 1648 年波兰哥萨克人叛乱之后，被驱逐出东欧的难民铺天盖地而来，旧有体系土崩瓦解。结果，犹太贫民和流离失所的难民开始结伴而行，从一个社群游荡到另一个社群。

同样，比犹太人更受排斥的吉卜赛人也组成了帮派。大多数社群以死亡相威胁，禁止吉卜赛人居住或经过，于是，吉卜赛人常常得抱团以求自保。18 世纪 20 年代的格罗斯戈兰索帮（Grosse Galantho）是其中最著名的。1728 年，该团伙被围剿，其成员，包括女性，不是被处以轮刑，就是被绞死或斩首。[34] 说到底，这些团伙更近似于"临时团伙"，而不是有组织的犯罪集团，它们缺乏细致的规则、正式的组织结构和长期的领导者，弹性较大，行动不规律。[35] 其中有些团伙喜欢在附近的特定区域活动，在那里，他们可以得到当地人的支持；而犹太人团伙的活动范围则有数百英里之广。关于这些"非传统的"土匪团伙，如果说有什么可以肯定的，那就是，他们的行动和行为方式变化多端。与犯罪帮派类似，他们往往有自己的交流密码（手势、声音、手部动作），凭借这些可以在特定的区域内畅行无阻。

东欧也有不法之徒，尤其在巴尔干的山区。塞尔维亚人约沃·斯塔尼萨夫列维齐——别号"萨鲁嘎"——在 1925 年被处决前被人们称为"南斯拉夫的罗宾汉"。此人曾是逃犯，后来加入了由逃兵组成的匪帮"山地之鸟"，肆无忌惮地杀人越货，直到 1925 年被奥匈帝国的军队抓捕绞死。该地区最著名的罪犯或许当属出生于斯洛伐克的尤拉伊·亚诺希克。当时的斯洛伐克，中世纪色彩依旧浓厚，仍由封建贵族统治，司法体系腐化不堪，长久以来一直是不法之徒的温床。亚诺希克离开军队，加入了活跃在喀尔巴阡山脉一带的土匪，干着杀人越货的勾当，直到 1713 年被抓捕、处以绞刑，这反倒让他成了斯洛伐克民间历史的传奇人物。

美国的匪帮传统

霍布斯鲍姆早前断言，土匪活动似乎最有可能发生在传统社会的平衡被打破之际，即"饥荒或战争等异常艰苦的时期以及其后一段时间，或者是当朝气蓬勃的现代社会试图摧毁和改造死气沉沉的旧社会之时"。[36] 美国内战和第一次世界大战后的创伤期正是如此。美国的历史不长，美国匪帮的名声却不小。美国最知名的匪帮活跃在内战之后，彼时，美国仍因不久前的阶层冲突而高度政治化。有项重要的研究将各种匪帮和著名枪手同其政治信仰联系在一起，认为他们或是共和党的信徒（支持北方），或是民主党人（拥护邦联）。在战后冲突中，支持共和党的帮派不太会被人们当作不法之徒或土匪，而是更多地被视作——用一名历史学家的话说——"巩固当局的财产、秩序和法律利益的保守力量"[37]，代表了19世纪晚期美国的主流趋势。此派以自卫队员和治安官为代表，代表人物有怀亚特·厄普（Wyatt Earp）、帕特·加勒特（Pat Garrett）和詹姆斯·巴特勒·希科克（James Butler Hickok），即"狂人比尔"。另一派是对西部公司化进程"持异议的抵抗者"和失败的邦联支持者，其最佳代表便是霍布斯鲍姆所说的"社会土匪"，例如杰西·詹姆斯和比利小子邦尼。美国历史学家理查德·马克斯韦尔·布朗（Richard Maxwell Brown）把这场冲突称为"西部帮派内战"，各不法帮派成员往往对"文明世界"持抵制态度。他们反对社会的主流趋势，对以专业人员、大农场主、农夫和其他对乡村田园牧歌式的"传统价值"造成威胁的人为代表的精英阶层和中产阶级的迅速崛起与壮大感到不满。詹姆斯兄弟会、扬格兄弟会和其他前邦联游击队成了很多民主党和邦联支持者心目中的英雄，后者则与"在各个层面上强调财富积累、资本合并和权力集中的公司化进程"格格不入。[38]

19世纪中期的匪帮形式各异，从活跃在密苏里州和堪萨斯州的造反游击队，到得克萨斯州和俄克拉何马州乡村的牛仔与农场工人，不一而足。1866年，也就是内战结束的第二年，曾经的邦联支持者在杰西兄弟和弗兰克·詹姆斯（Frank James）的带领下抢劫了密苏里州利伯蒂市（Liberty）的一家银行，这是美国历史上第一次有组织的银行抢劫。在大多数人看来，抢劫银行是抗议的终极形式。人们很容易将欺骗顾客的银行所有者与为了在牧区修铁路而隔离牧场的铁路大亨联系在一起，在内战后的那个时期，二者都成了劫匪团伙的目标。在其后15年间，"极富魅力的"詹姆斯帮激励着昔日的游击战士，其中包括道尔顿帮、都林帮、墙洞帮等等。不过，霍布斯鲍姆的理论并不能解释詹姆斯帮。在研究了大部分农民或农业工人中的传奇与英雄人物后，霍布斯鲍姆提出，所谓的"社会土匪"不应被视为罪犯，因为他们从事的乃是反对不公、反抗压迫的合情合理的斗争，他们针对的乃是将农民束缚在土地上的财富与权力。但若说到詹姆斯帮，上述社会土匪的理论便"在特定的例子检验下似乎趋于崩溃"。事实上，19世纪"从未有需要被守护的美国农民"。此外，这些匪帮和他们的支持者都"来自以市场为导向的现代社群，而不是贫穷的传统族群"。[39]

在不少南方州和边境州，由于经济下滑和社会动荡，人们对19世纪匪帮的崇拜之情一直延续到了20世纪。20世纪，随着边境地区不断收缩，银行劫匪和武装劫匪的数量直线下降，直到20世纪二三十年代，经济大萧条才又催生了失业、绝望的新一代。不过，一系列异常冷酷的杀戮行为使得公众对这些犯罪分子产生了强烈的抵触情绪，甚至在原先的乡村支持者中，他们也不再受欢迎。

20世纪30年代以前，由于归属联邦政府管辖的案件少之又少，联邦警力空虚，令美国匪帮有机可乘。有了汽车和汤普森冲锋枪带来的便利，匪徒更可以充分利用州警力不足以及各辖区警力协调不畅的机会。但这种情况也在无意间强化了联邦司法力量，大多数美国人都支持新的联邦刑法，支持消灭19世纪的所谓农业社会土匪。紧接着，随着一系列法律的实施，约翰·迪林杰（John Dillinger）、俊小子弗洛伊德（Pretty Boy Floyd）、邦妮和克莱德（Bonnie and Clyde）、娃娃脸尼尔森（Baby Face Nelson）和其他土匪终于走到了末路。[40]

金矿和新兴城市

寻找稀有金属以及随后的金矿和钻石开采往往会在法制不力的地区催生土匪活动，无论是南非的德兰士瓦（Transvaal）还是美国西部或澳大利亚莫不如此。在南非，斯科特·史密斯眼见生财无路，就领着一支地方团伙通过黄金和钻石生意牟利。史密斯生于1845年，自称来自澳大利亚珀斯，参加过1877年的卡菲尔战争（Kaffir War），后来因偷盗马匹、抢劫银行被革除军职，于是很自然地成了黄金和钻石大盗。

华金·穆列塔（Joaquin Murrieta）是美国大名鼎鼎的西班牙裔匪徒，也是19世纪中期加州淘金潮中最臭名昭著的匪徒之一。穆列塔崛起之时，加州沿海大部分地区正饱受不法之徒困扰，"西班牙裔游民肆虐乡村"。与很多盗匪一样，我们所知的穆列塔生平也多出自民间逸事。据说，他于1830年出生在墨西哥的索诺拉（Sonora），1848年之后来到北美，在加利福尼亚州淘金。按照民间传说，他因受虐待而对英裔矿工产生了怨恨。不过，近期的研究称，穆列塔从未领导过有组织的正规匪帮。"与大部分不法帮派一样"，他和他的手下通常"随机行动"，[41] 不是什么社会土匪。无论如何，彼时的加州已成了匪帮活动的温床，"淘金潮将很多西班牙裔人从他们偏远的家乡吸引来，让他们离开了安定的家园，来到了荒凉的边境，这里财富遍地，但西班牙后裔却普遍遭到排斥"。[42] 穆列塔的一些行为遭到了研究者的质疑，有研究者指出，在穆列塔杀死的24人中，有19人来自中国少数民族，此外，虽然传说中他的匪帮有数百人，但其实他麾下最多不超过11人。加利福尼亚州的一名治安官在19世纪晚期曾描述过穆列塔的帮派，说这群人是由墨西哥不法者、割喉杀手和窃贼组成的，从圣迭戈乡村来到金乡。不过，这名治安官的叙述中也不乏夸张成分，他说"除了美国之外，在其他任何国家"，穆列塔帮的行为"都会被视作革命行动，而帮派头目则会被视为叛军领袖"。[43]然而，若细读他的生平，你就会发现此人死于 1853 年，只不过是个平淡无奇、伺机作案的盗马贼，他的所作所为不是袭击无还手之力的中国矿工或落单的英裔旅行者，就是抢劫墨西哥牧场。[44]

澳大利亚淘金潮时期的土匪或"绿林好汉"被人们称为"殖民地野小子"。他们与早期的澳大利亚不法之徒截然不同，服饰和健康状况都有了改善。早先的传统匪徒往往先经历数年牢狱生活之后才落草为寇，而这些新一代匪徒则是对警察无所畏惧的自由民，自愿选择成为绿林好汉。1851 年新南威尔士金矿的开采为他们提供了新的掠夺资源。这些绿林好汉骑着马，武器装备比 19 世纪 30 年代的逃犯和逃兵前辈更精良，截获的战利品也更丰厚。

墨西哥和拉丁美洲

1821 年独立之前的墨西哥殖民地鲜有匪患。只要农民之间财富分配合理，该地区的土匪活动就会相对较少。但自 19 世纪 50 年代起，墨西哥匪帮横行，这在很大程度上要归咎于传统乡村世仇和经济季节性变化引发的经济动荡。由于缺乏有效的联邦警察力量，提供武器、保护本地农民的责任往往由大庄园管家承担。1857—1867年，最声名赫赫、令人畏惧的土匪当属莫雷洛斯的银帮。华丽的装备和花哨的银制品——银马刺、银枪、银刀、银马鞍和银扣子——是他们的标志，他们也因此得名"银人"，是名副其实的银帮。这些"花花公子般的"不法之徒并不把自己看成土匪，但他们显然做着土匪会做的事。由于同情那些遭土匪伏击的穷苦受害人，该地区有个匪帮甚至在墨西哥城张贴了一张告示，警告那些财产不足 12 比索的旅行者，做好挨痛打的心理准备。正如先前提到的，不法之徒多是被革职的官兵。有些墨西哥土匪曾在志愿军效力，1860年战争期间因不满酬劳微薄才当上了劫匪，开始抢劫没有保护的大庄园和村庄。[45]

在拉丁美洲的匪帮传统中，巴西游击队的活动最著名。与墨西哥银帮类似，他们勾结政客和地主，彼此互惠互利。他们的活动范围主要在东北地区，那里的"农业衰败削弱了旧有的势力集团，刺激了社会竞争"，相反，南方地区则由强大的中央集权政府主导。[46]巴西游击队的成员基本上是一群乌合之众，包括逃兵和逃犯、渴望冒险的家伙、投机主义者、被家族排斥的人和心怀不满的农场工人。他们之中声名最响的当属"提灯"（Lantern）。他连发火枪的速度非常快，闪烁的火药花甚至能照亮他的身影，因此得了这个外号。提灯原名贝尔霍利诺·费雷拉·达·席尔瓦（Virgulino Ferreira da Silva，1898—1938），他的一生堪称经典传奇：前半生遵纪守法，1919 年从贫苦农民变成了皮革匠人，直到他父亲因地方恩仇被杀之后才走上不法之路。按照他的传记所述，提灯并不特别反对社会主流秩序，也曾想当个商人或农场主，安安稳稳地找到自己的位置。[47]他向凶手寻仇，被判流放，这才在人生的最后 20 年成了不法之徒。他麾下的凯干素帮跨越 7 个州，洗劫焚烧城镇、农庄，干着偷牲畜、强奸、杀人的勾当。席尔瓦与其他 10 个人终被追杀，通通斩首示众。他的崛起与没落与其他类似帮派——土匪头子安东尼奥·西尔维诺·佩雷拉领导的匪帮——有很多共同之处，尤其是最终的结局。在农业社会，土匪头子接受刑法审判或获得刑事保护的情况非常罕见。

劫杀和武装抢劫

数世纪以来，印度盛产世界著名匪徒，其中包括宾德（Pindaris）、萨格（Thugs）和坎查（Kanjars）。[48] 从公元前约 1000 年的吠陀里的梵语赞歌开始，路匪和窃贼就已然成了印度次大陆日常生活的一部分。古印度的《梨俱吠陀》中提到了用暴力抢劫富人的达修。自 1615 年起，英国人在印度建立了贸易体系。17 世纪 60 年代，由于"这个国家匪徒和窃贼遍地，没有武装保护就出不了门"，一名英国商人被迫雇用了 50 名士兵来保护自己的车队。[49] 到 18 世纪中叶，匪患已遍及整个印度次大陆。在数千名以抢劫为生的人中，大多数是强盗，也就是"在城镇和乡村外抢劫商旅的训练有素的贼帮成员"。[50] 印度中部本德尔坎德（Bundelkhand）和昌巴尔河谷（Chambal Valley）地区那些令人胆寒的土匪一直活跃到 20 世纪。除了抢劫、纵火和杀人，这些本地匪帮也参与各种可耻的罪行。1939 年被剿灭的哈里安·辛（Harjan Singh）喜欢割掉受害者的睾丸，1930 年被杀的巴特里（Batri）和 1959 年被杀的贾巴尔（Gabbar）常会割掉受害者的鼻子，1958 年走上末路的哈苏里（Hazuri）强奸女性，几年后死去的拉·辛（Lal Singh）则喜欢砍掉受害者的脑袋。[51]

在莫卧儿王朝末期，凶猛的宾德团伙——字面意思是"成群结队的骑马劫匪"——在印度中部部分地区横行，其掠夺范围覆盖驻地方圆 500 英里。这些人带着竹质长矛，有时也带着枪，杀人劫掠，给村庄带来了巨大的灾难。1907 年，一名观察者记述道：

这些恶魔在其他地区造成的恐惧令手无寸铁、无力抵抗的可怜村民走投无路，只能绝望地带着妻儿自焚。所有年轻女孩都被宾德掠走，三四个一组像小牛犊一样被拴在马上带走卖掉。[52]

印度的土匪活动受到外界关注始于 19 世纪初英国在次大陆的扩张。早在 18 世纪晚期，[53] 皇家士兵和官员就已获悉那些纵横乡里、无所顾忌的匪帮的存在。但直到 1816 年，英国外科医生理查德·C. 舍伍德（Richard C. Sherwood）将从萨格线人那里收集到的信息发表在一篇关于秘密杀手组织的文章中，英国官员才开始谋划如何镇压所谓的 Phansigars，或称"绞杀者"（phansi 在印度语中是绞索的意思，在北印度，这些人被称为萨格，或"欺骗者"）。这帮人之所以能如此逍遥，是因为他们完全可以指望用劫掠来的战利品换取地方统治者的保护。他们原本以为，只要不杀欧洲人就不会受到惩罚，但这种手段残暴的杀戮不可能永远隐瞒下去。

对萨格历史的传统解释中有一点是确定无疑的：它是世界上存在时间最长的犯罪团伙。有关这些人的最早记录可以追溯到 13 世纪德里苏丹时期的一篇文献，彼时，劫杀行为就已初具规模。这些人既有印度教徒也有穆斯林。他们成群结队地旅行，劫掠和扼杀其他旅行者。他们代表的是早期犯罪组织的阴暗面，他们的事迹从未被民谣或故事传颂。萨格以其独特的行动方式闻名。按照传统说法，"持绞索者行事极不寻常"，他们始终用黄围巾进行杀戮，且总是先杀后劫。[54]通常，两到三名绞杀者对付一名受害者，其中两人各执围巾的一端，将围巾绕在受害者的脖子上，第三人拉住受害者的腿脚。萨格团伙混入过往商旅车队中后，每名成员都各司其职，有的人是诱惑者，有的人是绞杀手，还有的人是掘墓人。[55]

关于萨格及其活动，目前仍缺乏共识。[56] 大多数意见认为，欧洲人对萨格的最初印象是受到 1839 年出版的《一名萨格的自白》

（*Confessions of a Thug*）的影响。该书的作者是英国人菲利普·梅多斯·泰勒（Philip Meadows Taylor）。这部小说据称是基于文献资料和作者 19 世纪 20 年代在印度当警监的亲身经历写就，为观察萨格现象提供了犀利的视角。该书与拉迪亚德·基普林（Rudyard Kipling）的《金姆》（*Kim*，1901 年）一起，是关于印度的最具影响力的小说，也是 19 世纪最畅销的犯罪小说之一。[57]19 世纪下半叶的人真的以为萨格是专门用杀人不见血的勒绞手法杀人的世袭兄弟会。在此后的几十年里，人们甚至认为，在过去 700 多年中，萨格每年谋杀的人数达 5 万之多。20 世纪晚期，历史修正主义者提出，这种对萨格的传统看法过分夸大了事实，萨格只不过是普通的土匪、窃贼和反抗英国在次大陆统治的叛乱者而已。修正主义者坚称，既然没有中央组织化、等级体系或总头目，这种绞杀抢劫就算不得有组织犯罪，还有些人主张，萨格的活动既没有参照特别的宗教文本，也没有统一的崇拜仪式，因此他们的行为亦无关宗教崇拜。有些历史学家认为，早期的研究人员曲解了被捕萨格成员的话，再加上人们对印度教的偏见，这才造成了上述看法。[58]

　　最终成了萨格死对头的英国军官威廉·斯利曼（William Sleeman）读到了舍伍德的报道。除了英国警力之外，他没有其他可调动的资源，于是不得不建立自己的治安关系网，并通过地方法庭获取在其他地区抓捕罪犯的许可。斯利曼在 1843 年写道，萨格成员和其他安分守己的村民一样，平时同家人住在一起，只有在需要行动时才组成秘密兄弟会。整个萨格亚文化及其独特的信仰体系、骇人的仪式、黑话和行为模式经过了长年累月的发展。萨格团伙活跃在大道小径之上，在半道或路边小酒馆里帮助毫无戒心的旅客。一俟到了特定地点，他们就突然发动袭击，"迅速娴熟地"绞杀受害者。坟墓是事先预备好的，一次埋葬数十具尸体，袭击者随即带着赃物消失，不留下任何痕迹。

最近，致力于编年记录萨格的凯文·鲁西比（Kevin Rushby）指出，英国通过支持孟加拉国种植园和中国市场间的鸦片贸易，在萨格和其他土匪的牟利勾当中扮演了不具名的角色。19 世纪最初 10 年间，农民种植利润丰厚的鸦片来弥补其他作物的损失，鸦片产量成倍增长。与此同时，孟买商人在每年的同一时间都会请传统的珠宝押运队运送大量现金、金子和珠宝，提前购买鸦片，这使得每年 10 月中旬成了萨格的狩猎季节。鲁西比认为，萨格和由英国殖民造成的海盗帮大同小异，且其发展与鸦片贸易同步。[59]

1933 年，威廉·斯利曼的孙子詹姆斯·L. 斯利曼（James L. Sleeman）估计，典型的萨格成员通常会活跃 20 年，平均每月绞杀 8 个人。按照他的估算，如果对 19 世纪 40 年代印度所有活跃的萨格团伙进行统计，从各团体出现到衰亡，保守估计总共涉及 100 万起凶杀案，其中大部分案件使用手帕行凶。据《吉尼斯世界纪录》记载，有一名萨格自称杀了 931 人。[60]自 20 世纪 50 年代起，这些记录的真实性受到了修正主义学者的质疑。有些学者认为萨格只不过是"没有固定行动模式"的土匪，"所谓'萨格'不过是英国人强加给他们的名字"；另一些学者倾向于将他们视作普通罪犯，是"英国统治印度的产物"，与杀人犯相比，他们更有可能是"因英国在次大陆的和平统治而失业的士兵"。[61]法庭上针对萨格的大部分证词都出自污点证人或"自首者"，基本上只有不遵守法定审判程序的非正规法庭才会予以采信。自首者因合作获得赦免，定罪的罪犯则被处死或关入监狱。在 1840 年以前受审的 3689 名罪犯中，466 人被处绞刑，56 人被赦免，其余大多数被送往安达曼群岛或被判终身监禁。[62]有些萨格成员成了警方的线人，逃脱了被处死或在面颊上刺上"萨格"字样然后被流放的命运。

印度的土匪活动并没有随着英国人剿灭萨格而消失。宾德和萨格被剿灭之后，官方的注意力转向了各大武装匪帮。1889 年，一名观察者如此描述这些萨格的后继者：

> 有组织的帮派成员装备着刀剑和老式大口径枪，他们通常昼伏夜出，不过偶尔也在光天化日之下活动。该帮派由一名声名赫赫的头目带领。帮派成员偶尔会得到当局承认，甚至会被远征队强行征用，但主要成员仍将武装抢劫视作自己的终身职业，从雨季结束到下一个雨季来临之前定期活动。[63]

到了 19 世纪，这些帮派升级了武器装备，在原有长棍、刀剑、长矛和 pharsas（一种边缘锋利的棍子，有时指战斧）的基础上增加了毛瑟枪和法式步枪（燧发枪）。不过，与当时美国和澳大利亚的不法之徒不同，他们很少同警方交战，主要是烧杀抢掠村庄。20 世纪 70 年代之前，中印度地区的本德尔坎德和昌巴尔河谷匪患盛行，直到 1972 年数百名匪徒集体投降。根据一名专家的观点，武装匪徒只不过是"群体活动的历史延续"，其根源可以追溯到几个世纪前在封建争斗或外国入侵时被铲除的王公贵族。[64]另一些人认为，印度山丘绵延、河流蜿蜒、热带植物密布，这种地形特别有利于土匪藏身。还有一些人坚称，等级分裂和政治冲突引发的社会张力以及由经济困苦造成的挫败感是武装土匪的共同诱因。

在过去 200 年间，印度土匪引起了当局和公众的注意，这种关注通常是地方性的，但间或也会引发国际反响。与至少 100 起命案有关的库斯·穆尼斯瓦米·维拉潘（Koose Muniswamy Veerappan，1952—2004）是该国20世纪的头号通缉犯。他以走私檀香油和猎杀大象获取象牙起家，后来又干起了杀人、勒索、绑架的勾当。带着罗宾汉色彩的维拉潘得到了穷苦村民的支持，后者则对官方干涉地方走私和偷猎活动感到愤愤不平。维拉潘十几岁加入地方偷猎团体，1986年被捕，付了2000美元贿赂后被开释。从那一天起，他发誓再也不会被活捉。他认为护林员欺压村民、妨碍偷猎大象和非法采集檀香油，便发起了专门针对他们的仇杀。在20世纪90年代的巅峰时期，他曾彻底击败对手，控制了迈索尔（Mysore）东南部3600平方英里的区域。他发现绑架要人是最赚钱的买卖，尤其是2010年7月绑架宝莱坞头号巨星拉杰库马尔（Rajkumar）109天那次。他提出的交换条件是得到赦免，并希望能进入政界，就像人称"土匪女王"的女匪头目普兰·黛维（Phoolan Devi，1963—2001）那样。

黛维出生在印度北方邦一个贫穷的低种姓家庭（靠摆渡营生的毛拉）。她11岁出嫁，遭到痛打和性侵之后回了娘家，但旋即又被送回丈夫和他的新妻子身边，受到更残酷的对待。她的家庭因土地纠纷卷入了与富亲戚的冲突，但她本人加入了由同样出身低种姓家庭的巴布·辛格（Babu Singh）领导的匪帮，得以逃脱。黛维和辛格结婚，在昌巴尔河谷共同组建了一个低种姓帮派。该帮派的作案手段之一是化装成警察拦截过往货车，劫掠地主。与同时代的很多匪帮不同，黛维总是与村民分享战利品。然而不久，她的队伍受诱骗加入了一支高种姓帮派，遭受了灭顶之灾。她的手下大部分被射杀，她自己则在贝麦（Behmai）的村庄里被劫为人质，反复遭强奸。黛维设法逃脱，加入了一支武装匪帮，并迅速成为该帮的头领。她带领手下突袭、劫掠集市，将钱财分给穷人，此举为她赢得了罗宾汉式的地位。1981 年，她率部袭击贝麦，也就是自己当年遭强奸的那个村庄，杀死了 22 名高种姓村民。虽然政府当局出动了数千警力追捕黛维，但她仍化险为夷。1983 年，她带着本帮成员缴械投降，本以为最多不过被判 8 年监禁，孰料，在未经开庭审理的情况下，她被判 11 年徒刑。经此劫数，黛维转信佛教。1996 年，她成功地利用自己的民众基础当选为议员，通过议会为低种姓民众谋求利益。2001 年，她遇刺身亡，据说刺客是一名为了报 1981 年袭击之仇的贝麦高种姓村民。[65]

澳大利亚的丛林劫匪

在过去的几个世纪里，英国输出到澳大利亚、美洲和非洲等帝国偏远地带的不仅是大批罪犯，还有犯罪传统，其中最具特色的当属拦路强盗。18 世纪晚期，将罪犯流放到澳大利亚的做法催生了一种荒野监狱体系，在这里，逃跑容易"生存难"。[66] 澳大利亚的绿林好汉往往比他们的英国同行更残暴、更冷酷，这在很大程度上也是因为他们大多本身就是流放犯。

澳大利业的土匪活动初始于 18 世纪 90 年代末，当时的土匪主要是逃犯和逃兵。由于无法通过偷渡或乘坐木筏及劫持的轮船经由海路逃走，他们转而成了土匪，用当时的说法叫作"逃亡者"。这些人被殖民地的自由移民视为局外人、暴力威胁，无法像后来土生土长的澳大利亚罪犯那样获得同情。早期的劳改营是一种惩罚机构，完全不适合居住。短短几年之内，罪犯便厌倦了鞭打和艰苦的生活，开始逃往丛林和旷野，全然不顾流放地的种种恶劣的自然条件。有些逃走的罪犯试图靠抢劫自由移民的食物和衣物在这片不毛之地求生。早期的罪犯大部分都是爱尔兰人。逃亡者詹姆斯·巴里的经历就是这批选择逃亡、落草为寇的人中很有代表性的一例。巴里因闯入一个自由移民家中盗窃被判 1000 鞭，在受了 270 鞭后，他奄奄一息，几乎一命呜呼。剩余的 730 鞭分 5 次执行，150 鞭 4 次，130 鞭 1 次。受过鞭笞的罪犯或被送回劳动岗位，或被扔进监狱忍饥挨饿。

由于罪犯大体上是士兵和受惩戒的官员，典狱长常常会对表现良好者提供诱人的奖励，比如特赦和探家。如果这招不起作用，就用衣物和朗姆酒做诱惑。如果还不起作用，就出动骑警把他们送上绞架。不过，与大多数英国劫匪难逃绞架的命运不同，在澳大利亚，被捕获的丛林劫匪多半不会被处死，而是被送进监狱。

到 19 世纪 20 年代初，丛林劫匪肆虐整个新南威尔士，建立骑警部队对付匪患成了当务之急。作为一支准军事组织，骑警的装备在军队指挥官眼里只能算是"马马虎虎"。与伦敦、纽约和 19 世纪初期其他地方的警察部队类似，澳大利亚的警察也常常拒绝进入丛林追捕罪犯，除非他们"值得抓捕"。[67] 为了对付这种无法无天的状况，诺福克岛和塔斯马尼亚岛建起了规模更小、警备更严的劳改营。1834 年颁布的丛林抢劫法案要求对抢劫或暴力入室盗窃等行为在定罪后 24 小时之内执行死刑。该法案在 4 年后被废除。最后一名被送上绞架的抢劫犯死于 1839 年。到 1841 年，对绝大多数罪犯的惩罚是 10 年流放，外加至少 4 年繁重的公共工程建设劳动。

没有哪个丛林劫匪的名声能赶得上传奇的爱德华·"奈德"·凯利（Edward 'Ned' Kelly）。他常穿着自制的铠甲，人称"铁甲大盗"。不幸的是，没有铠甲保护的腿成了他的阿喀琉斯之踵。在最后一次交战中，火枪射中了他的腿部，他因而被捕。1880 年 11 月 11 日，腿伤痊愈的奈德因故意谋杀罪被处绞刑。面对绞索，他说出了那句广为流传的遗言："这就是生活。"凯利的父亲是一名爱尔兰罪犯，因在蒂珀雷里（Tipperary）偷了两头猪被送往塔斯马尼亚岛服刑多年。凯利一家生活在偏远乡村，和当地一名有权有势的牧场主起了冲突。这又是一起因土地分配不公而引发犯罪的例子。凯利对警察的深仇大恨来自天主教徒和新教徒间的矛盾：他从小就听闻在家乡爱尔兰的新教徒虐待天主教徒的故事。和很多人一样，他认为只要有钱有势的地主雇用警察，爱尔兰人就无法得到公正的对待。

然而，奈德和其他很多叱咤风云的匪帮头目栽了同样的跟头——把吹嘘之言当真，毁于自大虚妄。纵然各种新闻报道和英雄传说把他捧上了天，他最终还是在 26 岁那年走上了绞架，同普普通通的罪犯没什么区别。一如所有经历着从化外蛮村向文明之都转型的地区，到 19 世纪末，随着公路、铁路、电报和电话服务进入丛林，丛林劫匪的时代也将走到尽头。

到 19 世纪末，很多丛林劫匪已经像其他不法之徒一样结成了帮派。在近一个世纪的时间里，澳大利亚丛林成了各种犯罪团伙的藏身之地，他们打家劫舍，偷盗牲畜，同时在拦截公共马车时劫掠过往旅客（丛林劫匪会命令旅客"送上钱来"，意思和"留下买路财"差不多），也伏击从矿山押运金银和其他贵金属到银行的护卫。

小结

纵观史料，有组织的犯罪团伙形式各异。他们主要活跃在前工业社会时期，往往在乡村地区得到更多支持，而城市则要到很久以后才成为他们的据点。路匪、贼赃网络以及众多土匪成了后来更成熟、组织性更强的国际匪帮的鼻祖。由于人口流动性和富裕程度的增加，犯罪团伙和偶尔独立作案的罪犯渐成气候。犯罪团伙在具有天然地理屏障的地区尤其猖獗，特别是在大型内战和国际冲突之后。他们的持续存在得益于司法实践的薄弱，这也是前现代社会的特点之一。当 14 世纪的英国出现这种类型的犯罪时，由于法庭和江河日下的封建地方贵族间的角力，当地的刑法体系已经开始崩塌。类似的情况也发生在 18 世纪的斯洛伐克、19 世纪 90 年代的希腊、20 世纪 50 年代的西西里等地区。在帮派活跃时期——通常是现代化飞速发展、社会巨变之时——匪帮成员一旦被捕，往往会受到残酷的公开惩罚，比如绞刑、轮刑，新生政权以此向民众展示其对违法行为的零容忍态度。为了对付马匪，政府当局采用的最有效的手段之一便是成立骑警队，弓街骑警（Bow Street Mounted Police）、得克萨斯州骑警队（Texas Rangers）、新墨西哥州骑警（New Mexico Mounted Police）、澳大利亚骑警便是其中的代表。

在下一章中，我们将梳理有组织犯罪的下一个发展阶段。与本章讨论的地方性、地区性匪帮活动截然不同，从 17 世纪到 19 世纪、20 世纪，跨国海盗纵横于公海之上，而西方世界的各种禁令更是催生了全球毒品买卖、奴隶贸易和其他有组织犯罪。

第六章　禁令、海盗、奴隶贩子、毒品走私犯和犯罪全球化

国际犯罪网络有很长的历史，在如今的国界线大多尚未确立之前就已存在的各种前现代走私团伙活动可以视作其前身。从古拜占庭经由古希腊和巴尔干进入西欧直达古罗马的经典陆上贸易线路，当今的军火贩和毒贩仍在使用。同样，连接黑海和波罗的海的"琥珀之路"是从中国和亚洲其他地区进行走私和偷渡的不可或缺的一环。事实上，正如一名美国记者在 1931 年所言：

> ［有组织的犯罪］实在算不得新鲜。匪帮团伙劫掠过往商人并获取钱财。海盗在公海对往来商船收取过路费。然而，令人难以置信的是，匪帮的这套方法如今居然还能畅行无阻。[1]

1619—1622 年，麦哲伦环球航线开辟，随后越来越多的革新也让航行时间进一步缩短。18 世纪末蒸汽动力的应用触发了远洋技术的下一个飞跃。蒸汽船的出现显著缩短了航行时间，而航行时间的缩短又增加了运输周转次数，并增强了国与国之间的接触。此外，轮船体积的增大也意味着更大的载货量。合法的和非法的冒险家纷

纷投入这一全球化进程，碰碰运气，追逐财富，而海盗、奴隶贩子和走私犯就是第一批非法的国际冒险家。国家与地区之间在全球尺度上日益频繁的接触意味着金融犯罪有可能带来更高的回报，这刺激了更高级的犯罪实体的发展，美洲殖民地东部海域海盗的兴起便是很好的例证。此外，运输的进步也意味着这些犯罪团伙可以更迅速地应对市场变化，只要有针对流行商品的新禁令，就会有新的"商机"。地下经济和黑市同无数腐败官员相伴相生，成为边境地区最常见的事物。

为了充实国库，供养海外驻军，民族国家对关税和税收的依赖越来越大，走私也因而越发有利可图。为了逃避高额的税收，在境外银行体系和洗钱手段出现之前，英国殖民者通过走私获取的茶叶占茶叶总进口量的 5/6，此外还有其他必需品的走私。殖民地居民虽愿意在一定程度上遵守英国法律，但若牵涉自由贸易，他们大多完全无视现有法律，冒险去走私。18 世纪中叶之前，美洲殖民地是众多地下经济的乐土。有些人通过走私荷兰亚麻和法国白兰地发了大财。据估计，从 1738 年到 18 世纪 50 年代，殖民地的商人走私了 200 万加仑①糖蜜。

非法人口贸易、海盗和走私致幻剂是犯罪学家如今所说的"跨国犯罪"的最初形式。所谓跨国犯罪，可以理解为涉及"两个或更多主权管辖区"的犯罪[2]，也就是说，犯罪行为跨越国界或发生在国界之间。与此同时，大部分史料记载的犯罪行为通常受地理因素制约，局限在某一地区，只对罪犯所在的当地社区造成威胁，比如上一章中提到的马匪和拦路强盗。

---

① 加仑（gallon）是一种容（体）积单位，分为英制加仑和美制加仑。1 加仑（美）≈3.785 升，1 加仑（英）≈4.546 升。——编者注

工业革命后，以英国为首，西方世界的其他地区紧随其后，原本生活在乡村的农民开始聚集到新兴的城市化环境中，寻求更好的机会和生计。这个变化，再加上日益便捷的交通，刺激了更稳定、更高效的犯罪组织的兴起，并令其能够"适应快速变化的市场，充实力量，积累资金，扩大地盘，持续活跃在现代世界的舞台上"。[3]

第一次毒品战争

全球犯罪网着实该感激国际社会强行禁止某些商品和行为的尝试。这可算不得什么新现象。比如说，几乎无所不在的现代毒品战争正是业已持续 600 多年的禁毒运动的新篇章。在现代禁毒运动兴起之前，很多国家都曾疲于应对各种新发现的精神致幻剂。事实上，几个世纪以来，各个文明在接触"奇怪物质"时都曾遇到医学人类学家所谓的"费解的困境"。[4] 以农业为主导的欧洲社会喜欢熟悉的事物，对外来产品"消费模式"的成见根深蒂固。[5]15 世纪晚期，"哥伦布大交换"（Columbian Exchange）——新、旧两个世界间食物、药品和其他产品的交流——拉开了探索年代的序幕，各种陌生的规则和产品突如其来地挑战着各个社会，进而威胁着各社会长久以来的文化实践。早在安非他命、可卡因、海洛因和其他麻醉品以及专用毒品问世前，现代社会常见的食用商品，比如咖啡（来自埃塞俄比亚）、可可（来自墨西哥）、茶（来自中国），以及烟草和鸦片制剂，都曾受到人们的猜忌，有时候甚至被政府当局列为非法物品。从烟草、鼻烟到可可和古柯叶，均要受到西班牙、法国、英国、荷兰和其他殖民当局的审查。早在 1569 年，西班牙国王腓力二世收到一份来自利马第二议会的报告，称"古柯毫无益处……夺走了很多人的性命"。[6] 西班牙殖民者要到 16 世纪才完全了解古柯，而在他们殖民之前，当地印加人对这种植物的使用非常谨慎，主要限于医药和宗教目的，用于防止高原反应，减少劳动者的饥饿和疲劳感。

　　烟草的故事、其被社会接纳的过程以及它从恶魔的象征到愉悦之物的演化，是人们用禁令和入罪化手段来控制流行物品的尝试中富有教益的一课。在当今世界使用最广泛的麻醉品中，烟草及其相关产品曾在数个世纪内屡屡受禁，吸食者有时会因沉溺烟草而受到严厉惩罚。1638 年中国法律规定对吸食或买卖烟草的人处斩就是典型的例子。但来自中国东北的满族入关，继而于 1644 年建立清朝之后，在老家满洲就嗜好烟草的满族人很自然地废除了禁令，让烟草合法化。对某种事物的熟悉就是这样奠定了该事物被接纳的基础。这与俄国 17 世纪上半叶的情况形成了鲜明对比，彼时，俄国的吸烟者会受到严惩，具体刑罚从裂唇到皮鞭鞭笞不等，有时甚至会被阉割。富有的吸烟者可受较轻处罚，往往会被没收财物，流放到西伯利亚冻原。[7] 在美国，从 1895 年到 1921 年，鉴于吸食烟草对女性和儿童健康的影响，有 14 个州禁止售卖烟草。但到了第一次世界大战时期，或许在很大程度上由于士兵中流行吸烟，烟草一时间同爱国主义产生了交集，反烟草运动以失败告终。

　　就植物学分类而言，尽管烟草属有 64 个品种，但只有两种可以吸食。这两个品种——黄花烟草和烟草——都源自美洲，早在北美大陆有人类生存之前就已经存在。据估计，人类第一次种植烟草是在公元前 5000—前 3000 年。[8]1492 年，当克里斯托弗·哥伦布抵达新大陆时，人口众多的美洲大陆随处可见吸烟者。后来，吸烟习惯传到西班牙，并引发了世界上第一道针对烟草的禁令。1588 年，教会在利马颁布法令，禁止"要主持圣礼的神父在做弥撒之前吸烟，无论是经口腔吸入还是经鼻子吸入鼻烟粉末，否则哪怕是遵循医嘱也将遭永久天谴"。[9]

　　烟草的使用形式各异，其中一种方式是吸入研磨的烟草粉末，也就是鼻烟。据说，巴西原住民是最早使用这种方式的人群之一。不过，多亏法国宫廷医生对其药效的推崇，这种所谓的"吸粉习惯"才受到上层消费者的青睐。最初，只有少量烟草从古巴进口到欧洲，直到西班牙和葡萄牙海员将它们运往更广阔的市场。烟草的零售价曾一度高不可攀，只有富人才消费得起。尽管如此，人们对烟草的需求仍持续上升，这使得新大陆的烟草种植和运输成了一桩国际生意。烟草在欧洲北部的低地国家和新兴的意大利、德国各州开始流行，且各国都开发出了其独特的使用方式。例如，法国人利用烟草"防止疾病，保持美丽容颜"。

　　当英国水兵和英勇的老水手通过美洲冒险之旅令吸烟成为大众行为之后，消费烟草的理由似乎也变成了追求"芳香的烟雾带来的愉悦"。[10]英国人并不像信仰天主教的西班牙人那样将烟和撒旦联系在一起。伊丽莎白一世时代的海军上校、私掠船船长、奴隶贩子弗朗西斯·德雷克爵士（Sir Francis Drake）在16世纪70年代末的第二次环球航行中获得了烟草。英国人从1558年起就和西班牙人交战，交战的地点大多在从欧洲海岸线到新大陆之间的公海上。当时在美洲还没有殖民地的英国人起初觉得，抢劫装载烟草的西班牙大帆船比种植烟草方便得多。他们利用快船成功地劫获了一船又一船烟草和金锭。由此，烟草在英国迅速流行。按照大部分记录，与西班牙人钟情雪茄不同，英国人偏爱烟斗，他们的吸烟习惯同与他们打交道的北美部落民类似。与其他很多新型毒品和兴奋剂一样，烟草一进入市场便让人们从好奇转向了疯狂。16世纪末的外国访客曾提到，在英国的社交场合，烟斗无处不在。

不过在詹姆士一世时代，并不是所有人都喜欢这种后来被称为"臭草"的东西。反对烟草的理由从它的气味和吸烟者的痰液到火灾、油烟不一而足。弗朗西斯·培根是率先提出烟草成瘾特性（当时人们对成瘾还不理解）的人之一，他注意到烟草"可以控制其使用者"的能力，并指出："如今，烟草的使用量大大增加，烟草用某种神秘的愉悦征服了人们，因此，那些一旦养成抽烟习惯的人以后很难再摆脱它。"[11] 俄国沙皇米哈伊尔（Tsar Michael）1643 年下令禁止销售烟草，凡吸鼻烟者要被削鼻，长期使用烟草者处死。

起初，天主教会对烟草的态度模棱两可，只是禁止在礼拜堂内吸烟。17 世纪，教皇乌尔班八世下令禁止在教堂内使用烟草，并威胁要将吸鼻烟者逐出教会。1603 年，詹姆士一世继承英国王位，英国社会对烟草的态度开始变得明朗。在一本题为《反烟草》（*A Counterblaste to Tobacco*）的小册子里，国王将烟草使用者比作酗酒者。尽管他对禁烟的态度如此鲜明，却未能获得多少支持，于是他决定将烟草税提高近 40 倍，该措施同美国通过不断提高香烟税收来抑制消费的现代反烟草运动颇为相似。

鉴于"迷惑人的野草"和巫术的关联，烟草成了"詹姆士的天敌"。人们认为烟草可以配制巫术中使用的飞行灵药（只要与传统的颠茄制剂及天仙子混合即可）。按照民间传说，将这些植物的叶子捣成黏稠的糊状，涂在扫帚上，就可以让女巫自由飞翔。在对抗"敌基督"的战争中，詹姆士一马当先，他先诉诸出版物，尔后通过镇压，并于 1597 年发表了关于魔鬼的研究论文以支持自己的主张。他近乎偏执地认为那些撒旦崇拜者一心要毁灭自己，提出要对他们施以最严厉的惩罚。詹姆士对揭露女巫有着特别的兴趣，甚至亲自刑讯，编写供词。坎宁安（Cunningham）博士就是其中一名受害者，他受牵连卷入一个趁航行淹死国王的计划。随后，这名博士的指甲被拔掉，眼球被扎上烧红的针，受"靴子"酷刑，即猛击被裹住的双腿，直到"血液和骨髓四溅"，双腿完全残废。[12]

大约与詹姆士一世对"臭草"发动圣战同一时期，日本人也在做着类似的事情。日本于 1609 年、1612 年、1615 年和 1616 年接连发布禁令，每一次新法令规定的惩罚都更加严厉。到 1616 年，吸烟者往往会被判处罚金、监禁和没收财产。日本人的这种态度在很大程度上乃是由于烟草源自国外，因而同其他很多西方商品和行为习惯一样，象征着来自外国的负面影响。

伊斯兰教对烟草的态度显然较为开放。一方面，《古兰经》中并没有提到烟草；另一方面，沙特阿拉伯半岛紧邻东非的穆斯林聚居区①，这无疑是早期阿拉伯人开始吸烟的原因之一，且有可能促成了烟草在伊斯兰社会的普及。[13] 然而，并非整个伊斯兰社会都是如此。由于《古兰经》没有提及烟草，因此在一些专制君主眼中，吸烟代表着"异教世界"，理当受到严厉惩罚。这种极端情况大多发生在穆拉德四世（Murad IV）治下的奥斯曼帝国，他也因此获得了"残暴者"的称号。据说，自从为庆祝其长子诞生而举行的焰火表演烧毁了半个君士坦丁堡之后，他就对烟深恶痛绝。有记载称，他为禁烟不遗余力，甚至乔装打扮走街串巷，假装自己需要尼古丁。一旦有人向他提供烟草，这个不知情的厚道人便往往因此掉了脑袋。据估计，残暴者穆拉德在位 14 年中处死了 2.5 万多名疑似吸烟者。波斯官员也上行下效，毫不手软，所有被抓获的烟草商人统统被熔化的铅灌喉而死。[14]

---

① 据史料记载，烟草当时已在非洲种植与流行。——编者注

非法国际毒品贸易的起源

就犯罪学角度而言，从没有哪种毒品如鸦片那般充斥着历史文献，并留下一段如此有争议的记录。19 世纪 50 年代，欧洲的水手、商人、盲流和娼妓等等，总之就是那些浑身都是坏习气的人将鸦片从原产地带回了他们的国家。大多数吸食鸦片的人处在社会边缘。公元6 世纪末或 7 世纪初，也就是唐朝初期，鸦片被作为一种药品由阿拉伯商人引入中国。到 18 世纪初，鸦片之流行让雍正皇帝都感到"令人发指"，随即诏令查禁烟馆和鸦片买卖。[15] 此后不久，买卖和吸食鸦片被刑法定为死罪。对鸦片的禁令催生了很多学者眼中的第一批毒品走私犯，他们打着大英帝国的旗号，伪装成抽烟斗的老派英国绅士兼药品商人。几十年后，政府又颁布一道法令，对所有参与鸦片贸易的人——从掮客和窝赃者到鸦片种植者和堕落的执法者——一律严惩。不过，主动戒烟的人可以得到赦免，并获得一年半的治疗期。这是中国政府第一次对外国鸦片贩子处以斩刑，共犯的中国人则要处以绞刑，其余人依大清律判处鞭笞和流放。

英国参与中国鸦片贸易的故事早已是老生常谈的历史。从 18 世纪早期开始，中国不仅反对进口鸦片，而且试图限制所有对外贸易，但这未能阻止那些通过欺骗、贿赂和走私手段绕过禁令的商人。1773年，英国获得了印度孟加拉国鸦片种植园的控制权，并于随后的一个世纪内在那些并不了解其成瘾性的人群中培养了大批瘾君子。根据1838 年的一份报告，为了阻止人们吸食鸦片，当局下令割掉鸦片吸食者和贩卖者的部分上唇。[16] 然而，实施处罚的权力却掌握在那些私通外国人（这些外国人通常不会因违反中国法律而受到制裁）的地方官手中，法律在大多数时候成了一纸空文。不过，刑罚本身是相当严厉的，鸦片贩子会被判处戴枷（沉重的木质颈圈）流放，烟馆老板则被判处绞刑。

对于清朝的鸦片贸易禁令，英国人不以为意。于是，中国人销毁了价值约 1100 万美元（至少相当于今天的 2.4 亿美元）的鸦片，引发了 1839 年的第一次鸦片战争（1856 年又爆发了第二次鸦片战争）。作为战胜国的英国要求中国赔偿损失，并废除鸦片禁令。截至 20 世纪，大部分国际犯罪行为都肇始于上一个世纪。事实上，在 20 世纪之前，除了简单的走私活动，全球交流和运输方面并没有出现重大革新。

在大部分人看来，1909 年的上海鸦片调查委员会（Shanghai Opium Commission）促进了反国际毒品运输运动，而国际毒品运输恰恰最能体现全球毒品贸易所依赖的复杂关系网。头一批从事毒品贸易的是美国犹太匪帮，他们在中国组织了一个走私网，[17] 成为当时最大的供货方。随后，他们又建立了加工点来稀释和分装准备投放市场的毒品，还组织起直接面向瘾君子的鸦片制剂分销网络。

在 20 世纪 30 年代日本入侵中国期间，他们使用的一个策略就是向中国倾销鸦片。彼时，美国约有 10 万名瘾君子，而中国大概有 800 万名，因此这似乎是个"明智"的做法。[18] 不过，真正引发全球性变革的是 20 世纪初美国新法规的颁行。1914 年的《麻醉品法案》（Narcotic Act）规定，在美国出于非医学目的使用鸦片、吗啡和古柯制剂属违法行为。若干年后，大部分西方国家也据此签署了反麻醉剂的国际协定。禁毒的国际化发展刺激了毒品交易集团的形成，后者的买卖涉及在市面上有需求的一切毒品。就目前看来，毒品禁令实施一个世纪以来，国际刑法体系并没有什么新招数，这使得国际非法毒品走私成了 21 世纪最赚钱的有组织犯罪。

海盗

　　当传奇海盗被置于历史的显微镜下时，研究者发现，我们对海盗的认识原来大多并不真实。他们既不会走跳板，也极少——如果不是绝对没有——埋藏宝藏（然后再从变化不定的海滩边挖掘）。大部分海盗组织都是临时召集的，他们的首领虽风光一时，但多数到 18 世纪时已被赶尽杀绝，其麾下的海盗帮派也随之散伙。尽管如此，在海盗横行公海的年代，他们同国际犯罪组织的确有很多共性，比如，都贿赂官员，都偶尔得到政府的支持，都劫掠合法商人的物品，都通过使用暴力或威胁使用暴力的方式达到目的。海盗活动有多种形式，取决于具体的地区和时代，因此也往往各具特色。海盗是年轻男性（偶尔也有女性）的游戏，多数海盗只有 20 多岁，老海盗（也就是超过 40 岁的海盗）并不多见。与现代劫匪类似，倘若他们没有被抓获，没有在行动中丧命或葬身风浪，早晚也会因年老体衰而退出这个行当。

　　古罗马历史学家狄奥·卡西乌斯（Dio Cassius）做出"海盗无时不在，只要人类存在一天，海盗行动便不会终止"的断言已有 2000 多年。在大多数观点看来，或许没有哪种跨国犯罪能比古老的海盗活动更好地体现国际犯罪的流变。与早期海盗不同，现代海盗使用了高科技，他们根植于依赖安全航线的全球经济，以那些失败的民族国家为据点，而后者恰恰是跨国恐怖分子的温床。2009 年 4 月发生在价值 8 亿美元的美国海军驱逐舰和载有几名海盗的救生艇之间的对峙表明，现代国家再也没有能力摆脱海盗。[19] 事实上，这也是两个世纪以来外国海盗首次为了赎金而劫持美国轮船。美国与外国海盗的上一次对峙还是在建国之初，当时北非巴巴里海盗劫持了几名水手作为人质。美国人或许还不熟悉海盗，但生活在地中海地区的人对此早已司空见惯，早在各国间有货船往来之时，海盗活动便如影随形。

希罗多德、修昔底德等古代历史学家是海盗活动的最早记录者。公元前 2 世纪，古罗马共和国末期，由于元老院对外政策的失误，海盗活动日益猖獗。在此之前，罗得岛海军曾负责守卫东地中海，直到被古罗马人打败。但古罗马人并没有派遣自己的海军接替，地中海遂落入有组织的海盗之手。海盗把位于小亚细亚南岸的西里西亚作为基地，用庞大的舰队控制着整个地中海。直到公元前 102 年，他们所向披靡，没有遇到任何阻碍。根据某个记述，古罗马人之所以没有全力镇压海盗，是因为海盗也是统治阶级获取奴隶的主要来源。到公元前 69 年，海盗已可沿着意大利海岸线任意劫掠，甚至能对古罗马在奥斯蒂亚（Ostia）的港口发动突袭，海上运输与商贸几乎停滞。如果不能击败海盗，饥荒和经济灾难便会接踵而至。为了应对海盗的威胁，公元前 67 年，古罗马人通过了《盖比尼安法》（Gabinian Law），将从未给予过其他古罗马领袖的特别权力——对整个地中海区域的绝对指挥权——授予了庞培。在短短三个月之内，帝国摆脱了海上劫掠的困扰。[20]

到了中世纪，海上劫掠已然成了成熟的犯罪职业。几个世纪以来，随着贸易的发展，海上劫掠的规模也在扩大。在 16 世纪和 17 世纪贸易扩张期间，海上商业航线不断开辟，海盗也拓展了自己的活动范围，追逐着从旧世界到美洲的财富之路。法国人、英国人、荷兰人和西班牙人纷纷在新大陆开辟殖民地，这些强国之间为建立贸易垄断而展开的竞争常常引发公海上的战事。[21]

1696 年，英国的一个法庭将海盗罪定义为"一种航海用语，指的是在海军部管辖范围内实施抢劫……任何水手如果在海军大臣的管辖范围之内使用暴力劫持船主、霸占船只，或非法夺取任何货物，即为海上劫掠"。[22] 现代研究者则把海盗行为定义为一种"海上的宏观寄生现象"，或者简单地说就是"在海上或沿海地区使用暴力肆意侵占财物"。[23]

根据早期的英国习惯法，英国臣民实施海上劫掠视同犯叛国罪，是当时最严重的罪行。法律还规定，明知对方是海盗仍与其做生意或向其提供武器也属叛国罪。按照法学家威廉·布莱克斯通（William Blackstone）的说法，海盗行为或与已知的海盗进行交易的罪行等同于"发生于公海的抢夺、劫掠"。[24] 爱德华·库克爵士（Sir Edward Coke）把干这种勾当的人视作人类公敌，认为应依法"剥夺其一切社会和政治权利"。

"海盗的黄金年代"通常指的是 1650—1730 年，该时期被一名历史学家描述为"在公海上肆意杀人、抢劫和绑架的年代"。[25] 从对该时期的一个评价中，我们可以看出，海盗行为同现代跨国犯罪活动之间有着许多惊人的相似。非法海盗和国家赞助的劫掠者（称为私掠者）参与掠夺黄金、谷物、珠宝、酒精甚至毒品，其背后都有强大的经济诱因。这些商品的进出口被严格控制，为了有效地组织走私网络，需要腐败官员和商人的自愿参与，尤其是在洗钱这一环节。

这些人被称为海盗、海贼、私掠者、劫掠者（corsair），但并非都是真正的亡命之徒。与上一章中提到的陆上劫匪类似，海盗世界里也是五花八门。"纯粹的海盗"从不受法律束缚，总是劫掠商船以谋私利。而私掠者则获得国家的许可，在战争期间受命攻击和掠夺他国商船。由于他们得到政府的支持，事实上根本不应该被视为海盗。同样，劫掠者的劫掠行为也得到政府背书，与私掠者最大的区别是，他们根据宗教信仰决定袭击对象。例如，北非的巴巴里劫掠者专门袭击来自基督教国家的船只，而基督教的劫掠者，比如马耳他骑士（Knights of

Malta）则反之（私掠者和劫掠者通常不会被视作不法之徒）。

政府对海上劫掠的态度至少可以说始终是毫不同情的，这使得专家不禁好奇，为何"海盗活动几乎受到全世界的谴责，且一旦被抓就会受到严惩"，但它"却从古至今长盛不衰"。[26]自中世纪起，英国当局就把海盗和其他违法者吊在泰晤士河沿岸沃平地区的绞架上。沿着码头，在低潮线和高潮线之间搭设的简易木质绞刑架被称为"处决坞"。把罪犯吊在潮水线之间是为了表明他们所犯的罪行属于海军大臣管辖之内，后者的管辖权包括所有在公海和低潮线标示的水域中实施的犯罪。因此，如果某个犯罪行为发生在潮汐线之外，就归民事法庭管理。[27]

这些绞架大多只是两根竖起的木柱子，顶端用横梁相连，绞索挂在横梁上。使用时架起梯子，海盗登上梯子，行刑手负责把绳结套在他的脖子上，司刑官一发信号，便把罪犯推下梯子。罪犯挣扎许久才被慢慢勒死的情况并不罕见，除非有朋友或家人拉住他的腿协助绞刑快速完成。偶尔，如果绞索断了，罪犯会被执行第二次绞刑。威廉·基德船长（Captain William Kidd）就是一例。绳套断了，他跌落地面。有些围观的人记得，当基德船长在 10 分钟后被重新执行绞刑时，他的胯下满是尿迹。好在这一次，绳套没有出差错。

传奇的威廉·基德船长命断处决坞的那天是 1701 年 5 月 23 日。他从新门监狱（Newgate Prison）被押解到刑场，行刑队列打头的是一名副司刑官，肩上扛着一只银桨，那是海军部法庭的标志。按照惯例，基德的脖子被套上绳索，站在一辆黑色的手推车上。他在来刑场的路上显然喝了不少朗姆酒，据说是好心的典狱长给的，因此在他到达泥泞的沃平河堤前已经快醉得不省人事，几乎没有意识到从恶臭的贫民窟到泰晤士河边那段可怕的旅程。在被处以绞刑之后，根据海军部的法令，基德的尸体被拴在水边的柱子上接受三次潮涨潮落的冲刷。依照处理罪大恶极者的传统做法，这具被泡得肿胀的尸体被涂上焦油，装在一只专门设计的人形铁笼子里，以便尸体在腐烂过程中不会散架。[28] 之后，铁笼会被悬挂在泰晤士河口的绞架上长达数年——除非鸟儿先将它啄得只剩骨头——用于警示过往船只。那些死后无须再经此磨难的尸体则或被埋在无名墓地，或被送往外科医生行会解剖，后一种做法是亨利八世在 16 世纪开创的。到 18 世纪，解剖已决犯已经成为医学界的惯例。1740 年，发生了一个离奇的故事。人们把刚刚被处绞刑的威廉·迪尤尔（William Duell）送到外科医生行会，并清洗了尸体。谁知迪尤尔竟有了呼吸。他得到了一名外科医生的同情，在两小时的恢复后，他坐在椅子上，试图弄明白究竟发生了什么事。迪尤尔被送回监狱，法庭大度地决定不再对其重新执行绞刑，而是将他流放到美洲殖民地。[29]

17 世纪，海盗常常因错误的认知上了贼船，他们以为，即便被海盗猎人抓获，也只有海盗头子会被处死。或许一度的确是这样，但到了 18 世纪，普通海盗很可能会落得与海盗船长同样的下场，比如1718 年施特德·邦尼特少校（Major Stede Bonnet）被绞死时，他手下的 34 名水手中有 30 人也被处以绞刑。政府当局下令将海盗集体处决的情况并不罕见。在 18 世纪头 10 年间，成群的海盗被送往伦敦处决坞、马萨诸塞州查尔斯河沿岸的波士顿、爱丁堡的利斯海滩、牙买加的绞刑角，以及靠近南卡罗来纳州查尔斯顿港的拿骚处决。

1722 年在非洲西岸码头区的海岸角城堡（Cape Coast Castle）对巴塞洛缪·罗伯茨（Bartholomew Roberts）海盗帮 52 名成员的集体处决或许算得上该时期人数最多的一次绞刑。这一地区长久以来一直是海盗的温床。审判地点通常设在海岸角城堡的象牙和奴隶贸易中心，对罗伯茨的审判也不例外，而且据说这次是有史以来规模最大的海盗审判。罗伯茨手下 260 多名水手被判刑，其中 52 人被判处绞刑，其余的或入监或被送往皇家非洲公司（总部就设在城堡内）的黄金海岸矿山做苦工。他们中有 20 人一直服役至死。绞刑在 1722 年 4 月分批执行，整个过程持续了两周。按照英国的惯例，其中 18 名死刑犯的尸体被涂上焦油，缠上铁箍，挂在俯瞰港口的山顶绞架上。用一名历史学家的话说，腐烂的尸体"宣示着，在一个由全球化的欧洲帝国主导的世界里，海盗再也没有生存的空间，讽刺的是，这样一个世界恰恰是因海上劫掠才得以出现"。[30]

在另一起案件中，当局宣布在弗吉尼亚州威廉斯堡和詹姆斯河之间的"绞架路"沿线绞死爱德华·蒂奇（Edward Teach）——大名鼎鼎的黑胡子——的 13 名追随者。有历史学家认为，这次处决与公元前 71 年"斯巴达克斯和他率领的奴隶们"在起义失败后被钉死在大路边的事件遥相呼应。在处决黑胡子手下水手的过程中，每隔半英里，押解人员、官员和围观者就在附近的大树或专门搭起的绞架边停下来。要接受处决的罪犯依令站在马车后架上，反剪双手，脖子里套着绞索。他被允许向神职人员简短忏悔，接着是一段更简短的祷告。随后，马车被拉走，留下罪犯吊在半空蹬腿挣扎。[31]

不只是英国，其他欧洲国家对海盗的严酷态度也有目共睹。1573年，一个名叫克莱因·海兹莱因（Klein Heszlein）的德国海盗同其手下 33 名船员在汉堡的市场被斩首，从此结束了他们在北海的劫掠生涯。法国人和西班牙人不反对处决，不过他们也将大量海盗送上苦役船终身服役。太平洋周边地区的国家往往将抓获的海盗斩首。

当英国私掠者和海盗正忙着劫掠西班牙治下那片诱人的新帝国时，在遥远的世界另一端，更丰厚的物资运载不息，大大小小的海盗帮也在试图拦截那些满载珍宝、定期往来于古老的印度洋航线的莫卧儿和阿拉伯船只。除了黄金、白银、宝石、香料和丝绸，这些船只还常常载着朝圣者和阿拉伯商人，从印度前往红海的港口，然后再转往麦加。到 17 世纪晚期，海盗遇到了更强的抵抗，传统加勒比据点的劫掠机会越来越少。一些务实的海盗船长从印度到红海的航线中看到了新机会，便转而向东远征印度洋。阿拉伯湾是最古老的海盗据点之一，早在公元前 1600 年前后就已令人闻之胆寒。希腊地理学家托勒密和其他不少人都把印度西海岸称为"海盗海岸"。

有些海盗船长堪称那个时代最残忍的罪犯。以船长爱德华·洛（Captain Edward Low）为例，当一名葡萄牙商人将一袋金币扔到船外后，船长勃然大怒，割下了这个商人的嘴唇，当着他的面烧烤。接下来发生了恐怖的一幕：他先强迫一名葡萄牙水手吃掉烤熟的嘴唇，又下令杀死整个商船的船员。据说，洛曾割掉一名新英格兰捕鲸船船长的耳朵，逼迫受害者蘸着盐和胡椒吞食。还有一次，洛劫走了一艘法国船只上的所有船员，只留下了厨师。他把厨师绑在桅杆上，然后放火烧船，说"这个油腻腻的家伙"可以被炸得脆蹦蹦。[32] 终于在 1718 年，威震公海、臭名昭著的黑胡子洛受到了公正的惩罚，他在战斗中身中 5 枪、20 剑，因重伤身亡。海盗猎人割下了黑胡子的头送往弗吉尼亚州殖民地，之后，这颗脑袋被剥了皮挂在汉普顿河边的柱子上。

直到 17 世纪末，马萨诸塞州殖民地的官员仍在为通过英国反海盗法令奔走游说。1699 年之前，对海盗的处罚等同于盗窃罪，即支付三倍于所窃财物的罚金。[33] 很快，由于海盗猖獗，这种做法被改变了。很多在美洲殖民地东部沿海兴风作浪的海盗被送上了绞架。单单一个月，弗吉尼亚州和南卡罗来纳州就绞死了近 50 名海盗。海盗罪行残忍，但刑罚同样严酷。1725 年，海盗的黄金时代落幕，被捕的海盗船长约翰·高（John Gow）在审判中拒绝认罪，结果被活活压死——这是那时唯一被法律许可的拷问方式。如果他当时认了罪，也不过是被绞死罢了。

关于 18 世纪美洲殖民地处决海盗的记录不胜枚举。罪犯要经受的折磨通常和在英国差不多。在那个没什么公共娱乐的时代，穿过挤满围观者的街道，罪犯的耳边一定充斥着这样的声音："你要跳警官舞啦！""等你吹不出口哨时就该尿裤子啦！"不过，很难说那些在劫难逃的罪犯是否会留意这一路上的嘲笑。当时，还有不少游船满载着观众去看这种海边庆典。大多数时候，罪犯的手肘——而不是手腕——会被反绑在身后。经验证明，单单被绑住手腕的濒死之人能够在不顾一切地挣扎求生时挣开双手。不过，他们的脚很少被绑在一起，否则观众便无法欣赏翘首以盼的"空中之舞"。有时，行刑者会故意缩短绞索，以免弄断罪犯的脖子，扰了观众期待的好戏。同如今的犯罪纪念品收集者类似，当时也会有醉醺醺的纪念品收集者从受刑人身上割下一块肉或者拿走一颗扣子做纪念，或者——更有可能——拿到小酒馆里换一品脱 ① 啤酒。有时，治安官会受雇在岸边保护尸体，直到尸体腐烂，落入最后的葬身之地。³⁴

16 世纪晚期，外国商人在西班牙一律被当作海盗和异端分子。1593 年，西班牙海军截获了 10 艘荷兰商船并立即绞死了船主，其余人员被送上苦役船。加勒比地区最声名狼藉的海盗之一是法国人让-戴维·诺（Jean-David Nau），又名弗朗索瓦·罗罗内，有人形容他"无论放到哪个时代都是个变态"。对于那些拒绝回答问题的人，他的

---

① 　品脱（pint）是容量单位，主要在英国、美国及爱尔兰使用。——编者注

手段之一是用短弯刀将他们割成碎片，并扯掉他们的舌头。还有些人说，他喜欢用火柴灼烧被他抓到的人，或者把他们撕成碎片，"先割下几片肉，接着剁掉一只手，然后是胳膊、腿，有时候他会在受害者头上绑一条绳索"并"扭转，直到他的眼珠子蹦出来"（即所谓的"绞扎"）。[35] 罗罗内躲过了西班牙人的惩罚，却落在了美洲原住民手中，自己也被折磨至死，尸体被焚，灰飞烟灭。

日本周围海域早在江户时代就海盗横行。14 世纪，日本陷入内战，缺乏中央权力，海盗越发猖狂，行踪遍及东亚，远至朝鲜和中国海岸。与其他罪犯和犯罪团伙类似，海盗团伙走上这条道路有时也是因生计所迫。一名历史学家把这种因走投无路而上了贼船的情况称为"次海盗行为"。[36] 大部分东亚国家对抓获的海盗处以斩刑。

走私和海上劫掠是两类有组织的犯罪。二者最大的区别在于，海上劫掠从本质上要求直接针对受害者，要使用或威胁使用暴力；而走私更隐秘，只在迫不得已时才使用暴力。大西洋上的海盗多来自劳动阶层。相比之下，18 世纪和 19 世纪活跃在中国南海的海盗则拥有"更大的社会基础"。[37] 当然，自始至终，走私活动都比海上劫掠更常见，但人们对它的研究从未达到对海盗行为研究的广度和深度，这在很大程度上与走私者缺乏戏剧性色彩有关。曾有权威人士指出，"加勒比走私犯"缺少"加勒比海盗"中展现的天赋，在票房上恐怕望尘莫及。[38]

作为犯罪与惩罚的奴隶贸易

蓄奴或奴役成为合法生意和一种惩罚手段已有千年。正如心理学家斯蒂芬·平克指出，在史上大部分时期，它是"规则，而非特例"。[39] 将奴役作为正式的惩罚手段，在《旧约》和《新约》中都有提及，甚至连柏拉图和亚里士多德等古代圣贤也不反对。古希腊哲学家亚里士多德曾说："人分为两类：主人和奴隶。"[40] 总之，古代希腊人认为奴隶制度是一种固有的正常状态，是高度发达的社会所必需的。但与古罗马不同，奴役行为在古希腊只是偶尔为之，主要适用于外侨、外国人和自由民。奴隶市场在古罗马和雅典都曾繁盛一时，且直到 15 世纪仍合法地存在于世界很多地区。奴役在古罗马是一项被认可的惩罚制度，但主要针对那些被判死刑的人，让他们在定罪之后、处决之前作为奴隶服苦役。奴隶制一度在欧洲销声匿迹近千年，直到 16 世纪，随着包括葡萄牙、荷兰、法国、英国和西班牙在内的欧洲列强在新大陆殖民地对奴隶的需求日益增加，奴隶制度死灰复燃。

伊斯兰教禁止惩罚性的奴役。因此，当这种宗教传入新地区时，很有可能也减少了奴役作为地方性刑罚手段的比重。但事实并非总是如此。非洲社会以及北非的伊斯兰国家和其他阿拉伯地区奴役非洲人的历史比欧洲长得多。有些国家甚至直到 20 世纪才废除奴隶制度，比如卡塔尔（1952 年）、沙特阿拉伯和也门（1962 年）以及毛里塔尼亚（1980 年）。[41]

古代中国的奴隶制度规定，罪犯本人连同其家人都要充作奴隶。数百年来，这是"唯一得到中国法律认可的奴隶来源"。当然，在合法方式之外总有其他获取奴隶的手段。与古罗马不同，中国人极其重视家庭责任，这意味着罪犯的妻子和亲属也要为他的罪行负责。不过，需要受到制裁的家庭成员的数量往往取决于罪行的严重性。根据大多数记载，在汉朝以前，通常罪犯本人会被处决，其家人悉数为奴；汉朝之后，对于情节较轻的死罪，往往不实际执行死刑，而是将罪犯及其家属充作奴隶。7 世纪中期的一部中国法律记载了关于奴役的规定：

谋反者或罪大恶极者当悉数斩首。其父及年满 16 岁之子当处绞刑。15 岁以下［的儿子］以及罪人之母、女、妻、妾、儿媳、儿妾、祖父、孙、兄弟、姐妹等人当为奴，财物充公。

不过，超过 80 岁的老叟、年满 60 岁的老妪和得了不治之症者可以得到赦免。[42]

在复杂的身份鉴定系统尚未出现之前，公元 3 世纪的中国使用烙印或黥面的方式标识各类罪犯。罪犯和奴隶往往在一起劳动，由于他们都戴着镣铐，穿着类似的衣服，因此会用特殊的面部记号进行标识。这种记号究竟是怎样的，我们无从得知，但一份来自官府的命令中提到，在试图逃跑的奴隶眼睛旁边文上铜绿色墨迹般的图案。若第二次试图逃跑，双颊都要文上记号。第三次则在每只眼的下方文上一寸半长的横线。中国社会不允许将无辜者卖作奴隶，于是绑架者便在被绑架的自由民身上伪造烙痕。这样一来，由于他们会被人误当作罪犯家属（有烙印为证），便容易出售。这同有些人喜欢在家畜身上打上烙印来标识所有权差不多。当然，这种方式并不能防止家畜被盗，偷盗者只需重新打个烙印即可。

如果你觉得被罚作奴役还算不得严厉，那么别忘了，除了官方的司法程序之外，奴隶还在主人的二重惩罚系统的管理之下。与自由民和公民相比，奴隶接受的处罚可谓残酷之至。有时候，惩罚手段达到了人们所能想象的极限。在 18 世纪的一次海地奴隶起义中，法国监工在试图逃跑的奴隶身上涂满蜜糖，然后将他们绑在地上，让饥饿的蚂蚁啃噬他们的皮肉。法国人还把火药"塞进犯了错的奴隶的屁股，然后点燃"。1802 年，图桑·卢维杜尔（Toussaint L'Ouverture）在圣多明戈（St Domingue）领导奴隶反抗之后，据一些目击者说，法国人当着被捕的起义领导人亲友的面，将临时肩章钉进他们的肩胛骨。更可怕的是，这些奴隶被钉在地上，成了恶狗的美餐。一位编年史作者曾指出，强迫黑人罪犯进入船舱然后点燃硫黄彻夜焚烧的惩罚"或许开了毒气室行刑的先河"。[43]

在需要补充奴隶时，一些无德暴君便任意增设既可判处死刑又可判处奴役的罪行，大西洋奴隶贸易扩张时期的西非就是一例。在伊博部落中，对那些行巫术者、不服管束者、租用或售卖共有财物者，会以充作奴隶的惩罚代替死刑惩罚。

17 和 18 世纪，美洲种植园的工头极少对奴隶棍棒相加，因为奴隶往往经不起这种惩罚手段。他们太有价值了，不能轻易让他们死掉，而监禁（如果能得到的话）对于那个时代的奴隶而言不啻为一种休假。在由奴隶支撑起的美国南方地区，立法者常常发现传统的刑法不足以应对迅速增长的奴隶人口，于是对奴隶和自由民——尤其是反叛者——采用了越发严厉的惩罚措施。1831 年奈特·特纳（Nat Turner）发动了血淋淋的奴隶起义之后，各种惩罚更是成倍增加，为南方的《黑人法典》（Black Codes）奠定了基础。早在 1705 年，法律就规定逃跑的奴隶不受法律保护，杀死他们的人可以免于法律处罚。如果有人活捉了逃跑的奴隶，他可以随心所欲地割掉奴隶的生殖器或四肢。设置这些可怕的惩罚以及奴隶特别法庭，其目的在于震慑有不轨念头的奴隶。据说，如果奴隶主不想脏了自己的手，可以花钱雇用本地行刑手在地方监狱里教训自己的奴隶。有时候，奴隶们一桩小小的罪过就有可能招来 25 鞭惩罚。

自 17 世纪奴隶制进入美洲以后，奴隶屡屡尝试挣脱束缚，各种为阻止奴隶逃脱的法令也应运而生。法令明确规定了对逃跑后被捕获的奴隶的惩罚，其中大多是不会影响其继续从事种植园劳动的肉刑。

1712 年，南卡罗来纳州在南方各殖民州中率先颁布了奴隶法令，设立了残暴的奴隶稽查队来追捕和惩处逃跑的奴隶。[44]

在有些地方，当遇到死刑案件时，用奴役来代替处决的做法并不罕见，19 世纪时就有若干欧洲国家采用这种策略。作为刑罚手段的奴隶制度曾是西非伊博人、哥伦比亚北部和委内瑞拉的瓜希罗人（Guajiros）获取奴隶的最重要的渠道。与此相似，一些亚洲国家也使用奴役作为刑罚手段。在汉朝，这种刑罚尤其针对犯叛国罪和反叛罪的人，以及因上述罪行被处死者的家属。从汉朝到晚清，因一人叛国而全家被处奴役的事例屡见不鲜。此外，出自中国商朝的早期记录也显示了时人对奴隶的广泛使用。有历史学家甚至认为，"公元元年前后，中国约 5% 的人是奴隶"，其中很多是因为债务、战争被俘或家人犯了死罪。[45]

从中世纪晚期到 19 世纪，因罪为奴成了矿山、苦役船和公共设施建设补充劳力的主要方式，在西班牙、法国、意大利和俄国尤其如此。就"数量"而言，除了俄国——那里的罪犯从 17 世纪起就被送至矿山和西伯利亚荒野为奴——西欧奴隶的总量事实上并不算多。然而，根据亚当·霍克希尔德（Adam Hochschild）的记录，到了 19 世纪之交，无论是在改造机构内还是在奴隶制或农奴制社会，"受奴役的人远超总人口的 3/4"。[46] 在南美洲某些地区和非洲，"奴隶的数量超过了自由民"。[47] 大部分俄国人是农奴，奥斯曼帝国、印度部分地区和亚洲其他地区的情况亦然。各国的农奴辛勤劳作以偿还债务，完全没有人身自由。到了 18 世纪末期，"自由、不受奴役倒成了稀奇事"。[48]

大量屠杀奴隶的详尽记录一经披露，便被废奴者拿来作为获取支持的武器，不过能否成功却不一定。就死亡人数而言，大西洋奴隶贸易中最大的悲剧发生在 1738 年 1 月 1 日，近 700 名非洲男性、女性和儿童死在了荷兰奴隶船"勒斯登号"上。当时，船在今天的苏里南地区遭遇强暴风雨，由于担心非洲人一拥而上争夺仅有的几艘救生艇，人数不占优的船员奉命锁住船舱，将非洲人淹死在甲板下。大约半个世纪之后，在一次从非洲到牙买加的行程中，英属船只"宗号"上的 132 名奴隶（约占该船奴隶的 1/3）被残忍地抛出船外淹死。有些文献认为这种做法是为了获取保险金，另一些文献则指出，事件的原因是船长以为船偏离了航向且淡水即将耗尽，担心因供给不足而引发暴动。这起案件后来被提交至法庭，不过并不是因为大量奴隶被屠杀，而是因为保险公司不相信船主"不得不抛弃货物"的说法。[49]

　　至 19 世纪中叶，走私非洲奴隶已占了国际走私贸易的大头。虽然英国在 1807 年就取缔了奴隶贸易，但美国、巴西、古巴、印度和阿拉伯世界对奴隶的需求依旧旺盛。于是，走私继续，只不过更加隐秘。英国 1807 年通过的《奴隶贸易法案》（Slave Trade Act）虽遭重重阻碍未能有效实施，仍被人们视为国际反奴运动的里程碑。然而，纵有英国人和美国人的努力，奴隶制度并未有丝毫消退的迹象，愿意冒险发大财的其他欧洲人不在少数。在拿破仑战争期间，奴隶得到废奴巡逻队解救的机会微乎其微，且不说在茫茫大海上与巡逻队相遇的可能性多么小，就算真的遇到了，贩奴船也很可能比那些追赶他们的巡逻船跑得快，因为很多巡逻船都是海战中淘汰的老旧慢船。再或者，即便巡逻船能够追得上，奴隶贩子仍可以将奴隶扔出船外，消灭证据。

　　即使贩奴船被起诉，奴隶贩子也极少受到比没收货物和设备更严厉的惩罚。19 世纪，欧洲海上强国纷纷建立起双边法庭来裁决疑似进行奴隶贸易的船只。这些混合法庭设于塞拉利昂、安哥拉、南非、

牙买加和纽约。法庭被授予扣押船只、设备、商品和释放被囚禁的非
洲人的权力。但与没有实权的现代国际法庭类似，他们无权处罚船主
和船员。[50]

英国和美国在 19 世纪初期已将奴隶贸易和海上劫掠等同看待，
这个结果当归功于废奴主义者潜移默化的影响。他们相信，将奴隶
贸易与海上劫掠联系在一起，可以让英国海军获得逮捕别国贩奴船
的权力。不幸的是，其他欧洲国家不以为意，认为这种观点似是而
非。英美两国先后明确宣布奴隶贸易是海盗行为，是海事犯罪，从
理论上说所有国家都有权实施打击。这个界定涉及 19 世纪的国际法，
该法规将海盗视作"全人类的公敌"，因此从属于全球司法管辖范
围，任何国家都可以依法逮捕、审判和惩罚。一名历史学家甚至将
此比作现代的反人类罪。[51] 不过到头来，英美两国均未能成功地依照
海盗罪起诉奴隶贩子。继美国（1820 年）和英国（1824 年）宣布奴
隶贸易为死罪之后，只有一人因此被处决。这个人叫纳撒尼尔·戈登
（Nathaniel Gordon），他向林肯总统恳求减刑未果，于 1862 年伏法。

从奴隶贸易到现代人口贩卖

有些人权运动的积极分子和该领域内的专家将现代人口贩卖与传
统的奴隶贸易相提并论，对此，很多学者都不赞同。斯蒂芬·平克就
是对这种牵强的联系感到不满的人之一。他指出："现代人口贩卖虽
然很不道德，但不能与可怕的非洲奴隶贸易同日而语。"[52] 从 16 世纪
到 19 世纪，有 1700 万到 6500 万非洲人被强行运到美洲，其中至少
150 万人死去。单单这一事实，就足以令将奴隶贸易与现代人口贩卖
混为一谈的说法站不住脚。

正如上文指出，人口贩卖的历史或许比文字的历史更悠久，但直到 19 世纪中期才被列为犯罪行为。20 世纪初的反"娼妓买卖"（white slavery）运动极大地推动了对抗肮脏交易的国际合作。"娼妓买卖"这个词在 19 世纪中期才首次为人所知，它最初指的是"得到许可的卖淫嫖娼"。但在 19 世纪的最后几十年里，这个词在很多人眼里已经等同于一切卖淫行为。它的定义暗含着"用强迫或欺骗手段获得娼妓"的意思。[53]1904 年，来自 13 个国家的代表同意协调合作，签署了打击娼妓买卖的国际协议，同意惩罚所有诱使不满 20 岁的女性从事性交易或强迫、欺骗成年人卖淫的个体。[54]

有些人将人口贩卖与"非法偷渡"相比较，因为大多数人口贩卖的受害者最初都是被异国他乡的机会吸引，或是受到某些胁迫。的确，人口贩卖与贩奴或奴役截然不同，尤其是奴役往往是终身的。[55]此外，奴隶的孩子永远是奴隶，世世代代不得获得自由。而人口贩卖的受害者大多只是临时性地"被奴役"。人口走私和人口贩卖间的界限常常模糊不清，二者的主要区别在于是受强迫还是自愿。人口走私往往始于单纯的偷渡活动，但到后期发生了意想不到的转变，蛇头坚称偷渡客仍欠着旅费，于是顾客变成了蛇头手中的受害者。在这种情况下，为了偿还所谓的"隐性成本"或"无法预见的债务"，受害人被迫从事强制性劳动，比如卖淫。

毫无疑问，现代人口贩卖令人发指。然而，真正有意义的讨论却无从展开。有学者指出，这是由于那些用意良好的人权斗士、记者和其他人在提及受害者的数量时"往往信口开河"。针对这种现象，斯蒂芬·平克做出了有力的回应。他在《人性中的善良天使》（The Better Angels of Our Nature）一书中对那些"声称自 18 世纪以来世界没有发生任何变化"的"统计学文盲和道德麻木者"提出了质询。[56]

小结

　　如果说有组织的犯罪团伙有什么共性可言的话，那就是，他们总是在伺机寻找下一个发大财的机会。很多匪帮渐渐演变，成了今天我们见到的各类骗子。2014 年年初，国际刑警组织和欧洲刑警组织针对一起企图将 22 吨长粒米冒充成更昂贵的印度香米销售的案件展开了调查。在另一起案件中，政府当局没收了 2500 罐用糖水假冒的蜂蜜。以廉价的鱼类代替昂贵的鱼类，以大豆油冒充橄榄油，以马肉冒充牛肉，这样的例子不胜枚举。贩卖私酒的现象也再度出现。意大利犯罪团伙参与制造和贩卖假香槟，泰国曼谷的一个帮派则销售了 270 瓶假冒威士忌。2014 年，英国发生了一起引人注目的重大案件，政府当局查获了一辆 40 英尺长的卡车，车上满载伪劣伏特加，总价值约 100 万英镑。[57] 不过，最值得注意的是，那些曾经贩卖毒品的团伙如今把目光转向了食品，这个决定乃是出于经济考量，它表明毒品贸易的收益正在下滑。此外，走私食品受到的惩罚也比走私毒品轻得多。[58]

　　随着各国间贸易和交通限制的消失，世界经济越发相互依存，国际犯罪组织间的联系也愈加紧密。有组织犯罪以这样或那样的形式贯穿整个历史。在前工业社会时期，中国、意大利和日本分别出现了三合会、西西里黑手党和极道。正如本章所述，海盗和非法人口贸易是全球尺度上跨国犯罪的最早例子。犯罪集团的头目不断在各类流行物品的禁令中寻找商机，从可卡因、海洛因到新型合成毒品。在各种打击犯罪的管理体制中，禁令因阻碍了某些抢手货在国内和国际市场的自由交易，故而最直接地刺激了国际犯罪的发展。与 1920 年美国宪法第十八修正案中写入禁酒令类似，英国议会也在 17 世纪晚期通过了《航海条例》(Navigation Acts)，商品黑市随之出现。正如酒精和烟草禁令促进了 20 世纪跨国犯罪集团的成长，1651—1696 年颁布的这些条例对 17 世纪海盗和走私者也起到了刺激作用，虽然《1651 年航海条例》的初衷乃是为了打击走私，尤其是烟草走私。

作为一种古老的犯罪活动，关于走私的论述已是老生常谈。硬币和其他形式货币的出现推动了商业投机和商品交换，与此同时也让君主征收关税[59]、扩充国库变得更容易。这些进步又刺激了由垄断和限价引发的全球经济犯罪，后者的典型例子是英国通过法令强迫美洲殖民地以高得离谱的固定税率同宗主国交易。因此，《航海条例》被证明是美洲商人赚钱的障碍，就像 1920 年的禁酒令一样，它导致了有组织的逃税和走私集团的出现。一旦英国规定烟草只能由出产国直接运往英国且必须使用英国或出产国的船只，烟草走私就成了一项全球性的犯罪活动。《1660 年航海条例》更进一步，禁止美洲殖民地将烟草卖给除英国之外的任何其他国家。于是，殖民地居民开始通过各种走私手段开拓市场。此外，由于禁止来自竞争国家的奢侈品进入美洲殖民地，《航海条例》也刺激了地下经济的形成，形形色色的海盗、走私犯和黑市商人热情地填补着禁售商品的真空。有些商品的走私是为了逃避高额关税，比如茶叶。据估算，殖民地消费的茶叶中约有 5/6 是通过非法走私进入东部港口的。[60]

近来，学界有人提出，作为"首个全球禁令"的反奴隶贸易运动"为后来的全球禁令增添了新的维度"。[61]与维护当前的毒品禁令的努力类似，19 世纪时各国也曾共同致力于反对奴隶贸易，但由于走私犯采取了针对性的新策略，非洲奴隶买卖未能结束。反对奴隶贸易的禁令在打击国际犯罪集团方面开了诸多先河。该禁令首次约定了一系列国际公约，并由大多数国家签署。此外，这也是第一次将某种特定商品的国际贸易非法化，第一次雄心勃勃地旨在将包括生产、买卖和消费该特定商品的一切活动在所有国家实现入罪化。[62]

不过，循着贯穿本书的一条线索，我们可以越来越清晰地看出：无论社会祭出怎样的惩罚手段来阻止特定行为，一时一地和全球的人类价值观通常会发生重大变化，曾经被广泛接受的行为会被渐渐淘汰，比方说公开的惩罚和折磨。在人类历史的大部分阶段，奴役都曾得到社会认可，直到人类价值观和对待奴役的态度发生了转变。最终，全球主权国家中再没有一个（公开地）支持奴隶制度。

第七章　现代谋杀

　　1991 年，一名德国徒步旅行者在意大利阿尔卑斯山区偶然发现了据说有可能是世界上最古老的"留存至今"的犯罪现场。这具被称为"冰人奥茨"的冰冻尸体已经在那里静静地躺了 5300 年。他被保存得很好，研究者甚至可以进一步辨认出他肠子里残留的最后一餐所吃的面包和肉。奥茨在死前全副武装，身边有一张弯弓和一只箭囊，里面还有 14 支箭。关于他的死因，人们起初做出了种种推测，包括冻死、摔伤或被雪崩掩埋。不过，在 CT（计算机断层扫描）的帮助下，人们发现扎在他背后、造成内脏大出血的箭头才是他真正的死因。他的手里仍然攥着匕首，手臂和手上有伤痕。DNA（脱氧核糖核酸）测试表明，他的尸体上还沾有另外两人的血迹。[1]

　　或许我们永远无从知晓冰人的确切死亡场景，但毫无疑问是血腥的。与曾经发生的很多凶杀案一样，冰人之死也将成为一桩悬案、一桩冷案，即便未必是冷案之最。那么，在有那么多更常见的罪行可以讨论的情况下，为什么要花一整章来讨论谋杀呢？作为各类罪行中最罕见的一种，谋杀所涵盖的范围却比其他任何罪行更广。研究连环杀手和杀人狂的人远远多于凶手本身。这种令人费解的现象或许是因为，此类罪行是人们在日常生活中最难应对的。千百年来，人类用伟大的成就为地球增光添彩：从埃及的金字塔到欧洲的大教堂，从治愈传染病到登上月球，人类能够实现许多壮举。然而，人类也一次又一次地表现出一种不那么迷人的倾向——纵观历史，我们竟能以令人惊恐的速度以及层出不穷的手段互相残杀。

各类犯罪史料中最丰富的便是关于杀人的记录。千百年来，我们对杀人罪的划分越来越细致。有的社会将意外致人死亡与预谋杀人同等对待，而另一些社会则有所区别。杀人、谋杀和过失杀人这几个词曾被混用。事实上，关于"谋杀"和"杀人"之间的区别（如果有区别的话）是争论最久的话题之一。例如，《圣经》里提到可以因自卫、执行死刑和战争的缘故杀人。但在《摩西五经》中，相关的戒律通常表述为"不得谋杀"，而詹姆斯王钦定版本中则是"不得杀人"。按照犯罪学家的理解，谋杀与杀人之间最大的区别在于，前者有恶意预谋，而非临时起意。

尽管有不少谋杀乃是精神病患所为，但绝大多数凶手的神志完全正常。或者，用一名法事精神病学家的话说，"他们的成本效益思维与常人不同"。换言之，谋杀可以被视作对关乎欲望、贪婪、嫉妒、恐惧、报复、地位、名誉等问题的"致命解决方式"。[2] 但在所有重罪中，最不可能构成累犯的就是谋杀，大部分杀人犯只会作案一次。谋杀犯及其受害者多为男性，"各社会"均如此。据估计，20 世纪有超过 100 万名美国人死于谋杀，还不包括战争受害者。[3] 由于很多国家缺乏可信的犯罪记录，我们很难进行全球统计。不过，研究者发现，无论在哪里，谋杀都呈现出季节性规律，在最热的月份里，谋杀案的发案率也最高。从较长的时间跨度来看，凶杀案发率总体保持平稳，但各国家和地区的具体数量不断变化。有一点不变的是，在工业国家中，美国的凶杀率始终高居榜首。

就全球角度而言，涉及凶杀的法规随地区和时间变化显著。在英国，判定谋杀罪必须证明犯罪动机，过失杀人则是个比较宽泛的概念，包括从意外致人死亡到可以证明凶手是在被激怒的情况下故意杀人的一切行为。在日本，最严厉的惩罚适用于杀死自己直系后裔的那些人，而在意大利，直到 20 世纪 80 年代早期之前，为名誉杀人的法律责任要轻于其他类型的杀人行为。与西方世界不同，在伊斯兰法律中，谋杀往往被归为民事违法，处理方式由受害者家属决定，他们既可以选择实施报复，也可以接受经济赔偿。[4]

历史学家、人类学家、作家和艺术家都曾描绘过我们人类的阴暗面。最早对故意杀人和蓄意杀人做出区分的是古希腊人。公元前 140 年，古罗马设立了特别谋杀法庭。除了谋杀父母之外，罗马法对其余谋杀罪行表现出明显的宽容，甚至在有些道德裁判和死刑拥护者看来宽容得过分。在古代雅典和古代罗马，凶手在受审之前仍可保持自由之身，这也使得他们有机会逃往异域。

关于连环谋杀的早期记录在史料中很难被找到。一名研究连环谋杀的历史学家认为，最早的有记录连环杀人案可以追溯到公元 4 世纪的古罗马，当时，170 名"罪大恶极的女性"因向多名男性受害者投毒并将他们的死亡推诿于瘟疫而被定罪。在另一起发生在古罗马的案件中，被告卡尔普尔尼乌斯·贝斯蒂亚（Calpurnius Bestia）被控通过在性交过程中向阴道内注入毒药的方式谋杀了他的若干个妻子。5 世纪的也门流传着关于富有的祖·舍那提（Zu Shenatir）的故事，据说他将男童引诱到家中奸杀，直到被一名受害者捅死，他的残忍行径才算终结。[5]

莎士比亚的《圣诗复仇》（*Titus Andronicus*）讲述了一则令人毛骨悚然的轮奸故事。故事的结局是，年轻女子被割掉了舌头和双手，以免她指证凶手。但研究者并不满足于此，他们进一步向前探究，试图揭示人类暴力的根源。有些研究者认为，人类的暴力行为可以上溯到我们的灵长类祖先黑猩猩，它们"常常实施虐待和攻击行为，与《性变态》（*Psychopathia Sexualis*）中描述的无异"。[6] 连环谋杀案作家哈罗德·谢克特（Harold Schechter）写道："它们不仅攻击同类中的弱小者，而且无谓地采用残忍手段——剥皮、拧断四肢或者喝受害者的血。"[7]

　　近期的研究表明，在过去 50 年里，全球被报道的谋杀案已经有所减少。然而，有一种谋杀往往不易察觉，且总是鲜被曝光。杀婴，杀人罪中最阴暗、最古老的一种，通常是指母亲亲手杀死自己的孩子。杀婴行为存在于各个阶层、各种文化中。17 和 18 世纪，法国的父亲依法有权决定婴儿的死活。也有很多时候，做出此举的是那些无力独自养活孩子的未婚女性。杀婴行为在英国一度相当普遍，以至于 1741 年时人们特地设立育婴院，以期阻止此类谋杀。其他社会中也存在杀婴现象，其原因从控制人口、生育缺陷到性别问题、保全名节等不一而足。导致儿童死亡的不只是杀婴行为，还有很多儿童死于虐待和疏于照顾。也有些儿童成了其父母婚姻不和的牺牲品，约 2000 年前，欧里庇得斯即在《美狄亚》中描述了此类情形。当伊阿宋（亚尔古英雄们的领袖）抛弃美狄亚另寻新欢之后，一心报复的美狄亚觉得，伤害丈夫的最佳手段就是杀死他的孩子。相比陌生人，家人或熟人更容易对一个人造成伤害。据报道，在所有儿童诱拐案中，有 3/4 是由该儿童的家人或熟识者实施的。[8]1992 年的 FBI 犯罪统计数据显示，针对 5 岁以下幼儿的谋杀案中有 57% 是家长所为，30% 是友人或熟人所为。与美国不同，以色列、英国、加拿大和澳大利亚等国已将杀婴罪列为一项谋杀罪名，通常界定为母亲杀死不满 1 周岁的婴儿的行为。

　　其他类型的杀人行为，包括在和平时期进行大规模屠杀和连环杀人[9]，在现代社会有所抬头，但不至于达到电影、小说和基于连环杀手的作品所描述的那种程度。说到谋杀或杀人，在过去30多年间，人们的视线大多集中在连环杀手和各类大屠杀上。连环杀人案吸引到的媒体关注过高，尤其是在美国这种连环杀人案只占谋杀案总量1%~2%的国家。连环杀手各式各样，有的是女性，大多是男性，还有的是团队行动。他们在医院、疗养院、城市、乡村、路上或其他合适的地方下手。没有哪个地区、没有哪种文明不曾出现过此类谋杀。一名犯罪学家从漫漫历史长卷中收集了近400名连环杀手的资料，其中84%是男性，20%是黑人，第一次作案的平均年龄是27.5岁。[10]

　　我们没有理由认为连环杀手在有历史记录之前不曾存在。古往今来，最大的变化或许是行凶者的身份背景。一种颇令人信服的解释认为，由性驱动的犯罪，例如大多数连环杀人案，是一种休闲行为，要求有足够的时间来构建和沉溺于性幻想，并能够自由地去实施。[11] 在工业时代之前，多数人都忙着养家糊口或躲避战乱、叛乱和疾病，没有多余的时间耽于性幻想。这或许是平均生活水平低下的非工业社会中连环杀人和性犯罪发案率低的原因。在欧洲工业时代前，最有名的两个性杀手都是贵族：15世纪的法国领主蓝胡子基尔·德·雷斯（Gilles de Rais，1404—1440）和匈牙利女伯爵伊丽莎白·巴托里（Elizabeth Báthory，1560—1614），后者的虐待狂和性谋杀行为直到1720年一名耶稣会学者发现了原始官方调查记录的抄本后才被披露。长期以来，无人知晓他们的癖好，这部分是由于他们都受到贵族社会的保护，且他们的猎杀对象都是社会中最弱势的群体。

　　盎格鲁-撒克逊史诗《贝奥武甫》（Beowulf）中描绘的"怪物"格兰戴尔（Grendel）长年杀人，他那种"邪恶的狂怒"正是现代犯罪学家常常在实施性驱动谋杀的罪犯身上发现的病态表现。[12] 直到 18 世纪中叶前，各类性犯罪几乎都还不为人知（或极少报道）。在维多利亚时代晚期，除了英国的开膛手杰克和美国已知的第一个连环杀手 H. H. 霍姆斯（H. H. Holmes），几乎鲜有广为人知的杀手。这便带来一个很明显的问题，为何性谋杀和连环谋杀会在现代社会变得更普遍？有些人认为，此类案件过去一直报道不足，又或者被诠释成吸血鬼和狼人的传说。出版于 18 世纪晚期的系列作品《新门日历》（Newgate Calendar）汇集了新门监狱（1783 年时，绞刑台被从泰伯恩刑场移至此处）的处决记录。不少历史学家梳理了历年不同版本的《新门日历》，寻找谋杀犯及其罪行的供述细节，试图发现任何有可能的性谋杀或连环杀手，然而所获甚微。于是，有些研究者（错误地）认为，或许此类犯罪当时根本不存在。出自那个时期、能让我们获得关于特殊谋杀的细节信息的其他资料少之又少。在中世纪晚期所谓的"女巫狂热"时代，大量犯罪活动被认为是女巫勾结恶魔（以及其他超自然生物）所为。16 世纪的作家蒙塔古·萨默斯（Montague Summers）收集的很多案例当时则被法庭定为狼人案。总而言之，15 世纪到 18 世纪，大量性犯罪者很有可能是被当成了女巫和吸血鬼。

值得在此探讨的有关性犯罪增加的另一个理论是，随着人口密度的增加，女性劳动力也在增加，某种带有虐待色彩的淫秽作品（比如萨德侯爵那一类的）在西方开始流行。虽然经验研究尚未证实色情作品与性犯罪之间的因果关系，但以泰德·邦迪（Ted Bundy）为代表的连环杀手已用实例说明其中确有联系。因此，表现性游戏、性虐待和强奸主题的"文学作品"的出现（以及日益广泛的传播）有可能对性犯罪起到促进作用，这种说法并非空穴来风。

到了 19 世纪，随着其他社会阶层的人有了闲暇时间来沉迷于"乖张"行为，性犯罪和连环杀人已不再是贵族的专利。从维多利亚时代到 20 世纪二三十年代大萧条时期，一种新型犯罪似乎露出了苗头。从德国魏玛共和国和维多利亚时代的英国到美国的镀金时代，性谋杀和多重谋杀层出不穷。凶手极少能如早前的传奇土匪那样博得人们的同情或吹捧。事实上，在维多利亚时代，巨大的社会变革已经使罪犯在人们心目中变成了受排斥的危险分子，这是对社会不折不扣的威胁。

传说、狼人、吸血鬼和其他变形人

众所周知，传说可以告诉我们很多关于"说故事者和听故事者生活的那个世界的真实情况"。[13] 德国的雅各布·格林（Jacob Grimm，1785—1863）和威廉·格林（Wilhelm Grimm，1786—1859）给文学界留下了一本令人难忘的故事集，而书中反复出现的性和暴力主题更是叫人无法忘怀。他们从 1806 年开始收集传说，其中很多与当时贫民常见的弃儿和杀婴事件有关。正如学者玛丽亚·塔塔尔（Maria Tatar）所言，"在传说故事里，几乎所有人物——从最冷酷的凶犯到圣母马利亚——都能做出残忍之举"。在现实中也是如此，母亲杀死孩子、孩子杀死父母的故事一次又一次上演。在《格林童话》的《强盗新郎》中，一名年轻女子目睹了未婚夫和他的好友们绑架了一个年轻的姑娘，并将她拖进房子里，扒光她的衣服，将她放在桌子上大卸八块，撒上盐，纵情于血淋淋的兽欲。当其中一名同伴为了得到那个姑娘手上的金戒指而一斧头剁下她的手指时，年轻的准新娘越发惊骇。只见那根手指从被砍断的地方爬向膝头，一下子跳进了他的嘴里！可别以为这则故事只是个例，其实很多传说都包含了食人的主题，且多构建在狼人和女巫故事的基础上。"二战"结束之际，占领德国的盟国政府觉得这些传说骇人听闻，"滋养和体现了残酷、偏执的（纳粹）国民心态"，试图禁止《格林童话》进入课堂，甚至试图禁止该书进入大众流通领域。[14] 意大利作家伊塔洛·卡尔维诺（Italo Calvino）在他的民间故事集的前言里也声称，格林兄弟那些黑暗童话中"汩汩不绝的鲜血"在极少涉及"受害者痛苦"的意大利童话里是找不到的。[15] 然而，讲述暴力故事的并非只有格林兄弟，历史记录中常常提到他们的有些童话乃是取材自其他国家，甚至还有人将他们的童话与法国和俄国的故事进行了对比。总之，如果有人想做个"传说故事残忍程度的国家排行榜"，那实在是愚蠢之举。[16]

到了中世纪，巫术和化狼术（从人变成狼）被紧紧连在了一起。当时很多罪行都涉及巫术，比如信奉异端邪说和非自然罪。按照传统，罪犯会被处以欧洲最残酷的刑罚。在 15 世纪的苏格兰，这就意味着被判处"火刑和绞刑"。[17] 欧洲人猎杀女巫的方式各异。有的地区每几年就进行一次，另一些地区则从不猎杀女巫。最大规模的猎杀行动发生在 1550—1650 年的德国，彼时，欧洲被各种宗教战争弄得四分五裂。最终，特里尔有 368 名女巫嫌疑者被烧死在火刑柱上（1581—1593），富尔达有 250 名（1603—1606），维尔茨堡有 157 名（1626—1631）。同一时期，苏格兰、洛林、瑞典，甚至埃塞克斯、英格兰也发生了大规模迫害女巫的事件。

对猎杀女巫做出正式规定的法律文件是神圣罗马帝国的《加洛林纳刑法典》（Constitutio Criminalis Carolina）。这部 16 世纪最重要的法典是由查理五世在 1532 年 7 月颁布的。[18] 在此后 300 多年间，该法典逐步奠定了德国刑法改革的基础。按照法律，被告必须供认自己是否有罪。法官的作用是用合法的手段获取供词，并通过进一步调查检验供词的有效性。在获取供词的过程中，可以合法地使用刑讯手段，但必须有间接证据指向嫌疑人。在大部分人眼中，刑讯审判导致了"司法酷刑"的滥用。从很多方面来看，这些法律程序可以追溯到罗马法。罗马法规定，拷打、断肢和处决手段不仅可以用来惩罚罪犯，也可用于审问不自由的目击者。[19]

1558 年，当伊丽莎白一世登上英国王位之时，行巫术依旧是违法行为，且这一情况要一直持续到 1736 年。英国处死的女巫嫌疑者不在少数，但就规模而言远不及欧洲大陆。这有可能与针对她们的指控有关。在英国，一个人被指控为女巫是基于某些针对个人的特定恶意行为；而在欧洲大陆，她们往往被指控与魔鬼签订契约，成了撒旦在人间的代理。[20] 在英国，首次被控行巫术的人通常会被判入狱一年，对利用巫术"挑起非法之爱"的惩罚是颈手枷外加一年监禁。累犯会被判终身监禁并没收全部财产。正如一名观察者指出，相比之下，因偷羊盗包被绞死的人要多得多，因此"在全国范围内，巫术对英国人生活的冲击不算大"。[21] 而在欧洲大陆，整个 16 世纪被处死的女巫数量高达 10 万。[22]

近期的研究表明，"小冰河期"（14 至 19 世纪气候变冷的时期）的气候变化也对欧洲猎巫运动起到了推波助澜的作用。1560—1660 年，欧洲气候尤其恶劣，而这一时间段恰好与欧洲的女巫审判浪潮重叠。在此期间，欧洲比往年更寒冷、更多暴风雨，庄稼歉收，牲畜病死，"灾难连连，祸不单行"。不久，饥荒接踵而至，进一步加剧了民众的恐慌心理和对彼此的怀疑。根据《小冰河期》（*The Little Ice Age*）的作者、人类学家、考古学家布赖恩·费根（Brian Fagan）的观点，在欧洲，气候恶劣的年份里有关行巫术的控告也有所增加，人们指控自己的邻居制造了坏天气。[23] 因此，法国和英国巫术审判的高峰期恰逢极端天气频发的 1587—1588 年，这绝非巧合。1587—1593 年，单单在法国图卢兹就有 300 名女巫被烧死在火刑柱上。在德国南部小镇埃尔旺根，1611—1612 年处死了 260 名女巫。[24]

因食欲闻名的狼，也常常与性饥渴产生联系。在欧洲女巫遭迫害的那个时代，化狼术被视作另一种女巫行为，她们可以用法力将自己变成狼，在郊野猎取受害者。在 16 和 17 世纪的法国，很多关于女巫的描述说她们不仅骑飞行扫帚，也会骑在狼背上。[25] 关于狼人的最早记录可以追溯到《但以理书》（Book of Daniel，4:15-33），据说，尼布甲尼撒王曾有 7 年表现出狼人的特征。在希腊神话里，阿卡迪亚的国王吕卡翁（Lycaon）因用人肉祭祀，触怒了宙斯，被变成一匹狼，"lycanthropy"（化狼术）这个词也是从他的名字演化而来。数千年来，狼人的故事在古希腊历史学家希罗多德以及古罗马和波斯医生的作品中反复出现。

大量研究表明，古代关于狼人的迷信和童话故事，比如小红帽，其灵感都是来自杀人分尸的真实案例。这些案件手段之残忍，让人们觉得只有狼人才能干得出。早年的一起案件似乎可以看作狼人与连环杀手的合体。此人叫吉勒·加尼耶（Gilles Garnier），是 16 世纪的法国隐士。他（或许是在受到酷刑折磨之后）供认自己是狼人。加尼耶承认自己吃人，曾杀死 14 名儿童，还供认自己的"魔力"是在 4 个月的狂躁期内运用某种巫术获得的。有人曾描绘他在都乐村吞噬人肉、对月长嗥的场景。法庭文件是这样记录的：

现已证明，在圣米歇尔节后不久的一天……加尼耶化身为狼，在葡萄园里抓住了一个 10 或 12 岁的女孩……他爪牙并用，杀死了女孩……将她扒光。他不仅尽情享用了女孩大腿和手臂上的肉，还带了一些肉回家。[26]

超过 50 个当地居民发誓他们看见他变成了狼人。加尼耶的卑劣行径换来了被活活烧死的下场。16 世纪晚期到 17 世纪早期，法国部分地区确有狼袭击人的事件。正是在这种狼、巫术和无从解释的儿童谋杀案的奇特的混杂背景之下，1573 年被处决的加尼耶才会引发如此轰动的效应。事实上，在此前 30 年，一名农夫也供述过类似的罪行，称自己是狼人，"皮毛能从内向外翻出"。[27]

长久以来，人们对狼人和其他变形症提出了各种有趣的解释。有些人认为是狂犬病，也有些人认为是变狼狂——一种精神疾病，患者以为自己真的变成了狼。有一种得到广泛关注的理论认为，所谓超自然现象的目击者其实有可能是麦角菌中毒的受害者，这种寄生在面包里的真菌会让人产生幻觉。那些人声称看见了狼人，这纯然是他们的幻觉，还是女巫和魔鬼的代言人所为？我们无从得知。唯一能确定的是，面包一旦经过更安全的现代工艺技术处理，麦角菌中毒的现象便大大减少，声称见到狼人的情况也随之减少。[28] 而在另一些人看来，狼人和女巫传说纯粹是欧洲某一时期某些地区的无知村民的生动想象。据记载，在中世纪的法国，不到一个世纪的时间内就有 3 万起此类事件（据 16 世纪的猎巫师亨利·博盖所言）。

并非所有文化都将狼视为邪恶之物。只是在有些地方，狼被视为强大的掠食者，且饥荒使得它们与农民为邻，这才成了传说中的恶兽。[29] 人与狼的抗争从进化之初就已展开，世界上大部分地区的狼因此几乎被斩尽杀绝。几百年来，狼人（werewolf，前半部分来自古英语 wer，意为"人"）成了世界各地民间传说的主角绝非巧合。狼人在西班牙被称为 lob ombre，在葡萄牙叫 lob omen，在德国叫 werwolf，在意大利叫 lupo mannaro，在以法语为母语的国家里叫 loup-garou。此外，历史上没有狼的国家也有类似的变形故事，比如印度的虎人和非洲的豹人、豺人和鬣狗人。在有些非洲部落，豹子是受顶礼膜拜的图腾动物，人们认为它能指引死去的灵魂到达永生之地。直到 20 世纪中叶依旧存在的"豹人"代表了一种致命的宗教习俗，体现了西非数百年来对人类血肉的如"豹子"般的渴望。比如，在尼日利亚和塞拉利昂，宗教庆典中有食肉的习俗。新入教的成员要带回受害者的血液，并当着其他成员的面喝掉。成员在用受害者的内脏制作魔药前需模仿豹子的杀戮方式，用铁爪和刀具撕咬受害者，以确保魔药的使用者能够变成豹子并拥有超人的力量。第一次世界大战后，"豹人"杀戮事件急剧增加，当局处决了很多"豹人"成员。1948 年，有 48 起谋杀案被归咎于"豹人"。然而，这些倒在警方枪下的"豹人"成员终究不过是普普通通的人类而已。1949 年，又有 73 名"豹人"成员被逮捕，39 人被处以绞刑。[30]

被明确确定为狼人杀戮的案件屈指可数。而若说到连环杀人案与狼人的关联，就不得不提彼得·施图贝（Peter Stubbe，亦作 Stube、Stump、Stumpf 或 Stubbe Peeter）。在前现代社会的所谓狼人袭击案中，关于他的报道最详尽。1590 年，他那些令人发指的罪行被收集和刊登在一本由古德语翻译成英语的小册子里，题为《一篇关于最邪恶的巫师施图贝·彼得的可怕的一生及其死亡的真实论述，此人化身为狼行凶，潜伏 25 年，杀戮、吞噬众多男人、女人和儿童》（*A True discourse Declaring the damnable life And Death of one Stubbe Peeter, a most Wicked Sorcerer, who in the likenes of a Woolfe, committed many murders, continuing his divelish practice 25 yeeres, killing and devouring Men, Woomen, and Children*）。除了杀人，他还被控宰杀绵羊、羊羔、山羊"和其他牲畜"。[31] 文章进而描述了他如何通过与魔鬼签订契约，变成狼人。魔鬼赐予施图贝一条狼皮腰带，戴上它就可以从人变形为狼。尽管疑点重重，但施图贝在拷打中供认了多起通奸、强奸、乱伦、谋杀和吃人的罪行。邻居也提供证词，说发现"旷野里遍地散落着"残骸。小册子里附有很多化身为狼的施图贝撕咬受害者的插图。无论如何，他在遭刑讯、斩首和焚尸之前，曾令德国乡村笼罩在恐怖阴影之下近 25 年。

　　若干年后，也就是 1603 年 5 月，14 岁的让·格勒尼耶（Jean Grenier）一时心血来潮，向牧羊人同伴吹嘘自己披上一张魔皮就能变成狼，这个海口最终给他招来了逮捕和一场轰动一时的审判。他的案件成了法国现代社会初期为数不多的狼人审判中最著名的一起。彼时，人化身为狼的传说正在法国西南部广为流传。[32] 在那个人们真的相信狼人存在的年代，又碰巧确有当地儿童被狼袭击、杀害的例子，该少年不幸被判死刑。在另一些案件中，人们一旦发现死尸，附近被怀疑是女巫的人就会遭逮捕并被指控为狼人。也有时候，猎狼人追捕狼未果，就会把当地的牧羊人和乞丐抓起来。例如 1598 年的案子，猎人们追踪一匹狼，追丢了，便盯上了雅克·鲁莱（Jacques Roulet）。鲁莱是一个法国乞丐，后来成了人们口中"愤怒的狼人"。被捉之后，他因包括化狼和谋杀在内的一系列罪行被判死刑（上诉后改判关入精神病院）。1598 年遭处决的彼得·施图贝的经历也差不多，他是在走出树林的时候被抓获的。看到拉肢刑具之后，他立刻对所有指控供认不讳。[33]

吸血鬼行为和德古拉传说的起源

在沉沉黑夜里，一个绰号"德黑兰吸血鬼"的伊朗出租车司机让这座城市陷入了无边的恐惧。从 1997 年 3 月起，短短 3 个月内，"他跟踪、绑架、强奸、杀害并焚烧了" 9 名女性，其中包括 1 名母亲和她不满 10 岁的女儿。他通过焚尸来掩盖自己的罪行，直到因在一家商场里形迹可疑而招致报警，使得车里的血污被发现，才意外地暴露了罪行，最终受审定罪。在世界上大多数地方，他这样的罪行不是被判死刑就是终身监禁。但伊朗的审判别出心裁，判了他 9 次死刑。为了让公众相信这个连环杀手确实已经被抓获，当局一反惯例，决定在他当初猎取受害者的地方对其实施公开惩罚。在狱中接受了 214 鞭之后两天，他被带到昔日的作案现场，1000 名警察早已封锁了该区域。"小砖棚顶上固定了一张铁床，罪犯被绑在铁床上。在众目睽睽之下，每名受害者都由一名男性亲属做代表，对他狠狠抽上一皮鞭。"最后，他被带到一台系着绞索的黄色吊车下绞死。[34]

人做出吸血鬼行为的真实案例少之又少，但千百年来确有发生。在一桩发生在意大利的经典案件中，文森佐·韦泽尼（Vincenzo Verzeni，1849—1918）因肢解受害人并饮用其血被定罪；在他的受害者中，有些人的生殖器也被割掉了。18 世纪的加埃塔诺·马莫内（Gaetano Mammone）被人称为"吸血强盗"，他在需要增加体力的时候便喝受害者的血，就像 21 世纪的男性感觉青春不再时注射睾酮一样。马莫内满足自己欲望的方式有两种：活生生地割开受害者的动脉吸血，或砍下受害者的脑袋，掏去脑浆，把颅骨当杯子饮血。

如果说狼人传说大多与女巫密切相关的话，那么吸血鬼则可在鬼故事里找到原型，因为据说他们大多是死尸或活死人，从棺材里跳出来吸血害人。大部分记录显示，狼人传说比吸血鬼早了数百年。对吸血鬼现象进一步探索，我们可以发现它与欧洲瘟疫和传染病历史的联系，尤其是消耗性疾病。这些疾病有可能造成了人们对超自然力量的恐惧，并强化了有关吸血鬼（和早葬）的传言。吸血鬼与疾病的关系由来已久，其中原因显而易见。比方说霍乱，患病者因失去体液而衰弱，造成消瘦和脱水。与此类似，结核病会导致极端疲劳和消瘦，这些症状都与吸血鬼受害者相同。因此，吸血鬼"大流行"与传染病发生在同一时期也就不足为奇了。此外，白化病和卟啉病的患者都对光敏感，于是便有了吸血鬼"怕光"的谣传。二者直到现代仍会被误解，尤其是在科学尚未战胜迷信的发展中地区。卟啉病患者有铁代谢障碍，必须采用某些易消化的摄入方式来满足身体的需求，比如饮食血液。大蒜在治疗一系列小病上的药用价值早就被东欧人熟知。但除了药用，村民还把它当作一种对抗吸血鬼的"宗教护身符"，因为据说吸血鬼讨厌大蒜的味道。东欧的农民在窗户上、门把手上、门锁上摆放大蒜，以此保护家园免遭邪灵侵扰，这也给吸血鬼传说增加了新元素。[35]

吸血鬼传说在前基督时期和非基督教国家广为流传，且在教会向全世界强行推行自身信仰之后仍存在了很久。吸血鬼故事的雏形形成于 16 和 17 世纪的巴尔干，并由僧侣和旅行者传播到了欧洲其他地区。"吸血鬼"一词在东欧各民族的语言中有种种表述，但直到 1734 年才被收入英语词典。除了德古拉传说及其斯拉夫变体（upir，乌克兰和俄罗斯传说中在白天活动的一种吸血鬼），类似的活死人例子遍及全世界，包括中国、印度尼西亚和菲律宾。

英国作家布拉姆·斯托克（Bram Stoker）笔下传奇的德古拉伯爵堪称经典的吸血鬼。作家从罗马尼亚历史和民间传说中汲取灵感，故而小说的主人公与中世纪名将"穿刺者"弗拉德·则别斯（Vlad "the Impaler" Tepes）有诸多相似之处（不过后者是大公，不是伯爵）。德古拉传说的原型，1430 年前后出生在斯基沙拉城的弗拉德是特兰西瓦尼亚（Transylvania）的军事统帅、龙骑士团成员弗拉德二世德拉库里（Vlad II Dracul）的儿子。[36] "dracula"一词可能源自罗马尼亚语 "drac"（恶魔）和"ul"（定冠词），这就带来了一个问题：为何当地农民会将"恶魔"与因修建了众多教堂和修道院而受人尊敬的大公联系在一起呢？或许这是大公的敌人的诽谤手段，又或许他真的那么邪恶。很多语言学家倾向于用德古拉与"龙"之间的联系来做解释，尤其是鉴于弗拉德是龙骑士团的成员。[37] 龙骑士团的成员身着红色衣服，外披黑色披风，这也是斯托克在小说人物德古拉的服饰设定上的一个灵感来源。无论如何，弗拉德·德拉库里的儿子被命名为弗拉德·则别斯（或"穿刺者弗拉德"）。根据有些记录，小弗拉德年纪轻轻就表现出了后来的杀戮品性，他迷恋处决，喜欢看罪犯被从监狱拖往绞刑台的过程。

小说中的德古拉和他的原型都在 25 年间三次成为瓦拉几亚（Wallachia）的统治者（顺便一提，他在那里从未被民众当成吸血鬼）。[38] 弗拉德一生中还有不少特点也与吸血鬼传说相契合。作为一名军事战略家，他常常避开白昼，喜欢夜间突袭。按照传统，杀死吸血鬼的唯一方式是用木棍刺穿心脏并砍下脑袋，而穿刺刑也是弗拉德最中意的处决方式。[39]

要评价德古拉的传奇一生，我们应该以他生活的 15 世纪的社会标准为参照。那是一个充满各种暴行的年代。据说，历史上的德古拉喜欢对敌人使用酷刑和大规模屠杀，但以这种手段维护权力在当时当地并不罕见。史实证明，很多政治领袖都会遇到对其权威的挑战，也会用大规模处决企图篡权者的方式巩固自己的权力。1442
年，弗拉德·德拉库里被迫将小弗拉德和他的兄弟拉杜送到君士坦
丁堡给土耳其人做人质。或许就是在那里，小弗拉德熟悉了土耳其
人木棍穿刺的方式，并在日后将其作为惩罚手段推至极限。德古拉
用土耳其人的穿刺刑对付罪犯和政敌，几乎所有罪行，无论撒谎、
偷窃还是杀人，都有可能被公开刺死在市政广场上。犯罪活动和政
治腐败毫无意外地随之减少，商业繁荣兴旺。我们必须记住，大部
分关于真人德古拉的历史记录乃是基于德国人的小册子（说起来还
要感谢 15 世纪印刷业的新发明）。这些或经过核实或未加核实的
记录中提到，庭院、公共广场和其他场所里常年备有用来穿刺的木
棍。木棍经过精心修整，用油浸泡，以防止使用时刺破受刑者的内
脏，致其立刻死亡。行刑时，木棍从肛门入，向上由肚脐、腹部或
胸部穿出。

把穿刺作为惩罚手段的历史可以追溯到古代亚洲，突厥人和巴
尔干地区的其他统治者都曾使用这类刑罚。据说，弗拉德·则别斯的
表兄弟摩尔达维亚的斯蒂芬（Stephen of Moldavia）就曾在 1473 年用
穿刺刑处死了 2300 名瓦拉几亚的罪犯。然而无论如何，这种疯狂之
举并非全无章法，毕竟，"恐怖——当今之秩序——乃是恐吓敏感的
东方人的精神利器"。[40] 一份呈交梵蒂冈的报告详细描述了则别斯在
1464 年犯下的罪过，报告称：

> 约有 4 万名不同年龄、不同国籍的人惨遭屠杀。其中有些被车轮
> 碾碎；有些被扒去衣服，活生生地剥皮，直到内脏尽现；有些
> 被放在木棍或烧红的木炭上炙烤；有些被尖锐的木棍刺穿脑袋、
> 胸脯、臀部、肚子，木棍的另一头从他们的嘴里穿出。[41]

　　弗拉德·则别斯 1456 年被土耳其人释放后，回到瓦拉几亚，并在其父遇刺后掌权。往日的艰难岁月让他选择了一条残酷之路，为他赢得了嗜血魔君的名声。他的暴行故事比比皆是，但没有一个能赶得上来访特使拒绝依照惯例向弗拉德脱帽致敬的故事。面对来使的傲慢，弗拉德命人把帽子钉在他们的头上（这个手段后来被俄国的伊凡四世效仿）。不过很快，他当权后的第一次重大行动便刷新了自己的恐怖纪录，当时他逮捕了所有不忠诚的俄罗斯高等贵族及其家人，将这些老贵族穿在了木桩上。

　　在德古拉统治下的罗马尼亚，民间传说体现了社会中的真实暴力。根据一则或许有些令人难以置信的传说，妻子若有风流韵事，做丈夫的可以"割掉她的性器官"，然后"活生生剥皮并把没皮的肉体扔在广场上示众，她的皮则被挂在柱子上或放在市场中央的桌子上"。同样是出自这则传说，据说这种惩罚后来被沿用来惩罚失去贞洁的未婚女性和"下流的寡妇"。如果这个传说可信，那么按其所言，即便罪过较轻的女性也会被割掉乳头，"烧红的铁棍插进阴道，穿透内脏，从嘴里穿出"，接着被"赤身裸体地绑在柱子上示众，直到皮肉腐烂、白骨散落"。[42]

性谋杀和连环谋杀简史

　　很多研究者早就致力于揭开世界上最早的连环杀手的生活与罪行。不幸的是，由于缺乏文献记录和刑侦、司法手段，以及更重要的，缺乏对这一复杂现象的理解，发生在 20 世纪以前的经典案例寥寥无几。我们所知的前现代社会的连环杀手始终局限于基尔·德·雷斯、弗拉德·则别斯、伊丽莎白·巴托里和其他少数人。[43] 这些早期的连环杀手有一个引人注目的共性，即他们多来自贵族阶层。前工业时代固然没有报纸或杂志报道可疑的人口失踪和凶残的谋杀，但这并不意味着此类案件不存在。直到 19 世纪廉价小报问世，人们才发现，有关性谋杀的新闻铺天盖地，比如开膛手杰克或 H. H. 霍姆斯的行径。至于 15 世纪，即便当时有关于此类罪行的报道，能识文断字的贵族或神职人员也是屈指可数，且他们更喜欢阅读关于本阶层的事情，而不是普通民众的消息。[44]

自 20 世纪 80 年代以来，关于连环杀手的研究成了研究人员和故事作者的入门话题，且热度持续不减，尽管此类犯罪已经从 90 年代开始呈现下降趋势——至少在美国。随着越来越多的研究人员开始寻找早期连环杀手的实际证据，那些疑犯的可怕行径也再一次得到审视。人们发现，他们的犯罪行为竟与现代连环杀手惊人相似。[45]以古罗马皇帝卡利古拉（Caligula）为例，或许是在百无聊赖之际，他说出了那句名言："但愿罗马人民只有一个脖子，好让我砍了它。"据说，有一次，卡利古拉突然放声大笑。人们问他因何发笑，他回答："我在想，我的一句话就能让你们所有人的脑袋同身体分家，满地打滚。"[46]

最早的连环杀手来自精英阶层，这在现代观点看来可能有些反常。无论是独裁者、暴君、帝王还是贵族，他们杀戮乃是因为他们不必受到惩罚。现代社会的连环杀手与过去的连环杀手之间最大的相似点之一在于，他们猎杀的对象都是地位低微的人——穷人、弱者和被剥夺权利的人，因而在很长时间内都不会引起人们的注意。在都市化社会到来之前，社群居民彼此监督，一个小社群中几乎没有秘密可言。所有的访客和陌生人在踏入城镇的第一刻起就会受到审视，直到他们离开，因此"想要神不知鬼不觉地把一连串受害人引诱到家中或荒野外，需要超出常人的狡诈"。[47]

　　谋杀史上有一桩由陌生人实施的案件，主角是富甲一方的贵族基尔·德·雷斯。德·雷斯实施的谋杀用现代术语来说属于性谋杀，因为据说他带着"肉欲的欢愉"强奸年轻人，尤其是男童。作为 15 世纪的法国元帅，他曾与圣女贞德并肩作战，将法国团结在查理七世的麾下。H. G. 韦尔斯（H. G. Wells）在《T 形十字：罗马天主教会的控告》(*Crux Ansata:An Indictment of the Roman Catholic Church*，1943 年）一书中写道，"那个时候，德·雷斯既没有蒙特卡洛（以赌博闻名的城市），也没有赛马"。言外之意是，如果德·雷斯生活在 20 世纪，他有可能会把自己的财富挥霍在赛马或赌博上，而不是通过其他黑暗手段寻求刺激。作为"蓝胡子"的原型，基尔·德·雷斯据说"对暴行、残肢和杀戮的嗜好超过一切"；[48] 他恰好也是那个时代最富有、最风雅的男人之一。他的暴行起初并没有引起当局的注意，直到受害人的数量已达成百上千。首先，我们必须明白，当他的城堡周围年龄介于 3~16 岁的儿童开始消失时，"并没有像如今这样引发人们的好奇和焦虑"。[49] 他的侵害对象来自乞丐、妓女、无家可归者、流浪汉和吉卜赛人，这些人在当时的处境和现在差不多，都是"居无定所、无人问津的阶层"，[50] 因此他们的失踪不太可能如上层人士失踪那样引起注意或审查。事实上，中世纪的穷人若想摆脱贫困，几乎没什么选择：他们可以加入教会，或者如果有几分姿色，也许能吸引领主或贵妇的注意，从此离开父母，接受训练成为听差，就像巴托里和德·雷斯案中那样。[51] 对于德·雷斯而言，如果不能用这种方式猎取到受害者，就干脆对每天聚在他家门口等着施舍的流浪儿下手，或是在小巷里、在孩子们玩耍或照料牲口的时候把他们掠走。在他生命的最后 8 年中，谋杀已成了他的"业余爱好"。据估算，受害者达 141~800 人。

　　根据德·雷斯的法庭供述摘要，他起誓承认：

曾拐走或指使手下拐走大量男童——具体数字不记得了。他直接或间接地杀了这些男童，对这些罪恶他已供认不讳……他有时在帮手的协助下亲手杀死男童……用短剑、匕首和刀割下他们的头；用棍子或其他工具猛击他们的头部；把他们用绳子绑在房门上或铁架上……慢慢受煎熬、勒死……等他们死后，他兴致勃勃地亲吻、聚精会神地欣赏那些头型端庄的男童，好奇地切开他们的尸体查看内脏。在这些男孩垂死挣扎之际，他还常常坐在他们的肚子上饶有兴致地看着他们死去。[52]

德·雷斯被判火刑。据说，他的仆人们还为他打气，鼓励他要死得像个"英勇强大的骑士"。[53]

因喜欢用人血沐浴而被当作吸血鬼的伊丽莎白·巴托里出身于匈牙利最古老的贵族家庭之一，该家族中出过骑士、主教、枢机主教，还有过一位国王。根据部分记录，16世纪中叶，她家道中落，卷入了酗酒、谋杀、施虐等丑闻，传说还与魔鬼勾结。总之，作为早期精英连环杀手中为数不多的女性之一，巴托里的故事每被重复一次，就平添了几分传奇色彩。同德·雷斯和弗拉德·则别斯的传记作者们一样，研究巴托里故事的人也难以判断那些证据的真实性，特别是，巴托里审判的原始证词中对她的吸血鬼行为和对人血的嗜好只字未提。事实上，在1611年她被秘密审判处死之后，人们对她的生活和死亡细节已遗忘得一干二净。

关于盘桓在特兰西瓦尼亚山区的女吸血鬼的神话故事和民间传说最终被作家收入囊中并赋予了新生。19世纪的布拉姆·斯托克（Bram Stoker）偶然发现了生活在14世纪的穿刺者弗拉德的故事，而且据说他和巴托里还有一点姻缘关系。到1720年，巴托里的罪行早已从公共记录中消失，但却被一个名叫拉斯洛·图罗齐（Laszlo Turoczy）的耶稣会学者重新挖掘出来，并以拉丁文重述、出版。1983 年，作家雷蒙德·T. 麦克纳利（Raymond T. McNally）和拉杜·弗洛雷斯库（Radu Florescu）在为其著作《寻找德古拉》（ In Search of Dracula）查找资料时，从匈牙利语和罗马尼亚语档案中发现了原始的法庭文件。不出所料，法庭文件显示，关于巴托里用人血沐浴的说法完全不实，纯粹是乡间谣言，但这个真相并没能给她的生平增添丝毫光彩。长久以来，普通村民屡屡向王室抱怨自己的女儿在受巴托里雇用期间失踪。17 世纪初，主人殴打仆人的情况并不少见。作为贵族中的一员，巴托里一直受到保护，直到有一天她开始对有特权背景的年轻女子下手。她在审讯中辩解说，之所以没有送回那些贵族雇工的尸体，是因为她们是自杀的，必须立刻被埋进不受祝福的无名墓穴里。同样，出于对传染病的恐惧，她也没有把因传染病而死的雇工的尸体送回家。她的四名仆人首先被带进来拷问。最终证实，他们目睹了数十名女孩的死亡。在之后的审讯中，两名女仆被判用烧红的铁钳拔掉手指，然后处以火刑；一名男仆被斩首后焚尸；另一名仆人被无罪释放。1611 年，在 13 名目击证人指证巴托里杀死了 650 名受害者的情况下，她被判终身监禁，并于三年后，也就是 1614 年死于狱中。[54]

　　大部分凶杀起于酒吧里的争执、家庭纠纷或一时间头脑发热——常常是喝醉了。与这种通常类型的凶杀不同，多重谋杀和连环杀人总是比较罕见，而且不容易被古往今来的评说者忽略。大量证据表明，连环谋杀古已有之。现代社会初期当然也有多重谋杀和连环谋杀，但很少能引发足够的轰动，从而被载入史册或被公众铭记。不过，有一桩发生在英国的谋杀案是个例外，此案被记录在一本 1675 年的小册子里，题为《嗜血的客栈老板》，说的是格罗斯特附近的酒馆庭院里发现了七具男性和女性尸体。这间"廉价公寓"由当地的一对夫妇经营，主要为往来商旅提供住宿。后来，这对夫妇赚到了足够的钱，搬进了一栋大房子。他们搬走之后，挖地基准备翻建新铁匠铺的工人发现了七具衣冠完整的尸体，其中一具"男尸的胸口上还插着一把锈迹斑斑的刀"。[55]

《嗜血的客栈老板》的故事引人入胜，似乎也为后来的连环谋杀案提供了样板。但正如 19 世纪之前的其他此类罪行报告一样，我们无法找到该案的法庭记录。案情细节翔实，不太像无中生有，极有可能是在某个相关的案子基础上添枝加叶而成，又或者完全是真实的案例。这则"杀手夫妇"的案例与当代采用类似手法作案的连环杀手夫妇（有时候也叫"搭档"）的故事有诸多相似之处，唯一的区别是，大多数现代夫妇杀人案中往往包含性元素。此外，和平时期的法庭记录里鲜有大规模凶杀案件，19 世纪前的真实犯罪记录也很少提及连环杀人案。[56]

最早被记录在案的性谋杀案发生在英国小城奥尔顿。1867 年 7 月，年轻的律师书记员弗雷德里克·贝克（Frederick Baker）在享受下班后的闲暇时光之余悄悄跟上了一个年仅 8 岁的女孩，并说服她陪自己散步。人们后来在荒野里发现了这个女孩的碎尸。尽管书记员声称自己是清白的，但他的办公日志中却有着不同的记载："今天杀了个小女孩。又爽又刺激。"[57] 贝克受审并被处死。倘若他生活在大城市，或许可以神不知鬼不觉地继续作案。

到了 19 世纪，中下阶层的人也可以像上层人士那样有时间从事自己喜欢的事。对于有些人而言，这包括实施性犯罪和连环谋杀，于是，"性犯罪不再是贵族或精神失常的无业游民的专利"。[58]1889 年，列夫·托尔斯泰在《克莱采奏鸣曲》(*The Kreutzer Sonata*) 一书中通过讲述主人公波兹内舍夫因妒火中烧杀死妻子的故事，阐释了作恶的机会与闲暇时间的关系。最终，波兹内舍夫试图对自己的行为给出合理的解释，将其归咎于工业革命带来的文化变迁，尤其是越来越多的劳动者有了闲暇，可以将更多的时间花在不以生育为目的的性生活上。托尔斯泰笔下的角色与研究性谋杀攀升现象的当代研究者一样，认为在现代社会到来之前，大部分劳动者需要为食物终日奔忙，他们的性生活被限定"在合适的程度——仅仅是为了人类的繁衍"。[59] 在历史上的大部分时间里，城市平民和农民挣扎在生存的边缘，如遇战争、瘟疫和饥荒，更要被迫投入所有的珍贵资源勉强维生。除了想想下一顿饭的着落，他们根本没时间做什么奢侈的幻想。

　　谋杀可以有多种形式。德国人发明了 lustmord 一词，指的是"杀人取乐"或"娱乐性谋杀"。从 17 世纪初一名行刑者的日记中，我们可以找到一些早期的例子。弗伦茨·施密特（Franz Schmidt），1573—1617 年纽伦堡的公共行刑手，在日记里回忆了处决尼克劳斯·施图勒（Nicklauss Stuller）的事情。该犯与另外两名同谋实施了八起谋杀：

> 第一次，他射杀了一名骑兵；第二次，他把一名孕妇活活开膛破肚，胎儿已死亡；第三次，他又割开了一名孕妇的肚子，该孕妇怀着一个女婴；第四次，他割开了一名怀着两个男婴的孕妇的肚子。

　　施图勒的一个同伙觉得犯下了大罪，认为应该送婴儿去接受洗礼，但另一个同伙说他可以充当神父替他们进行洗礼，于是他抓着婴儿的腿，将他们摔死在地上。做出这般兽行的施图勒被用雪橇拖着，"用烧红的钳子撕开躯体三次，并处轮刑"。[60]

　　行刑手还记录了 1574 年他处决的另一名罪犯，这个叫克洛斯·兰克哈特（Kloss Renckhart）的凶手与同伙实施了三起谋杀。在其中最恶劣的一宗案件中，他射杀了一名磨坊主，然后"对磨坊主的妻子和女仆实施了暴行（也就是强奸），又强迫她们用油煎鸡蛋，并把鸡蛋放在磨坊主的尸体上，逼迫磨坊主的妻子同自己一起享用"。[61] 此人也被处以轮刑。在世界大战期间，德国成了众多"娱乐性谋杀"的舞台，以至于有谋杀史学家感叹说，第一次世界大战的结束开启了"性犯罪的时代"。[62] 的确，20 世纪最轰动的几桩连环杀人案和性犯罪恰恰发生在这一时期的德国。仅在 20 世纪 20 年代，就有杀人食尸的卡尔·登克（Karl Denke），杀害年轻女孩并把她们的尸体当肉卖的乔治·格罗斯曼（George Grossman），还有至少谋害了 24 个人的"汉诺威屠夫"弗里茨·哈尔曼（Fritz Haarmann）。

现代社会的连环谋杀

　　大部分资料显示，在过去一个世纪中，连环杀人案数量在全球范围内有所增加。研究连环杀人案案发趋势的犯罪学家指出，凶手的数量并没有增加，实际增加的是"潜在受害者"，也就是大批被边缘化的人群，包括外来移民、娼妓、无家可归者、离家出走者、老年人和城市贫民。这个理论与 19 世纪的境况遥相呼应，彼时，成千上万名贫穷的城市女性为了维持最基本的生计而沦为娼妓。1970—2000 年，全球近 3/4 的连环杀人案发生在美国，21% 发生在欧洲。

　　直到近期，发展中国家的连环谋杀案仅占全球发案率的 3%。有些人认为，这只不过是因为发展中国家关于犯罪的报道不充分，新闻审查严格，且经费不足的治安部门更注重的是政治镇压而非普通刑事案件。此外，这些国家存在大量赤贫人口、弱势群体以及——更重要的——"不受欢迎的"人，而这些人恰恰最有可能成为凶手的作案对象。就受害者数量而言，在过去几十年中，这些地区的连环杀手堪称多产。据估计，哥伦比亚杀手佩德罗·阿隆索·洛佩斯（Pedro Alonso López）在1980年被抓获之前曾在若干个国家杀死了300名女孩，2000年被巴基斯坦法庭宣判死罪的贾韦德·伊克巴勒（Javed Iqbal）杀了100多名儿童。相比之下，美国大名鼎鼎的连环杀手泰德·邦迪（Ted Bundy）只能算是业余级别。在过去几十年里，南非（该国如今兼具发达国家和发展中国家的双重特色）深受连环杀手的困扰（原因令人费解），同一时期的发案数量竟高达35起（该国2000年的数据仅次于美国）。据报道，南非被捕的连环杀手在人口中所占的比例，居世界之首。这或许是因为南非的大部分连环杀手都在作案两个月之内被抓获，而全球同类犯罪的平均结案时间约为两年。[63]

在连环杀人案中，男性是绝对的主角，由女性实施的连环杀人案仅占7%~16%。女性罪犯往往被称为"沉默的杀手"，她们的作案特点是：选择毒药作为武器，慎重挑选作案对象，善于逃避逮捕。除非与男性协同作案，否则她们极少涉足性犯罪。[64]

连环谋杀不仅在短期内不会消失，而且比其他类型的犯罪更能吸引公众的想象力。此外，随着全球现代化进程的继续，连环谋杀越发成为一种全球现象。研究者指出，自20世纪60年代以来，连环谋杀案的数量普遍增加。得益于更翔实的犯罪报告，人们发现，几乎没有哪个国家能够幸免，波兰、德国、中国、尼日利亚、俄国、意大利和瑞典的连环杀人案数量在过去几十年中均有所增加。

在发展中国家，儿童似乎越来越多地成为连环杀人案的受害者。不少人认为，"超级"连环杀手，例如1994—1999年在哥伦比亚和厄瓜多尔杀害了 140 名儿童的路易斯·阿尔弗雷多·加拉维托（Luis Alfredo Garavito）的出现，原因在于民众担负着巨大的社会经济压力，而社会已无力提供充分的安全保护。上文提到的"安第斯野兽"佩德罗·洛佩斯是最轰动的杀手之一，他于 20 世纪 80 年代在厄瓜多尔、哥伦比亚和秘鲁杀害了约 350 名儿童。由于哥伦比亚刑法的特殊性，该犯入狱仅 18 年就因表现良好而获得释放。1976 年，查尔斯·索布拉杰（Charles Sobhraj）因在土耳其、泰国、尼泊尔和印度杀害至少 8 名受害者被印度当局定罪；南非的"车站绞杀手"诺曼·阿夫扎尔·西蒙斯（Norman Afzal Simons）在 20 世纪 80 年代的 8 年中杀死了 21 名儿童。安德烈·奇卡缇洛（Andrei Chikatilo），外号"罗斯托夫屠夫"和"红色开膛手"，供认于 1978—1992 年在苏联杀死了 55 名受害者。安纳托利·奥诺普林科（Anatoly Onoprienko）则在 1989—1996 年被捕之前杀死了 50 多名受害者。[65]

药用谋杀

大部分类型的谋杀普遍存在于全球各地上千年的历史中。然而，有些类型的谋杀却与非常罕见的地域文化信仰有关，比如南非的药用（muti）谋杀。在祖鲁语中，muti 的意思是药，"引申为有目的地收集人体器官以用于制作传统的非洲药物"。[66] 为了收集必备器官，信徒必须先杀人，但这种蓄意杀人行为却让我们在试图将其归入犯罪学语境时无从下手。近年来，研究者开始将药用谋杀与那些寻求财富、声望的人，以及试图在犯罪中保护自己或在事后逃避审查的人联系在一起。也有些时候，宗教领袖会利用药用谋杀来扩大信众的规模：通过获取特定的人体器官，领袖就能得到吸收更多成员的力量。

　　按照某些非洲信仰，人打娘胎里带来的福运有限，那些运气超凡的人很可能是凭借超自然力量才获得成功的。获得运气不外乎几种方式，其中之一就是通过强力魔药。收集人体器官可以增强药剂的效力。要想获得最佳药效，必须在受害者还活着的时候摘取器官，据说这样制出的药剂可以令罪犯顺利实现盗窃贵重物品或抢银行的目标。据犯罪学家艾瑞克·W.希基（Eric W. Hickey）所言，一桩药用谋杀行为涉及四个角色。首先是寻求某种利益，比如金钱、权力或保护的委托人，他要有钱雇一名治疗师，然后等着收取配好的药剂。通常情况下，此类治疗师并非传统的部族医师，他们不提供治疗、帮助和关怀，而是往往制造痛苦，因此倒更像是巫师。无论如何，治疗巫师一旦和委托人订好契约，就会决定需要何种草药、根茎和人体器官，并着手物色第三个角色：杀手。治疗师会告诉杀手收集哪种器官，指导他如何在受害人仍活着的时候进行摘取，以及哪个部分需要去除。杀手会得到经济上的补偿，除非他本人就是治疗师或巫师的学徒。最后一个角色就是受害人，幼儿、成人、男性、女性、陌生人、亲属皆可。

　　小心的杀手为了避免犯下严重的罪行，会从医院或新挖的墓地里盗取人体器官。老年人绝对不会成为猎杀对象，因为他们的"生命精华已衰退黯淡"。与古罗马人将特定类型的运气归于特定部位，比方说用兔脚制成护身符类似，特定的魔药也需要特定的人体部位。例如，胸部的脂肪对应"母亲运"，可以帮助女性吸引顾客上门。生殖器据说可以增强生殖力，为不孕不育者所需。用眼睛制成的药剂能带来先见之明，舌头能赢得异性的爱慕，手则受到商人的青睐，因为手是用来招揽潜在客户和收钱的。[67]2009年，南非的一份报告指出，在南非和莫桑比克，有70%的受访者相信人体器官可以让药剂更有效。[68]

从杀人狂到狂暴和肆意杀戮

"发狂"这个说法来自马来语 amuk[69]，意指"无法控制的愤怒"，现在已成了狂暴、肆意杀戮行为的代称。一名精神病学家把这种杀戮描述为"无理性个体制造的浩劫"。在过去 20 年间，此类杀戮行为似乎已变得更常见。精神病学资料将肆意杀戮归为"特定社会的综合征"，因为 200 多年前人们是在"一个遥远的原始岛屿部落中"发现这种现象的，且"当地的文化被视为发病机制中的重要因素"。但这并不能解释在不存在地理隔阂的当今社会，这种现象何以频频出现。[70] 著名水手詹姆斯·库克船长被公认为第一个发现这种行为的西方人。1770 年，他在自己的第一次环球航行中在马来人部落里目睹了该现象。如今，通过越来越多的规律性事件，我们遗憾地认识到，有杀人倾向（通常是自杀倾向）的特定个体的病态疯狂杀戮只能以他们自身的死亡收场。库克目睹的景象正是如此：他见到一个人似乎在毫无理由的情况下开始了疯狂杀戮，对人和动物一概不加区分地狂暴攻击。根据库克的解释，每次疯狂袭击平均有 10 名受害者，且只有当杀戮者被其他部落成员制止——通常是被杀时——才会结束。在后来的调查中，研究人员在其他边远地区——菲律宾、老挝、巴布亚新几内亚和波多黎各等——的部落中也发现了这种行为。[71]

无论发生在何时何地，大屠杀在和平时期都是一种罕见的罪行。当它发生在工作场所、学校、家庭等地时，公共舆论往往会草率地将其归咎于快速变化的世界，却极少指出与其他暴力犯罪相比，这种行为是多么不寻常。对屠杀的一个最佳定义称，它必须是"一个连续的事件，或一系列紧密相连的事件，在此过程中超过五人受伤，其中至少有三人死亡"。[72] 现代社会最早的一起有记载的屠杀发生在 1913 年的德国米尔豪森（Mühlhausen），凶手恩斯特·瓦格纳（Ernst Wagner，1874—1938），又称"瓦格纳·冯·代格洛赫"（Wagner von Degerloch），在人们口中是"一位可敬的公民，严肃而稍稍内向"，是村里最好的老师。但他杀了 9 个人，外加他的妻子、4 个孩子，还造成另外 12 人受伤，以及他被关进收容所，死于 1938 年。瓦格纳 1929 年加入纳粹党，他时时陷入错觉，总以为犹太人在酝酿一起针对自己的大阴谋，还幻想着有人擅自使用他的剧本制作无声电影《宾虚》（Ben Hur），以及某个畅销书作家剽窃了他尚未发表的作品。[73]

在过去几十年中，类似的大规模杀人事件不是被称为肆意杀戮，就是被称为大屠杀。这种杀人形式与多重谋杀的主要区别在于，行凶者更有可能以死亡谢幕——或是自杀，或是被警方射杀。此类事件往往随机发生，几乎无法预测。虽然大规模杀人行为在美国最常见，但绝非哪个国家或地区独有。肆意杀戮在对枪支控制更严格的国家，比如英国，较少出现，但它是否会在某个国家发生并无定数。关于这一点，看看经历过此类事件的国家和地区名单就一目了然了：加拿大、朝鲜、日本、澳大利亚、法国、芬兰、德国、新西兰、哥伦比亚、苏丹、约旦河西岸、尼泊尔、挪威。即便是最严格的枪支管理法也无法杜绝此类犯罪发生。日本、英国的枪支法规堪称世界最严，但它们同样经历过单个持枪歹徒肆意杀戮的事件。例如，1938 年，21 岁的都井睦雄使用一秆猎枪、一把武士刀和一把斧头杀死了包括其祖母在内的 30 人，然后自杀。此案一度是全世界最恶劣的肆意杀戮行为，直到 1982 年被发生在韩国的禹范坤案件超越，后者造成 56 人死亡。在英国，迈克尔·瑞恩（Michael Ryan）于 1987 年杀了 14 人，

伤 15 人；托马斯·汉密尔顿（Thomas Hamilton）于 1996 年杀死 17
人，伤十几人。[74]

有历史学家曾说："即便最离奇且没有明显动机的谋杀也不是毫
无社会意义的。与其他各种人类活动一样，谋杀是一个社会中流行关
系的体现。"[75] 人类自相残杀的方式及其背后的原因在很大程度上体
现了该社会的特质，正如前文提到的历史学家詹姆斯·吉文在分析英
国中世纪暴力时所论证的，每个社会"都有自己特殊的暴力行为模
式"。[76] 由于历史文献中的相关资料不足，我们的信息很多采自传闻
逸事。20 世纪以前的谋杀和性犯罪的可信数据匮乏，使得历史学家
不得不漫天撒网。进入 20 世纪，随着全球犯罪记录整理的改善，我
们对谋杀的理解也有了提高，这既包括对谋杀的各种形式和它在文
化习俗上的异常性的认知，也包括对各地犯罪模式的解读。2006 年，
北美的连环杀人案超过了其他所有大洲，这段时间出现的连环杀手或
占整个 20 世纪的 80%，且其中大多数在美国。仅次于北美的是欧洲，
其中又以英国和德国为首。

第八章　后殖民社会的罪与罚

　　在过去 600 年间，不少强国在世界边远地区建立了殖民地。我们今天所说的"全球化"的出现也将这些国家的罪与罚观念输出到了它们的殖民地、海外势力范围和保护领。很自然，当昔日的殖民地在 20 世纪成为主权国家时，先前的殖民地司法制度仍继续影响着这些新兴国家的刑事实践。英国曾将普通法传统带到了非洲的部分地区、美洲、澳大利亚、亚洲、加拿大和新西兰；日本人也将他们的司法惯例带到了太平洋周边地区、中国和韩国。有法律专家曾指出，"在新加坡受训的律师可以毫无困难地阅读和理解"任何来自普通法国家的"法令或司法判决"。[1]

　　西班牙人和葡萄牙人将刑法实践引入拉丁美洲后，民法法系学者同样可以在那里得心应手。荷兰人对印度尼西亚、南非和美洲殖民地新阿姆斯特丹的刑法体系也有着深厚的影响。在殖民国家将司法制度引入其殖民地的过程中，都对旧有的制度进行了调整，以便适应各个地区的新情况。例如在新大陆，英国、法国、荷兰和西班牙的殖民者都不得不考虑数以百计的印第安原住民王国、辽阔的荒野地区以及后来的奴隶制的现实状况。的确，美洲的刑法史始于欧洲传统在新大陆的移植，美洲殖民地的刑法典和刑罚最初与英国、荷兰、西班牙、法国（取决于我们讨论的是 13 个殖民地中的哪一个）的非常类似。彼时，英属北美地区存在三套刑法制度，一套针对黑人，一套为白人设计，还有一套用于处理原住民事务，且每一套都有清晰的成文和不成文法条及行为准则。[2] 为了理解美洲各地犯罪与惩罚的历史，我们不仅要意识到法律传统的差异，也要注意它们融入新条件、新环境的方式，研究其他前殖民地区的刑法史时也是一样的。

美洲各国都曾有过作为殖民地的经历，尽管其各自受到的影响依宗主国、被殖民时间长短、殖民化程度以及原住民对强制推行的法令的接受程度不同而异。例如，加拿大、美国、伯利兹、牙买加、特立尼达和多巴哥等国仍然在大体上保留着普通法，而由西班牙、葡萄牙、法国和荷兰引入的民法传统则盛行于中南美地区以及若干加勒比国家，尽管已有不少改变。

旨在"以战止战"的第一次世界大战的收场也是地缘政治的转折点。随着 1919 年巴黎和会召开，世界版图被改写，获胜的协约国重新设定了从芬兰到捷克斯洛伐克的国界，"确认了众多在四分五裂的帝国废墟上建立起来的令人眼花缭乱的新国家"。[3] 两次世界大战引发的一系列事件不仅改变了地缘政治，也改变了罪与罚的情况。20 世纪，欧洲殖民主义和帝国主义日薄西山，权力也随之转移，新兴国家纷纷建立起自己的治理和犯罪控制体系。这种现象其实在部分殖民地的建立过程中就已经出现。例如，英国早已允许各殖民地采用融合手段，将当地习俗中涉及犯罪的条例与普通法传统相结合。事实上，殖民地居民常常"吸收、调整、改变或取代英国法律和制度"。[4] 同样，一度拥有众多法典的中央集权国家，如奥斯曼帝国，当其分崩离析，其位于阿拉伯地区的领土多半被法国和英国瓜分时，也被迫转型为土耳其人的国度。第一次世界大战的结束对残存的奥匈帝国和沙皇俄国的影响亦然。

美洲国家的民法传统

16 世纪，西班牙和葡萄牙的官员将民法传统带到了现在的拉丁
美洲。在随后的几个世纪里，该地区大部分国家都建立起了融合本地
部落法律基本要素和欧洲法律传统特点的混合制度。例如，直到 19
世纪，委内瑞拉仍隶属于西班牙帝国，且深受民法模式的影响。但与
其他一些邻国一样，它在最近几十年间一反传统，开始采用普通法模
式（1999 年），成为刑法转变的一个例证。

1521 年，科尔特斯征服了阿兹特克人，自此，墨西哥原住民成
了西班牙帝国的属民。西班牙当局必须同完善的部落法律和习俗竞
争，由于墨西哥缺乏强有力的本土法律传统，西班牙法律最终在大洋
彼岸落地开花。[5] 事实证明，西班牙的法律标准严厉得多，鞭刑之下
不分性别，对抢劫罪适用绞刑或断肢，且具体惩罚通常由涉案者的身
份等级和肤色决定。与此类似，葡萄牙于 16 世纪初在巴西建立了殖
民地，将自己的法律特色带到了美洲。1603—1803 年，巴西的法律
与宗教密不可分，罪恶之举和道德失范皆要入罪。统治者从葡萄牙引
入的刑罚手段包括欧洲惯用的断肢刑、烙刑、拷打和处决，尤其是绞
刑或火刑。

征服墨西哥之后，西班牙将这片新世界命名为"新西班牙"。新
西班牙鼎盛时期的版图包括如今的墨西哥、中美洲（除了巴拿马）、
美国密西西比河和佛罗里达州以西的大部分地区。18 世纪，西班牙
人设立了特别法庭（Tribunal of the Acordada）来审判各类刑事案件，
包括抢劫、暴力、非法夺取财产或强占女性、纵火。此外，特别法庭

的法官也负责维护设于市中心外的私人监狱，并严格控制酒精消费。根据 1735 年的法令，最轻的刑罚是鞭打 200 下并处 6 年徒刑。如果罪犯是西班牙人，这 6 年要在要塞监狱中度过；如果是梅斯蒂索人 ①，则要在劳教所度过 6 年，并处 200 鞭。[6]

　　除了屈指可数的几个国家，拉丁美洲的大部分地区都在 1810—1825 年相继摆脱殖民统治，走上了国家建构和新刑罚体制创建的漫漫道路，其中也包括对各种监禁制度的尝试。早在 1816 年，阿根廷就已经设立了若干改造所，但真正意义上的重大革新要在近一个世纪之后方才出现。1904 年，布宜诺斯艾利斯开始采用现代刑罚体制，最终令该国拥有了"拉丁美洲最先进的监狱制度"。[7]秘鲁在 1821 年脱离西班牙统治，赢得独立后不久就开始尝试监狱改革。在此之前，当地的监狱往往设在市政厅大楼的底层，因此又被称为"炉子"或"微型地狱"。次年，该国出台了首个监狱章程，取消了监狱费用，并依照性别和年龄对罪犯分类管理。

　　西班牙人对要塞监狱的使用由来已久。这些要塞通常位于港口附近，让罪犯在此做苦工是通行西班牙帝国的常规做法，有时也用来惩戒殖民地居民。因此，刑罚改革者已经对监禁的概念相当熟悉。最终，监禁成了新西班牙地区最常见的刑罚。

　　从 19 世纪上半叶开始，拉丁美洲国家相继采用北美和欧洲的监禁模式（巴西于 1834 年开始实施，智利于 1843 年开始实施），巴西是其中最早的国家之一。1836 年完工的里约热内卢感化院是拉丁美洲最著名的监狱之一。据记载，它是"拉丁美洲第一座按照刑罚学原理设计的监禁机构"。监狱建筑史学家诺曼·约翰斯顿（Norman Johnston）

---

① 梅斯蒂索人是欧洲人与美洲原住民的混血儿。——译者注

甚至把它称为"受英国建筑模式影响的最后一座监狱"。[8]然而，最初的热情过后，监狱改革事业失去了动力，巴西各州开始用监狱对付不服管束的奴隶，而非常规罪犯。直到 19 世纪 50 年代，一名警长被派往美国考察监狱设计并带回了宾夕法尼亚州的单独监禁的理念之后，监狱改革的热情才被重新点燃。

　　另一些拉丁美洲国家则在 100 年后才建起了监狱，比如哥伦比亚（1934 年）和古巴（1939 年）。[9]秘鲁借鉴了要塞的设计元素，使得它的监狱更像是中世纪的堡垒而非现代监狱，利马的死囚要塞（Presidio de Casas-Matas）就是很好的例子。无论这些监狱的设计采用何种模式，我们都可以想见，正如世界其他地方的监狱一样，由于简陋的卫生设施和内部管理，它们将在此后被逐渐淘汰。

　　深受西班牙法律和法国拿破仑法典影响的玻利维亚是拉丁美洲诸国中政局最动荡的一个，从 1825 年到 1991 年，该国发生了 193 起政变。就监禁条件而言，它与该地区的其他国家一样，大部分监狱拥挤不堪，毫无人道可言。在当地的原住民社区，由于传统的司法体系犹存，而警察力量鞭长莫及，民众常常自行处理盗取农用物资和农产品等严重刑事案件。玻利维亚的民间惩罚手段种类繁多，包括嘲讽、恐吓、投石、放逐，甚至处死。

　　死刑在拉丁美洲的运用经历了一个先废除再重启的矛盾过程。玻利维亚于 1961 年废除了死刑，10 年之后又对恐怖主义、绑架、反对政府和安全机关的罪行重新启用该刑。武装反对政府、在战时投敌或通敌的公民一律判死刑（切·格瓦拉就为此付出了沉重的代价）。1981 年，贩卖毒品也被列入死罪。到了 1997 年，死刑已不再适用于普通犯罪，但谋杀罪，尤其是杀死父母的人依旧会被处死，除非总统亲自将判决改为 30 年监禁。尽管对死刑有种种争议，但该国自 1974

年以来再未处决过罪犯。

与玻利维亚不同，委内瑞拉在 1863 年就废除了死刑，且从未恢复。然而，到了 20 世纪 90 年代，人权卫士对警方当场击毙罪犯的做法提出抗议，认为这是一种不经审判的变相死刑。事实上，随着犯罪率上升，非法私刑在过去几十年间越来越多。智利在 1930 年废除了死刑，但在 1930—1991 年又一度恢复，杀害家庭成员、绑架或虐待儿童、绑架成人并致人死亡、谋杀执法人员的人通常会被枪决。2001年，死刑正式被 40 年监禁取代。阿根廷最后一次执行死刑是在 1916年，但直到 2008 年才正式废除死刑。

加勒比地区的普通法传统

17 世纪初，"西班牙帝国衰落"，加勒比大部分地区在 1797 年被英国征服之后成了英属西印度群岛殖民地的一部分。该地区刑法体系的演化最初是围绕奴隶贸易展开的，有些学者甚至将现代加勒比国家的高犯罪率归咎于殖民地奴役文化的影响。体制上的残暴是以种植园经济为主导的社会及其相关的奴隶制度和契约奴役的基本特征。一名研究特立尼达问题的专家曾指出，"殖民主义得以盛行的关键在于种族歧视的观念，以及对人们依据肤色或种族出身实行的隔离和区别对待"。[10] 不过，加勒比地区的殖民历史也有与其他殖民地奴隶社会不同的地方。例如，当欧洲殖民者到达非洲和亚洲时，他们可以将外来的社会结构直接强加在当地业已繁盛的社会和政治结构之上。而在加勒比地区，这一过程则要长得多。在此期间，原住民几乎被消灭，一个全新的社会通过强制手段建立起来。

圭亚那的刑罚发展过程常常被拿来作为诠释这一复杂的司法体

制演变的例子。作为加勒比地区为数不多的非岛屿国家之一，圭亚那的司法体制是一个以民法为基础，同时融合了普通法判例的混合体。1616 年，荷兰人首先在此建立殖民地，继而有了基于民法和日耳曼传统的混合法律体系。1814 年，荷兰将该地转让给英国，但罗马–荷兰法体系依然占据主导。直到 1916 年，英国的普通法体系才因更灵活的特色及其提供的司法保护在该地区盛行起来。

加勒比地区的很多国家虽然赢得了独立，但仍是英联邦成员，且在很大程度上依旧沿用普通法惯例。此外，还有不少小国仍然是英联邦的属国或依附于英联邦，包括加勒比的若干岛国。尽管如此，前殖民地的刑法已出现了不少变化。例如，与其他大多数普通法国家相反，安提瓜和巴布达在 1981 年独立（仍是英联邦成员国）后仅 8 年之内就建立了自己的刑法体系。它保留了包括监禁、罚金、缓刑、假释在内的刑罚，以及其宗主国业已废除的一系列惩罚手段。鞭笞等肉刑成为常规刑罚的补充手段，适用于使用致命器械伤人、持有攻击性武器或器械、在抢劫过程中或完成后实施暴力攻击、以抢劫为目的进行人身攻击的情形（女性免受鞭刑）。[11]

巴哈马保留了五类刑罚：死刑、罚金、监禁、赔偿以及并用上述惩罚。对于没有明确规定量刑方式的罪行，重罪依法判处 7 年监禁，轻罪处 2 年监禁。据报道，该国是世界上入监比例第八高的国家，每 200 名巴哈马人中就有一人多在监。死刑的使用与英国法律相悖，在英联邦国家中引发了持续的讥讽和争论。在巴哈马，死刑适用于谋杀罪、叛国罪和海盗罪。自 1929 年摆脱英国统治之后，一级谋杀就被定为必须强制执行死刑的罪行（已有至少 50 人被处绞刑）。目前引发争论的死刑和肉刑虽在英国早已被废除，但在加勒比地区它的前殖民地国家仍然存在。例如，伯利兹就保留了死刑。不过，虽然得到很多人的支持，但该国自 1985 年以来并未实际执行过死刑，这主要是由于英国的枢密院司法委员会（Judicial Committee of the Privy Council）拒绝批准处决那些通过各种渠道上诉超过 5 年的谋杀犯。关于犯罪和刑罚的话题自 1994 年以来已在加勒比英语国家中掀起轩然大波。彼时，作为英国 13 个附属国和前殖民地终审法院的联合王国枢密院规定，等待死刑处决超过 5 年的罪犯已经受到了残酷的、非常规的惩罚，应免于死刑。此举严重削弱了特立尼达和多巴哥公众对刑法制度的信任。

　　来自约 3000 英里之外的枢密院的法案激怒了特立尼达和多巴哥的民众。该国 130 万人中有 80% 支持死刑——"一种早已被他们的前殖民者抛弃的公正"。面对持续上涨的暴力犯罪，当地居民呼吁加快死刑等待过程。其他仍受枢密院控制的加勒比国家也持有类似观点。处决往往被视作抑制暴力犯罪大潮的捷径，尽管裁判委员会对这种做法是否有效存在争议。20 世纪 90 年代，一些加勒比国家不顾国际社会的谴责，试图加快死刑犯的绞刑等待过程。1999 年，枢密院意外地拒绝了几名因屠杀一家四口被判处死刑的男子的上诉，这些人在之前 4 年一直未提出上诉。出人意料的是，此次上诉被驳回的理由是，尊重该岛国宪法对死刑的规定。特立尼达的两名官方绞刑手因此次行刑分别得到了 50 英镑的酬劳。罪犯的尸体被埋在主岛监狱金树林中未受祝福的无名坟地里。[12] 1999 年恢复死刑后对特立尼达大毒枭多尔·查德（Dole Chadee）及其 8 名帮派成员的处决终结了"从哥伦比亚直抵欧洲和美国的杀人狂王国"。此后，特立尼达的谋杀率下降了 25%。[13]

　　除了普通法，后殖民时代的加勒比地区也受到其他法律传统的影响。在普通法占主导地位的格林纳达，还同时存在着印度法传统、伊斯兰法传统、印第安法传统，以及针对同性关系和堕胎的法律。上述两种罪行均会被判 10 年监禁，性犯罪一般被判处鞭刑。

帝国在非洲的终结

在西方刑罚实践进入非洲之前，非洲部分社会已经在使用各种惩罚性监禁手段。社会的规模越小，其关押机构就越不可能是永久性的。非洲监狱史学家弗洛伦斯·贝尔诺（Florence Bernault）曾论证，在组织松散的社会中，罪犯往往被捆绑在公共场所；而权力相对集中的西非国家则与处在同一发展阶段的欧洲国家一样，使用永久性的监禁所关押嫌犯，直到他们受审，受罚。19 世纪晚期，几乎就在非洲各地陷入殖民统治的同时，欧洲殖民者便以前所未有的尺度将现代监禁制度引入了非洲。到 19 世纪末，整个撒哈拉以南的非洲地区被分割成 30 多个殖民领，分属 7 个欧洲国家（法国、英国、德国、意大利、葡萄牙、西班牙和比利时）。受这些国家司法制度的影响，"监禁成了整个撒哈拉以南殖民地主要的、有指导性的判决"。[14]

在大多数情况下，新设立的罪行会被加入本地法规，而先前已有的且与现代社会不协调的罪行则会被废除。男性通奸、乱伦和重婚等传统习俗为秉持基督教道德规范的欧洲执法者所不容，成了违法行为。与此同时，殖民者规定了新的经济罪行和公共秩序法，将反抗殖民当局的行为入罪。为了"保护欧洲贸易利益"，有些地区设立了新经济法，比如禁止生产和销售本地酒精饮品，以保护欧洲酒在殖民地的市场。[15]

讨论刑罚实践在非洲的传播时，我们不应当忽略 12 世纪伊斯兰教在北非、西非和东非的传播，以及当时伊斯兰律法和刑法实践的渗入。由此产生的结果就是，到了殖民时代和新国家建立的时期，该地区已然存在一个由法律制度和习俗混合而成的复杂综合体。而殖民者又人为设立了新的政治界限，完全忽视了形形色色，且往往是相互对立的族群，这使情况变得更加复杂。英国的殖民地尼日利亚就是个很好的例子。英国人允许当地人使用伊斯兰教法，只有当原有的刑罚措施在英国人看来"违背了自然正义"时，他们才会强行干涉。这个让伊斯兰教法顺从西方刑法观念的"归化"过程恰恰体现了英国殖民历史的特点。尼日利亚直到 1960 年才废止伊斯兰教法，用监禁取代了钉十字架、断肢和石刑。但即便到了那时，尼日利亚北部的酋长国依旧使用鞭笞来惩罚道德犯罪，尤其是通奸和饮酒。1920 年，总督向殖民大臣报告说，地方法庭近来判处的鞭刑平均每年约有 3500 起。他强烈建议当局下令，将肉刑的判罚权限定给政治组织更完善的北部和西部地区法庭。当涉及刑事审判时，欧洲管理者往往试图采用欧洲刑法和司法体系，以便确保法律程序的一致性和连贯性。[16] 结果，撒哈拉以南的非洲现代刑罚制度几乎完全基于殖民时期的模式。

自 16 世纪 70 年代起，欧洲帝国主义者和商人纷纷开始建造沿海堡垒和要塞，并配备监狱和关押设施。葡萄牙航海者起步较早，同当地统治者签署了沿海岸线设立军事要塞和贸易堡垒的协定。但无论他们签署了何种协定、建成了多么壮观的堡垒，事实上，直到 19 世纪，欧洲人仍无法在定居点之外的地区行使权威。随着奴隶贸易的兴起，沿非洲西海岸的大部分监禁设施主要是用来关押准备经由大西洋运往美洲的奴隶。16 世纪 70 年代，葡萄牙殖民者将监禁制度引入安哥拉，一时间，监狱里塞满了罪犯、奴隶以及来自葡萄牙和巴西的流放犯。葡萄牙将罪犯流放到安哥拉以替代死刑的做法一直延续到 20 世纪 30 年代。

19世纪晚期，德国人占领卢旺达之后将西方刑罚和监禁体系带到了那里。1907年，摆脱了德国统治的卢旺达通过了鞭刑和其他展示性惩罚的处罚标准。德国和比利时的刑罚实践影响了若干殖民政体，但直到"一战"后比利时开始统治此地，卢旺达才有了真正意义上的监禁机构。比利时统治者发明了一种与中世纪俄国的皮鞭类似的抽打刑具，叫 chicote，这是一种用公牛或河马的筋制成的鞭子。直到1959—1960年取得独立之前，比属刚果的狱吏一直在使用这种刑具。正因如此，比利时经常受到人道主义者和国际社会的抨击。1906年，鞭刑被限制在50鞭，1923年减至12鞭，1933年减至8鞭，1951年最终减至4鞭。使用残暴的惩罚手段的不单是比利时人。一直对鞭刑青睐有加的英国官员也用鞭子、棍棒和藤条加强对不顺从的非洲人的控制，直到20世纪30年代才改为只用藤条笞打（除了加纳）。[17]

1920年，法国人率先将监禁制度带到了布基纳法索（Burkina Faso，以前的上沃尔特）。在起初的若干年间，非洲和欧洲的罪犯被关押在一起，但从1928年开始实施隔离监禁，直到1946年殖民统治终结之后，隔离罪犯的做法才被取缔。法国人也影响了马达加斯加的刑法。1840年，殖民官员在塞内加尔设立了当地第一批监狱。在最初几年里，这些看守所被用来关押普通的城市罪犯和非洲流动人口。尽管如此，整个殖民时期的监禁机构状况堪忧，完全算不得真正意义上的监狱。除了被羁押在贸易站的看守所，很少有人会被判入狱。

说起监狱生活，最痛苦的自然是女性罪犯，这在很大程度上是由于非洲的监狱直到20世纪20年代才实行分性别监禁（虽然法国人在19世纪50年代就有此要求）。近来，学界有人指出，后殖民时期的政府在改善女性生存条件方面毫无建树。正如一名历史学家所说，"如今的女性（受到的对待）同殖民时期的没什么区别"。[18]

　　以弗洛伦斯·贝尔诺为代表的当代历史学家认为，欧属非洲殖民地的肉刑全然来自欧洲传统，唯一不同的是，在这里，是"非洲人的躯体"承受着殖民法规的"体罚"。在现代社会仍依赖于体罚而非监禁，这与福柯的现代惩罚观念是相悖的。[19] 然而，监禁制度已在非洲推行很久之后，鞭刑却仍旧被保留，或作为惩罚手段的一种被重新起用，且得到大部分取代了当地法庭的殖民地议会的准许，当然，对象仅限于黑人罪犯。

　　经历了葡萄牙人的短期控制之后，1652 年，荷兰东印度公司建立了开普殖民地（Dutch Cape Colony），并在此广泛推行死刑制度。直到 1806 年被英国取代之前，这片殖民地一直处在荷兰人的铁腕之下。[20] 在荷兰统治期间，鞭刑只能算是让罪犯招认的温柔手段。正如一名学者所言，"如果说私刑拷打对美洲而言就像樱桃馅饼，那么鞭刑就是南非的干肉条"。[21] 而若论痛苦，拇指夹和拉肢架才是刑具中的翘楚。这种设计精妙的刑具通过一组滑轮将罪犯悬吊于屋顶下，倘若还不够，就在罪犯的每个大脚趾上再加挂 50 磅（22 公斤）重物。

　　早年，殖民地的死刑方式取决于涉案人的社会地位，地位越低，遭受的痛苦越漫长。溺毙是处决的方式之一。在荷属殖民地，大多数处决会公开执行。自由民通常被处绞刑、枪决或勒死，对奴隶的处决方式则要残忍得多。曾有一名奴隶因两起谋杀被判死刑，其遭受的苦痛无以复加。他被绑在车轮上，先被钳掉皮肉，然后被大棒"结结实实、毫不留情地"猛击 8 次，活活打死。在另一桩案例中，一名罪犯被绑在十字架上，行刑手用烧红的钳子"慢慢地"从他身上撕下 10 片皮肉，"他的右手被剁下砸在脸上，尸体被一分为四，满城拖着示众"。[22] 南非法官兼作家阿尔比·萨克斯（Albie Sachs）认为，虽然早期的法庭记录显示残肢刑的确逐渐有所缓和，但那只不过是因为缺舌头少耳朵的"毁容者的模样"令"上等居民实在难以接受"。从欧洲人的立场看来,对非洲奴隶的体罚部位从头部和脸部变为背部,更多是基于端庄得体的考虑,而非出于仁慈。[23]

在英国控制南非殖民地之前,当地的死刑包括绞刑、勒死(对女性)、缚在车轮或十字架上裂肢。对于后一种刑罚,(谢天谢地)有时是用斩首的方式一击而毙,然后再分尸或焚尸。直到1804年,仍有一名纵火犯被用这种方式处死。[24]英国人在处决方式上倒显得更仁慈,只允许实施"毫不严厉的"绞刑。19世纪初,死刑的适用相当宽泛,1831年甚至有一名男子因鸡奸被绞死。随着当时犯罪率的攀升,入室行窃、纵火、滥杀牲畜、盗窃、乱伦、强奸和谋杀未遂等行为也会被判死刑。好在没过多久,死刑便仅限于惩罚杀人犯。

从埃及到南非,英国的司法体制在非洲影响深远。南非的英国式刑法制度与其他非洲国家有些许不同。开普殖民地的刑法主要针对的不是普通罪犯,而是违反《通行证法》(Pass laws)的人,因此,其刑罚体制的发展与种族隔离制度的改变有着更密切的联系。《通行证法》设立于19世纪后期,南非殖民者希望以此限制非洲原住民的流动,以便控制劳动力。因违反《通行证法》入狱的罪犯往往会被送往钻石矿场和黄金矿场做苦力。1916—1986年,在种族隔离制度之下,1700多万名黑人因违反《通行证法》而入狱。至于监禁制度涉及的种族隔离,则要在之后4年才被废除。[25]

殖民司法体制对欧洲人到来之前的传统非洲社会究竟产生了怎样的冲击,相关的研究仍然不够充分,但据现有的大部分资料来看,非洲人总体上将犯罪视为对宗教道德的威胁。对于犯罪行为,他们不一味寻求报复,而是往往更关注以保护和巩固社群为目的的净化。按照犯罪学家比科·阿古兹诺(Biko Agozino)的观点,他们在使用刑罚时会诉诸不同的方式。"对行为不端者通常采用非正式的处罚，比如嘲讽、奚落或公开羞辱"，而对于经济犯罪，比如偷盗农用物资和牲畜，则通过"赔偿"解决。随着欧洲刑事制度被引入西非，带来"监禁和去非洲化的社会控制手段"，这一切都被改变了。[26]

在被殖民控制之前，非洲撒哈拉以南地区的各民族处于历史发展的不同阶段，有些是"高度组织化的半封建王国"，有些则是"不以国家形式存在的乡村社会"。[27] 撒哈拉以南的现代非洲也有着众多复杂的法律体系。由于漫长而多样的殖民历史，其司法程序中依旧残存着英国、法国、荷兰和葡萄牙的法律传统。我们可以毫不夸张地说，这些形式制度被强加给了非洲，取代（有时也吸收）了当地原有的传统法律和习俗。因此，当曾经的殖民地转变为独立国家时，人们便会面对众多司法选择，他们在司法改革过程中常常既吸收古老的文化传统，同时又更多地采用现代化的形式。

前殖民时期的法律传统形态各异，相应的惩罚手段也各有不同。在有些国家，叛国和间谍是罪大恶极的行为，罪犯必被处以极刑。一旦抓获可疑的间谍，就会当着其所有近亲属的面将他处死，以此警告其他图谋不轨者。行巫术也会被判死刑。为了维护本家庭在村中的地位，巫师的亲属应带头惩罚罪犯，从而表示他们与该犯罪行为毫无关系，并表明他们赞成实施死刑。[28]

在非洲很多地区，针对财物的犯罪明显较少。毫无疑问，这是由于那些地区的私有化程度不高，甚至完全不存在私有财产。乞力马扎罗地区是个例外，在那里，贫富差距导致被捉的强盗要面临死刑判决。19世纪晚期，当德国人进入该地区时，查加人对普通犯罪采用赔偿或罚金的惩罚手段。具体规定如下：对偷盗牲畜者判罚两倍于所盗牲畜价值的赔偿；对从蜂房偷盗蜂蜜者判罚一头公牛和一只山羊；对致使他人手臂、腿脚伤残或一只眼睛毁损者判罚两头奶牛和两只山羊；对持武器伤人者判罚一头公牛和一只山羊；对赤手空拳打人者判罚两头山羊。该制度在德国人到来之前的哈亚（Haya）、尼亚姆韦齐（Nyamwezi）、何和（Hehe）和苏库马（Sukuma）等王国被广泛采用。[29]

在对前殖民时期非洲法律研究过程中常常令人们惊讶的是，他们的法律旨在引导个体纠正其行为，而不是追求创建新的罪名与罪行，或者，用一名专家的话说："它的总体目标是维持一种平衡，其惩罚……是有导向意义的，不是要针对特定的违法行为，而是为了恢复平衡。"[30]

将欧洲与非洲进行对比，我们会发现，直到 18 世纪晚期之前，这两个地方几乎没有监狱。一名研究非洲学的学者由此认为，在当时，同西方世界相比，"非洲并不落后多少"。[31] 大英帝国的缔造者在 19 世纪 60 年代把现代监狱引入了尼日利亚，但有证据表明，当地的约鲁巴人（Yorubas）在那之前就已经用某种监禁手段惩罚欠债者（同时也使用流放的手段惩罚其他罪犯）。早在英国统治之初，殖民者就多次报告说，当地的传统法庭对很多案件的涉事人——无论男性抑或女性——都会判罚公开笞打，甚至有人评论说，"整套棍棒、藤条、鞭子"都被原住民法庭用了个遍。[32]

到 19 世纪末，尼日利亚北方保护领的罪犯通常住在自己的村落里，每天早晨报到劳动；但到了 1912 年，全国各地都出现了由原住民或英国看守管理的监狱。在尼日利亚首任总督弗雷德里克·卢格德爵士（Sir Frederick Lugard）的指导下，从 1912 年到 1930 年，当地建立起了双重监狱管理体系，国家一级的监狱负责关押在英国殖民法庭定罪判刑的罪犯，原住民监狱则由原住民当局运营和管理。[33]

到 1900 年，尼日利亚传统的刑法被英国法庭废除，后者强制推行殖民地成文法中规定的刑罚。向英国殖民地法的转型标志着尼日利亚传统刑法的衰落，很多昔日的习俗，如残肢、拷打和刑讯等，被法规明令禁止。原住民法庭曾经可以做出绞刑、斩首、石刑、溺毙、活埋、刑同其罪等死刑判决，现在则不得不用更"人道"的方式进行处决。在英国占领期间，尽管传统做法可能依旧存在，但大部分比较特殊的手段均被废除，由绞刑或斩首取代。1933 年之前的法规并未对肉刑的判罚做出限制，但此后，行刑时只能使用合乎尺寸规定的藤杖和单股鞭子。与此同时，公开处决遭到禁止。[34] 英国殖民者于 1900 年引入了木枷刑，尤其在北方地区，为了体现伊斯兰法律传统，鞭刑直到 20 世纪晚期仍"在封闭空间内"执行，"公众有权或经许可进入行刑场"。[35] 尽管（其他）体罚仍对公众开放，公开处决在 20 世纪 30 年代的大部分时间内被禁止了。

被法国人和英国人殖民占领之前，喀麦隆的刑罚手段包括罚金、羞辱、肉刑和监禁。19 世纪，走到尽头的曼达拉王国（Mandara Kingdom）——用一名学者的话说——已经建立起了一套"经典的刑罚体系"。[36] 单独囚禁、让罪犯忍饥挨饿和残酷的体罚是这套复杂体系的特点。此外，有证据表明，19 世纪初，喀麦隆北部的富拉尼帝国（Fulani Empire）曾使用监禁和强制劳动作为惩罚手段。囚禁场所大多是简陋的茅屋，罪犯被用绳子拴在地上，原始的手铐或固定在桩子上的铁链则用来限制其活动。1965 年，喀麦隆和马拉维（受英国法律和非洲习俗双重影响）重新恢复了公开处决，期望通过这种展示达到震慑效果——这个问题每每在涉及死刑的讨论中都会引发大量辩论。殖民时代终结后的尼日利亚依旧把监禁作为最严厉的刑罚，通常情况下则使用罚金等处罚手段，这既增加了政府收入，也起到了补偿受害人的作用。

印度和东南亚

至少在公元前 3 世纪，南亚就已经出现了某种形式的强制监禁。在此后的印度和穆斯林统治时期，监禁依旧是惩罚手段之一，但所谓监狱通常只不过是一个要塞土牢，主要用来关押敌人和叛乱者。直到 18 世纪，监禁在该地区仍算不上常规刑罚，倒是罚金和断肢刑的应用更为广泛。有学者认为，他们"缺乏建立完善的监狱体系的方法"。此话或许也同样适用于其他前殖民时代的地区。[37] 因此，首先，我们应该说，监狱并非为殖民者所构建，但监狱的形式和目的在殖民统治过程中得到了发展。在印度，建立现代司法体制的最大挑战之一在于创建一个能够容纳不同种姓、人种和宗教信仰，并能应对其各自的饮食、衣着和劳动差异的监禁体系。从传统上说，监禁是一种较轻的惩罚，对大多数印度人没有震慑力，除非同时并处烙印或流放海外等附加刑罚。印度教徒对后者尤其惧怕，因为它违反了不得越过"黑水"的禁忌，会令受罚者失去原本的种姓身份。[38]

起先，英国人似乎并不理解以种姓为特色的印度文化的复杂性，不知道高等种姓婆罗门可以免于鞭笞、处决等刑罚，而以放逐代之。被英国统治之前，羞辱、断肢、绞刑和监禁都曾作为刑罚手段出现在印度次大陆。在英国殖民时期，整个大英帝国罪犯的流动性对刑罚制度的发展产生了冲击，尤其是在"罪犯流动最多"的南亚。1787—1943 年，约有 8 万名罪犯被流放海外。为了对罪犯进行区分，1789—1849 年，来自孟加拉国和马德拉斯的被判终身监禁的罪犯的前额上会被刺上名字、所犯罪行及宣判日期，这种制度称为文面。标记具有双重目的，既可作为刑罚标识，也可起到监控罪犯的作用。女犯同样要文面，但可免遭鞭刑之苦。[39]

在东印度公司的统治下，19 世纪早期的殖民政府曾试图用印度教法律管理印度教教徒，用伊斯兰律法管理穆斯林，用英国法律管理英国人及其在印度的公司雇员。英国本土的刑法与其海外殖民地的刑法在适用死刑的罪行规定上有很大差异。彼时的印度深受前莫卧儿帝国的伊斯兰法律体系影响，该法律体系与哈乃斐法律（奥斯曼的法律）一致。因此，相比英国法律，传统印度法律中的死刑少得多。尽管如此，（贪图方便的）英国人从 18 世纪晚期就觉得断肢刑令人难以接受，或者如鲁道夫·彼得斯（Rudolph Peters）所言，"相比生命而言，他们更看重四肢完整，尽管死刑被视为更有震慑能力的刑罚"。[40] 此后，也就是 19 世纪上半叶，埃及和奥斯曼帝国曾长期使用的断肢刑和石刑被逐渐淘汰，常规死刑在刑事处罚中得到了更广泛的应用。

伊斯兰学者曾指出，在孟加拉国等地，英国人"将伊斯兰教法改得面目全非"。[41] 正如上文提到的，英国人不喜欢肉刑和断肢刑，更偏爱死刑，并将这种刑罚体制推而广之。在殖民统治孟加拉国期间，英国人将本土的《血腥法典》照搬过来，规定所有故意杀人案一律适用绞刑。他们觉得伊斯兰律法太琐碎、不合时宜，觉得他们的听证制度过于烦琐，于是一刀切地采用英国标准来确保凡案必有罚，哪怕有的案件连间接证据都不够充分。对允许受害人及其家属接受经济赔偿或用其他解决方式代替极刑的伊斯兰传统，英国人无法理解，便索性废除了这种历史悠久的做法。[42] 此举在 1799 年部分实现。殖民者设立了公诉人办公室，授予公诉人即便在受害者及其家属提出抗议的情况下仍可寻求惩罚的权力。单单以强奸罪为例，我们就可以看出英国人鲁莽干预法律的后果。在伊斯兰律法中，强奸行为很少会提起公诉，只要施害人同受害者结婚，受害者家属就会撤回控告，这是当事双方最先寻求的解决方案，是一种"能比公开审判更好地挽救家庭荣誉的策略，因为一旦公开审判，所有痛苦不堪的细节都会被公之于众"。[43]

如今，不少亚洲国家的司法体系依旧根植于欧洲殖民主义，民法和普通法传统与本土传统相互冲突，而后者最终胜出。被殖民统治之前，东南亚地区已经有各种刑罚制度。在马来人的社会里，死刑适用于从叛国、谋杀到盗窃皇家财物或与上等人的妻子通奸等一系列罪行。在暹罗的寺院里盗窃或在缅甸拦路抢劫、纵火都会被判死刑（谋杀和叛国亦然）。具体的处决规定通常依罪犯的身份地位而异。在某些马来人社区，处决高等级罪犯的方式是用传统匕首——波形刀——刺入心脏。19 世纪中期，一名观看过暹罗贵族死刑的欧洲人回忆说，罪犯会被带到公共场所，安置在某种床样的装置上，然后被打死；而普通人则会被斩首。这与贵族死于刀剑、平民则要忍受更长痛苦的西方传统恰恰相反。同样是这名欧洲观察者，也描述了偷盗、熔化寺院金银神像的罪犯是如何"被绑在大柱子上，用小火慢慢烤死的"。[44]其他残酷的死刑手段还包括穿刺、活活肢解、被野兽撕咬。17 世纪晚期，一名荷兰人曾在暹罗目睹了通奸犯被大象踩死。说到死于兽爪之下，在东南亚地区曾被用来执行处决的野兽不一而足，包括蛇、老虎、鳄鱼，甚至水牛。对窃贼的惩罚是砍去手臂，盗窃行为轻微的小贼会被削去指尖。制造假币者被处以各种酷刑，包括程度不等的断肢，具体由罪犯在实施犯罪行为时所扮演的角色而定。例如，人造假币过程中拉风箱的会被削去右手手指，真正负责制造假币的则会被砍掉整只右手。最严厉的刑罚适用于在硬币上加盖皇室印章的人，这种人会被砍掉整条右臂。在通奸犯面颊上烙印、在其他罪犯的前额上烙印的做法也很常见。配合着面部烙印，罪犯的胸前也常常会被文上其所犯罪名，例如"谋杀"或"盗马"。19 世纪20 年代，一名曾在缅甸监狱中服刑的英国商人通过亲身经历明白，面部烙印不仅仅是"他们身为罪犯"的证据，也令罪犯几乎无法神不知鬼不觉地逃脱。[45]

前殖民时期也有一些固定的监禁判决，但监禁条件依成本而变。与西方不同，这里的罪犯会受到单独监禁，以示惩罚，但当局对罪犯的改造并不关心。大部分记录表明，在殖民时代以前，监禁并非刑事判决中的首选。大多数时候，罪犯被束缚在简陋的看守所里，不得不依赖善良的陌生人施舍得食。很多情况下，更实际的做法是选择其他刑罚，尽早完成惩罚过程，而不是在牢房里指望他人的慈悲，度日如年。有可能被判监禁的罪犯或许宁可支付罚金、受鞭刑、断肢、被放逐，甚至被处决，也不愿饥肠辘辘地被绑在木屋里，眼巴巴地想着下一顿饭来自何方。无论如何，监禁在当时并非常规的惩罚手段，更多时候是用于当罪犯仍在接受调查、等待审判或接受体罚的过程中。东南亚监狱史权威伊恩·布朗（Ian Brown）说得好，现代意义上的宣判入狱在前殖民时代是不必要的，因为在很多情况下，罪行深重的惯犯往往已被打上了某种易识别的面部或躯体烙印，即便没有，他也已遭受了某种断肢刑。总之，罪犯事实上已然"被关进了无形的监狱中"。[46]

英国人把普通法刑罚带到了马来西亚和新加坡。这两地都在1963年脱离英国统治，并于1965年分成了两个独立国家。这两个国家通常被视为全球最安全的国家——当然也是刑罚最苛刻的国家。个中原因，部分是由于数百年来，大部分犯罪事件——无论是恐怖活动还是酷刑和勒索，其背后都牵涉着某些秘密组织。为了镇压这些团体，当局制定了严格的司法制度。马来西亚和新加坡沿袭了英国的法律模式和法学理念，但对被认定为重罪的行为采用了更严酷的刑罚制度。他们对涉毒案件的惩罚堪称全球最严，倒卖30克吗啡就会被判死刑。窝藏枪支、毒品、淫秽制品、赌博、公然卖淫也会受到严惩。较轻的罪行通常被处以鞭刑。各种破坏公物、盗窃和抢劫行为被处鞭刑及监禁。涉枪案件，无论是买卖、藏匿，还是在作案过程中使用，一律被判处死刑。

英国普通法并非直接进入新加坡，而是经过了印度殖民地的中转。由于独立后的新加坡建立了自己的法律传统和理念，且其司法制度变得越发严厉，因此有法学者认为，该国的"犯罪控制模式造成了对传统普通法的明显消解，并带来了一个与普通法截然对立的体系"。[47] 在各种刑罚手段中，最能体现新加坡特色的当属起初由英国殖民者引入的鞭笞传统。事实上，直到1948年被判违宪之前，鞭笞在美国仍是合法的刑罚手段。有专家认为，只有马来西亚和文莱的鞭笞刑之"凶狠可与新加坡一较高下"。鞭笞刑最初是为了对付个人暴力犯罪，因此含有一种"报复逻辑"[48]，但到了20世纪60年代，该刑罚的适用范围扩大到诸如非法入境和破坏公物等非暴力犯罪。不过，这种延伸使用也有出于公共安全的考虑。对在公共场所涂鸦和破坏公物的行为处以鞭刑，其法律依据来自1966年的破坏公物法案，当时是为了对付鼓动共产主义起义的政治性涂鸦。此外，日益突出的外籍劳工问题也令非法入境和超期滞留的问题雪上加霜。尽管如此，新加坡遵循严格的规定，鞭笞必须由受过训练的官员执行。行刑中需要用藤条击打皮肤，让受刑人流血并承受极大的痛苦，往往还要留下永久性疤痕。很多批评者认为，这项制裁应受到谴责，因为它针对的是非暴力犯罪，尤其是破坏公物和持有少量毒品。因行刑导致休克和昏厥的情况并不罕见，因此医生随时准备抢救，并确保罪犯仍能承受余下的刑罚。依照新加坡的破坏公物法案，对于任何破坏公物的行为，鞭笞"不得少于三下"，"不得多于八下"。唯一的例外是，如果该罪犯系初犯，且使用的是"铅笔、蜡笔、粉笔或其他可以擦除的物品"，则鞭笞次数的上限可以增加。[49]①

倘若要设立一场鞭笞大比拼，奖杯很可能会落在前英国殖民地南非的囊中。从 1985 年到 1995 年，那里有 3 万名年轻人共承受了 100 多万鞭。与新加坡不同，南非的鞭刑是用轻藤条造成所谓的"轻伤"，并不要求留下永久疤痕，且鞭笞不超过 7 下。通常，准备受刑的年轻人会被要求脱下内裤趴在有垫子的长凳上，双腿被紧紧摁住。从 1977 年起，随着刑事程序法案第 51 条的通过，少年犯不必再赤裸下身接受鞭笞，鞭笞的次数也从 10 次减至 7 次，而且皮肤一旦破损，行刑立刻终止。不过成人就没那么幸运了，对于他们，依旧适用老规矩。[50]

与印度和东南亚的情况相似，亚洲及太平洋其他地区的司法体系亦无法一概而论，灵活、杂糅是该地区法律传统的特色。尽管民法和普通法程序（具体取决于各地殖民时期的前身）占主导地位，但在亚洲很多地区，殖民时期的法律体系与其本土的司法实践相辅相成，形成了一种兼收并蓄的混合司法习惯。英国将普通法引入了印度、马来西亚和新加坡，并对当地产生了深远影响；而荷属印度尼西亚则受民法传统的影响更深。还有一些亚洲国家，比如泰国和日本，事实上从未经由殖民过程被强加以外来法律传统，但也选择了民法法系。

相比其他地方，亚洲和太平洋地区的死刑宣判率较高。据估计，全世界 85% 的死刑发生在这里。需要再次指出的是，这个问题同样不能一概而论，因为很多国家的法典中虽然规定了死刑，但或是没有实际运用，或是使用得极为审慎。例如，文莱允许死刑判决，但自

---

① 此处疑误。据新加坡的破坏公物法案条目显示，初犯及使用可擦除物品的犯罪者，可免于鞭刑处罚。——编者注

1967 年以来从未使用。老挝亦然，他们往往用监禁、监外改造、当庭公开批评或不加宣传报道的公开批评的方式代替死刑。不过，死刑在中国、印度、日本、蒙古、新加坡、泰国和越南仍有使用。

　　日本的监禁史可以追溯到公元 8 世纪，彼时的日本深受中国唐朝影响。被判强制劳动的罪犯要从事繁重的公共工程作业，刑期 1~3 年不等。到了 10 世纪，监禁替代了肉刑和死刑。18 世纪初，劳役刑被重新恢复。18 世纪的一名观察者曾指出，日本的监狱足可与美国 18 世纪 90 年代的监狱媲美。1868 年，日本进入明治时代，为 1872 年肉刑的废除和新法律制度的引入铺平了道路。

昔日的奥斯曼帝国和现代中东

　　伊斯兰教法曾通行于整个伊斯兰世界，但到 19 世纪却几乎被所有主权国家抛弃。直到近年来，我们才见到伊斯兰法律制度在伊朗、巴基斯坦、苏丹和尼日利亚北方诸州的复兴。伊斯兰国家中广泛存在着对犯罪率攀升和西方道德使人堕落的担忧，常常呼吁重新起用伊斯兰教法，以此作为惩治社会恶习、恢复高尚社会的灵丹妙药。伊斯兰教法的支持者一次又一次强调，对于那些了解鞭刑、断肢、笞打、石刑等痛苦惩罚的人而言，伊斯兰教法灌输给他们的畏惧恰是一种震慑；那些坚定地采用伊斯兰教法并强制实施惩罚的国家的犯罪率都较低，便是这种震慑价值的体现。

　　普利策奖得主、记者托马斯·L. 弗里德曼（Thomas L. Friedman）将现代中东的重重问题归咎于"一战"后奥斯曼帝国的瓦解和欧洲列强的阴谋。他声称，"我们如今在中东面对的事实上是迟来的奥斯曼帝国终结之后果"。由于"一战"爆发，北非国家摩洛哥、突尼斯和阿尔及利亚成了法国殖民地，意大利控制了利比亚，英国则占领了埃及。随着战争的进行，英国和法国殖民主义者瓜分了曾经属于奥斯曼帝国的土地，并在此过程中将"他们的秩序强加给构成东阿拉伯的不同部落、派别和宗教群体"。法国人和英国人从该地区离开之际留下了他们一手培植起来的领导人，后者则往往独断专行，用"铁腕"统治着前帝国形形色色的子民。[51]

16 和 17 世纪巅峰时期的奥斯曼帝国是个横跨东南欧大部、西亚和北非的大帝国。作为一个伊斯兰国家，它的存在时间之长（1453—1922）、疆域之广，在历史上鲜有可比肩者。来到这个土耳其帝国的欧洲旅行者提到了这里灵活的司法体系，觉得它虽与欧洲冗长、持久、代价高昂的司法实践截然相反，但相比之下毫不逊色；但也有人说这里刑罚严酷，草菅人命。罚金是常用的惩罚手段之一，且在惩戒某些罪行时常常与鞭笞并用。罚金的数量由需要执行的鞭笞次数决定，按律所受的鞭笞次数越多，罚金也越高。例如，偷钱包或包头巾的窃贼，除非按律当判斩断一只手，否则法官"应判处他体罚加罚金，且罚金数量应与其所受鞭笞的次数相当"。[52]

伊斯兰教法的惩罚通常取决于教义解释，对土耳其人而言就是哈乃斐学派的司法理论。根据他们的解释，在针对同性恋的判决中，只有经常实施同性性行为的人才会被判处死刑。法官在执法时往往依据固定的刑罚规则进行判决，具体方式从鞭笞到死刑不等。但与一些实行伊斯兰教法的现代国家不同，18 世纪的奥斯曼帝国很少对窃贼适用断肢刑。同样，石刑处死也极为罕见。一名奥斯曼帝国司法研究的泰斗只找到了一个实例。该案发生在 1680 年，一名妇女因与一名犹太人有亲密关系而被处死。死刑在伊斯坦布尔竞技场执行，苏丹穆罕默德四世亲临现场。[53]

自 19 世纪初，欧洲列强就开始染指一些穆斯林地区的刑法。例如，1844 年，西方强迫奥斯曼土耳其人停止对叛教者施行死刑。拆毁伊斯兰教法法庭的事件则发生 1924 年，彼时，土耳其共和国成立，现代改革者凯末尔·阿塔图尔克下令废除伊斯兰教法，以配合西方化和世俗化的改革进程。

到 19 世纪中期，规模不一、条件各异的监狱在奥斯曼帝国各行省中心已相当普遍。19 世纪 50 年代时，一名观察者回忆说，这些监狱的牢房"条件恶劣，脏得难以想象，到处是虫子，光秃秃的泥巴地，潮湿难耐，通风严重不足，空气浑浊，弥漫着各种令人作呕的气味"。另一名西方观察者说，奥斯曼的监狱"是个能让英国人在一周内毙命的地方"；还有人提到亚历山大勒塔（Alexandretta）的监狱时说，"如果罪犯不能在 110 天内从这里出去，死亡就会让他得到解放"。[54]

sijn 在阿拉伯语中的意思是监狱。在阿拉伯世界的其他地区，比如埃及，还有一些词也用来指监狱。liman 这个词从土耳其语和希腊语的"港口"一词派生而来，指的是建造在埃及亚历山大港的监狱。zindan 一词来自波斯语，指的是伊斯坦布尔和突尼斯的监狱。[55] 根据伊斯兰学者的研究，监狱在中东本土的刑罚传统中无足轻重。监禁刑即便偶有使用，也并不常见，且通常只是作为其他主要刑罚的附加惩罚。一个人的社会地位决定了他是否会遭到监禁。与世界其他地区一样，这里的监狱大多用来关押等待审判的罪犯，以确保他们到庭受审、招供或悔罪。监禁制度的出现通常被人们视为阿拉伯国家向现代社会的转型。

随着第一次世界大战后奥斯曼帝国的分裂，现代监狱改革也在法国人和英国人的管理之下在前土耳其人的领地上展开。战后新国家的建立过程包括监狱的大量启用和传统惩罚模式的同步减少，或者，用一名专家的话说，19世纪的人已经默认"习惯做法过时了"。[56]19世纪后期监狱在中东地区的出现与由肉刑、死刑和罚金到监禁的刑罚转变是同步的。

现代埃及的建立在某种程度上可以追溯到穆罕默德·阿里（Muhammad Ali）统治时期（约1805—1849年），正是他在1829年颁布了该国第一部现代刑法典。1805年，当阿里从法国人手中夺取权力时，埃及仍是奥斯曼帝国的一个半自治行省。作为新政的一部分，他废除了奥斯曼帝国的一系列刑罚，将惩罚手段限定于鞭笞、死刑和监禁劳动。之后的埃及政府又于1861年废除了肉刑。就这样，埃及的刑罚从残酷、公开的制裁转变成了以监禁为主的更审慎的处罚形式。

女性入监在中东地区由来已久。早在18世纪、19世纪，北非部分地区就已经有特殊的女子监狱。例如，阿尔及利亚早在1851年就对罪犯实施分性别隔离，将一所名为"隔离院"的老医院建筑改成了女犯囚禁所。在奥斯曼帝国时期，比较常见的做法是将女犯监禁在宗教首领宅邸中或把她们嫁给某人，让她们从事家务劳动。[57]

在19世纪将尽之时，监禁已逐渐成为埃及的主要刑罚。19世纪80年代，埃及刑法典收入一份惯犯名录。此类罪犯会被判处更严格的监禁，必须穿着特殊的黑衣，他们也由此被称为"黑衣帮"。与此同时，肉刑和由地主私下实施的鞭刑被废止，死刑的数量也在减少。到了20世纪前10年，死刑通常在监狱高墙之内特别设计的小屋里秘密执行。由于各地政府往往利用"现有的监狱和管理"，刑罚改革的过程时断时续。与此相对照，法国人在19世纪30年代利用阿尔及利亚的监狱作为总体计划的一部分，对北非部分地区进行直接管理。由于监禁期限不定，对于罪犯而言，最大的危险显然是有可能"被遗忘"在某间囚室或地牢的阴暗角落里。与埃及相比，在法属阿尔及利亚定居的欧洲人更多。有专家称，建于 1852 年的朗贝塞监狱"或许是中东地区第一座按照同时期的欧洲理念建造的监狱"。[58] 阿尔及利亚监禁制度阴暗之处不仅在于对法国罪犯和阿拉伯罪犯实施隔离监禁，还在于狱中的欧洲人可以学手艺，但阿拉伯人"除了打铁之外什么都不配做"。据说，之所以实施分隔管理，是为了保护阿尔及利亚原住民免受来自欧洲堕落习气的影响。

1922 年奥斯曼帝国瓦解之时，也是非殖民地国家，比如土耳其和伊朗的现代化道路开启之际。20 世纪二三十年代，这些国家以欧洲模式为样板，开始塑造自己的司法体制。与此类似，在 1948 年英国人离开以色列后，这个新兴国家也沿用了英国的普通法，只不过没有采用曾经受英国人青睐、如今已被废除的鞭刑。在其他地区，从奥斯曼法律向其他法律体系的转型则复杂得多。例如沙特阿拉伯，在 1932 年之前，谋杀、抢劫、盗窃、部落仇杀等各种重罪相对较为常见。随着沙特王国政权的巩固，当局在全国范围内实施伊斯兰教法，抑制了犯罪活动和社会混乱，犯罪率明显下降。事实上，沙特阿拉伯是现代中东国家中为数不多的"始终奉行伊斯兰教法"的国家之一。该国大部分地区并没有采用实体法，但当局会定期对必须遵守的伊斯兰教法部分做出规定。为了与国家目标相一致，沙特阿拉伯对适用于法庭的部分伊斯兰教法进行了编纂，或者说现代化改编。针对现代刑事犯罪，例如造假、滥用药品、贩毒、贿赂和涉及支票的案件，当局规定了新的酌定刑，并通过刑事立法予以推广。对于那些最严重的罪行，即在伊斯兰教法中有固定判决的罪行，则力求保证不草率宣判。例如，从 1982 年到 1983 年，有近 4300 起属于酌定刑的盗窃案被立案，但只有两起被处以断肢刑。[59]

　　伊斯兰教法学家的司法裁决体现了伊斯兰教法的实用主义和灵活变通的特点。从 1981 年 9 月 8 日发布的第 85 项裁决中，我们可以看出，面对沙特阿拉伯攀升的犯罪率，乌里马高级委员会（Board of the Senior Ulama）将打击目标锁定在日益增长的城市暴力犯罪、毒品犯罪和诱拐妇女儿童从事性交易犯罪。该裁决详细阐述了伊斯兰教法对土匪活动的规定，在对城市中发生的武装袭击案件的量刑上给予法官更多的自由裁量权，并对以性交易为目的的诱拐行为适用等同于盗窃财物罪的处罚。此外，该裁决明确规定，法官有权决定使用包括放逐、交叉断肢（斩右手和左脚）、死刑或钉十字架在内的一系列惩罚。作为多结构化裁决的一部分，毒品犯罪被归入"在人间散播腐败"一类罪行，授权法官对初犯者适用罚金、监禁、鞭笞等严厉处罚，对再犯者可判处包括死刑在内的一切惩罚。[60]

　　沙特阿拉伯被视为"犯罪低发"国家这个事实令伊斯兰教法的支持者备感欣慰，他们往往喜欢提到，到 20 世纪 80 年代晚期，该国的谋杀案和盗窃案的发案率在国际刑警组织 25 国名单中为倒数第二。此外，他们还指出，除了性犯罪率和毒品犯罪率低之外，这里的监禁率也不像西方世界那样高得离谱。正如一名学者所说：

> 在实施伊斯兰教法之前，沙特阿拉伯王国曾是一派无法无天、混乱不堪、社会动荡的景象，到处都有人趁火打劫。当时，无论是生命还是财物均得不到保障。朝圣者在出发前要向家人做最后的告别，担心自己永远无法安全返回。[61]

　　第二次世界大战之后，阿拉伯国家或通过外交手段或通过革命斗争纷纷获得独立。新政府几乎都是世俗政权，尽管其中很多由泛阿拉伯民族主义者掌权，比如埃及的贾迈勒·阿卜杜勒·纳赛尔（Gamal Abdel Nasser）。当时，大部分阿拉伯国家似乎打算实施现代化进程，企盼未来的经济繁荣和稳定。伊斯兰教法法庭虽然依旧存在，但已在世俗化的阿拉伯世界中退居二线。然而，这些政权往往毁于专制。贫富差距过大的结果就是出现了以埃及的穆斯林兄弟会（Muslim Brotherhood，1929 年）为代表的反世俗团体。各反对派别把恢复伊斯兰教法当作解决国家困境、获取些许自尊的法门。但真正为复兴运动提供典范的却是 1979 年在伊朗这个非阿拉伯国家爆发的伊斯兰革命，这次革命也将伊斯兰教法重新带回了伊斯兰世界。除了屈指可数的几个伊斯兰国家，欧洲法律传统在该地区的影响微不足道，沙特阿拉伯、也门和卡塔尔的司法体系便是很好的例证。

混合刑罚体系

　　即便如苏格兰和英格兰这样的普通法国家，在分享相同法律传统的同时也基于当地的法律实践有各自不同的运用方式。在这一点上，或许苏格兰对"证据不足"裁决（一种源自 18 世纪的独一无二的传统）的重视最能说明问题。根据苏格兰的法律传统，陪审团在庭审中可以就三种选择进行投票：有罪、无罪、证据不足。我们可以通过 1992 年春天 20 岁的阿曼达·达菲（Amanda Duffy）被杀一案来清晰地了解这个制度。阿曼达·达菲是个爱好交际、"特立独行"的年轻人，被发现遇害时，她的肢体残缺不全，几乎难以辨认。媒体报道说，她遭受了可怕的伤害，鼻子和下颌破碎，脸部有被踢过的痕迹，皮肤被尖锐的物品划破，被野蛮地强暴，这些细节在法庭上提交时甚至导致"一名观众呕吐"。[62] 嫌疑人不久就被缉拿归案。此人是她以前的同学，也是最后一个见到她活着的人。苏格兰的司法体系显然颇受辩方律师的欢迎，因为三种裁决选项中有两种都能让他们在庭审时明显处于优势。该案疑点重重，嫌疑人最终被判无罪，这在很大程度上是因为苏格兰法律对被告提供的保护。民众怒不可遏，征集了6万人在抗议书上签名。事件由此发酵，一名记者引用沃尔特·司各特爵士（Sir Walter Scott）的话说，"浑蛋裁决，不合逻辑，完全不可原谅"。无论如何，这样的裁决并不多见，只占所有谋杀案的5%左右。有些人认为，在强烈的反英格兰氛围之下，"证据不足"裁决具有某种象征意义，是苏格兰对英格兰法律的"文化反应"，其背后或许暗含着这样一种理念："如果有什么事英格兰人没做，那就一定是好事或者值得坚持。"也有人将此归于苏格兰人克制审慎的传统，"宁可错放九个，也不滥抓一人"。但每每遇到暴力犯罪数量上升的时候，这种在很多人眼里已是不合时宜的制度就会失去支持者。[63]

极少有哪个国家的司法体制（或刑法体制）是纯粹由某个单一法律传统构成的。以阿富汗为例，该国目前使用的刑罚制度结合了伊斯兰教法、民法、普通法和习惯法（甚至一度包括社会主义法律体系）。法律体系的变化往往与政体的更迭相伴而行。20世纪二三十年代建国之后，阿富汗采用哈乃斐学派的法学理论来构建刑法体系，对于可以通过补救方式解决的纠纷则适用习惯法。20世纪中期，该国大踏步地朝向现代化国家发展，伊斯兰教法也很快被抛弃。20世纪70年代晚期，继苏维埃发动军事政变和苏联入侵之后，阿富汗开始采用苏维埃模式的法律体系。1989年，随着穆斯林圣战组织大获全胜，叛军恢复了伊斯兰教法，并将其作为最主要的司法依据。长年累月的冲突和政权变更给该国留下了众多相互冲突、彼此矛盾的法律，到

2001 年，该国有 2400 部独立法律，其中很多早已过时或重复。在塔利班上台之后的 10 年间，当局无视人权，强制推行由男性主导的极右伊斯兰教法，该法也是 2001 年之前在阿富汗境内唯一被认可的法律。自那时起，阿富汗各地区、各部族间的刑罚或有些许差异，但都具有某些相同的特色。例如，在大多数地区，对谋杀罪的惩罚从向受害人家庭支付罚金到死刑不等。有些案件适用修复式司法手段，在这种情况下，来自罪犯家庭的一名女性要嫁给受害者家庭的一名男性，从而让两个家庭联姻。

塔利班在 20 世纪 90 年代中期夺取阿富汗政权之后，便试图通过推行伊斯兰法典的严格解释来重建秩序。这个伊斯兰教法的改编版本开篇就列出了由惩恶委员会（Ministry for the Prevention of Vice）负责处理的种种罪行，着重"压制"各种令人愉悦的行为，比如放风筝、听音乐或做音乐。女性被迫用头巾和罩袍将自己裹得严严实实，如果在公共场所或车辆中抛头露面，就会被判处 1~5 天不等的监禁。胆敢刮胡子或修胡子的男性会被判处 10 天监禁。使用大麻、海洛因、酒精等精神致幻剂的人会被判处 3~6 个月监禁。在短短几个月之内，塔利班就改变了整个国家从城市到乡村的面貌。商店、旅馆和公共场所不得出现任何照片，斗狗、斗鸡和放高利贷行为也被取缔，那些胆敢梳着"披头士发型"出现在公共场合的人可能会被逮捕并遭强行剃发。

文莱自 1888—1984 年独立前一直是英国的保护领，该国如今使用的法律是伊斯兰教法、普通法和习惯法的混合体，常规刑罚包括驱逐出境、鞭笞、终身监禁、罚款和其他形式的赔偿。然而，与大多数西方国家不同，在这里，终身意味着终其一生。自 1988 年起，该国对 42 种不同的罪行强制适用鞭刑。成年人最多鞭笞 24 下，未满 18

岁者最多鞭笞 18 下，但超过 50 岁的男性和女性以及被判死刑的人
（在死刑仍是强制性刑罚时）可以免除鞭刑。大部分资料显示，与长
期监禁相比，罪犯宁可受鞭笞。执行鞭刑时，通常有一名医生在场。
强奸犯被判处 30 年监禁并处鞭刑，强制性死刑判决则适用于某些贩
毒案，比如持有大麻超过 500 克。无论如何，文莱自 1957 年起就再
也没有公开处决过一名罪犯。与其他拥有混合法律传统的国家相似，
文莱的某些法律也只适用于特定群体。例如，伊斯兰教法只适用于穆
斯林，他们在违反伊斯兰教法时，比如通奸、饮酒等道德罪，会受到
相应惩罚。根据伊斯兰教法，抢劫犯会被斩断一只手，通奸犯会被处
以石刑。

　　欧洲大陆的民法传统也影响了一些以穆斯林为主体的国家的刑
罚制度。马来西亚的刑法体制混合了习惯法、伊斯兰律法、普通法和
民法传统。在这里，伊斯兰教法只适用于穆斯林，民法适用于非穆斯
林，这一点区别在鞭刑处罚上非常清晰。根据民法规定，鞭刑不得适
用于非穆斯林女性以及被判死刑或年龄超过 50 岁的男性。鞭刑通常
用于处罚证据确凿的暴力强奸犯或持械抢劫犯。因通奸罪被判鞭刑的
穆斯林女性必须立刻受刑，除非她们能证明自己当前的身体状况不适
合接受处罚。依照伊斯兰习俗，对女性的鞭笞不能超过平均力度，这
就意味着行刑者挥鞭时抬手不能高过头部，这样就可以避免受刑人皮
开肉绽。此外，棍棒应顺着抽打的方向朝上抬而不是向下拉（以便减
轻抽打力度），鞭打的部位可以是除了面颊、头部、腹部、胸部和私
处以外的任何部位。接受鞭刑时，男女之间的另一个区别是，只有女
性才能坐着受刑（男性要站着）。马尔代夫也使用经过修改的伊斯兰
教法，但不使用包括断肢和石刑在内的极端刑罚，且将流放刑的刑期
限定在八个月到两年。流放刑适用于饮酒、发生婚外性关系、盗窃和

在斋月里公然进食的人，罪犯会被送往一个有人居住的小岛，必须通过艰苦劳动赚钱维生。

伊斯兰教法的改进与重新采用

伊斯兰国家即便不把伊斯兰教法作为法律，也往往会将其作为道德和精神的指南。在过去的一个世纪里，伊斯兰教法重新成为沙特阿拉伯、海湾国家、伊朗、伊拉克、巴基斯坦、也门和毛里塔尼亚等地的法律。尼日利亚和苏丹的部分地区也再度启用伊斯兰教法。还有一些国家仍在观望，比如孟加拉国和印度尼西亚。1972 年，以利比亚为首，若干个国家已经颁布了新的法令来重启伊斯兰教法。通过伊斯兰复兴运动重启伊斯兰教法的国家在实际应用中往往相当严格。例如，为了全面贯彻法律要求，1983 年，苏丹在重启伊斯兰教法后的头两个月就派遣了一支包括一名矫形外科医生在内的代表团前往沙特阿拉伯学习断肢刑的司法和医学程序。

继穆阿迈尔·卡扎菲领导的政变之后，利比亚重新启用了包括禁酒令和其他传统刑罚在内的伊斯兰教法条款，令全球刑法界为之震惊。彼时，几乎没有哪个观察者能预见到，此举将开启伊斯兰国家采用伊斯兰教法典的新趋势。就这样，利比亚加入了沙特阿拉伯的行列，恢复了公开断肢等古老刑罚。若干年之后，另一些国家也步其后尘。人们或许以为现代世界的影响早已将此类刑罚扫进了历史的故纸堆，然而恰恰相反，一些前殖民地国家却用伊斯兰教法实践取代了现代普通法和民法实践。

大权在握的统治者独断专行，某些法律在实际推行过程中往往会与经典学说有些许出入。以利比亚为例，没有盗窃财物或杀人的土匪会被判处监禁，而非放逐；杀人越货的土匪会被处决，但其尸体不会被公开展示。在利比亚，承担刑事责任的年龄是 18 岁，而不是传统规定的青春期。已经因盗窃罪受过断肢刑处罚的男性罪犯不会因盗窃再次被判处断肢刑，而会被判处至少三年的监禁改造。此外，法律要求所有断肢刑必须在由外科医生实施麻醉的情况下实施。2003 年的第一次行刑就是一个极好的例子，那一次，有四名强盗被处以交叉断肢刑（斩左手和右脚）。与此后用石刑惩罚性犯罪和道德犯罪的其他一些地区不同，在利比亚，非法性交只能被处以鞭刑。

继利比亚之后，齐亚·哈克将军（Zia ul-Haq）在伊斯兰教徒的支持下于 1977 年夺取了巴基斯坦的大权。1979 年，他开始推行伊斯兰教法，这其中自然也带有他个人的烙印。他用各种鞭刑和监禁替代流放来惩罚土匪行为。他谨慎地控制着刑法中的伊斯兰教色彩，没有恢复断肢刑和石刑，甚至对鞭刑的使用也有所减少。另一方面，伊朗在 1979 年伊斯兰革命后重启伊斯兰教法的过程中却走了一条与利比亚和巴基斯坦截然不同的道路。1981 年，伊朗革命法庭做出了第一起石刑判决。实际上，利比亚和巴基斯坦起初只是把新的刑罚制度作为一种象征，并没有对先前的法律进行任何大幅更改。

1979 年伊朗革命之后，伊朗实施了严格的伊斯兰教法，刑事惩罚力度大幅加重。各类人权组织对伊朗的指责最尖锐，说除了"不是不能用的"钉十字架之外，伊朗用尽了各种刑罚手段。刑法第 207 条规定，可以将罪犯绑在十字架上长达三天，然后再释放（无论生死）。[64]有大量记录提到，面临处决的罪犯会首先被处以石刑、断肢和鞭打。什叶派对窃贼的惩罚是削掉其右手的四根手指。1986 年，伊朗的法警向公众、记者、官员和罪犯展示了一种专门为该刑罚设计的装置。

沙特阿拉伯对伊斯兰教法的应用历史悠久，且未曾中断。尽管石刑和断肢刑是明文记载的刑罚手段，但这些刑罚在 1979 年伊朗革命之前并未得到广泛使用。与此类似，苏丹统治者加法尔·尼迈里（Gaafar Nimeiry）于 1969 年掌权后开始将刑事处罚朝着更具伊斯兰色彩的方向调整，这也是他捍卫伊斯兰强硬分子行动的一部分。1984 年，新刑法颁布，对除传统罪行之外的犯罪行为规定了固定刑罚，并放松了对证据的要求，从而拓宽了某些罪行的界定。[65]

小结

文献资料证明，现代法律制度与其前殖民时代和殖民时代的根基密不可分。有时候，这是一种优势，但有时则是有害的。2013 年，将英国法律条款作为殖民历史遗产保留下来的孟加拉国遇到了或许可以算得上"服装业历史上最致命的灾难"。1100 多名工人在一家服装厂倒塌事故中丧生。但似乎没有人要对此负责。在一个法律制度受殖民历史影响、仍然倾向于控制民众和保护殖民主义旧势力的国家里，发生这种状况或许并不值得惊讶。大多数观点认为，尽管人们普遍赞同司法体制现代化，但在孟加拉国和其他地方，法律依旧偏袒富有的精英阶层，体现在这个案例中，恰好包括服装厂的老板们。[66]

在新的法律传统被陌生的社会吸收、采用的过程中，有一点是可以肯定的，即这些新思想在跨越国界和文化时，将不得不做出调整以适应特殊的条件，一名刑事史学家称之为"本土化"过程。"全球思维"在各种与之并不兼容的环境中得到了"本土应用"，从越南的法国苦役犯监狱到中国的蜂房式监狱，再到南非的集中营，莫不如是。[67] 在所有曾受殖民制度影响的地方，外来的监禁制度都在新惩罚体系中占据了中心地位。从 16 世纪开始，监狱就在欧洲社会里扮演着重要角色。在其后的数百年间，监禁刑或强制拘禁刑传遍全球，并与罚款、缓刑、社区劳动和死刑并列，成为一种主要的刑罚手段。

具有不同法律传统、政治意识形态和文化背景的国家纷纷用监禁取代了各种先前的刑罚手段。[68] 以美洲国家为例，殖民扩张为这里带来了更多样的人口组成，然而越是多样化，达成某些共识的难度就越大。由此带来的结果是，习惯法和本地法律机制在国家司法体系中共存的例子屡见不鲜，比如玻利维亚、英属维京群岛、美国等等。大部分后殖民地区都有这种情况。

20 世纪六七十年代以前，犯罪率不断攀升，对恢复和改革监禁制度的呼声也在不断提高，但投入监狱系统的经费却很少。在不少西方国家，监狱中关押最多的是少数族裔和原住民，比如澳大利亚。据 1993 年的报道，澳洲原住民是"全球各族群中入狱比率最高的族群"，原住民仅占该国总人口的 2%，但在该国监狱人口占比中却高达 20%。

数百年来，全球各地形成了各种不同的"监禁文化"。监禁有多种形式，且是从缓刑和社区劳动到死刑的一系列刑罚手段的组成部分。不少社会早在被殖民占领之前就已经存在最基础的监禁机构。至于那些在实施新刑罚制度后建立的殖民机构，则往往是按照殖民者的意愿构建出的融合版本。有权威人士因而指出，监狱"与其他机构一样，从来都不是单纯地强迫推广或生搬硬套，而是经过很多改造，融合了地方因素，以新的面貌出现在殖民地，它的成功与否取决于它的灵活性"。[69]

第九章　21 世纪的罪与罚

　　这是一起 21 世纪的银行劫案。这些高科技劫匪"从不戴面具，从不威胁出纳员，也从不踏进保险库半步"。此案中的犯罪分子来自 20 多个国家，他们同时行动，实施了两起精准攻击，在短短几个小时内就从自动取款机中窃得 4500 万美元。与以前那些靠抢劫银行支付毒资的劫匪不同，这些人是技术精湛的计算机专家，敲击几下键盘就能操纵金融信息（不过，他们仍需要街头混混们去洗劫提款机）。[1]

　　在 21 世纪的第二个 10 年里，全世界的刑法制度都在勉力追赶犯罪分子使用新科技的脚步。为了牟利，每当有新技术出现时，犯罪分子总是率先把握住机会。几乎每项新技术都带来了"一种相伴而生的新犯罪手段"。自从 1794 年光电报的诞生以及半个世纪后电报机的出现，犯罪分子就一直设法紧跟最前沿的发明。一名芝加哥警察在 1888 年感叹道："众所周知，对于最新科学成果的利用，犯罪分子比其他所有人都更积极、更迅速。"19 世纪 30 年代，法国开始用光电报传送股市信息，此后不久，若干法国银行家便贿赂电报收发员"在传送股市信息时人为地加入一些可辨识的错误"。[2]

　　在电报——英国作家汤姆·斯丹迪奇（Tom Standage）称之为"维多利亚时代的互联网"——被发明之前，信息的交流与传送速度取决于马匹、船只或火车的速度。电报的出现基本扫除了距离的障碍，给潜在犯罪分子提供了一种"信息不对称"。现代赛马就是个极好的例子。跑道上的比赛结果刚一宣布，外界就已知晓。几乎从一开始，人们就制定了各种规则来防止此类信息经由电报传送，但"犯罪分子总是比规则制定者早一步"。

通过网络实施的犯罪与数字化时代之前的同类犯罪间依旧存在明显的关联。尽管作案工具不同，但作案意图、目标和动机未曾改变。例如，在过去，特定移民群体中的商人因受暴力威胁或生意受阻而向黑帮支付保护费的情形很常见；如今，被勒索的电商如果不支付赎金，也会遇到类似的情况（即 DOS，阻断服务攻击）。银行劫匪仍然会抢劫银行和押运车，这是个危险而鲁莽的职业；但还有一些人则发现，攻击银行的计算机系统、使用电子支付系统转账的方式更安全。作为一项历史悠久的重罪，现代制伪币者使用扫描仪、印刷机和打印机墨水来制造更逼真的假币。

医学的进步，比如抗器官排异药品，再加上互联网的隐秘性，已经让全球很多地方出现了器官黑市，犯罪分子将人体器官非法地从贫穷国家贩运到富有国家。在巴尔干地区，器官黑市交易的现状已迫使当局专门制定了相应的法令。在 2013 年失业率高达 20% 的塞尔维亚，据说有成千上万人自愿合法地出卖器官。由于在国内售卖人体器官可判 10 年监禁，据说很多人便试图去邻近的科索沃和保加利亚做交易。一名潜在的器官捐献者承认："为了生存，可以卖掉自己的一颗肾脏、一叶肝脏，或做任何必须做的事情。"[3] 全球性的器官紧缺使得永远会有孤注一掷的人愿意卖掉器官，永远会有奸商去利用他们的经济困境，尤其是当有人愿意为一颗肾脏出价 4 万美元的时候。

虽然现代社会的罪与罚以新增的虚拟网络空间为特色，但在发展中国家和地区，古老的犯罪手法依旧存在。海盗这种最古老的跨国犯罪仍然困扰着落后地区，尤其是中央政府力量薄弱的地区。与其他许多类型的犯罪一样，海盗活动也具有季节性，通常"在 5 月底到 9 月下旬西南季风肆虐阿拉伯海的时候"会减少。2009—2011 年，海盗活动一度极为猖獗，最近则大幅减少。据负责追踪海事犯罪的国际海事局（International Maritime Bureau）统计，2012 年只有 71 起关于企图劫持船只的报告，而 2011 年则有 236 起，2010 年有 219 起。[4] 2013 年，海盗活动降到 7 年来的最低水平。大多数人认为，这种情况应归功于国际警力和信息共享的完善、被捕海盗的监禁制度、货运船只上的武装护卫人员，以及国际海军舰队在索马里展开的陆上突袭行动，这次陆上突袭极大地减轻了索马里的地区问题。尽管 2011 年的海盗袭击次数以 176 起之多创了纪录，但只劫走了 25 艘船，这足以证明新保护举措的效果。在启用这些对策保护船只之前，机械防护措施和水炮都无济于事。一名观察者曾提到，自 2012 年 11 月开始，"海盗再也没能成功地劫持任何一艘配备武装护卫的船只"。[5]

刑事官员也在回顾早期的法律文献，为现代刑罚改革寻求可借鉴之处，或对过去的政策做出调整以适应新时代的需求。与 17 世纪清教徒羞辱通奸者的方式类似，如今美国有些地方也把招揽娼妓的男性的照片贴在公告牌上，甚至在广播里播报。有些人觉得，这种公示性惩罚让人们有了一种恍然回到那个被告可以通过当庭支付罚金或提供社区服务来"买通"司法体制的时代的错觉。在美国这样一个不能用其他刑罚替代监禁的国家，决策者正在从殖民时代寻找灵感，尝试各种形式的羞辱性惩罚。尽管没有经验证据表明屈辱感能够影响罪犯的行为，但在新墨西哥州的一个小城里，开空头支票的人会被公示在公共场所的大幕上，而在亚利桑那州，罪犯进入马里科帕监狱的情况会被记录并在互联网上发布。密苏里州堪萨斯城有一档颇受欢迎的节目叫"约翰电视"，这档以羞辱为基调的节目会公开因卖淫嫖娼而被拘捕者的照片。一名得克萨斯州法官因别出心裁的惩罚而声名远播，比如，他会要求因虐待妻子被定罪的罪犯在市政厅前向妻子公开道歉。在他裁决的另一起案件中，醉酒的司机被责令披着写有"我因醉驾导致两人死亡"的条幅在一家酒吧门口来回踱步。[6]

时至今日，世界各地的社会都在使用羞辱手段。阿米什人和一些美洲原住民部落使用一种被称为"冷落"的惩罚。直到 19 世纪晚期，西欧部分乡村社群仍在使用兼有羞辱和惩罚意味的仪式。在英国，类似的惩罚被称为"嘲弄"，在德国叫 Katzenmusik，在法国叫 charivari，在俄国叫 samosud。它们大多旨在强化社群价值，有些仅限于羞辱和体罚，但间或难免引发致命的暴力。[7]

令人作呕的迫害女巫的行径依旧在现代社会的边缘阴魂不散。60 多年前，英国议会废除了 1735 年的《巫术法案》（Witchcraft Act），取而代之以 1951 年的《灵媒欺诈法案》（Fraudulent Mediums Act）。法案起初针对的是那些图谋行骗的人，尽管后来引出了种种丑恶之举。在"国王诉邓肯"（1944 年）一案中，海伦·邓肯因违反巫术法案被判 9 个月监禁（减刑到 6 个月）。该案明确宣告，"任何人如果假装使用或使用任何巫术、法术、魔法、咒语或占卜算命，应入狱一年，不得保释"。此外，"应在赶集日将该犯公开缚于颈手枷上一小时"。对"海里希·内尔"的审讯毫无疑问是荒唐的，甚至连被告本人在审判过程中也不禁发笑。最终，她被控为收取费用而谎称"能与亡灵沟通"，欺骗民众。该指控促成了 1951 年相对温和的《反灵媒欺诈法案》的出台，而她随后也获得了减刑。[8]

直到 19 世纪晚期，俄国农民仍"照例杀戮疑似女巫和巫师的人", 其中有些人甚至被以火刑处死。[9]1971 年, 新几内亚通过立法, 将巫术定为犯罪, 并将涉巫案归入谋杀案。直到 21 世纪, 世界上仍有部分地区对所谓巫术耿耿于怀。2013 年 2 月, 新几内亚警方逮捕了两名涉嫌残忍杀害一名女子的嫌疑人, 该女子在数百名围观群众的面前被拷打并活活烧死, 围观者中也有儿童。这名 20 岁的母亲被控行巫术, 随后她被 "剥光衣服, 用烧红的铁棒拷打, 浇上汽油, 然后置于一堆汽车轮胎和垃圾里焚烧"。围观者甚至阻止警察和消防员介入。该事件的起因是一名 6 岁的儿童在医院中死亡, 孩子的母亲和舅舅将死因归咎于受害者。[10]纵观历史, 治安暴力和巫术罪始终紧密相连。一位历史学家认为, 自发的治安执法, 无论其指向何在, 都反映了民众对举国失序、无法无天状况的质疑。在上述新几内亚袭击事件发生之后, 联合国试图说服该国废除有争议的巫术法令。发生在 2 月的这起案件是最近一起导致被控行巫术者死亡的治安袭击, 却不是唯一一次。2012 年 7 月, 警方逮捕了 29 名 "猎巫团伙" 成员, 这些人被控杀害疑似巫师者, 并吞噬其肉。回顾美国历史上记载最详细的、发生在殖民时期的赛勒姆的女巫审判, 警方调查人员发现, 在受此种暴力的受害人中, "女性, 尤其是寡妇和没有家人保护的女性的比例高得惊人"。[11]

即便是 21 世纪的西欧也出现了同巫术相关的案件。2009 年, 西班牙警方逮捕了 23 名可疑的人口贩卖团伙成员, 这些人被控以威胁使用巫毒诅咒的方式强迫尼日利亚女性卖淫。当局接到警报时, 一名身处塞维利亚的尼日利亚女性声称自己是受害者, 说人贩子以美好的欧洲生活作为诱饵。为了强化承诺, 人贩子还在离开尼日利亚前带她们去见巫毒祭司。一俟混进西班牙, 这些女性就被勒令以卖淫的方式清偿不断增加的债务, 如若不从, 巫毒神灵的怒火就会吞噬她们。一名尼日利亚记者解释说，这是一种惯用伎俩，巫毒祭司会让她们发誓绝不泄露人贩子的身份。作为仪式的一部分，祭司会留下些许指甲或头发。这些女性被告知，如果她们不履行自己的诺言，就会染上天花之类的致命疾病。[12]

现代社会中的古典罪与罚

巫毒、巫术、流放、羞辱、亵渎神明、信奉异端邪说、通奸，甚至死刑似乎都是原始而残酷的旧日遗迹，是迷信、不开化的文化象征，然而，它们却一直延续至今。前工业社会在相当长一段时间内都将放逐作为净化社会的手段，用于对付那些危害居民、触怒神灵，因而必须像清除癌症那样清除掉的犯罪分子。大部分资料显示，监禁和死刑只是后期替代流放刑的手段，其中死刑可以被视为某种永久性流放。在美国，仍有数十个独立的原住民部落在某种程度上适用自己的司法体系，而非联邦法律。联邦法律和原住民法律间的冲突并不罕见，一如各州法律与联邦法律在关于堕胎、大麻和同性婚姻问题上有所抵牾。1995 年的一起案件使这一问题成为人们关注的焦点。两名年轻的特林吉特（Tlingit）男子因在华盛顿州西雅图市北部使用暴力手段抢劫一名比萨送餐员而被判入狱，他们偷走了比萨和一个寻呼机，并用棒球棒砸碎了他的头骨。部落长老代表他们进行调解，并达成和解方案：这两名罪犯是表亲，他们要向受害人支付赔偿金，并被放逐到阿拉斯加的无人岛上。凶手的亲属们凑齐了 5000 美元现金外加一栋新房子，赔偿给视力和听力永久受损的受害人。协议达成过程中不乏支持现代刑法制度的批评者，他们同时也是本土同化主义者，以及来自原住民部落的、主张用放逐和赔偿手段调解受害人与施害人关系——这种主张现在被称作"恢复性司法"——的传统主义者。这一纸协议看上去尽善尽美。年轻的罪犯们会带着些许小工具被送往北方 1000 英里之外的孤岛，接受三年半到五年半的放逐。"据说"，这两个十几岁的小伙子花了近 8 个月时间收集浆果、木柴和可食用的贝类以维持生命。但从一开始，就有部落成员质疑这种"传统的惩罚手段"的真实性。最终，部落首领、长老和学者经过更细致的调查研究后认定，该手段其实并非本部落的传统惩罚方式，于是这次实践以失败告终。更有甚者，曾有本地居民报告说，看见这两个男孩早已回到城里，过着和其他十几岁孩子并无二致的生活。[13]

生活在工业化社会中的宗教领袖依旧在尽力解决那些一度被人们以为早已随时代进步而消失的犯罪议题。例如，2004 年 6 月，英国教会为了整肃"偏离教会正统学说和严格仪轨"的神职人员，再次开启了对信奉异端邪说的审判。令大公教会的领袖们尤为担心的是那些承认"同性婚姻圣洁性"的牧师。对于纵容同性婚姻或承认基督教之外的其他宗教也能带来救赎的牧师，他们打算以剥夺圣职的方式给予惩戒。尽管上一次针对异端邪说的审判发生在 19 世纪 60 年代，尽管"一个多世纪以来几乎不可能再以信奉异端邪说的罪名起诉神职人员"，他们依旧讨论了设立独立的裁判所来处理行为不端的牧师的可能性。[14] 同样，人们本以为通奸罪早已被扫进了历史的垃圾堆，但在美国，有 24 个州对这一罪行做了明文规定。在那些地区，通奸大多被作为行为不检点的轻罪处理，但在有些地方却是重罪，虽然鲜有真正被追究的情况。根据大部分记录，通奸行为往往只是在涉及离婚或抚养权案件时才会被追究，且从未有人因此入狱。用一名智者的话说，此乃"美国例外论的又一个例子"，在全球其他地区，刑法基本上都不再涉及通奸行为。[15]

在世界上那些不信奉犹太–基督教的地方，宗教司法问题依旧在法官群体中不断引发争论。以 2012 年 9 月 21 日发生在巴基斯坦的一起亵渎神明案为例。一群主要由反印度教的穆斯林组成的暴民在一名神职人员的带领下洗劫了一座印度教庙宇，砸碎了印度教神像，撕毁了印度教经典《薄伽梵歌》（ *Bhavagad Gita* ），拿走了庙里的金饰。巴基斯坦关于亵渎神明的法律规定这种行为当判死刑（或至少终身监禁）。值得注意的是，巴基斯坦的此类法律通常是针对印度教徒和基督教徒，而在此次事件中，同样的法律有可能会用来惩戒穆斯林，而不是少数派信仰者。[16] 在另一起案件中，一名信奉基督教的女孩被控在巴基斯坦境内焚烧《古兰经》，犯了严重的渎神罪。2013 年 3 月，就在当局准备缉拿她之前，女孩及其家人被迫逃往加拿大。后来，负责处理该案的穆斯林神职人员被控伪造证据。尽管法庭最终驳回了该案并宣告女孩无罪，但在巴基斯坦被控亵渎神明的人往往会遭到民间的法外惩处，因此，这名女孩依旧流亡在外。

在包括伊斯兰世界的大多数地区、非洲和发展中国家在内的至少78 个国家，同性性行为依旧被视为犯罪，且在不少情况下会被判处长期监禁，甚至死刑。许多西方国家已经改变了相应的法律和态度，但这种转变在其他国家似乎不会很快出现。无论如何，人们态度的改变是真实的。1967 年，同性恋首次在英国合法化；2003 年，美国最高法院废除了 14 个州的鸡奸法；2000 年，同性婚姻在荷兰首先合法化，而同性婚姻的数量增长体现了一整代人的转变。如今，包括阿根廷、南非、美国部分地区、墨西哥等在内的 17 个国家都已承认同性婚姻。大多数专家认为，这种态度上的变化乃是世代交替的显现，年轻的一代人正在孕育一个更加包容的世界。另一方面，虽然大部分教会仍将同性性行为视为罪恶，但来自美国的一些调查结果表明，教会的影响力正在下降，不信教的美国人比 20 年前多了约一倍，人们对待同性性行为的态度变化正是这一现实的反映。[17]

　　自 2009 年乌干达首次出现反对同性关系的法令动议起，那里的舆论就开始表现出日益强烈的反同倾向，很多同性恋者因此被迫生活在不断的恐惧中。2014 年，绝大多数乌干达人认为同性恋行为不应被接受。2014 年 8 月，事情出现了一线微弱的希望，乌干达宪法法庭（Constitutional Court of Uganda）宣布最近的反同性恋法案"无效"（该法案是由总统约韦里·穆塞韦尼在 2014 年 2 月签署的。就在笔者写作本书之际，乌干达议会称打算提起上诉以推翻前次判决）。有些人对此次事件抱乐观估计，但大多数人的看法更现实。一名救援人员的话很好地阐述了当下的形势："你可以推翻法律，但不能推翻思想。"[18]

　　对于这种针对同性关系的冷酷，人们有各种解释，其中大多数基于根深蒂固的宗教观念和传统。在毛里塔尼亚、索马里南部、苏丹、尼日利亚北部等以伊斯兰教法为至高无上的法律裁决的地区，同性性行为是死罪。然而，在乌干达，对政治产生强烈影响的是基督教福音派运动，"传统主义者、宗教领袖和政客们"就站在这场运动最前线。事实上，有些同性权利的支持者甚至认为，"美国福音派"在乌干达的反同性恋行动中扮演着重要角色。[19] 加入反对同性恋阵营的还有尼日利亚，该国在 2014 年通过了同性婚姻禁令，将同性俱乐部、协会和社团列为非法组织。根据该法案，同性恋人群即便组织一次聚会也会面临最多 14 年的监禁。与乌干达类似，同性恋在尼日利亚尚处在英国殖民统治时期就已是非法行为。尼日利亚的法令虽然不如乌干达的那般严酷，但也反映出，在一个高度宗教化、高度保守的社会中，除了异性性爱之外，所有的性关系都是异常行为。无论如何，乌干达和尼日利亚只不过是最近两个加入反同潮流的国家，而这股潮流在有些人看来或许恰恰是对西方同性性行为合法化压力的反抗。有传言说，美国政府拿出 2000 万美元供同性权益支持者们在尼日利亚宣传同性婚姻。[20] 说到底，同性关系的入罪化是对欧洲和美国日益接受同性关系态度的公然抗拒。或许，批评家在就此类问题对欠发达国家评头论足之前，应该先看看美国和其他西欧国家处在类似的发展阶段时对该问题曾经持有怎样的立场。

女作家与谋杀案[①]

蓄意杀人或谋杀，往往被作为判断一个社会犯罪数量和暴力程度的黄金标准。倘若果然如此，我们又该如何看待似乎是在全球范围内一而再再而三发生的大屠杀呢？一连串的名称和地点已经在公众的头脑中扎了根，汇成了自成一体的谋杀字典，现代社会的民众对它们的熟悉程度不亚于最新的电影、图书和体育明星。发生在科罗拉多州奥罗拉的电影院大屠杀造成 12 人死亡，58 人受伤；2007 年弗吉尼亚理工学院枪击案造成 32 人死亡。此类事件发生在美国这样一个枪支遍地的国家并不会令人感到意外，在这里，2/3 的杀人犯和超过半数的自杀者使用的都是枪支。诚然，美国确实深陷大量枪击事件的困扰，但这还远远不足以同在美国和世界其他地方发生的其他类型的谋杀事件相比。校园杀人案也绝非美国独有。例如，在 2012 年 12 月造成 26 名儿童和成人丧生的美国桑迪胡克小学枪击案发生之前十多年，也就

---

① 《女作家与谋杀案》（*Murder, She Wrote*）是美国一部犯罪题材的电视剧。——译者注

是 1996 年，一名叫托马斯·汉密尔顿的 43 岁男子在苏格兰的邓布兰枪杀了一名教师和 16 名幼儿园学生。5 年之后，宅间护在日本大阪的一所小学用刀刺死 8 名儿童，刺伤 17 名儿童。

如今，凶杀已是拉丁美洲第三大死亡原因，但在全球范围内仅排到第 20 位。在美国的死亡原因排名上，被谋杀排到第 21 位，在西欧的排名则是第 57 位。[21] 同英国人相比，美国人"被谋杀的概率高出 4 倍"，"比德国人高出近 6 倍，比日本高出 13 倍"。[22] 在一项工业化社会人口平均寿命的估算中，美国男性的预期寿命为 75.6 岁，名列 17 个受测评国家的末位。近期的研究显示，这是因为美国死于暴力的人数高于其他任何富裕国家。美国不仅枪支持有率（89%）在同类国家中最高，其无保险的人口也较其他同类经济体多得多，这就意味着能够享受初级保护的人较少。除了因枪支的普及和把枪放在家里的习惯导致的死于暴力之外，与日本、加拿大、澳大利亚和西欧相比，美国人死于毒品、艾滋病和婴儿出生死亡的比例也更高。美国每 10 万常住人口中有 6 人死于暴力事件。相比之下，同类国家中最接近的是芬兰，比例为十万分之二。[23]

犯罪往往具有波动性，有些国家的现代谋杀案的发案率曾长期居高，比如巴西，但现在出现了下降趋势。以巴西为例，该国长期以来给人的印象便是《上帝之城》（*City of God*）那种国际大片里"趿着人字拖的少年持枪歹徒"。21 世纪初，巴西的谋杀率在全球人口密集国家中排名第四，仅次于委内瑞拉、俄罗斯和哥伦比亚。然而，从 2000 年到 2008 年，巴西的谋杀率从十万分之四十降到十万分之二十。此前，谋杀率从 20 世纪 90 年代中期的十万分之六十四的高位降到 2007 年的十万分之三十九。犯罪率下降在圣保罗郊外的穷人区哈迪姆安哈拉给人的感受最明显，那里曾被视为"全球最暴力的社区"。[24] 安全形势之严峻迫使该区建立了全国第一个社区警察部队。20 世纪 90 年代，该区的谋杀率为十万分之一百一十二，此后一路下跌到 2006 年的十万分之三十三。与被广泛报道的 20 世纪 90 年代美国犯罪率下降的情形类似，其背后的原因尚有颇多争议。被提到最多的理由是更严格的枪支管控，当局通过武器特赦和枪支回购计划从民间收回了近 50 万支枪。警务工作的变化也起到了重要作用。20 世纪 90 年代，被巴西警方杀死的人一度占到该国所有暴力死亡人数的 1/5。警方在处理谋杀案时表现得更专业，使用计算机侧写来摸清犯罪规律，防患于未然。第三个原因要归于人口统计学因素。20 世纪 90 年代，巴西 19~24 岁的人口比例较高，该时期的年轻人犯罪率也呈上升趋势。2000—2006 年，该年龄段的人口比例略有下降。此外，还有一些因素也为犯罪率下降做出了贡献：酒吧提早打烊，强效可卡因使用的减少，以及该国头号犯罪团伙第一资本军团"暂时垄断了犯罪行径，减少了帮派火并的需要"。

　　与其他类型犯罪的变化趋势一样，谋杀率也时常呈周期性变化。例如，直到 2007 年，墨西哥的谋杀率一直是拉丁美洲国家中最低的，约为十万分之九，与美国南部持平，不高于巴西。虽然墨西哥仍存在与犯罪组织相关的屠杀，但自 2012 年起，该国的谋杀案开始减少，尤卡坦甚至和芬兰一样安全。[25] 墨—美边境地区的暴力程度有所下降，有时甚至呈显著下降。位于蒂华纳以西、一度有"谋杀之城"恶名的华雷斯市 2012 年 10 月发生的杀人案竟比芝加哥还少。[26]

　　拉美部分地区的谋杀率降低，但在另一些地区却依旧难以控制。委内瑞拉 2008 年的谋杀率是 1999 年已故总统乌戈·查韦斯上台时的 3 倍。在这个人口为 2700 万的国家里，(有报道的) 谋杀案有 1.3 万起，谋杀率为十万分之四十八，仅次于萨尔瓦多。[27] 根据联合国的资料，

"全球十大暴力国家中有 8 个在拉丁美洲和加勒比地区"。直到不久前，洪都拉斯的谋杀率仍高居榜首，是西欧国家的 80 倍。其中的症结在很大程度上可以归咎于过去 30 年间因数十亿美元的毒品利润引发的争斗。所谓的"毒品战争"成果寥寥，该地区的国家考虑采用一度被视为过激的策略——要么废除毒品禁令，要么宣布可以合法地持有某些毒品。用哥伦比亚总统胡安·曼努埃尔·桑托斯（Juan Manuel Santos）在 2011 年的话说，"如果［让走私无利可图］意味着要合法化，且该解决方案能得到公众的认可，我定将拥护"。毒品和暴力困扰着中美洲国家。墨西哥和多米尼加共和国已经齐声呼吁修改毒品法令，该地区的一些国家也继而探索新的途径，采用较温和的手段对待毒品问题，更多地关注治疗和教育。最近，巴西开始允许那些被查出持有少量毒品的人以社区服务替代监禁。[28]

死刑

21 世纪，使用死刑的国家越来越少。即便是仍在坚定地使用死刑判决的中国也已在致力于减少死刑的使用。2008 年，人权组织负责人指出，由于继续支持死刑，美国已成了"全球的弃民"，成了紧随中国、伊朗、沙特阿拉伯之后的全世界第四大死刑执行国。从 1977 年恢复死刑到本书写作之时，美国已有 1385 名罪犯接受了绞刑、枪决、毒气处决、电刑或致命性注射。根据一名历史学家的说法，"（支持）死刑和（较高的）谋杀率、监禁率一样，彰显了美国与其他发达民主国家的不同"。[29] 不过，美国的刑事司法领域出现了一个出人意料的趋势：死刑判决数量自 2009 年开始减少。2008 年的死刑判决是 111 例，达到自 1976 年恢复死刑以来的最低点。大部分资料显示，在可以选择适用不得假释的终身监禁时，保留死刑制度的各州陪审员和法官都更倾向于避免使用死刑。

美国死刑判决使用的减少可以归因为一系列因素，包括因受不实指控而被无罪开释的人的数量增加。仅在 2013 年，就有 87 名遭到不实指控的人被无罪开释，创历史新高。很多不实定罪都是由执法机关发起的，或是警方和检方通力合作的结果。2014 年 2 月，华盛顿州州长宣布，他在任期间不会执行死刑，这是过去几年内第三个做此声明的民主党州长。同 20 世纪 90 年代死刑执行高峰期相比，到 2014 年，死刑判决跌幅超过 60%。[30] 还有其他一些因素也促成了死刑判决数量的减少，尤其是，死刑违背了反对残忍和不寻常惩罚手段的第八修正案。来自废除死刑组织的压力已经迫使大部分药品提供者停止生产用于致命注射的传统"死亡鸡尾酒"。由于美国的厂商不再生产此类产品，刑期已定的处决不得不临时拼凑，导致执行时间过长。例如，2014 年 1 月，在俄亥俄州实施的一次注射死刑使用了之前从未用过的混合药剂，致使死刑过程持续了 25 分钟。该名罪犯的律师曾试图阻止行刑，称该试验性方法会导致"医学上被称为空气饥饿的现象，令罪犯在挣扎求生之余经历'极度痛苦和恐惧'"。[31] 2014 年 7 月，死刑再次被推上风口浪尖。此次耗时 1 小时 57 分的注射死刑发生在亚利桑那州，受刑者叫约瑟夫·R. 伍德，是名杀人犯。按照原本的设计，行刑过程约 15 分钟。这次超时事故激起了关于死刑药物类型和来源的辩论，并迫使亚利桑那州暂停执行死刑。目睹伍德受刑过程的人证实，伍德曾数百次喘着粗气，"大张着嘴，胸部鼓起，腹部抽搐"，好像一台"活塞机"。[32]

多年来，新加坡一直在考虑"废除死刑"。该国的死刑率是中国的两倍，是美国死刑判决最多的州得克萨斯州的 24 倍。[33] 2006 年，该国 75 岁的首席死刑行刑官在退休之际承认，自己在 50 年的职业生涯中绞死了约 1000 人，平均每月处死 2 人。因为能在 90 分钟内处决 7 名罪犯，他曾获得"全球最快绞刑手"的美誉。他回忆说，在 1964 年最忙的那段时间，"曾一个上午处决了 18 人"。在新加坡，杀人或以走私犯卖为目的持有少量毒品（海洛因 15 克、可卡因 30 克、冰毒 250 克或大麻 500 克）都会被判处强制性死刑。但自 2004 年起，新加坡的死刑执行数量呈现下降趋势，从 20 世纪 90 年代中期的平均每年 66 起降至 2004 年后的平均每年仅 5 起。这在很大程度上是因为如今对于持有毒品案，检方可以自行决定是否提起指控。由于适用死刑的案件有一定门槛，检方往往会通过起诉被告持有少于死刑规定量的可卡因、海洛因、冰毒和大麻的方式避免死刑判决——法庭观察员私下里称之为"14.99 指控"。就某种层面而言，这种规避死刑的务实方式与 19 世纪英国的做法非常相似，彼时，英国的法官往往通过编造盗窃数额的方式将死罪（适用于盗窃数额超过 12 便士的窃贼）降格为轻微盗窃罪（数额少于 12 便士），让罪犯逃过绞索之劫。与日本和中国台湾地区不同，新加坡在有些情况下允许死刑犯享用刑前餐和最后探视，但在执行死刑时依旧禁止亲友在场。[34]

　　中国已经公开宣布打算改革死刑程序，尤其是在几起令人尴尬的冤案之后。在其中一宗冤案中，一名男子因杀妻被处死，孰料之后若干年，他的妻子却活生生地出现了。据说，正是该案触发了旨在"少杀、慎杀"的死刑改革。[35] 这种主张在先前的制度之下几乎是不可能实现的，彼时，有的死刑案件甚至不到一小时就结案。此外，中国的法律没有划分一级、二级、三级谋杀罪，这也是杀人犯不能得到轻判的原因之一。2011 年，中国宣布对 12 种非暴力罪行以及超过 75 岁的罪犯不再适用死刑，人权斗士为此欢欣鼓舞。这是自 1979 年以来中国首次减少死罪种类。但批评者认为，这不过是做做样子，因为那些不再适用死刑的基本是伪造票据偷税漏税、走私文物等原本就很少会被实际判处死刑的罪行。此外，刑法仍规定了 40 多项死罪。

　　世界上约 90% 的死刑发生在亚洲，但由于缺少数据，我们无法获知越南和朝鲜的确切死刑量。新闻偶尔会对公开处决进行报道，比如 2013 年的朝鲜事件，80 名罪犯因观看韩国娱乐视频、拥有《圣经》等罪名被枪决，有一万名群众被迫在现场观看。此类消息多出自"不明消息源"，比如脱北者。[36] 但传闻往往是研究封闭国家死刑问题的研究者唯一可以得到的资料。

　　与上述"神秘国度"形成鲜明对照的是，大部分南亚国家已经废除了死刑，尽管印度仍有 400 名罪犯被判死刑。印度最高法院在 1980 年裁定，死刑只适用于"最罕见的案例"。自 1947 年独立以来，印度施行的死刑案例不超过 50 起。对造成 166 人死亡、数百人受伤的 2012 年孟买袭击事件中残余的恐怖分子实施的绞刑是自 2004 年以来印度首次执行死刑。2012 年 11 月 12 日，印度、巴基斯坦以及其他国家投票反对联合国大会要求禁止死刑的决议。事实上，一些国家已经取消了对死刑的非正式中止。2012 年 11 月 15 日，巴基斯坦以杀人罪名绞死了一名士兵，这是该国 4 年来第一次执行死刑。2001 年塔利班倒台之后，阿富汗很少执行死刑，但 2012 年 11 月，该国有 14 名罪犯在两天之内被绞死。[37]

　　与此同时，斯里兰卡等国则苦于找不到刽子手。招募刽子手的广告发布后，应征者有 178 人，而一心希望招募失败的待决犯则有 369 名。进入候选刽子手名单的人中有退役士兵、人力车夫、工人，还有一个独眼男子和一名学生。有名女性因"过于情绪化"没能入选。还有 10 个人或者太老，或者太年轻，也被淘汰。对候选人的唯一要求是受过初等教育。一旦人选敲定，两名新刽子手就将接替两名老刽子手，后者中一人已到了退休的年纪，另一人被提拔到其他岗位。不过，首先要解决的问题是如何训练新手，因为绞刑已有 30 多年没在斯里兰卡被执行过了。[38]

在刽子手方面，印度的运气要好一些。印度北部城市勒克瑙的一名刽子手自 1965 年从父亲手里接过这份工作以来执行过 40 次死刑，但无一发生在最近 20 年。这在很大程度上是因为 1983 年印度最高法院规定，死刑只能适用于极特殊的案例中。从采访中可以明显看出，这名刽子手对自己的工作很自豪，尽管如此，他也承认自己会确保"死亡尽可能迅速且无痛苦"，"一落下就死了，甚至在下落过程中就死了，这是我的专长"。他补充说，希望自己的儿子不要子承父业。[39]

非洲的斯威士兰在 20 世纪晚期也"迫切需要一名刽子手"，或者"一个能够"清理马扎巴中央监狱冗长的死刑名单的人，"男女皆可"。1998 年，距离上次行刑已经过去 15 年了。司法部部长报告说，他很乐意看见女性行刑手，"建议她们来试试"。无论在哪里，找刽子手最大的障碍在于这个职业带来的污名，换言之，"没人想接近你"。其他人表示"这是一份孤独的工作，"而且，"你没有朋友"。[40]

处决方式

1985 年，一名杀人犯在试图当庭逃跑的拙劣尝试中又杀死了一名盐湖城的律师，犯下双重谋杀罪。25 年后，他等来了自己的死刑。在选择死亡方式时，他告诉法官："我想要被枪决。"这名杀人犯坐在自己选择的行刑手前方中央的椅子里，头上套着头罩。目击者描述了行刑过程："死刑并不仓促，整个过程像外科手术般干净——见不到血液四溅。"还有人描述说，罪犯被六条约束带固定在一张特制的椅子里，椅子下面安装了支架和一只锡制托盘，用于收集可能流出的血液。当天是 2010 年 6 月 18 日，5 名神枪手用 30-30 步枪朝罪犯的心脏射出了 4 发子弹（按照法律要求，其中有一人的枪是空的，以免行刑手受良心折磨）。在监狱发言人告知媒体死刑许可令下达后的两分钟，罪犯已经死去。这是犹他州自 1976 年恢复死刑制度之后执行的第二次枪决。枪决对于 21 世纪的很多美国人而言是无法想象的，但事实是，在大赦国际眼里，到 2010 年仍旧使用枪决手段的美国已经同利比亚、叙利亚、也门、越南这些国家为伍。就在犹他州对罗尼·李·加德纳执行死刑的前一天，越南废除了枪决，改用注射死刑。[41]

在过去 35 年间，美国另一次重要的死刑发生在 1982 年 12 月 7 日，查尔斯·布鲁克被用致命的硫喷妥钠（麻醉剂）、泮库溴铵（肌肉松弛剂）和氯化钾（用来让心脏停止跳动）混合物注射处死。近年，死刑反对者已经成功地游说了那些药品生产商停止供应此类毒剂。自 2012 年以来，得克萨斯州被迫单纯使用戊巴比妥进行死刑注射。2012 年 7 月，密苏里州宣布该州的死刑注射药品出现短缺。很多州的法律允许死囚在两种死刑方式中进行选择。密苏里州的可选方式是注射死刑和毒气舱。该州总检察长认为，重新使用毒气舱或许是唯一的解决方案。[42] 毒气舱死刑在 1924 年的内华达州被首次使用。与其他新鲜事物一样，这种手法在当时被吹捧为更人道的方式，可以快速无痛苦地完成死刑，"全然没有"绞索和电椅带来的"恐惧"。[43] 11 个州最终采用了该方式。1924—1999 年，有近 600 人死于毒气舱内。

然而，根据很多记录，毒气舱事实上根本算不上什么进步。圣昆廷监狱的一名医师发现，相比之下，绞刑"更简洁、迅速，也人道得多"。另一名参加过毒气处决的医师称：

> 用氰化物即时毙命的主意完全是胡说八道。这些人的肺部无法获
> 取氧气，只得拼命呼吸。他们挣扎着，反抗着，承受着内脏窒息
> 的痛苦，并最终死于窒息。[44]

关于圣昆廷毒气舱里的另一则故事更可怕。一个名叫阿尔弗雷德·威尔士的入室盗窃犯曾参与组装了该监狱的第一个毒气舱，他事后抱怨说，"我再也不想靠近毒气舱一步了"。[45] 但他绝对没有料到，仅仅 5 年之后，自己就将因参与三重谋杀在那里咽下最后一口气。毒气舱始终没能在美国普及，至少不像绞刑、电椅和注射死刑那么普及。其中一个原因是担心有毒气体污染。还有人认为，是关于纳粹死亡营的联想让人们对毒气舱如此抵制。不管怎样，最后一次使用该方法是在 1999 年，地点是亚利桑那州。

2002 年，泰国把枪决改成了注射死刑。1934 年之前，泰国的死刑犯会先被鞭打 90 下，然后仰面朝天、双臂摊开绑在平放的十字架上接受斩首。当基督徒询问以这种形式使用十字架的含义时，刽子手慎重地指出，采用十字架"只不过是因为这种构造最易于完成处决"，因为"人体的重量可以均匀分布，而且采用这种形状也最便于在枪决或斩首之后把尸体移走"。[46] 起初，斩首过程需要三人协作，一个人要突然间弄出巨大声响以分散罪犯的注意力，另一个人趁机砍下脑袋，第三个人作为替补应对突发事件。

最后一名泰国刽子手描述了昔日的行刑室，他曾在那里亲手枪毙了 55 人。"厨房过去有间木质的钻石形亭子，死刑犯在处决前会被带到那里。通常有一张桌子，摆着让罪犯放松的花和香。"最后，罪

犯会被带进一间"看起来更像是带有大门厅的白色木棚"式样的房间里。门厅上方那行文字的意思是"一切不幸的终结之地"。[47]

1972 年，泰国最后一位官方刽子手第一次执行死刑。整个过程严格遵照时间表进行，罪犯早上 5 点开始吃最后一餐，2 小时之后受刑。行刑程序与现代世界其他地方一样：罪犯被蒙住眼睛绑在木质十字架上，背对着枪口，"他的双臂搁在十字架的双臂上，绑在一起，就好像在横梁后祷告那样"。按照惯例，他的上半身和腰腹部也被绑住，"两腿分于十字架两侧，跨坐在从十字架上伸出的横杆上。脚踝也被绑在一起，因此整个人全靠十字架支撑……幕布（将他与枪隔开）上有一片四方形的白布，白布上的同心环指示着罪犯心脏的位置"。[48]据刽子手说，枪看上去"像是一台缝纫机"。接着，他将伯格曼枪中的子弹从罪犯背后射入心脏。他记得有一次，在行刑前，一名官员问罪犯日后是否会托梦"告诉他（能中奖的）彩票号码"，这说明泰国人相信人死之后能进入他人的梦境，并传达有用的彩票信息。这名刽子手说自己执行的最后一次死刑用了 8 颗子弹。通常只需要用 5 颗，尽管 15 颗也是在被允许的范围之内。退休后，他成了一名牧师。[49]

就在 2001 年，全球超过半数国家和美国 50 个州中的 38 个都有死刑记录。2012 年，美国又有 5 个州废除死刑，其中包括康涅狄格州。该州的死刑可以追溯到 17 世纪对女巫的处决，但近年来已很少使用。1973—2007 年，该州 4686 名谋杀犯中只有 66 人被判死刑，而最终被实际执行的仅有 9 人（最后一次执行是在 2005 年）。由于 DNA 技术的进步，越来越多被判死刑的人被无罪开释，美国使用死刑的州也越来越少，尤其是在可以适用终身监禁的情况下。

在全球死刑数量减少的同时，很多国家也已改变了传统的处决方式。个中原因既有出于方便考虑，也有地缘政治和外界压力的影响。

但无论如何，时代不同了，方法亦随之而变。

　　进入 21 世纪，由于缺少职业绞刑手和刽子手，一些国家被迫改变了死刑处决方式。这一点在沙特阿拉伯最为明显，数百年的斩首传统被行刑队取代，在很大程度上乃是由于"很多地区缺少刽子手"。在过去两年间，该国实施了 75 次斩首，它也是全球唯一实施公开斩首的国家。2013 年 3 月，沙特第一次对 7 名犯盗窃、抢劫和武装抢劫罪的罪犯实施枪决。[50]

　　21 世纪前 10 年，日本判处了 112 名罪犯死刑，到 2009 年，其中 46 人在 7 个秘密地点被处决。日本的主要刑场位于东京，布局相当简单，只有一扇活动地板门、一尊佛像和一个绞索环。罪犯直到最后一刻才会得到通知（"以免在罪犯中引起恐慌"），剩余的时间只够他们清理牢房、做最后的祷告以及写下最后一封信。一旦被判死刑，获得赦免的机会微乎其微。死刑犯待刑的时间平均为 6 年，但也可能长达 40 年。有时，等到最终走上绞架的一刻，罪犯已年老体弱或患上了精神疾病。在等待死刑期间，他们会被单独监禁在 4.5 平方米的牢房中，只有在洗澡和锻炼时才能离开牢房。家人可以探视，但朋友不可以。罪犯可以拥有一副象棋，但只能同自己对弈。最不寻常的是，虽然日本的谋杀率只有美国的 1/5，但人均处决率却与美国基本持平。2007 年，日本处死了 9 名罪犯，美国处死了 42 名罪犯。尽管死刑在工业化国家中很少被使用，但在 2010 年，有 86% 的人支持它。[51]

强奸

　　2012 年和 2013 年发生在亚洲和非洲的几起备受瞩目的强奸案被曝光之后，强奸罪受到了国际媒体的关注和谴责。但强奸罪如何界定，人们的看法和各国的法律依旧千差万别。在一些国家，与未成年人发生性关系自动被视为强奸，而在另一些国家则不然。法律与观念依文化、国家和时间而变。最近，在厄瓜多尔获得庇护的维基解密创始人、澳大利亚人朱利安·阿桑奇（Julian Assange）声称，他那些被指控的行为或许"的确卑鄙无耻、不符合性交礼仪"，但这种行为在拉丁美洲不会受到强奸指控。有若干个妻子的南非总统雅各布·祖马（Jacob Zuma）称自己的第一次性征服是一次强奸，还说"不能就这么把已经准备好的女人晾在一边"。2006 年，他在强奸审判中被宣告无罪之后，居然厚颜无耻地告诉法官，拒绝女人的性邀请"无异于强奸"。[52]

在美国，每天平均有 232 起强奸案上报给警方，但美国仍没有一个关于强奸的全国性的定义。根据联邦刑法，强奸指的是严重的性虐待，但就各州而言，则在是否必须使用武力等条款上意见不一。英国普通法将强奸定义为"在未经当事人许可的情况下将阴茎插入三个孔中的任何一个"。

伊斯兰教法的规定让强奸行为格外难以证实，因为它规定必须由强奸者亲口供认或有四名目击者做证。在索马里和孟加拉国等国，强奸受害人因非法性行为而遭受鞭刑或石刑的情况并不罕见。近期的一份报告称，在巴基斯坦监狱中，大约 3/4 的女性是强奸的受害人。

印度的种姓制度造成了司法实践中基于等级身份的不同境遇。例如，2012 年 9 月，8 名男子强奸了一名 16 岁的低种姓女孩，并威胁她如果报警就杀了她。作为贱民——曾经也被称为不可接触者——中的一员，她的身份通常会令她保持沉默，尤其是在一个由高种姓者主导的乡村里。此次暴行更令人发指的是，这些男子都用手机拍摄了视频，并与当地男子分享。女孩的父亲得知此事后喝农药自尽。要求公平正义的处置，是女孩父亲所处的贱民社群对此的反应。

在上述强奸案发生后不久，一名高种姓的理疗专业的年轻学生在新德里被轮奸、杀害，引起了全世界的关注。此次暴行在印度激起了公愤。对于很多人而言，此事成了在一个强奸率高、定罪率低的国家里女性遭虐待的象征。涉案的 6 名男性中 5 名（还有一人尚未成年）被控实施暴力袭击，导致被害女子在挣扎求生两周后死亡。这几名男子在外出饮酒时遇到了该女性和她的一名男性朋友，于是用铁棒对他们实施了攻击，该女性因此死于内伤。在 2010 年的一项调查中，新德里有超过 2/3 的受访女性称在过去一年内遭到过性骚扰，但实际报告的人不到 1%。一项调查显示，印度的性暴力事件发生率在全世界居首位。为了打击这种现象，当局建立了快速应对法庭，专门处理针对女性的犯罪。[53]

经历一系列引发外界关注的案件之后，人们本以为印度在惩罚强奸犯方面会有很大改进，然而，2014 年，印度再一次成为人权组织指责的对象。西孟加拉邦的一名年轻女子在村长的授意下被轮奸，而村长这么做是为了惩罚她，因为她打算与外村男子结婚。[54] 尽管印度对强奸问题的认识日益提高，但在农村地区，村民委员会仍相当普遍，且常常强制人们奉行当地严格的行为准则。与世界其他地区不少落后于现代社会的社群一样，印度的乡村往往固守着古老的传统，中世纪习俗对他们的影响远远超过了现代法律。

2013 年 2 月，一名年轻的南非女子躺在一处建筑工地的废墟中奄奄一息。"她的肠子从腹部流出来"，只能对拼命试图挽救她生命的医生们喃喃着袭击者的名字。次日，一名 22 岁的嫌疑人被逮捕。作为困扰南非的猖獗性暴力活动的典型，该案在全国掀起了轩然大波。在不少指控因证据不足未被受理的背景之下，该案将迫使人们进行反省，激起与印度、埃及和巴西类似的女性运动。南非每年被举报的性侵案件约有 6.4 万起，是"全球非配偶类强奸发案率最高的国家之一"。加之刑法体制不健全、警方调查不力、定罪率不足 10% 等因素，我们便不会对这样一个调查结果感到惊讶：25% 的南非男性承认曾实施过强奸，其中近半数有过不止一次强奸行为。研究者认为，部分问题在于，长久以来这个社会一直由男性主导，且对于针对女性的犯罪一贯漠然，这种现象已经成为当地历史和文化的一部分。在种族隔离制度被废除近 20 年后，南非的法律执行部门仍未完成从安保武装向现代警察力量的转变，而后者才会严肃对待强奸问题，一如他们在种族隔离时期处理本土安全问题那样。[55]

　　近年来在一些主要伊斯兰国家发生的案件显示了他们在处理强奸案时的灵活性和务实性。这些法律上的调整大多更有利于犯罪者而非受害者，但摩洛哥并没有随大流。该国旧有的法律规定，犯强奸罪的男性只要同意迎娶未成年受害人就可免于处罚。2014 年，该国议会一致投票通过对该法律进行修改。促成这项决议的是发生在 2012 年的一起强奸案，一名 16 岁的少女在利刃威逼下遭强奸，尔后被自己的家人强迫嫁给那名强奸者。根据该国法律第 475 条，如果强奸者没有娶受害者，会被判处若干年监禁及一小笔罚金。但法律修改之后，该条款中的免责部分被删除，强奸者必须受到惩罚。按照这一决议，司法部承诺对强奸犯施以更严厉的惩罚。此外，还有一些人在推动将各种侵害女性的行为列入罪行，并呼吁人们不要对非婚生子女污名化。[56]

　　阿富汗则延续着反对女性权益的传统路线。2014 年 1 月，该国议会赞成修改刑法，以防止涉嫌虐待妇女者的亲属出庭做证。修改法律的提议之所以引起轩然大波，是因为在该地区，大部分针对女性的暴力犯罪的唯一证人正是当事人的亲属。在西方人权组织的敦促反对下，截至 2014 年 3 月，卡尔扎伊总统尚未最终签字批准。此次修改只是整部长达近百页的新法典的一小部分，即众所周知的第 26 条。这项法律本身并没有针对女性或家庭暴力的特别条款，但由于女性的活动受到限制，她们通常与家人在一起。据法律专家说，该法案的通过将使得女性无法对强奸她的男性亲属，比如叔叔，做出不利证词。同样，如果母亲发现其他家庭成员殴打自己的女儿，她也无法出庭做证。无论如何，这再一次提醒法学学生们，司法制度，无论是过去的还是现在的，都在压制女性权益。[57]

监禁

就刑罚手段而言，监禁在全世界大部分地区仍占主流。世界上依旧有一些地区采用苏联式的劳改营制度。

自苏联解体以来，俄罗斯和其他 14 个原成员国一直在监狱制度现代化的道路上奋力追赶。莫斯科东北约 2500 公里处是洛兹瓦的第 76 号监禁营。当鲍里斯·叶利钦总统于 1999 年废除死刑的时候，那里有 277 名死刑犯被减刑为无期徒刑。2000 年，记者获得了采访这些无期徒刑犯的难得机会。受访者中有些人称，相比眼下的处境，他们宁可被枪决。这个监禁营是两所曾经关押死刑犯的特别监狱中的一个。另一所位于莫斯科以北约 483 公里的沃洛格达的一个小岛上。以前，每逢处决，都会由特别行刑手将五花大绑的罪犯拖出牢房，然后从其脖颈后方一枪毙命。这里所发生的变化与洛兹瓦类似，有些罪犯也同样渴求一死以得解脱。个中原因不难理解。每间囚室只有 4 平方米，原本设计用于关押 2 名罪犯，现在却关押了 6 人。

罪犯们穿着灰黑色条纹制服，每天大部分时间只是坐在铁床上发呆。没有灯罩的灯泡全天 24 小时亮着。牢房里照不进任何阳光，也没有自来水，10 天才能洗一次澡。罪犯每天有 90 分钟的放风时间。洛兹瓦的条件更可怕。这所监狱建在苏联时期的一个劳改营伐木场里，与世隔离，疮痍满目，从莫斯科坐火车到这里需要 40 个小时。漫漫冬季长达 9 个月，气温有时会下降到零下 45 摄氏度。虽然罪犯每年可以有两次 4 小时的探监，但大部分人的亲友无力承担探视的高昂旅费。[58]

历经几年的经济萧条，俄罗斯的监狱条件每况愈下。由于饮食和医疗条件差，结核病在 1999 年大肆流行，约 10 万名罪犯被感染。[59] 具有讽刺意味的是，近两个世纪前，伟大的监狱改革家约翰·霍华德就是在造访俄国监狱时感染了斑疹伤寒（当时叫作"监狱伤寒"）。在 21 世纪，那些监狱依旧人满为患，卫生设施和其他条件不堪忍受。你或许会想，若约翰·霍华德看到此情此景当做何感想，不过他或许至多只会指出，花在改造和重塑罪犯方面的精力太少，难怪罪犯中的累犯率居高不下。

欧洲，尤其是南欧国家，在很大程度上受制于财政紧缩政策。国家经济衰退带来的一个出人意料的结果是，一些罪犯宁可坐牢，因为在那里，至少可以得到免费的住宿和足以维生的食物。此外，自由世界日益恶化的状况无意间对监狱雇员产生了影响，比如在葡萄牙，狱警被迫在工作时自备厕纸。随着葡萄牙经济的螺旋式下滑，该国的轻罪率蹿升，很多民众因无力支付交通罚款而入狱，导致监狱人口不断增加。由于经费削减，监狱里不再供应免费的洗发水和洗涤剂，黑市交易应运而生，狱警可以为这些必要的生活物品向罪犯漫天要价。[60]

另一方面，日本的监禁率和累犯率都较低。例如，日本每10万人中有55人入狱，英国每10万人中有149人入狱，美国每10万人中有716人入狱。不过，日本的监禁制度在各工业化国家中是最严厉的。罪犯除放风时间外禁止交谈，只能埋头劳动却得不到报酬。20世纪90年代末，由于发生了一系列震惊世人的谋杀案，这个低犯罪率国家对犯罪的恐惧也开始升级。同美国的情形类似，关于多重谋杀案的新闻报道铺天盖地，火上浇油，但这些令人发指的案件事实上并不能反映出犯罪率变化的总体趋势。日本社会与西方社会一样，对日益增长的犯罪恐惧做出了反应，一名犯罪学家称之为"刑事民粹主义"（penal populism），即在日本民众的支持下，刑事司法体系变得更严苛。因此，日本的刑法近来加重了对某些罪行的惩罚上限（15年变为20年，20年变为30年）。此外，出于一直以来对未成年人受犯罪伤害的担忧，某些罪行会被判处终身监禁和死刑。[61]

日本的罪犯改造制度因不够透明、采用单独监禁而遭到外界的批评。在千叶监狱，2/3以上的罪犯因谋杀、过失杀人和纵火罪入狱，其中半数被判终身监禁。千叶监狱罪犯的平均年龄为50岁左右，其中很多人刚刚服完一半刑期，这就意味着他们永远不太可能拥有手机或信用卡。监狱不允许夫妻探视。罪犯的日常活动主要是在大车间里做鞋子和家具。大部分资料显示，越狱和暴动事件极为罕见，监狱中也鲜有毒品和违禁品。高比例的狱警和罪犯配置（1:4），加之严格的监狱管理制度，令他们在监狱管理方面取得了可观的成绩。但人权组织声称，"这种成绩背后的代价高昂"，有些罪犯出现精神衰退，尤其是在西部地区。[62]

与日本类似，斯堪的纳维亚半岛的大多数国家的人口构成较为单一。但与日本截然不同的是，斯堪的纳维亚诸国的刑事改造制度在经历数百年的发展之后显得温和得多。以丹麦为例，该国自 19 世纪 80 年代以来实施了一系列改革，包括废除死刑和肉刑，不再让罪犯从事繁重的劳动。近几十年来，宽松的监禁制度已经成为该国刑事惩罚的主流，监狱管理遵循人道主义。该国的刑罚政策倡导在可能的情况下给予罪犯最短的刑期，或将罪犯送进开放式监狱。罪犯当然也明白，如果在此类监狱中违反规章，等待他们的则是严厉得多的封闭式监狱。主要针对侵害财物者和醉驾人员的各类宽松监禁占到该国监禁处罚的 85%，是改造效果最好的惩罚方式。除此之外，丹麦的主要刑事处罚还包括罚款和缓刑，有时候也会并处观护察看、宽松监禁、赔偿和依收入而定的日罚金。

芬兰的监狱数量或许是欧洲国家中最少的。作为一个相对而言无阶级差异的社会，困扰其他国家的经济和社会差距在这里几乎不见踪迹。仅仅 30 年前，芬兰的刑事制度还相当僵化，是欧洲大陆监禁率最高的国家之一，与邻国俄罗斯相差无几，而与西欧相去甚远。然而，芬兰的经验表明，通过反思刑事政策、采纳学者和刑法专家的建议，可以取得怎样的成果。芬兰的现代监禁机构是开放式监狱，"拆除了围墙和栅栏，使用隐蔽摄像机和电子警报系统进行监控"。传统监狱里沉重金属门的哐当声响和宛若中世纪的牢房被与堪与大学宿舍媲美的生活条件取代。这里的狱警和罪犯互相称呼自己的名字，罪犯可以回家探望，也可以与家人在特设房间里进行为期四天的探视。[63]

说到人均在押率，过去几十年间没有哪个国家能与美国相提并论。自 2010 年伊始，美国的人均在押率就已登上全球榜首。拥有世界人口 5% 的美国关押了全世界"有记录的"罪犯中的 25%，也就是说每 10 万个美国人中就有 756 人入狱，是世界平均水平（每 10 万人中 125 人）的 5 倍。[64] 美国所谓的"向犯罪宣战"的政策中最令人困惑的一点是，尽管过去 20 年间监狱服刑人员的总数不断增长，美国的总体犯罪率却在下降。犯罪率下降或许与更长刑期和更多的在押人员有关，而收监人数增加的背后另有原因，比如由选民推动的刑事政策和刑事司法制度。

对朝鲜和其他地区的古拉格式监狱制度的批评者发现，抨击他们的刑事行为很容易。在美国的监狱里，罪犯每日有 23 小时被单独关押在戒备森严的牢房里，只有一小时时间能离开 6 英尺宽 9 英尺长的囚室，在限制重重的区域进行单独锻炼，但这一事实很少被人提及。新闻记者戴维·布鲁克斯（David Brooks）最近借用亚历山大·索尔仁尼琴关于俄国古拉格体制的著作，将美国的这种现象称为"痛苦群岛"。[65] 从查尔斯·狄更斯就费城东州监狱的恐怖状况写下长文至今已过去 150 多年，情况却没什么改观。罪犯们或许不会再受折磨或被捆住手脚，甚至不会被公开批评和羞辱，但启蒙时代的观察者们和米歇尔·福柯都已指出，单独监禁会造成人们所说的"社会性疼痛"。对有暴力倾向和目无纪律的罪犯进行单独管束的理由的确不少，但大部分研究发现，这种形式的惩罚更有可能导致严重的精神疾病或自杀，并很可能令罪犯在获释后实施新的暴力。有迹象表明，几个州开始正视这一现实。2014 年，科罗拉多州宣布将不再把患有严重精神疾病的罪犯单独监禁，纽约官员也已经敲定了计划，打算重新规定罪犯单独监禁的最长期限。[66]

1985—1991 年，美国国会通过了 20 部新的强制性量刑法，从法官手里收回了很多自由裁量权。1993 年，强硬派政客开始反复呼吁颁布"三振出局"法案。华盛顿州率先投票通过，对三次犯重罪的罪犯处以终身监禁不得假释的惩罚。随后，又有十几个州陆续出台了类似的法令。三振出局的量刑政策最初始于加利福尼亚州。20 世纪 80 年代初，年轻的波莉·克拉斯（Polly Klaas）被一名职业罪犯从她的卧室里诱拐并残忍地谋杀，该犯过去曾多次入狱。这一罪行引发了全国的关注，一名法律史学家称之为"对德拉古式严刑峻法的强有力的召唤"。[67] 在 21 世纪的第二个 10 年里，美国的监禁率增速放缓。造成这一趋势的原因很多，其中最重要的是对强制性最低判决的依赖减少，以及对涉毒案件刑罚的减轻。

虚构的正义

在过去几年中，德拉古式刑罚在各极端主义宗教团体中重现。伊斯兰学者已经声明，阿富汗和巴基斯坦塔利班（以及伊斯兰世界的其他一些团体）实施的很多刑罚与《古兰经》和伊斯兰教法毫无关系。实际上，受基地组织支持者吹捧的激进极端主义者与直到不久前，也就是直到马里这个国土面积与阿富汗相当的国家被伊斯兰主义极端分子蹂躏之前，仍在廷巴克图（Timbuktu）占主流的更温和的伊斯兰派别截然不同。对通奸罪判处石刑是这些伊斯兰极端主义者新增设的刑罚之一。以一对被石刑处死的情侣的案例为例，受刑人先被迫挖"一个一人大小的坑"，然后跪在坑里，由村民们施刑。在另一起案件中，一名女性因与一名外族男子同处而被判鞭笞 95 下（即便按照伊斯兰教的标准而言也是相当严厉的）。2013 年 1 月 4 日，这名年轻的女性先被带到市场，执法者在那里宣布了她的犯罪与惩罚，接着鞭刑开始。"他用树枝做成的鞭子狠狠地抽打她，行刑时间持续很久，鞭打很凶狠，以至于她一度不确定自己的面纱是否已滑落。她只感到血滑过脸庞。"鞭打停止后，她被警告说，倘若再犯，就会被处死。[68]

2012 年，伊斯兰极端主义者占领了马里北部，伊斯兰教法中最残酷的几宗案例就此上演。一个村民说得好，"这些人来自我们之中，但他们推行的正义不知是从哪里来的"。[69] 截至当年年末，该地已有十几人被处以断肢刑。在一起案件中，一名男子被控试图盗窃枪支。随后，他被绑在椅子上，右臂被用橡胶管绑在扶手上。一名医生给他注射了镇静剂，接着，该犯的亲兄弟——他恰好是警长——拿着一把宰羊刀执行了判决（行刑过程长达半小时，这名所谓的窃贼中途昏厥），并声称自己"别无选择，必须实施真主的正义"。[70] 在另一起盗窃案中，罪犯们被迫看着他们中的一员被紧紧绑住手臂坐在椅子上，狱卒绕着他的前臂转了一圈，然后锯下了他的手。整个过程不过三分钟，但对这名可怜的罪犯而言一定如漫漫一生。强迫公众观看的目的在于让马里北部以伊斯兰教徒为主的民众心生畏惧。在其他案件中，窃贼会被砍掉双脚，被抓到抽烟或用收音机听音乐的人会被用骆驼毛鞭子或树枝公开鞭打。极端主义者对手机的规定倒是比较务实：用手机是可以的，但必须用《古兰经》做手机铃声，否则将被处以鞭刑。

这些惩罚最大的问题在于缺乏审判。极端主义者可以随意将嫌疑人带到他们命名为"伊斯兰教法之地"的广场，在众目睽睽之下实施断肢刑。有一次，他们将认定的窃贼捆住手臂和腿脚放在地上，用刀生生砍下右前臂，致使这名 39 岁的男子因疼痛而昏厥过去。[71]

与其他极端分子一样，塔利班成员在实施惩罚时相当专断。定罪，往往仅凭目击者的眼睛。对于大多数阿富汗人而言，塔利班的归来宛若时光倒流回"9·11"恐怖袭击事件前的日子，他们穿城过镇，鞭打吸烟的人、听音乐的人和嚼烟草的人。回想 20 世纪 90 年代，从头到脚裹着黑色制服的"道德警察"强行禁止人们看电视、放风筝、剪胡须，不允许女性露出肢体。根据 2012 年的报告，一名 28 岁的年轻人因"胡子蓄得不够长"被反绑双手抽打 70 鞭。如果在塔利班检查站被查出手机里存有照片或音乐，就会被拘留、罚款甚至遭鞭打。就连有领衬衫也被视为异教徒的标志，穿着者会被处以鞭打手掌的惩罚。穿有领衬衫打 15 下，嚼烟草和吸烟打 30 下，胡子蓄得不够长打 70 下。[72]

寻找监禁的替代手段

在美国这个世界头号监禁大国，寻找监禁替代手段的尝试从近 170 年前，也就是 1841 年约翰·奥古斯都（John Augustus）协助建立缓刑制度时就开始了。如今，缓刑已成了美国最常见的刑罚。20 世纪 80 年代，法官们在选择适用缓刑和监禁时有标准可依。但监狱人满为患的问题在那个"对犯罪行为绝不手软"的时期变得日益严重，不少其他的替代惩罚因此被启用，包括家庭监禁、劳教营、密集监督假释和缓刑等方式。可惜，此举既没能降低累犯率，也没能解决监狱拥挤的问题。

世界刑罚制度在迅速变化的世界中对犯罪做出反应的同时也在不断发展。在某些情况下，这意味着重新回顾早期的罪与罚的时代以寻找灵感。如果我们观察得够深入，确实间或能从历史的故纸堆里找到变通之道。在比较常用的替代手段中，有一种被称为"修复性司法"（restorative justice）。虽然修复性司法的实践方式在外行看来可能像是什么新发明，但它其实根植于几个世纪前的传统（尽管名称不同）。而这种现代流程可以追溯到更为古老的传统。一位著名学者暗指古代阿拉伯、古希腊和古罗马社会，说彼时的人"接受修复性司法，甚至是在面对谋杀罪的时候"。他还大胆断言，"修复性司法在人类历史的大部分时间里一直是刑事司法的主导模式，或许对全世界的人民来说都是如此"。[73]

在美国，修复性司法可以追溯到美洲原住民文化和殖民时期。也有人认为，它甚至可以追溯到更遥远的古代社会的习俗和宗教。彼时，社群在犯罪行为发生之后的修复和惩罚过程中扮演着关键性角色。在很多传统文化中，协调冲突的方法乃是冲突双方社群成员及家庭通过某种"仪式化过程"达成的。这一理念被现代刑事制度借鉴，代表受害人和侵害人的当事双方都参与犯罪后的调解程序。直到不久前，典型的美国式审判仍会以诉讼交易告终。在这种情况下，受害人几乎被排除在司法程序之外。此外，侵害人对受害人或其社群的责任很少被提及。一名研究人员说，修复性司法程序"提供了一种建构受害者、侵害者和社群关系的新模式"，且"有望达成某种形式的'受害者与侵害者的和解'"。[74]

对于修复性司法的特殊定义，目前仍然缺乏共识。十几年前的一份调查发现，修复性司法有"各种形式，其名称也各不相同"，包括解决争端的替代程序、替代刑，或一种"基于恢复受害人、侵害人及其所处社群关系的理念建立起来的截然不同于以往的新刑法模式"。修复性司法已经在一系列新颖的监禁措施之外找到了自己的位置，可以在刑事诉讼过程中的任意阶段暂停正式的法庭程序，开启受害者和侵害者之间的协商。[75]

加拿大于 1975 年率先在安大略省实施了现代修复性司法方案。由于 20 世纪 70 年代末和 80 年代初北美及其他地区的犯罪率直线攀升，各地司法体系不惜尝试一切方法。到 20 世纪 90 年代，整个北美已有 1000 多例修复性司法方案。[76]修复性司法的出现是对将受害人排除在司法程序之外的传统的回击。到 20 世纪末，这一理念在欧洲变得越发重要，强调让受害方、侵害方和当事社群最大限度地参与司法过程，并最终让受害者在刑事司法程序中扮演积极的角色。但批评者对这种方式在未来的成功应用持谨慎态度，尤其是在美国。他们认为，如果侵害方不愿合作，或社群不支持，那么讨论就没有意义。也有人认为，将这种程序放在优先于久经考验的威慑和剥夺手段的位置上是危险的。然而，到 21 世纪，受害者—侵害者调解程序、赔偿和社区服务已然成为美国最常见的修复性司法程序。修复性司法已经在那些寻求温和司法制度的人群中找到了最强有力的支持者，同时，另一些人因该方式强调受害者授权，并节省了刑罚适用的经济成本而对其青睐有加。

尽管可作为替代方案的刑罚手段绰绰有余，监禁仍在世界很多地区占主导地位。以美国为例，该国以全世界 5% 的人口贡献了全世界 25% 的在押人员，且该刑罚制度之下骇人听闻的事例不胜枚举。2013 年 8 月，有消息称，得克萨斯州监狱局花了 75 万美元租用 6 间带空调的牲畜棚用于养猪，而与此同时，罪犯却在没有空调的牢房里忍受炎热。那年夏天，有些监狱的温度达到平均 49 摄氏度，14 名罪犯死于酷暑。炎热不仅困扰着罪犯，也影响了监狱雇用的巡逻员。一名狱警工会代表哀叹道——当然是玩笑之词——监狱方面"已经做出决定，保护咸肉比保护人命更重要"。[77]

位于加利福尼亚州北部的鹈鹕湾"超级监狱"则继续使用单独囚禁的方式（其他超级监狱亦然）。关押在这里的数千名罪犯最长要在宽 8 英尺，长 10 英尺的单人牢房里待 20 年。他们每天有一小时的活动时间，但即便在此期间通常仍会被锁在一个比他们的牢房大不了多少的水泥场内。一份 2011 年的联合国报告描述了这一无异于折磨的做法，指出单独监禁不应超过 15 天。与之形成鲜明对比的是，在加利福尼亚州超级监狱里服刑的罪犯刑期平均为 7 年。[78]

超级监狱，也就是通常所说的"supermax"，诞生于 20 世纪 70 年代和 80 年代初。当时，美国发生了一连串暴力事件，导致数十名狱警死亡，当局便用这种方式对付最暴力、最危险的罪犯。超级监狱最大的特色就是将罪犯单独监禁、全天候限制活动，这样便不再需要公用餐厅和运动场。超级监狱的建筑设计也使得罪犯无法看到其他人，除非是因空间不足而共用囚室。大部分资料显示，这种监狱似乎反倒让罪犯变得更加暴躁，且其隐藏的危险因素有可能在罪犯获释、重新回到公共生活中后显现出来。天知道贵格会的监狱改革者约翰·霍华德或查尔斯·狄更斯——他曾在 1842 年大胆地挑战了宾夕法尼亚州的单独监禁制度——会对美国如今的监狱制度做何评价。

尾声

白领阶层的金融犯罪已经成为 21 世纪的特色犯罪（就目前而言），尤其是在世界发达地区。金融犯罪，比如诈骗，至少可以追溯到公元前 4 世纪，古埃及人把诈骗和逃税作为重罪。早在 2000 多年前，造假者就开始切割或复制皇家铸币。约翰·K. 库利（John K. Cooley）在关于造假的著述中讲述了欧洲殖民者是如何用伪造的贝壳串珠（美洲原住民将贝壳和珠子当作货币使用）从美洲原住民部落里购买食物、贵金属等商品的。[79] 但与美国内战前的伪造品数量相比，这算不上什么。在美国内战之前，国内没有统一的流通货币，据估计，那时全国有 1/3 到 1/2 的钱币都是非法制造的。[80] 与牛顿时代的英国相比，彼时美国对仿造货币的处罚较为温和。但总体而言，几乎所有国家对此类金融犯罪都规定了严厉的刑罚。

中国对金融犯罪毫不手软。近年来，房地产开发商、小商人、官员和大公司的首席执行官们因此被判死刑的不乏其人，其中很多已经被处决。在有些情况下，罪犯会被判处死刑，缓期两年执行，如果在缓刑期间表现良好就可以改判无期徒刑。2009 年 11 月，张玉军和耿金平因销售 300 多万加仑有毒奶粉，致使 6 名儿童死亡、30 多万名儿童患病而被处死。他们为了制造产品蛋白质含量高的假象，在牛奶里添加工业产品三聚氰胺。同年，一家美容院的经营者因非法集资一亿美元供自己挥霍而被处以死刑。[81] 虽然中国在 2011 年对包括偷税漏税、走私在内的 13 种经济犯罪停止适用死刑，但如今依旧有数量不详的"白领罪犯"被执行死刑。

中国并非第一个对金融犯罪实施严厉打击的国家。《汉穆拉比法典》规定，任何违背金融契约的人"都应被作为窃贼处死"。放高利贷是最古老的金融犯罪之一，也被称为贷款勒索和夏洛克之行（出自莎士比亚《威尼斯商人》中的反派放贷者）。[82] 在 14 世纪的加泰罗尼亚，一名银行家因无法向储户兑现而被处决。在文艺复兴时期的佛罗伦萨，任何被查出欺骗顾客的人都有可能被处以酷刑。根据法条第 70 款，这些酷刑包括受拉肢刑具"或其他矫正器具"之苦。[83]

世界各国仍在努力应对花样不断翻新的经济犯罪，特别是可以让犯罪分子通过电脑和其他高科技终端瞬间转移数百万美元的洗钱活动。1986 年，美国成为第一个立法惩处洗钱活动的国家。你或许会惊讶为何过了这么长时间才有相应立法，但别忘了，这种犯罪行为此前并不引人注意，直到 20 世纪七八十年代发生了动辄数十亿美元的可卡因交易，才引起了政府的警惕。

　　有一类金融犯罪在尼日利亚最猖獗，那就是预付款欺诈，或称 419 欺诈（因相应的法规而得名）。一个发展中国家竟然能成为复杂欺诈的高发地，未免令人不解。有观察者认为，之所以出现这种状况，是由于该国"只有有社会关系的人才能获得常规上升渠道"。[84]

　　最近，美国有人提倡对诸如伯纳德·麦道夫（Bernard Madoff）之流的巨额欺诈犯给予"中世纪式的"惩罚。此人实施了史上最大的一宗金融犯罪。政客们也纷纷表示要严惩华尔街诈骗犯。很多观察者建议采用中国的惩罚方式来阻止银行系统劫掠，另一些更务实的人则认为改革金融体系才是防止银行家和华尔街骗子的更有效方式。日益加重的罚金和监禁被视为万灵药，但事实上，起诉此类错综复杂、涉及若干法规的罪行本身才是一大挑战。无论如何，当局已经针对金融诈骗制定了严厉的惩罚措施，诈骗了 600 亿美元的麦道夫被判 150 年监禁，恐怕是要终老于监狱了。

　　进入 21 世纪，犯罪与刑罚领域发生了巨大变化，但也有不少方面丝毫未变。穷人、少数族裔和其他被剥夺权利的人依旧承受着严酷刑罚的重压。由原住民、奴隶后代和来自世界各地的移民组成的美国是全球最多样化的国家之一。然而在这里，富有与贫困等量齐观，或者用前总统乔治·W. 布什的话说，有多少"一无所有的人"就有多少"富得流油的人"。截至 21 世纪的第一个 10 年，接受刑事改造，包括进入监狱、看守所和被判处缓刑或假释的非裔美国人"比 1850 年时的黑奴人口还多"。[85]

　　在那些存在严重不平等、等级壁垒由来已久的国家，比如印度，民选领导人仍然不愿与高种姓的贾特人（Jats）正面对抗，而后者仍然操纵着素有"印度封建父权制最坚固的堡垒"之称的哈里亚纳

（Haryana）地区。因此，低种姓的达利特（Dalit）女性在面对性侵犯时无法通过刑法制度获得保护，有时候甚至会被当作共犯受到人们的指责。在这个有着根深蒂固的"归罪于受害人"理念的地区，由于长期以来人们重男轻女、堕掉女胎，男女比例达到 1000∶861，是"印度性别比例扭曲最严重"的地区。[86]

在新加坡，乘飞机抵达的游客必须填写入境表，表上用红色的大字警告："新加坡法律规定，贩运毒品者死。"不过，若进一步探究，你会发现该国的刑事执法并不透明，且往往"对弱势群体和贫困人群区别对待"。与 18 世纪晚期到 19 世纪早期英国实行的《血腥法典》类似，在新加坡，一旦某个案件被列入可自由裁量的范围，相应的司法制度对于犯下死罪的人就有了更大的可操作空间。在昔日的英国，轻微盗窃与巨额盗窃的区别仅有一先令，结局却是一个罚款，一个绞刑。新加坡的检察官找到了一种避开死刑的方式，就是我们之前提到的"14.99 控诉"，这使得他们可以用不足以构成强制死刑判决的毒品量来起诉持有毒品的贫苦罪犯。[87]

对某些行为的禁令早在印刷文字出现之前就已存在。哪些行为是被禁止的，往往取决于具体的文化。说到犯罪行为，并没有什么放之四海而皆准的规定，这一点或许在对精神致幻品的禁令上最能体现。尽管如此，各国政府已经着手在某些方面采取新措施，特别是在所谓的"禁毒战争"上。据联合国估计，美国每年流入犯罪分子手中的赃款超过 3000 亿美元。更麻烦的是，暴力犯罪的数量往往与毒品交易同时高频出现。世界上凶杀案发案率最高的几个国家都位于从南美安第斯山脉到美国和欧洲市场的可卡因贸易线上。就谋杀案数量而言，唯一能与毒品贸易沿线国家——比如洪都拉斯——相比的都是那些战乱不断的地区。尽管 1998 年"由联合国发起的美妙计划"曾被人们寄予厚望，希望能带来一个"无毒的世界"，但从那年至今，全球可卡因和大麻的消费量增长了50%，鸦片消费量增长了2倍多。[88] 如果说毒品战争中有哪一方占了上风的话，那就是贩毒集团和黑帮。近来有迹象表明，一些国家正考虑重新设计刑事处罚的替代方案，并给（毒品）合法化、脱罪化一定的机会来对愈演愈烈的现状以反击。墨西哥和乌拉圭等拉丁美洲国家正在讨论修改这种法律的可能性。美国联邦政府于1937年将大麻列入禁令，但在过去几年中，有15个州都不再对持有大麻制品者判刑，而是参照交通违法进行处罚。2014年，科罗拉多州成了美国第一个可以合法使用大麻的州。然而，这只是对抗毒品的几次小战斗，人们尚未赢得整个战争的胜利。从去罪化到合法化还有很长的路要走，但此举将开启一场用罚金和社区服务等替代性处罚取代屈辱、可怕的刑罚的政治对抗。

伊斯兰教法中关于禁止饮酒的规定由来已久，但这条禁令在某种程度上受到了学者的挑战。不少历史学家认为，酒精起源于中东地区，酒这个词本身或许就出自阿拉伯语的 al-kohl，一种用混合蒸馏乙醇和锑盐调制的眼线膏。当时的人也用未添加粉末的类似原料制造出颇受欢迎的饮料。这些饮料在哈里发统治的地区被视为堕落之夜的助燃剂，后来被8世纪的诗人阿布·努瓦斯（Abu Nuwas）记载在《酒赋》（khamriyaat）中。[89] 不少现代伊斯兰国家认为这是无稽之谈。我们不知道伊斯兰学者是从何时开始将饮酒认定为罪过的。但20世纪70年代，伊朗和巴基斯坦出现的某些伊斯兰政治派别，推动一些国家从此开始禁酒。在伊朗，饮酒者可被处以80鞭。从印度尼西亚到突尼斯的不少伊斯兰派别仍对禁酒令持有争议。尽管如此，禁令已然出台，就像毒品法令那样，神不知鬼不觉地一锤定音。在美国实行禁酒令期间，几乎在每个社区都能轻易找到含酒精的饮料，尽管多半是品质低劣且危险的自酿调制酒。与此类似，在禁止饮酒的阿拉伯世界，黑市繁荣兴旺。一名巴基斯坦人坦言，"酒精饮品可以送货上门，比点比萨外卖还方便"。[90]

调查显示，纵然有种种禁令，在过去 10 年中，以穆斯林为主的国家里的酒精消费量一直在上涨。全球的酒精消费量平均增速约为 30%，中东地区却高达约 72%。正如《经济学人》的一名记者所说，这"不太可能单单归于（中东地区）非穆斯林和外国人的饮用量"。不幸的是，当局不允许就此展开公开辩论。在私下里，一些学者认为，只要这些酒精饮品不是用椰枣或葡萄之类《古兰经》里特别提到的原料酿造，就可以喝。虽然中东国家政权变幻莫测，但截至目前，饮酒在土耳其、黎巴嫩和埃及（截至目前）等国已经合法，而在巴基斯坦、伊朗和沙特阿拉伯仍被禁止。无论怎样，很多人选择用戒酒作为对西方世界贪图享乐的罪恶生活方式的抵制。

写作这本罪与罚的全球史最大的挑战在于如何明确定义犯罪，因为这个词在我们脑海中唤起了许多不同的画面，一切的一切都取决于时代、文化和法律传统。为了探讨这个主题，我们既要用当时人们的思维去定义犯罪行为，同时也要让现代的读者能够理解。对历史早期犯罪率的估计大多是推测性的。尽管在那些长期具有书写传统的国家里，比如西欧，不乏大量关于罪与罚的记载，但在其他地区，相关的文字记录寥寥无几，因此研究人员不得不借助其他资源，比如人类学分析、民间传说和一代代人口口相传的传统习俗。我们可以从资料中推测，自中世纪晚期到 20 世纪，欧洲国家的谋杀率下降到原来的 1/10~1/50。有些历史学家将此归功于"将零散的封建领土合并成拥有中央集权的国家"。[91] 如前所述，随后的启蒙运动为第一次大规模废除奴役、决斗、拷打、兽刑、虐待等刑罚奠定了基础。另一方面，世界上有一些地区并未直接经历启蒙运动和之后的工业革命，因此，其跨越千年的罪与罚的历史乃是各种尝试、借鉴和吸收的矛盾体，且往往因时间、地点和历史而异。罪与罚的全球史依然是一个进行中的论题。

注 释

引 言

1. Itamar Eichner, 'Israelis Enjoying Life in Swedish Prison', www.ynetnews.com, 12 June 2006.

2. Karl Menninger, MD, *Whatever Became of Sin?* (New York,1973), p.50.

3. James Buchanan Given, *Society and Homicide in Thirteenth-century England* (Stanford, CA,1977).

4. 参见 Norbert Elias, *The Civilizing Process*, trans.E. Jephcott (Oxford,1978); Steven Pinker, *The Better Angles of Our Nature: Why Violence has Declined* (New York, 2011); Manuel Eisner, 'Long-term Historical Trends in Violent Crime', *Crime and Justice: A Review of Research,* xxx (2003), pp.83~142。

5. Paula S. Fass, *Kidnapped: Child Abduction in America* (New York,1997), p.10. "绑架" 这个说法源自 "窃贼" 一词,根据《牛津英语词典》的解释,该词是由 "孩子"(kid)和 "攫取"(nap)组合而成。

6. Pieter Spierenburg, *A History of Murder: Personal Violence in Europe from the Middle Ages to the Present* (Cambridge, 2010), p.1.

7. Roger Lane, *Murder in America: A History* (Columbus, OH, 1997), pp.1~5.

第一章 罪与罚:太初

1. Jean Guiliane and Jean Zammit, *Origins of War: Violence in Prehistory* (Oxford, 2005), p.231. 同时参见 Ian Armit, 'Violence and Society in the Deep Human Past,'

British Journal of Criminology, LI(2011), pp.499~517。

2. Ronald Hutton, *Pagan Britain* (New Haven, CT, 2014).

3. Karin Sanders, *Bodies in the Bog and the Archeological Imagination* (Chicago, IL, 2009), p.4.

4. 同上。

5. R. S. Rattray, *Ashanti Law and Constitution* (London, 1911), pp. 232~233.

6. 同上书，p.292。

7. 同上书，pp.372~375。

8. 为了避免在行绞刑时造成肢体残缺或出血，通常会使用皮绳或徒手操作。当使用棒刑时，通常会用象牙或某种杵来打死高等级的受刑者。参见拉特雷的 *Ashanti Law,* p.375.

9. 同上书，p.376。

10. Jacques Barzun, *From Dawn to Decadence: 500 Years of Western Cultural Life,1500 to the Present* (New York,2001), p.762.

11. Robert H. Lowie, *Primitive Society* (New York, 1920), p.401.

12. 同上书，p.416。

13. Karin Bullard, " 'Blood Money' could Free American" , *Houston Chronicle,* 5 March 2011, p.A14.

14. Lowie, *Primitive Society,* pp.413~414.

15. Jo Tuckman, 'Vengeance Allowed to Flourish' , *Houston Chronicle,* 30 June 2002, p.24A.

16. Reed Lindsay, 'Bolivia's Aymara Taking Justice into Own Hands' , *Houston Chronicle,* 26 September 2004, p.A30.

17. 大多数已被后来的伊拉姆征服者带到苏萨，并于 1901 年被发现，如今保存在巴黎卢浮宫博物馆。

18. Marc Van De Mierop, *King Hammurabi of Babylon: A Biography* (Malden, MA, 2005), p.99.

19. 虽然我们知道"玉米"是在美洲被发现的，但在前殖民时代，这个词也被用来指代"谷物"或当地生长的其他各种主要农作物。

20. Frances F. Berdan, 'Crime and Control in Aztec Society' , 收 录 于 *Organised Crimein Antiquity,* ed. Keith Hopwood (Swansea,2009), pp. 255~270.

21. Alan Milner, *The Nigerian Penal System* (London,1972).

22. Lowie, *Primitive Law,* pp.402~403.

23. 'Divorce', 收录于 *Encyclopaedia Judaica*, 2nd edn,vol.v, ed. Fred Skolnick and Michael Berenbaum (Farmington Hills, MI, 2007), p.710；同时参见 Ruth 3:9。

24. Israel Drapkin, *Crime and Punishment in the Ancient World* (Lexington, MA, 1989), p.32.

25. Victor H. Matthews and Don C. Benjamin, *Social World of Ancient Israel, 1250— 587 BCE* (Peabody, MA, 1993), pp.11~12.

26. Pew Global Attitudes Project, 2009, 'Pakistani Public Opinion: Growing Concerns about Extremism, Continuing Discontent in the United States', at http://pewglobal.org.

27. 'Saudis Defensive as Swords Swing, Heads Roll', *Houston Chronicle*, 25 April 2000.

28. Drapkin, *Crime and Punishment*, p.37.

29. Joyce Tydlesley, *Judgement of the Pharaoh: Crime and Punishment in Ancient Egypt* (London, 2002).

30. 同上书，p.65。

31. 同上书，p.72。

32. 同上。

33. Pierre Montet, *Everyday Life in Egypt in the Days of Ramses the Great* (New York, 1958), p.269. 该书作者认为，受刑者只是被绑在柱子上等死，而非被刺死。

34. *The Strange Cases of Magistrate Pao: Chinese Tales of Crime and Detection*, trans. Leon Comber (Rutland, VT, 1964).

35. Nick Fisher, "'Workshops of Villains': Was there Much Organised Crime in Classical Athens?", 收录于 *Organised Crime in Antiquity*, ed. Hopwood, pp.53~96。

36. *Plutarch's Lives (The Lives of the Noble Grecians and Romans)*, vol. I, trans. Arthur Hugh Clough (New York, 1992), p.117.

37. Demosthenes, 转引自 Douglas M. MacDowell, *Athenian Homicide Law in the Age of the Orators* (Manchester, 1999), p.8。

38. 同上书，p.113。

39. 同上。

40. Herbert A. Johnson, Nancy Travis Wolfe and Mark Jones, *History of Criminal Justice*, 3rd edn (Cincinnati, OH, 2003).

41. John K. Cooley, *Currency Wars: How Forged Money is the New Weapon of Mass Destruction* (New York, 2008), pp.56~62; 本部分的标题取自库利书中的同名章节，p.55。

42.　J. Thorsten Sellin, *Slavery and the Penal System* (New York, 1976), p.1; Orlando Patterson, *Slavery and Social Death: A Comparative Study* (Cambridge, MA, 1982).

43.　M. I. Finley, *Ancient Slavery and Modern Ideology* (New York, 1980), pp.67~68.

44.　Patterson, *Slavery and Social Death*, p.128.

45.　汉茨维尔市山姆休斯敦州立大学里占地 1.86 万平方米的刑事审判中心是在 20 世纪 70 年代由监狱服刑人员建造的。

46.　20 世纪 90 年代，以色列国防军在巴勒斯坦人暴动期间使用了类似的策略，推平了巴勒斯坦自杀式炸弹袭击者和其他与恐怖袭击有关联人员的家园。

47.　Norman Johnston, *Forms of Constraint: A History of Prison Architecture* (Urbana, IL, 2000), pp.5~6.

48.　此地现在已向公众开放，本书作者最近曾造访过。

49.　苏美尔曾是古巴比伦的一部分，位于古美索不达米亚的南半部，亚述则在北部。

50.　Drapkin, *Crime and Punishment*, p.31

51.　Martin Hengel, *Crucifixion* (Philadelphia, PA, 1978), pp.22~23; Lewis Lyons, *The History of Punishment* (London, 2003), p.162.

第二章　法律传统的兴起

1.　消失的六种是埃及法系、美索不达米亚法系、希伯来法系、希腊法系、凯尔特法系和教会法系。威格莫尔认为，希伯来律法在公元 2 世纪被罗马法取代，此后主要以地方性习俗和礼仪、道德守则的方式发挥作用。

2.　Ian Gibson, *English Vice: Beating, Sex and Shame in Victorian England and After* (London, 1978).

3.　Alejando Reyes, 'Rough Justice: A Caning in Singapore Stirs up a Fierce Debate about Crime and Punishment' , *Asiaweek,* 25 May 1994, at www.corpun.com.

4.　Richard A. Bauman, *Crime and Punishment in Ancient Rome* (London,1996), p.18.

5.　O. F. Robinson, *The Criminal Law of Ancient Rome* (London,1995), p.43.

6.　Naphtali Lewis and Meyer Reinhold, eds, *Roman Civilization, Source Book II: Empire* (New York, 1966), pp.548~549.

7.　Bauman, *Crime and Punishment*, p.18.

8.　Lucius Annaeus Seneca, *De ira,*　收　录　于　*Moral Essays,* vol. I, trans. John W.

Basore　(Cambridge, MA, 1928).

9.　Steven Pinker, *The Better Angels of Our Nature: Why Violence has Declined* (New York, 2011), p.14. 该书认为，这种方法是亚历山大大帝从波斯带回欧洲的，在地中海地区非常流行。

10.　同上书，p.14。

11.　'ADeathin Jerusalem', *Time*, 18 January 1971, pp.64~65; Brad Lemley, 'Israeli Anthropologist is a Cross-examiner', *LA Times*, 25 December 1985, pp.10~11.

12.　Suetonius, *The Twelve Caesars*, trans. Robert Graves (New York, 1979), p.167.

13.　同上书，p.169。

14.　Robinson, *The Criminal Law of Ancient Rome*, p.72.

15.　Bauman, *Crime and Punishment*, p.32.

16.　同上书，p.68。

17.　Sadakat Kadri, *The Trial: A History from Socrates to O. J. Simpson* (New York, 2006), p.13.

18.　Harold J. Berman, *Law and Revolution: The Formation of the Western Legal Tradition* (Cambridge, MA, 1983).

19.　Katherine Fischer Drew, trans., *Laws of the Salian Franks* (Philadelphia, PA, 1991), p.3.

20.　'The Salic Law', 转引自 *Select Historical Documents of the Middle Ages,* ed. and trans. Ernest Flagg Henderson (London, 1892), pp. 176~183。

21.　Frederick Pollock and Frederic W. Maitland, *The History of English Law: Before the Time of Edward I* (Cambridge, 1978), vol. II, p.26.

22.　同上，p.451。

23.　同上，p.452。

24.　Barbara Holland, *Gentlemen's Blood: A History of Dueling From Swords at Dawn to Pistols at Dusk* (London, 2003), pp.9~11.

25.　Judith Romney Wegner, 'Islamic and Talmudic Jurisprudence: The Four Roots of Islamic Law and Their Talmudic Counterparts', in *The American Journal of Legal History*, XXVI (1982), pp.25~71.

26.　M. Abu-Zahra, *Crime and Punishment in Islamic Jurisprudence* (Cairo, 1950), p.23.

27.　David A. Jones, *Crime and Criminal Responsibility* (Chicago, IL, 1978), p.3.

28.　Jeffrey Gettleman, 'As an Enemy Retreats, Clans Carve Up Somalia', *New York Times,* 10 September 2011, p.A1.

29.　这里没有监禁，罪犯可以回去工作并照顾家人。

30. Bernard Lewis, ed., *Islam: From the Prophet Muhammad to the Capture of Constantinople* (New York, 1974), vol. II, p.39.

31. 'Saudi Court Sentences Female Driver to 10 Lashes', *USA Today*, 28 September 2011, p.7A.

32. 受害者阿曼尼·巴拉米后来将她的苦难写进了《以眼还眼》一书，该书在德国出版 (Bahrami, *Auge um Auge,* Munich, 2012)。医生们竭尽全力仍无法恢复她的视力。

33. Thomas Erdbrink, 'Acid-blinding Punishment Postponed by Iran Officials', *Houston Chronicle,* 15 May 2011, p.A21.

34. Charles T. Powers. 'Sudanese Gather to Watch Islamic Justice', *LA Times*, 12 May 1984, p.6.

35. James C. McKinley, 'Islamic Movement's Niche: Bringing Order to Somalia's Chaos', *New York Times,* 23 August 1996, www.nytimes.com.

36. Rod Nordland, 'Broadcast of Afghanistan Stoning Video Rekindles Outcry', *Houston Chronicle,* 2 February 2011, p.A5.

37. 'Execution by Taliban: Crushed Under Wall', *New York Times*, 16 January 1999.

38. John F. Burns, 'Execution Punctuates Taliban Rule', *New York Times*, 19 December 1996.

39. Todd Pitman, 'Stoning Sentence Overturned in Nigeria', *Boston Globe*, 26 September 2003.

40. Robert F. Worth, 'Crime (Sex) and Punishment (Stoning)', *New York Times*, 22 August 2010, pp.1,4.

41. Thomas Erdbrink, 'Mercy and Social Media Slow the Noose in Iran', *New York Times,* 9 March 2014, pp.1,4.

42. Robert Van Gulik, *Celebrated Cases of Judge Dee* (New York, 1976), pp.xviii~xix.

43. Derk Bodde and Clarence Morris, *Law in Imperial China* (Cambridge, MA, 1967), pp.76~80, 102~112.

44. Joseph Kahn, 'Deep Flaws, and Little Justice, in China's Court System', *New York Times,* 21 September 2005, pp.A1, A12.

45. Hong Lu and Terance D. Miethe, *China's Death Penalty: History, Law, and Contemporary Practices* (New York, 2007), pp.33~34.

46. Jack Weatherford, *Genghis Khan and the Making of the Modern World* (New York, 2004), p.68.

47. Philip L. Reichel, *Comparative Criminal Justice Systems: A Topical Approach* (Upper Saddle River, NJ, 2005).

第三章 变化中的犯罪：从封建制度到城市和国家

1. "feudal"（封建的）作为形容词，最早出现在 17 世纪，但直到 19 世纪才有了 "feudalism"（封建制度）这个名词形式，成为政治术语。自 20 世纪 70 年代以来，历史学家在是否应将封建制度剔除出学术讨论的问题上各执己见。具体例子参见 Elizabeth Brown, 'The Tyranny of a Construct: Feudalism and Historians of Medieval Europe', *American Historical Review*, LXXIX/4 (October 1974), and Susan Reynolds, *Fiefs and Vassals: The Medieval Evidence Reinterpreted* (New York, 1994)。

2. 教会法规由教会法庭掌控，其裁决的案件涉及神职人员、教会建筑、性侵犯和家庭法规。

3. Jacques Barzun, *From Dawn to Decadence: 500 Years of Western Cultural Life, 1500 to the Present* (New York, 2001), pp. 225~226.

4. Sean Mc Glynn, *By Sword and Fire: Cruelty and Atrocity in Medieval Warfare* (London, 2009), p.5.

5. François-Louis Ganshof, *Feudalism* (London, 1977).

6. Marc Bloch, *Feudal Society* (Chicago, IL, 1961), pp. 147~160.

7. Joseph B. Strayer and Rushton Coulborn, 'The Idea of Feudalism', 收录于 *Feudalism in History*, ed. R. Coulbourn (Princeton, NJ, 1956), p.4。

8. 转引自 Brian Fagan, *Little Ice Age: How Climate Made History, 1300–1850* (New York, 2001), pp. 18~19。

9. 转引自 J. Thorsten Sellin, *Slavery and the Penal System* (New York, 1976), p.39。

10. 类似的，在伊斯兰教法中，很少有人因偷窃果腹之食而被严厉处罚。

11. Frederick Pollock and Frederic W. Maitland, eds, *The History of English Law: Before the Time of Edward I*, 2nd edn (Cambridge, 1978), p.498.

12. John Bellamy, *Crime and Public Order in England in the Later Middle Ages* (London, 1978), p.37.

13. 同上。本书作者在 1999 年造访古巴哈瓦那时，卖淫嫖娼的现象举目皆是。当年晚些时候，政府强行带走卖淫者，将她们的头发剃光，送往农村的甘蔗地劳动。

14. Trevor Dean, *Crime in Medieval Europe, 1200–1550* (Harlow, 2001).

15. 同上书，pp. 131~132。

16. Pollock and Maitland, eds, *The History of English Law*, p.500.

17. Alfred Marks, *Tyburn Tree: Its History and Annals* (London, 1908), p.31.

18. Pollock and Maitland, eds, *The History of English Law*, p.500.

19. James Reston, Jr, *The Last Apocalypse: Europe at the Year 1000 AD* (New York, 1999), p.50.

20. Pollock and Maitland, eds, *The History of English Law*, p.478.

21. Sadakat Kadri, *The Trial: A History from Socrates to O. J. Simpson* (London, 2006), p.34.

22. Norman Johnston, *Forms of Constraint: A History of Prison Architecture* (Urbana, IL, 2000), p.7.

23. Edward M. Peters, 'Prison before the Prison: The Ancient and Medieval Worlds'，收录于 *Oxford History of the Prison: The Practice of Punishment in Western Society*, ed. Norval Morris and David J. Rothman (New York, 1995), pp.29~30。

24. Johnston, *Forms of Constraint*, p.7

25. Pierre François Souyri, *The World Turned Upside Down: Medieval Japanese Society*, trans. Käthe Roth (New York, 2001).

26. John S. Critchley, *Feudalism* (London, 1978), p.35.

27. Christopher Ross, *Mishima's Sword: Travels in Search of a Samurai Legend* (Cambridge, MA, 2006), p.144.

28. Souyri, *The World Turned Upside Down*, p.2.

29. 同上书，p.59。

30. Herman Ooms, *Tokugawa Ideology: Early Constructs, 1570–1680* (Princeton, NJ, 1985), p.147.

31. Richard H. Mitchell, *Janus-faced Justice: Political Criminals in Imperial Japan* (Honolulu, HI, 1992), p.1.

32. Brian E. McKnight, *Law and Order in Sung China* (Cambridge, 1992), p.40.

33. Timothy Brook, Jérôme Bourgon and Gregory Blue, *Death by a Thousand Cuts* (Cambridge, MA, 2008), p.11.

34. 同上。

35. James Legge, trans., *Li Chi: Book of Rites*, vol. I (New Hyde Park, NY, 1967), p.288.

36. McKnight, *Law and Order in Sung China*, p.451.

37. Brook, Bourgon and Blue, *Death by a Thousand Cuts*, p.11.

38. McKnight, *Law and Order in Sung China*, p.454.

39. T. T. Meadows, 'Description of an Execution at Canton', *Journal of the Royal Asiatic Society*, 15 (1856), p.55.

40. Norman Thomas, *The Honoured Society: The Sicilian Mafia Observed* (Melksham, Wiltshire, 1991), p.53.

41. Letizia Paoli, *Mafia Brotherhoods: Organized Crime, Italian Style* (New York, 2003), p.173.

42. Antonio Nicaso and Marcel Danesi, *Made Men: Mafia Culture and the Power of Symbols, Rituals, and Myth* (Lanham, MD, 2013), p.120.

43. 同上书，p.17。

44. Jerome Blum, *Lord and Peasant in Russia: From the Ninth to the Nineteenth Century* (Princeton, NJ, 1972), p.3.

45. 同上书，p.440。

46. 同上书，p.267。

47. Adam Olearius, *The Travels of Olearius in 17th-century Russia*, trans. Samuel H. Baron (Stanford, CA, 1967), pp.134~135.

48. 同上书，pp.140~141。

49. Blum, *Lord and Peasant in Russia*, p.437.

50. 同上书，p.438。

51. 同上。

52. 同上书，p.430。

53. Ana Siljak, *Angel of Vengeance: The 'Girl Assassin', The Governor of St Petersburg, and Russia's Revolutionary World* (New York, 2008), pp.92~93.

54. Stephen P. Frank, 'Popular Justice, Community and Culture among the Russian Peasantry, 1870—1900', *Russian Review*, XLVI/3 (July 1987), pp.239~265.

55. 与俄国乡村的"自行判决"类似，嘲弄（charivari）也是一种羞辱仪式，主要通行于 19 世纪的欧洲和北美部分地区，也可叫作数落、咕哝、奚落、嘲讽、谩骂。与自行判决不同的是，嘲弄只适用于本社区成员之间使用。参见 Frank, 'Popular Justice, Community and Culture', p.244。

56. 同上。

57. Cathy Frierson, 'Crime and Punishment in the Russian Village: Rural Concepts of Criminality at the End of the Nineteenth Century', *Slavic Review*, XLVI/1 (Spring 1987), pp.55~69 (quote p.55).

58. 引用同上，p.55；参见 Sidney Post Simpson and Julius Stone, *Law and Society in Evolution* (St Paul, MN, 1948), p.3。

59. Frank, 'Popular Justice, Community and Culture', p.259.

60. Grigori Golosov, 'Kushchevskaya: Crime and Punishment in a Russian Village', www.opendemocracy.net, 10 December 2010.

61. 'A Good Treaty'.

62. Norman F. Cantor, *In the Wake of the Plague: The Black Death and the World it Made* (New York, 2002), p.214.

63. 同上书，p.203。

64. Sellin, *Slavery and the Penal System*, p.43.

第四章　惩罚的转变与监狱的兴起

1. 巴士底得名于古法语 *bastide*，是中世纪时期的一座古堡垒。

2. Joy Cameron, *Prisons and Punishment in Scotland from the Middle Ages to the Present* (Edinburgh, 1983).

3. Cesare Beccaria, *On Crimes and Punishment*, trans. and introd. by Henry Paolucci (Indianapolis, IN, 1963).

4. Michel Foucault, *Discipline and Punish: The Birth of the Prison*, trans. Alan Sheridan (New York, 1977), pp.3~4.

5. Pieter Spierenburg, 'The Body and the State: Early Modern Europe', 收录于 *The Oxford History of the Prison,* ed. Norval Morris and David J. Rothman (New York, 1995), p.49, pp.49~77。

6. Pieter Spierenburg, *The Broken Spell: A Cultural and Anthropological History of Preindustrial Europe* (New Brunswick, NJ, and London, 1991), pp.1~13; Richard J. Evans, *Rituals of Retribution: Capital Punishment in Germany, 1600-1987* (London, 1997), p.14.

7. Florence Bernault, 'The Shadow of Rule: Colonial Power and Modern Punishment in Africa', 收录于 *Cultures of Confinement: A History of the Prison in Africa, Asia and Latin America,* ed. Frank Dikötter and Ian Brown (Ithaca, NY, 2007), pp.78~79。

8. Alan Macfarlane, *The Justiceandthe Mare's Ale* (Oxford, 1981), p.1.

9. 引用同上，p.2。另参见 Adam Smith, *An Inquiry into the Nature and Causes of the*

Wealth of Nations, 5th edn (Chicago, IL, 1976), p.433。

10. Lord Macaulay, *The History of England from the Accession of James the Second,* vol. v (Philadelphia, PA, 1848), pp.213~214; Macfarlane, *The Justice and the Mare's Ale,* p.3.

11. Lawrence Stone, *The Crisis of the Aristocracy, 1558–1641* (Oxford, 1967), p.93; Macfarlane, *The Justice and the Mare's Ale,* p.16.

12. Cameron, *Prisons and Punishment in Scotland,* pp.10~11.

13. 边境上有六名管理者，每侧各三名。曾有学者将边境管理者描述成"士兵、法官、律师、斗士、外交官、政客、驯马人、侦探、行政人员和情报人员的合体"。George MacDonald Fraser, *The Steel Bonnets: The Story of the Anglo-Scottish Border Reivers* (Pleasantville, NY, 2001), pp.128~129.

14. 同上书，p.150, n.1。

15. Vanessa McMahon, *Murder in Shakespeare's England* (London, 2004).

16. Austin Lane Poole, *From Domesday Book to Magna Carta, 1087–1216* (New York, 1986), p.415.

17. 转引自 Thomas Levenson, *Newton and the Counterfeiter: The Unknown Detective Career of the World's Greatest Scientist* (Boston, MA, 2009); Lord Macauley, *History of England,* vol.v, p.2566。

18. Alan M. Stahl, 'Coin and Punishment in Medieval Venice', 收录于 *Law and the Illicit in Medieval Europe,* ed. Ruth MazoKarras, Joel Kaye and E. Ann Matter (Philadelphia, PA, 2008), pp.162~179, p.170。

19. Robert Massie, *Peter the Great: His Life and World* (New York, 1980), p.261.

20. Levenson, *Newton and the Counterfeiter,* p.133.

21. 同上书，p.155。

22. 同上书，p.163。

23. 转引自 Richard J. Evans, *Rituals of Retribution: Capital Punishment in Germany, 1600–1987* (London, 1996), pp.27~28, 重印于 C. Hindley, ed., *The Old Book Collector's Miscellany,* vol.III (London, 1873)。

24. Hindley, *The Old Book Collector's Miscellany,* pp.11~12, n.1.

25. 同上。

26. 同上。

27. John Fosberry, *Criminal Justice through the Ages: From Divine Judgment to Modern German Legislation* (Rothenburg, 1981).

28. Evans, *Rituals of Retribution,* p.30.

29. Mike Jay, *The Unfortunate Colonel Despard: The Tragic Story of the Last Man to be Hung, Drawn and Quartered* (New York, 2005), p.13.

30. John Bellamy, *Crime and Public Order in England in the Later Middle Ages* (London, 1973), p.186.

31. 'Guillotine', *Harper's New Monthly Magazine*, 266, July1872, pp.186~187.

32. Spierenburg, 'The Body and the State', pp.49~77.

33. McMahon, *Murderin Shakespeare's England*, p.xvi.

34. Frank McLynn, *Crime and Punishmentin Eighteenth-century England* (London, 1989), p.xi.

35. 同上书，p.xii。

36. 同上书，p.xiii。

37. 同上书，p.277。

38. Stephen Coote, *Samuel Pepys: A Life* (New York, 2001), p.71.

39. Ruth Pike, *Penal Servitude in Early Modern Spain* (Madison, WI, 1983), p.3.

40. 同上书，pp.3~4。

41. 同上书，p.15。

42. 据说早年，由于在押罪犯需自己购买食物或有他人送饭（否则只能饿死），因此罪犯要求被移送到由国王提供饭食的苦役船上服务的情况并不罕见。

43. 根据 Pike 在 *Penal Servitude in Early Modern Spain* 一书第 41 页的说法，presidios（源于拉丁文 praesidium，意思是"有防御墙的驻防点或要塞"）相当于要塞，周围有防御墙。他认为这种做法源自中世纪将要塞和城堡作为监禁所的传统。

44. Pike, *Penal Servitude in Early Modern Spain*, p.150.

45. Colin M. MacLachlan, *Criminal Justice in Eighteenth Century Mexico: A Study of the Tribunal of the Acordada* (Berkeley, CA, 1974), p.29.

46. McLynn, *Crime and Punishment*, p.285.

47. John Hirst, 'The Australian Experience: The Convict Colony', 收录于 *Oxford History of the Prison,* ed. Morris and Rothman, pp.235~265。

48. Robert Hughes, *The Fatal Shore: The Epic of Australia's Founding* (New York, 1987).

49. 同上。

50. Benson Bobrick, *East of the Sun: The Epic Conquest and Tragic History of Siberia* (New York, 1992), p.281.

51. George Kennan, *Siberia and the Exile System* (Chicago, IL, 1958), p.23.

52. Bobrick, *East of the Sun*, pp.271~272.

53. 同上书，p.273。

54. 转引自 Ana Siljak, *Angel of Vengeance: The 'Girl Assassin': The Governor of St Petersburg, and Russia's Revolutionary World* (New York, 2008), p.181。

55. Peter Kropotkin, *In Russian and French Prison* (London, 1887), p.167.

56. Satadru Sen, *Disciplining Punishment: Colonialism and Convict Society in the Andaman Islands* (New York, 2000).

57. Norman Longmate, *The Workhouse* (New York, 1974).

58. Miriam Allen DeFord, *Stone Walls: Prisons from Fetters to Furloughs* (Philadelphia, PA, 1962).

59. Chris Ryder, *Inside the Maze: The Untold Story of the Northern Ireland Prison Service* (London, 2000); Anthony Babington, *The English Bastille: A History of Newgate Gaol and Prison Conditions in Britain, 1188–1902* (New York, 1971).

60. David J. Rothman, *The Discovery of the Asylum: Social Order and Disorder in the New Republic* (Boston, MA, 1971); Harry E. Barnes, *The Evolution of Penology in Pennsylvania* (Montclair, NJ, 1968).

61. Norman Johnston, *Eastern State Penitentiary: A Crucible of Good Intentions* (Philadelphia, PA, 1994).

62. Charles Dickens, *American Notes: A Journey* (New York, 1985).

63. 走访了若干监狱之后，他也因感染斑疹伤寒于 1790 年死在那里。

64. D. L. Howard, *John Howard: Prison Reformer* (New York, 1958), p.91.

65. 同上书，p.93。

66. Massey, *Peter the Great*, p.259.

67. 同上书，p.260。

68. John Perry, *The State of Russia under the Present Tsar* (London, 1716), 转引自 Massey, *Peter the Great*, p.260。

69. 同上书，p.261。

70. Elyse Semerdjian, *Off the Straight Path: Illicit Sex, Law and Community in Ottoman Aleppo* (Syracuse, NY, 2008), p.29.

71. Rudolph Peters, *Crime and Punishment in Islamic Law: Theory and Practice from the Sixteenth to the Twenty-first Century* (Cambridge, 2005), p.69.

72. 性放荡罪通常指未婚性行为、通奸和非法同居。

73. Semerdjian, *Off the Straight Path*, p.158.

74. 同上书，pp.129~130。

75. 同上书，p.160。

76. Peters, *Crime and Punishment in Islamic Law*, p.98.

77. 同上。

78. 同上书，pp.100~101。

79. 转引自 Carl F. Petry, 'The Politics of Insult:The Mamluk Sultanate's Response to Criminal Affronts', *Mamluk Studies Review,* xv (2001),pp.87~115, quote p. 89。

80. 同上书，p.89。

81. 同上书，p.94。

82. Huang Liu-Hung, *A Complete Book Concerning Happiness and Benevolence: A Manual for Local Magistrates in Seventeenth-century China* (Tucson, AZ, 1984), p.273.

83. 同上，特别重的竹板只是偶尔用于惩戒横行霸道者和"贪污腐化的衙役"。这种刑具因磨得锃亮的表面布满扎人的根须而被称为"龙须板"。

84. 同上书，p.277。

85. 同上书，p.454。

86. 同上书，p.349。

87. *Ta Tsing Leu Lee; Being the Fundamental Laws, and a Selection from the Supplementary Statutes, of the Penal Code of China,* trans. George Thomas Staunton (London, 1810), p.313.

88. Alain Peyrefitte, *The Collision of Two Civilizations: The British Expeditionto China, 1792–1794* (London, 1993), p.412.

89. 同上。

90. Norman Johnston, *Forms of Constraint: A History of Prison Architecture* (Urbana, IL, 2000), p.5.

91. 同上。

92. Frank Dikötter, 'The Promise of Repentance:The Prison in Modern China', 收录于 *Cultures of Confinement,* ed. Dikötter and Brown, pp.269~303。

93. Spierenburg, 'The Body and the State', p52.

第五章　路匪、土匪、强盗和绿林好汉：贼帮和早期有组织犯罪

1. 一个人即便被"恢复法律保护"或撤销了死刑判决，其被罚没的财物也未必能得到归还。

2. 无名氏, *The Lives and Exploits of the Most Celebrated Robbers and Banditti of All Countries* (Philadelphia, PA, 1860), pp.19~21。

3. George MacDonald Fraser, *The Steel Bonnets: The Story of the Anglo-Scottish Border Reivers* (Pleasantville, NY, 2001), p.5.

4. Eric Hobsbawm, *Social Bandits and Primitive Rebels* (Glencoe, IL, 1960). 最初以 *Primitive Rebels: Studies in Archaic Forms of Social Movements in the 19th and 20th Centuries* (Manchester, 1959) 为题发表。

5. Richard White, 'Outlaw Gangs of the Middle Border: American Social Bandits', *Western Historical Quarterly,* XII (1981), pp.387~408.

6. Eric Hobsbawm, *Bandits* (New York, 1969), p.17.

7. 同上。

8. 盗（*tao*）意为"盗窃"或"公开掠夺", 贼（*tsei*）, "抢劫", 在当时指的是持武器劫掠。引自 Brian E. McKnight, *Law and Order in Sung China* (Cambridge, 1992), pp.85~86。

9. 引用同上书, p.93。

10. Huang Liu-Hung, *A Complete Book Concerning Happiness and Benevolence: A Manual for Local Magistrates in Seventeenth-century China* (Tucson, AZ, 1984). 本书最初于 1699 年以地方管理者指南和法律、财务建议书的形式出版。

11. 转引自 William Wayne Farris, *Japan's Medieval Population: Famine, Fertility, and Warfare in a Transformative Age* (Honolulu, HI, 2006), p.57。

12. Pierre François Souyri, *The World Turned Upside Down: Medieval Japanese Society* (New York, 2001), pp.106~107.

13. 同上。

14. Peter B. E. Hill, *The Japanese Mafia: Yakuza, Law, and the State* (New York, 2003), p.97.

15. D. Crummey, ed., *Banditry, Rebellion and Social Protest in Africa* (London, 1986).

16. Peter Gastrow, *Organized Crime in South Africa*, ISS Monograph Series, 28, Institute for Security Studies, South Africa (August 1998).

17. Henry John May and Iain Hamilton, *The Foster Gang* (London, 1966).

18. Gastrow, *Organized Crime in South Africa.*

19. John Bellamy, *Crime and Public Order in England in the Later Middle Ages* (London, 1973), pp.71,84.

20. 同上书, p.42。

21. Arty Ashand Julius E.Day, *Immortal Turpin: A Well-documented Biography of the Greatest 'Gentleman of the Road'* (London, 1948), p.127.

22. Peter Newark, *The Crimson Book of Highwaymen* (London, 1979), pp.21~22.

23. 同上书，p.28。

24. Frank McLynn, *Crime and Punishment in Eighteenth-century England* (London, 1989), pp.24~25.

25. Horace Bleakley, *The Hangmen of England* (London, 1929), p.47.

26. 出生于 1584 年的玛丽·弗里斯佩着剑，装扮成男人，出入当地小客栈，并混入了伦敦黑帮内部。16 世纪，人们常把贵重物品放在皮革包里，而玛丽的外号便得自于她割皮包绳的非凡身手。虽然她的双手因盗窃罪被四次打上烙印，仍奇迹般地活到了 1659 年。

27. María Antonia López-Burgos, *Travelling through a Land of Bandits: British Travellers in Andalusia, 1809–1893* (Malaga, 2002).

28. 在独立战争期间，很多人都获得了武器装备，而此后的法国政府当局一直未能成功解除人们的武装。

29. Stephen Wilson, 'Banditry in Corsica: the Eighteenth to Twentieth Centuries', 收录于 *Organised Crime in Europe,* ed. Cyrille Fijnaut and Letizia Paoli (Dordrecht, 2004), p.150。

30. 同上书，p.165。

31. Katrin Lange, "'Manya Lord is Guilty, Indeed for Manya Poor Man's Dishonest Deed': Gangs of Robbers in Early Modern Germany", 收录于 *Organised Crime in Europe,* ed. Fijnaut and Paoli, pp.109~149, quote p.109。

32. Florike Egmond, 'Multiple Underworlds in the Dutch Republic of the Seventeenth and Eighteenth Centuries', 收录于 *Organised Crime in Europe,* ed. Fijnaut and Paoli, pp.77~107。

33. Hobsbawm, *Bandits*, p.31.

34. Lange, "'Manya Lordis Guilty'", pp.118~119.

35. 同上。

36. Stephen Tatum, *Inventing Billy the Kid: Visions of the Outlawin America, 1881–1981* (Albuquerque, NM, 1985).

37. Richard Maxwell Brown, *No Duty to Retreat* (Norman, OK, 1994), p.44.

38. 同上书，pp.44~46；另参见 Alan Trachtenberg, *The Incorporation of America: Culture and Society in the Gilded Age* (New York, 1982)。

39. White, 'Outlaw Gangs of the Middle Border', p.394.

40. 关于萧条时代匪帮的最佳描述，参见 Bryan Burroughs, *Public Enemies: America's Greatest Crime Wave and the Birth of the FBI, 1933–1934* (New York, 2004)。关于该时期黑帮的两部杰出传记则当属 Michael Wallis, *Pretty Boy: The Life and Times of Charles Arthur Floyd* (New York, 1992) 和 T. J. Stiles, *Jesse James: The Last Rebel of the Civil War* (New York, 2002)。

41. John Boessenecker, *Gold Dust and Gun smoke: Tales of Gold Rush Outlaws, Gunfighters, Lawmen, and Vigilantes* (New York, 1999), pp.75, 133.

42. 同上。

43. Horace Bell, *Reminiscences of a Ranger: Early Times in Southern California* (Norman, OK, 1999), p.99. 在尝试律师和记者工作之前，贝尔曾当过护林骑手。

44. Remi Nadeau, *The Real Joaquin Murieta: Robin Hood Hero or Gold Rush Gangster* (Corona del Mar, CA, 1974), pp.145~146.

45. Paul Vanderwood, *Disorder and Mexican Development* (Wilmington, DE, 1992), p.9.

46. 同上书，p.12。

47. 同上书，p.14；Billy Jaynes Chandler, The Bandit King: Lampião of Brazil (College Station, TX, 1978)。

48. 团伙抢劫（dacoity）指的是五个或五个以上的人聚在一起，以武力或威胁使用武力的方式实施的抢劫或盗窃。"dacoit"这个术语来自印地语 *daka parna*（掠夺）或 *dakna*（嚎呼）。坎查是居无定所、以抢劫为生小混混。他们的主要抢劫对象是英国殖民地境内的村民，其影响力从未能达到印度匪帮的程度。

49. 转引自 Mike Dash, *Thug: The True Story of India's Murderous Cult* (London, 2005), p.20。

50. 同上书，p.21。

51. J. D. P. Jatar and M. Z. Khan, *The Problem of Dacoity in Bundelkhand and the Chambal Valley* (New Delhi, 1980), p.4.

52. 同上书，p.32。

53. George Bruce, *The Stranglers: The Cult of Thuggee and its Overthrow in British India* (New York, 1968).

54. Jatar and Khan, *The Problem of Dacoity*, p.33.

55. Philip Meadows Taylor, *Confessions of a Thug* (Oxford, 1998).

56. Dash, *Thug*. "thug" 这个词可追溯到古梵语，应写作 "thag"，发音类似于 "t'ug"。它指的是隐藏或掩饰，其字面意思是 "盗窃" 或 "欺骗"。12 世纪，该词成了骗子和无赖、斯诈者的简称。

57. 关于帕特里克·布朗特林格尔的介绍，参见 Taylor, *Confessions of a Thug*。

58. Dash, *Thug*, p.228.

59. Kevin Rushby, *Children of Kali* (New York, 2002).

60. 同上书，p.8。

61. Dash, *Thug*, p.xi.

62. Taylor, *Confessions of a Thug*.

63. Jatar and Khan, *The Problem of Dacoity*, p. 1; E. Kitts, *Serious Crime in an Indian Province* (Byculla, 1889).

64. Jatar and Khan, *The Problem of Dacoity*, p.5.

65. Roy Moxham, *Outlaw: India's Bandit Queen and Me* (London, 2010), p.4.

66. Robert Hughes, *The Fatal Shore: The Epic of Australia's Founding* (New York, 1987), p.203.

67. Michael Sturm, *Vice in a Vicious Society: Crime and Convicts in Mid-nineteenth-century New South Wales* (St Lucia, Queensland, 1983).

第六章　禁令、海盗、奴隶贩子、毒品走私犯和犯罪全球化

1. 转引自 Fred D. Pasley, *Muscling In* (New York, 1931), p.258。

2. F. G. Madsen, *Transnational Organized Crime* (London, 2009). 另参见 Mitchel P. Roth, 'Historical Overview of Transnational Crime', 收录于 *Handbook of Transnational Crime and Justice,* ed. Philip Reichel and Jay Albanese (Los Angeles, 2013), pp.5~22。

3. Paul Lunde, *Organized Crime: An Inside Guidetothe World's Most Successful Industry* (New York, 2004), p.17.

4. Axel Klein, *Drugs and the World* (London, 2008), p.15.

5. 同上书，p.16。

6. 转引自 Steven B. Karch, *A Brief History of Cocaine* (Boca Raton, FL, 1998), p.1。

7. Iain Gately, *Tobacco: A Cultural History of How an Exotic Plant Seduced Civilization* (New York, 2001), p.3.

8. 同上书，pp.85~86。

9. 同上书，p.36。

10. 同上书，p.43。

11. 同上书，p.50。

12. 同上书，p.66。

13. 同上。

14. 同上书，p.86。

15. Jack Beeching, *The Chinese Opium Wars* (New York, 1976), pp.76~77.

16. Barbara Hodgson, *Opium: A Portrait of the Heavenly Demon* (San Francisco, CA, 1999), p.41.

17. 声名狼藉但聪明绝顶的阿诺德·罗斯坦（Arnold Rothstein）在 20 世纪 20 年代晚期开始从事国际毒品贸易，并很快派销售代表前往欧洲和亚洲购买鸦片以供应美洲市场。当时，海洛因、可卡因和吗啡仍然能从欧洲合法的制药公司获取，这是国际毒品贩卖活动的重要环节。

18. Jill Jonnes, *Hep-cats, Narcs, and Pipe Dreams: A History of America's Romance with Illegal Drugs* (Baltimore, MD, 1999), p.95.

19. Jeffrey Gettleman, 'What Tho. Jefferson Knew About Pirates', *New York Times*, 12 April 2009, p.WK4; Mike Mazzetti, 'Navy's Standoff with Pirates Shows u.s. Power has Limits', *New York Times*, 10 April 2009, p.A15.

20. N. Lewis and M. Reinhold, *Roman Civilization, Sourcebook I: The Republic* (New York, 1966), pp.32~45.

21. C.H. Karraker, *Piracy was a Business* (Rindge, NH, 1953).

22. 转引自 P. Gosse, The History of Piracy (New York, 1932), p.317。

23. Marcus Rediker, *Villains of All Nations: Atlantic Piratesin the Golden Age* (Boston, MA, 2004), p. 83; John L. Anderson, 'Piracy and World History: An Economic Perspective on Maritime Predation', 收录于 *Bandits at Sea: A Pirate Reader*, ed. C. R. Pennell (New York, 2001), p.82。

24. W. Blackstone, *Commentaries on the Laws of England of Public Wrongs* (Boston, MA, 1962).

25. Candice Millard, 'Pirates of the Caribbean: The Rise and Fall of Captain Morgan, Blackbeard and Other Swashbuckling Rogues', *New York Times Book Review*, 3 June 2007, p.28.

26. David Cordingly, ed., *Pirates: Terror on the High Seas, from the Caribbean to the South China Sea* (North Dighton, MA, 2006), p.7.

27. David Cordingly, *Under the Black Flag: The Romance and Reality of Life among Pirates* (New York, 1996) pp.223~224.

28. 在码头地区，用柏油来处决人通常很方便，因为柏油是保护木质船体免受腐蚀的日常用品。

29. Cordingly, *Under the Black Flag*, 1996.

30. Jennifer Marx, 'Brethren of the Coast', 收录于 *Pirates*, ed. Cordingly, p.123.

31. Angus Konstam, *Blackbeard: America's Most Notorious Pirate* (Hoboken, NJ, 2006), pp. 271~272.

32. Jennifer G. Marx, 'The Golden Age of Piracy', 收录于 *Pirates*, ed. Cordingly, pp.100~123;105~106.

33. Richard Zacks, *The Pirate Hunter: The True Story of Captain Kidd* (New York, 2002), p.265.

34. 同上。

35. 同上书，pp.38~57，引自 p.44~45。

36. Dian H. Murray, 'Chinese Pirates', 收录于 *Pirates*, ed. Cordingly, p.214。

37. Alan L. Karras, *Smuggling: Contraband and Corruption in World History* (Lanham, MD, 2010), p.20.

38. 同上书，p.19。

39. Steven Pinker, *The Better Angels of Our Nature: Why Violence has Declined* (New York, 2011), p. 153; 平克指出，"奴隶"一词来源于"Slav"，这证明，在中世纪时期，抓捕和奴役斯拉夫人是很寻常的事。

40. Nayan Chanda, *Bound Together: How Traders, Preachers, Adventurers, and Warriors Shaped Globalization* (New Haven, CT, 2007), p.215.

41. Pinker, *The Better Angels of Our Nature*, p.153.

42. C.Martin Wilbur, *Slavery in China during the Former Han Dynasty, 206BC—AD25* (New York, 1967), p.73.

43. Adam Hochschild, *Bury the Chains: Prophets and Rebels in the Fight to Free an Empire's Slaves* (New York, 2005), p.293.

44. 在 *Slave Patrols: Law and Violence in Virginia and the Carolinas* (Cambridge, MA, 2001) 一书中，萨莉·E. 哈登强调，这些巡逻队应被视作美国警力最早的实质性发展。他们后来也被授予了反黑市贸易和禁赌的强制执法权。

45. Karen Farrington, *Dark Justice: A History of Punishment and Torture* (New York, 1996), p.18.

46. Hochschild, *Bury the Chains*, p.2.

47. 同上。

48. 同上书，p.2。

49. Nina Siegal, 'Recalling a Dark Secret of the Slave Trade, Buried in the Deep', *New York Times,* 1 July 2013, p.c3; James Walvin, *The Zong: A Massacre, The Law and the End of Slavery* (New Haven, CT, 2011).

50. David Eltis, 'The Abolition of the Slave Trade: Suppression', 收录于 Essays, http:// abolition.nypl.org, 6 September 2013。

51. Robin Law, 'Abolitionand Imperialism: International Lawand the British Suppression of the Atlantic Slave Trade', 收录于 *Abolitionism and Imperialism in Britain, Africa, and the Atlantic,* ed. Derek R. Peterson (Athens, OH, 2010), p.165。

52. Pinker, *The Better Angels of Our Nature,* p.157.

53. Peter Andreas and Ethan Nadelmann, *Policing the Globe: Criminalization and Crime Control in International Relations* (New York, 2006), p.33.

54. C. Winick and P. M. Kinsie, *The Lively Commerce: Prostitution in the United States* (Chicago, IL, 1971), p.269.

55. Pinker, *The Better Angels of Our Nature,* pp.157~158.

56. 同上书，p.157。

57. Julia Glotz, 'Fake Vodkaand Basmati Rice Seized in UK Food Fraud Crack-down', *The Grocer,* 14 February 2014.

58. 'Food Crime: A la Cartel', *The Economist,* 15 March 2014, p.55.

59. "关税"（tariff）一词本身就证明贸易早在几个世纪前就已国际化。近 12 个世纪之前，摩尔人在西班牙海岸靠近直布罗陀的地方建立了塔里法城，并在那里开创了全新的商贸体系。海盗团伙也在此处建立了总部，以此为基地出航拦截商船，并按照船上运载的货物勒索相应的份额。很快，那些不愿支付勒索的人就将"关税"一词与塔里法联系在了一起。早在新大陆殖民时期前，这个想法便被欧洲各政府采用，建立了针对进口货物的关税制度。

60. Neville Williams, *Contraband Cargoes: Seven Centuries of Smuggling* (Hamden, CT, 1961).

61. Andreas and Nadelmann, *Policing the Globe,* p.22.

62. 同上书，p.31。

第七章　现代谋杀

1. David M. Buss, *The Murderer Next Door: Why the Mindis Designed to Kill* (New

York, 2005), pp.9~10.

2. 同上书，p.15。

3. 同上书，pp.22~23。

4. Kimberly Davies, *Murder Book: Examining Homicide* (Upper Saddle River, NJ, 2008), p.7.

5. Michael Newton, *The Encyclopedia of Serial Killers* (New York, 2006), p.116.

6. Harold Schechter, *The Serial Killer Files: The Who, What, Where, How, and Why of the World's Most Terrifying Murders* (New York, 2013), p.122. Peter Vronsky, *Serial Killers: The Method and Madness of Monsters* (New York, 2004), p.61. Richard von Krafft-Ebbing, *Pscyhopathia Sexualis: With Special Reference to the Antipathic Sexual Instinct* (New York, 1965). 这名奥地利精神病学家的名字从此成了反常性冲动的同义词。在柏林司法系统工作的他接手了大量离奇的性犯罪案件，包括他称为"性谋杀"的连环谋杀。

7. Schechter, *The Serial Killer Files*, p.122. 另 参 见 Richard Wrangham and Dale Peterson, *Demonic Males: Apes and the Origins of Human Violence* (New York, 1996)。

8. Davies, *Murder Book*, p. 164; Benjamin Radford, 'Child Abductions by Strangers Very Rare', http://news.discovery.com, 14 May 2013.

9. 在各种类型的多重谋杀或屠杀中，人们最常听说的就是连环谋杀。在美国，连环谋杀案在 20 世纪 90 年代达到高峰。按照定义，每宗案件的连环杀手都会对不少于三名受害者下手，且每两次作案之间有短则数天长则数年的间歇。尽管人们对"连环杀手"这个称呼仍有争议，但该词已在 20 世纪 80 年代被收录进犯罪辞典，美国联邦调查局探员罗伯特·雷斯勒对此起到了推动作用。不过，也有证据表明，欧洲人早在 20 世纪六七十年代就已使用该术语。参见 Robert Ressler and Thomas Schachtman, *Whoever Fights Monsters: My Twenty Years Tracking Serial Killers for the FBI* (New York, 1993)。

10. Eric W. Hickey, *Serial Murderers and their Victims* (Belmont, CA, 2010).

11. Vronsky, *Serial Killers*, p.43.

12. 同上书，p.45。

13. Maria Tatar, *The Hard Facts of Grimms' Fairy Tales* (Princeton, NJ, 2003), p.50.

14. 同上书，p.185。

15. Italo Calvino, *Italian Folktales: Selected and Retold by Italo Calvino* (New York, 1980), p.xxix.

16. Tatar, *The Hard Facts*, p.190.

17. Joy Cameron, *Prisons and Punishment in Scotland from the Middle Ages to the Present* (Edinburgh, 1983), p.11.

18. 神圣罗马帝国并非现代意义上的国家，它没有市政服务、常备军或来自税收的常规收入，但有足够的力量确保 1532 年的《加洛林纳刑法典》成为通行全境的刑法基础。

19. Patrick Geary, 'Judicial Violence and Torture in the Carolingian Empire', 收录于 *Law and the Illicit in Medieval Europe,* ed. Ruth MazoKarras, Joel Kaye and E. Ann Matter (Philadelphia, PA, 2008), pp.79~88.

20. Gamini Salgado, *The Elizabethan Underworld* (Gloucester, 1984), p.89.

21. 同上。

22. John Hale, *The Civilization of Europe in the Renaissance* (New York, 1994), p.447.

23. Brian Fagan, *The Little Ice Age: How Climate Made History, 1300–1850* (New York, 2001), p.91.

24. Hale, *The Civilization of Europe*, p.448.

25. Catherine Orenstein, *Little Red Riding Hood Uncloaked: Sex, Morality, and the Evolution of a Fairy Tale* (New York, 2002), p.95.

26. R. E. L. Masters and Eduard Lea, *Sex Crimes in History: Evolving Concepts of Sadism, Lust-Murder, and Necrophilia – from Ancient to Modern Times* (New York, 1964), p.58.

27. Orenstein, *Little Red Riding Hood Uncloaked*, p.97.

28. Mary K. Matossian, *Poisons of the Past: Molds, Epidemics and History* (New Haven, CT, 1989), pp.11~12.

29. Orenstein, *Little Red Riding Hood Uncloaked*, p.94.

30. Brad Steiger, *The Werewolf Book: The Encyclopedia of Shape-shifting Beings* (Canton, MI, 2011), pp.171~172.

31. Orenstein, *Little Red Riding Hood Uncloaked*, pp.87~89.

32. Caroline Oates, 'The Trial of a Teenage Werewolf, Bordeaux, 1603', 收录于 *Criminal Justice History: An International Annual,* IX, ed. Louis A. Knafla (London, 1988), pp.1~29。

33. 同上。

34. " 'Vampire' of Tehran Flogged, then Hanged for Rape-slaying Spree", *Houston Chronicle,* 14 August 1997, p.30A.

35. Radu Florescu and Raymond T. McNally, *Dracula: A Biography of Vlad the Impaler, 1431–1476* (New York, 1973), p. 170.

36. 这种半军事半宗教的组织于 1387 年创立于罗马，其目的在于促进天主教利益和十字军运动。

37. Florescu and McNally, *Dracula*, pp.9~11.

38. Paul Barber, *Vampires, Burial, and Death: Folklore and Reality* (New Haven, CT, 1988), p.2.

39. Trow, *Vlad the Impaler*, p.3.

40. Florescu and McNally, *Dracula*, p.78.

41. Raymond T. McNally and Radu Florescu, *In Search of Dracula* (New York, 1972), p.114.

42. Manuela Dunn Mascetti, *Vampire: The Complete Guide to the World of the Undead* (New York, 1994), p.143.

43. 参见 Eric W. Hickey, *Serial Murderers and their Victims* (Belmont, CA, 2010), pp. 319~321。

44. David Lester, *Serial Killers: The Insatiable Passion* (Philadelphia, PA, 1995), p.125.

45. Steven A. Egger, *The Killers Among Us: An Examination of Serial Murder and its Investigation* (Upper Saddle River, NJ, 2002), p.21.

46. Philip Beaufroy Barry, *Twenty Human Monsters: In Purple and in Rags from Caligula to Landru, AD 12–1922* (Philadelphia, PA, 1930), pp.29~30.

47. Pieter Spierenburg, *A History of Murder. Personal Violence in Europe from the Middle Ages to the Present* (Cambridge, 2010), p.196.

48. Barry, *Twenty Human Monsters*, p.44.

49. 同上书，p.48。

50. 同上。

51 Leonard Wolf, *Bluebeard: The Life and Crime of Gilles de Rais* (New York, 1980), pp.136~137.

52. A.L.Vincent and Clare Binns, *Gilles de Rais: The Original Bluebeard* (London, 1926), pp.203~204.

53. 同上书，p.187。

54. Peter Vronsky, *Female Serial Killers: How and Why Women Become Monsters* (New York, 2007).

55. Bernard Capp, 'Serial Killers in 17th-century England', *History Today*, XLVI (1996), pp.21~26.

56. Vanessa McMahon, *Murder in Shakespeare's England* (London, 2004), pp.225~226.

57. Vronsky, *Serial Killers*, p.57.

58. 同上。

59. Colin Wilson, *The History of Murder* (Edison, NJ, 2004), p.410. 威尔逊指出，托尔斯泰 "颇富洞鉴的分析" 是在开膛手杰克案之后一年写就的。

60. Albrecht Keller, ed., *Hangman's Diary: Being the Journal of Master Franz Schmidt, Public Executioner of Nuremberg, 1571–1617* (London, 1929), pp.112~113.

61. 同上书，p.110。

62. Colin Wilson, 'Introduction', *Monsters of Weimer* (London, 1999), p.5.

63. Vronsky, *Serial Killers*, p.36.

64. Michael D. Kelleher and C. L. Kelleher, *Murder Most Rare: The Female Serial Killer* (Westport, CT, 1998), pp.8~9.

65. Egger, *The Killers Among Us*, p.71.

66. Hickey, *Serial Murderers and their Victims*, pp. 346~347.

67. 同上。

68. Tshwarelo eseng Mogakane, 'Muti Killings Up Ahead of 2010?', 6 March 2010, *African Eye,* www.news24.com. 研究者采访了 139 人，包括社工、护士、渔民、教师、广播节目主持人。

69. *Amok* 源自马来语 *mengamuk*，大体意思是 "狂怒的、不顾一切的攻击"。参见 A. A. Hempel et al., 'Cross-cultural Review of Sudden Mass Assault by a Single Individual in the Oriental and Occidental Cultures', *Journal of Forensic Sciences,* XLV (2000), pp.582~588。

70. Manuel L. Saint Martin, 'Running Amok: A Modern Perspective on a Culture-bound Syndrome', *Primary Care Companion Journal of Clinical Psychiatry,* I (1999), pp. 66~70, at www.ncbi.nlm.nih.gov.

71. 同上。

72. Christopher H. Cantor, Paul E. Mullen and Philip A. Alpers, 'Mass Homicide: The Civil Massacre', *Journal of American Academy of Psychiatry and the Law,* I (2000), pp.55~63.

73. Graham Chester, *Berserk!: Motiveless Random Massacres* (London, 1993), p.5.

74. Al Cimino, *Spree Killers* (London, 2010).

75. James Buchanan Given, *Society and Homicide in Thirteenth-century England* (Stanford, CA, 1977), p.1.

76. 同上。

第八章　后殖民社会的罪与罚

1. Michael Hor, 'Singapore's Innovations to Due Process' , *Criminal Law Forum*, XII (2001), pp.25~40.

2. Roger Lane, *Murder in America: A History* (Columbus, OH, 1997).

3. Adam Hochschild, *To End All Wars: A Story of Loyalty and Rebellion, 1914–1918* (New York, 2011), p.355.

4. Barry Godrey and Graeme Dunstall, eds, *Crime and Empire, 1840–1940: Criminal Justice in Local and Global Context* (Cullompton, Devon, 2005).

5. Colin M. MacLachlan, *Criminal Justice in Eighteenth Century Mexico: A Study of the Tribunal of the Acordada* (Berkeley, CA, 1974), p.28.

6. 同上书，p.69。

7. Ricardo D. Salvatore and Carlos Aguirre, eds, *The Birth of the Penitentiary in Latin America: Essays on Criminology, Prison Reform, and Social Control, 1830–1940* (Austin, TX, 1996), p.9.

8. Marcos Luiz Bretas, 'What the Eyes Can't See: Stories from Riode Janeiro's Prisons' , 收录于 *Birth of the Penitentiary,* ed. Salvatore and Aguirre, pp.101~122。

9. Salvatore and Aguirre, eds, *Birth of the Penitentiary,* p.9.

10. David Vincent Tropman, *Crime in Trinidad: Conflict and Control in a Plantation Society* (Knoxville, TN, 1986), p.138.

11. H. M. Kritzer, *Legal Systems of the World: A Political and Cultural Encyclopedia* (Santa Barbara, CA, 2002).

12. James Langton, 'Trinidad Welcomes Return of the Hangman' , *Sunday Telegraph,* 30 May 1999, p.28.

13. Larry Rohter, 'In the Caribbean, Support Growing for the Death Penalty' , *New York Times International,* 4 October 1998, p. 10; Langton, 'Trinidad Welcomes Return of the Hangman' , p.28.

14. Florence Bernault, 'The Shadow of Rule: Colonial Power and Modern Punishment in Africa' , 收录于 *Cultures of Confinement: A History of the Prison in Africa, Asia, and Latin America,* ed. Frank Dikötter and Ian Brown (Ithaca, NY, 2007), pp.55~94。

15. Justin Willis, 'Thieves, Drunkards and Vagrants: Defining Crime in Colonial Mombasa, 1902–1932' , 收录于 *Policing the Empire: Government, Authority and Control,*

1830—1940, ed. David M. Anderson and David Killingray (New York, 1991), pp.219~235。

16. Bankole A. Cole, 'Postcolonial Systems', 收录于 *Policing across the World: Issues for the Twenty-first Century,* ed. Roy I. Mawby (New York, 1999), pp.88~108。

17. 同上。

18. Dior Konate, 'Ultimate Exclusion: Imprisoned Women in Senegal', 收录于 *A History of Prison and Confinement in Africa,* ed. Florence Bernault (Portsmouth, NH, 2003), pp.155~164。

19. Bernault, 'The Shadow of Rule', pp.55~94.

20. 1795—1802 年，英国人也曾短暂地统治过这块殖民地。

21. Albie Sachs, *Justice in South Africa* (Berkeley, CA, 1973), p.58. 干肉条是一种源自南非的腌肉。

22. 同上书，p.26。

23. 同上书，p.27。

24. 同上书，p.26。

25. Mitchel P. Roth, *Prisons and Prison Systems: A Global Encyclopedia* (Westport, CT, 2006), pp.247~248.

26 Biko Agozino, 'Crime Criminology and Post-colonial Theory: Criminological Reflections on West Africa', 收录于 *Transnational and Comparative Criminology,* ed. James Sheptycki and Ali Wardak (London, 2005), pp.117~134。

27. Leonard P. Shaidi, 'Traditional, Colonial and Present-day Administration of Criminal Justice', 收录于 *Criminology in Africa,* ed. Tibamanya mwene Mushanga (Rome, 1992), pp.1~20。

28. 同上书，p.2。

29. 同上书，p.3。

30. 同上。

31. Agozino, 'Crime Criminology and Post-colonial Theory', p.126.

32. Alan Milner, *The Nigerian Penal System* (London, 1972), p.297.

33. T. Asuni, 'Corrections in Nigeria', 收录于 *International Corrections,* ed. Robert J. Wicks and H. H. A. Cooper (Lexington, MA, 1979), pp.163~181; Bernault, ed., *A History of Prison and Confinement in Africa*。

34. Bernault, ed., *A History of Prison and Confinement in Africa,* p.23.

35. 同上书，p.71。

36. Thierno Bah, 'Captivity and Incarceration in Nineteenth Century West Africa',
收录于 *A History of Prison and Confinement in Africa,* ed. Bernault, pp.69~77。

37. David Arnold, 'India: The Contested Prison', 收录于 *Cultures of Confinement,*ed.
Dikötter and Brown, pp.147~184。

38. 同上书，p.151。

39. Clare Anderson, 'Sepoys, Servants and Settlers: Convict Transportation in
the Indian Ocean, 1787—1945', 收录于 *Cultures of Confinement,* ed. Dikötter and
Brown, pp.185~220。

40. Rudolph Peters, *Crime and Punishmentin Islamic Law: Theory and Practice from the
Sixteenth to the Twenty-first Century* (Cambridge 2005), p.108.

41. 同上书，p.118。

42. 同上书，p.112。

43. 同上书，p.114。

44. Ian Brown, 'South East Asia: Reform and the Colonial Prison', 收 录 于 *Cultures of
Confinement,* ed. Dikötter and Brown, pp.221~268。

45. 同上书，pp.225~226。

46. 同上书，p.227。

47. Hor, 'Singapore's Innovations to Due Process'.

48. 同上。有些说法认为，"比之于实证证据，对严刑峻法效果的笃信更多地
是出于（一名国务资政）在'二战'日本占领新加坡时期的经历"。

49. Firouzeh Bahrampour, 'The Caning of Michael Fay: Can Singapore's Punishment
Withstand the Scrutiny of International Law?', *American University International
Law Review,* x (1995), pp.1075~1108.

50. 'Judicial Corporal Punishment in South Africa: Section 3', www.corpun.com/
jcpza2.htm, 25 August 2014.

51. Thomas L. Friedman, 'Syria Scorecard', *New York Times,* 23 June 2013, p.11.

52. 转引自 Peters, *Crime and Punishmentin Islamic Law,* p.74。

53. 同上。

54. 转引自 Anthony Gorman, 'Regulation, Reform and Resistance in the Middle
Eastern Prison', 收录于 *Cultures of Confinement,* ed. Dikötter and Brown, pp.95~146。

55. 同上。

56. 同上书，p.142。

57. 同上书，p.106。

58. 同上书，p.117。

59. Peters, *Crime and Punishment in Islamic Law*, p.150.

60. 同上书，pp.151~152。

61. 转引自 Ali Wardak, 'Crime and Social Control in Saudi Arabia', 收录于 *Transnational and Comparative Criminology*, ed. James Sheptycki and Ali Wardak (London, 2005), pp.91~116。

62. Dick Polman, " 'Not Proven' Verdict inWoman's Murder Sparks Scottish Rage", *Houston Chronicle*, 24 June 1993.

63. 同上。

64. Peters, *Crime and Punishment in Islamic Law*, p.162.

65. 同上书，p.164。

66. 'In Bangladesh, Accountability Difficult', *Houston Chronicle*, 30 June 2013, p.A26.

67. Dikötter and Brown, eds, *Cultures of Confinement*, p.6.

68. Pieter Spierenburg, *The Prison Experience: Disciplinary Institutions and their Inmates in Early Modern Europe* (New Brunswick, NJ, 1991); Dikötter and Brown, eds, *Cultures of Confinement*.

69. Dikötter and Brown, eds, *Cultures of Confinement*, p.1.

第九章　21 世纪的罪与罚

1. Marc Santora, 'In Hours, Thieves Took $45 Million in ATM Scheme', *New YorkTimes*, 10 May 2013, pp.A1, A23.

2. Tom Standage, *The Victorian Internet: The Remarkable Story of the Telegraph and the Nineteenth Century's On-line Pioneers* (NewYork, 1999), p.105.

3. Dan Bilefsky, 'Black Market for Body Parts Spreads among the Poor in Europe', *NewYork Times*, 29 June 2012, p.A8.

4. 'Hung, Drawn and Quartered', *The Economist*, 10 November 2012, p.62.

5. 'Party Seems Over for Somali Pirates', *Houston Chronicle*, 26 September 2012, p. A11; Ben West, 'The Expensive, Diminishing Threat of Somali Piracy', *Stratfor Security Weekly*, 8 November 2012.

6. Dean E. Murphy, 'Justice as a Morality Play that Ends with Shame', *New York Times*, 3 June 2001.

7. 'Justice With Our Own Hands: Lynching, Poverty, Witchcraft and the State in

Mozambique', 收录于 *Globalizing Lynching History: Vigilantism and Extralegal Punishment from an International Perspective,* ed. Manfred Berg and Simon Wendt (New York, 2011), pp.225~241。

8.　Nina Shandler, *The Strange Case of Hellish Nell: The Story of Helen Duncan and the Witch Trial of World War II* (Cambridge, MA, 2006), p.101.

9.　Manfred Berg and Simon Wendt, 'Lynching from an International Perspective', 收录于 *Globalizing Lynching History,* ed. Berg and Wendt, pp.1~18。

10.　'2 Charged in Killing of Witch', *Houston Chronicle,* 19 February 2013, p. A6; 'UN Calls for End to Vigilante Violence, Use of Sorcery Law', *Houston Chronicle,* 9 February 2013; 'Papua New Guinea: PM Says he Wants to Repeal Sorcery Law', *New York Times,* 13 April 2013, p.A10.

11.　'UN Calls for End to Vigilante Violence', p.A16.

12.　Victoria Burnett, 'Spain Links Voodoo to Prostitution', *Houston Chronicle,* 23 May 2009, p.A25.

13.　Louis Sahagun, 'Banishment Tests Not Only Criminals but their Tribeas Well', *New York Times,* 21 June 1995, p. A5; John Balzar, 'Two Teenagers are Banished to Islands', *Houston Chronicle,* 16 July 1994; Karen Alexander, 'Banishment Talks Sought–Judge Fears the Plan is Faltering;, *Seattle Times,* 2 August 1995.

14.　Ruth Gledhill, 'An Age-old Controversy', *The Times,* 22 June 2004, p3; 'Church to Hold Heresy Trials', *The Times,* 22 June 2004, p.3.

15.　Ethan Bronner, 'Adultery, an Ancient Crime that Remains on Many Books', *New York Times,* 15 November 2012, p.A12.

16.　'Charges of Blasphemy', *Houston Chronicle,* 1 October 2012, p.A8.

17.　'To Have and to Hold', *The Economist,* 17 November 2012, pp.57~58.

18.　Corrine Chin, 'Why Ugandan Gays who Fled to Kenya Still Feel they are in Danger', *Huffington Post,* 17 August 2014, www.huffingtonpost.com.

19.　Nicholas Kulish, 'Ugandan President Says he will Sign Tough Antigay Measure', *New York Times,* 16 February 2014, p.12.

20.　'Nigeria's New Anti-gay Law Condemned by U.S. and Britain', *Houston Chronicle,* 14 January 2014, p. A7; 'Dozens Arrested for Being Gay in Northern Nigeria', *Houston Chronicle,* 15 January 2014, p.A12.

21.　'Study: People Living Longer, but Often Sicker', *Houston Chronicle,* 14 December 2012, p.A10.

22. 'Colorado's Dark Night', *The Economist,* 28 July 2012, p.12.

23. 'Violence Plays Big Role in Shorter U.S. Life Span', *Houston Chronicle,* 10 January 2013, p.A4.

24. 'Not as Violent as You Thought', *The Economist,* 23 August 2008, p.31.

25. 'Once More to the Gallows', *The Economist,* 24 November 2012, p.8.

26. 'Mexicans Feeling Safer as Murders Dip', *Houston Chronicle,* 4 November 2012, p.A22.

27. 'Look for the Silver Lining', *The Economist,* 19 July 2008, p.47.

28. 'Burn-out and Battle Fatigue', *The Economist,* 17 March 2012, pp.43~44.

29. Jill Lepore, 'Rap Sheet: Why is American History so Murderous', *The New Yorker,* 9 November 2009, p.79.

30. Ian Lovett, 'Executions are Suspended by Governor in Washington', *New York Times,* 12 February 2014, p.A12.

31. 'Execution Nears 25 Minutes with New Drug Combo', *Houston Chronicle,* 17 January 2014, p.A6.

32. Fernanda Santos and John Schwartz, 'A Prolonged Execution in Arizona Leads to Temporary Halt', *New York Times,* 25 July 2014.

33. 2013 年 6 月，得克萨斯州处决了自 1976 年恢复死刑以来的第 500 名死刑犯。

34. David T. Johnson, 'The Jolly Hangman, the Jailed Journalist, and the Decline of Singapore's Death Penalty', *Asian Journal of Criminology,* VIII (2013), pp. 41~49.

35. Mark Magnier, 'China's High Court to Review Death Sentences', *Los Angeles Times,* 1 November 2006, p.A5.

36. '80 People Reportedly Executed', *Houston Chronicle,* 12 November 2013.

37. 'Once More to the Gallows', p.45.

38. 'Hanging About', *The Economist,* 6 October 2012, p.48.

39. 'An Executioner's Tale', *The Economist,* 11 February 2012, p.43.

40. Dean E. Murphy, 'In Search of an Executioner–and Answers to Violence', *Houston Chronicle,* 15 March 1998, pp.A3, A16.

41. Andrew Buncombe, "World Opinion Condemns U.S. for a 'Savage' Execu-tion", *The Independent,* 19 June 2010, p.2; David Usborne, 'Debussy, Four Bullets, a Dozen Balloons: A Utah Firing Squad Does its Job', *The Independent,* 19 June 2010, pp.2~3.

42. 'State May Bring Back Gas Chamber for Executions', *Houston Chronicle,* 4 July

2013, p.A12.

43. Scott Christianson, *The Last Gasp: The Rise and Fall of the American Gas Chamber* (Berkeley, CA, 2010).

44. 同上书，p.121。

45. 同上书，p.120。

46. Chavoret Jaruboon and Nicola Pierce, *The Last Executioner: Memoirs of Thailand's Last Prison Executioner* (Dunboyne, County Meath, 2006), p.170.

47. 同上书，p.85。

48. 同上书，p.105。

49. 同上书，p.115。

50. 'Firing Squads May Take Place of Beheadings', *Houston Chronicle*, 11 March 2013, p.A9; 'Firing Squads Used for First Time', *Houston Chronicle*, 14 March 2013, p.7.

51. Hiroko Tabuchi, 'Japan Gives Journalists a Tour of its Execution Chambers', *New York Times International*, 28 August 2010, p.A7.

52. 'Crime and Clarity', *The Economist*, 1 September 2012, pp.59~60.

53. Heather Timmons, Niharika Mandhana and Sruthi Gottpati, 'Six Accused in Rape Case in India are Charged with Murder', *New York Times*, 30 December 2012, p.8; Gardiner Harris, 'Charges Filed Against 5 over Rape in New Delhi', *New York Times*, 4 January 2013.

54. Gardiner Harris and Hari Kumar, 'Village Council in India Accused of Ordering Rape', *New York Times*, 24 January 2014, p.A10.

55. Lydia Polgreen, 'Dropped Charges in Deadly Rape Provoke Fury in South Africa, and Pessimism', *New York Times*, 9 June 2012, pp. 6, 10.

56. Aida Alami, 'A Loophole for Rapists is Eliminated in Morocco', *New York Times*, 24 January 2014, p.A10.

57. 'Activists Blast New Law on Domestic Abuse', *Houston Chronicle*, 12 February 2014.

58. Mark Franchetti, 'Living Hell of Russia's Death Row', *Sunday Times*, 6 August 2000, p.26.

59. Andrew Kramer, 'Drug-resistant TB Grows in Russian Prison System', *Houston Chronicle*, 25 April 1999, p.26A.

60. Raphael Minder, 'Crowding and Austerity Strain Portugal's Prisons', *New York Times*, 27 November 2012.

61. Dag Leonardsen, *Crime in Japan: Paradise Lost?* (New York, 2010), p.123.

62. 'Eastern Porridge', *The Economist,* 23 February 2013, p.40.

63. Warren Hoge, 'Finland's Kindly Justice Keeps Jail Population Low', *Interna-tional Herald Tribune,* 3 March 2003, p.3.

64. Jim Webb, 'Why We Must Fix Our Prisons', *Parade,* 29 March 2009, pp.4~5.

65. David Brooks, 'The Archipelago of Pain', *New York Times,* 7 March 2014, p.A21.

66. 同上。

67. Lawrence M. Friedman, *American Law in the 20th Century* (New Haven, CT, 2002), p.591.

68. 'Forbidden Love in Mali: A Brutal Tale', *Houston Chronicle,* 10 February 2013.

69. Adam Nossiter, 'Harsh Justice is on the Rise in North Mali', *New York Times,* 28 December 2012.

70. 同上。

71. 'For Amputee, Islamic Radicals' Legacy Lingers', *Houston Chronicle,* 16 December 2013.

72. Mike Amoore, 'Lash and Burn: Taliban Vice Squads Returning to the Fray', *Sunday Times,* 24 June 2012.

73. John Braithwaite, *Restorative Justice and Responsive* Regulation (Oxford, 2002), pp.3~5.

74. Richard Delgado, 'Goodbye to Hammurabi: Analyzing the Atavistic Appeal of Restorative Justice', *Stanford Law Review,* LII (2000), pp.751~775;

75. Theo Gavrielides, 'Restorative Justice–The Perplexing Concept: Conceptual Fault-lines and Power Battles within the Restorative Justice Movement', *Criminology and Criminal Justice,* VIII (2008), pp.165~183.

76. Mark S. Umbreit and Jean Greenwood, 'National Survey of Victim–Offender Mediation Programs in the United States', *Mediation Quarterly,* XVI (1999), pp.235~251.

77. 'Pig Barns Cooled as Inmates, Staff Sweat', *Houston Chronicle,* 18 August 2013.

78. Jesse Wegman, 'Climbing Out of the Hole', *New York Times,* 21 July 2013.

79. John K. Cooley, *Currency Wars: How Forged Money is the New Weapon of Mass Destruction* (New York, 2008).

80. Stephen Mihm, *A Nation of Counterfeiters: Capitalists, Con Men, and the Making of the United States* (Cambridge, 2007).

81. Mamta Badkar, '22 Chinese People who were Handed the Death Sentence for White Collar Crime', *Business Insider,* 15 July 2013.

82. 1933 年禁令解除之后，放高利贷仍然是美国犯罪集团的核心活动。地下钱庄是动辄数十亿美元的大买卖，使得毒贩子和有不良信用记录的人可以以支付远远高于合法上限的昂贵利息的方式获取非法贷款。

83. Jason Zweig, 'Should Crimes of Capital Get Capital Punishment? ', *Wall Street Journal,* 27 July 2012; G. Geoffrey Booth and Sanders S. Chang, 'Domestic Exchange Rate Determination in Early Renaissance Florence', *Journal of Empirical Finance* (2008), pp.131~144.

84. George Packer, 'The Megacity: Decoding the Chaos of Lagos', *New Yorker,* 13 November 2006, p.72.

85. Michelle Alexander, *The New Jim Crow: Mass Incarceration in the Age of Colorblindness* (New York, 2012).

86. Jim Yardley, 'A Village Rape Shatters a Family, and India's Traditional Silence', *New York Times,* 28 October 2012.

87. David T. Johnson, 'The Jolly Hangman, the Jailed Journalist, and the Decline of Singapore's Death Penalty', *Asian Criminology* (2013), p.55.

88 'Towards a Ceasefire', *The Economist,* 23 February 2013, pp.57~59.

89. 'Tipsy Taboo', *The Economist,* 16 August 2012, p.55.

90. 同上。

91. Steven Pinker, *The Better Angels of Our Nature: Why Violence has Declined* (New York, 2011).

参考书目

Abu-Zahra, M., *Crime and Punishment in Islamic Jurisprudence* (Cairo, 1950)

Alexander, M., *The New Jim Crow: Mass Incarceration in the Age of Colorblindness* (New York, 2012)

Andreas, Peter, and Ethan Nadelmann, *Policing the Globe: Criminalization and Crime Control in International Relations* (New York, 2006)

Applebaum, Anne, *Gulag: A History* (New York, 2003)

Ash, Arty, and Julius E. Day, *Immortal Turpin: A Well-documented Biography of the Greatest 'Gentleman of the Road'* (London, 1948)

Bauman, Richard A., *Crime and Punishment in Ancient Rome* (London, 1996)

Beccaria, Cesare, *On Crimes and Punishments* [1764], trans. Henry Paolucci (Indianapolis, IN, 1963)

Bellamy, John, *Crime and Public Order in England in the Later Middle Ages* (London, 1973)

Berg, M., and S. Wendt, eds, *Globalizing Lynching History: Vigilantism and Extralegal Punishment from an International Perspective* (New York, 2011)

Bernault, Florence, ed., *A History of Prison and Confinement in Africa* (Portsmouth, NH, 2003)

Bloch, Marc, *Feudal Society* (Chicago, IL, 1961)

Blum, Jerome, *Lord and Peasant in Russia: From the Ninth to the Nineteenth Century* (Princeton, NJ, 1972)

Bodde, Derk, and Clarence Morris, *Law in Imperial China* (Cambridge, MA, 1967)

Brackett, John K., *Criminal Justice and Crime in Late Renaissance Florence, 1537–1609*

(Cambridge, 1992)

Brook, Timothy, Jérôme Bourgon and Gregory Blue, *Death by a Thousand Cuts* (Cambridge, MA, 2008)

Brown, Richard Maxwell, *No Duty to Retreat* (Norman, OK, 1994)

Burroughs, Bryan, *Public Enemies: America's Greatest Crime Wave and the Birth of the FBI, 1933–1934* (New York, 2004)

Cameron, Joy, *Prisons and Punishments in Scotland from the Middle Ages to the Present* (Edinburgh, 1983)

Chandler, Billy Jaynes, *The Bandit King: Lampião of Brazil* (College Station, TX, 1978)

Christianson, Scott, *With Liberty for Some: 500 Years of Imprisonment in America* (Boston, MA, 1998)

Cordingly, David, ed., *Pirates: Terror on the High Seas from the Caribbean to the South China Sea* (North Dighton, MA, 2006)

Coulbourn, R., ed., *Feudalism in History* (Princeton, NJ, 1956)

Crummey, Donald., ed., *Banditry, Rebellion and Social Protest in Africa* (London, 1986)

Dean, Trevor, *Crime in Medieval Europe, 1200–1550* (Harlow, 2001)

DeFord, Miriam Allen, *Stone Walls: Prisons from Fetter to Furloughs* (Philadelphia, PA, 1962)

Dikötter, Frank, *Crime, Punishment, and the Prison in Modern China, 1895–1949* (New York, 2002)

—, and Ian Brown, eds, *Cultures of Confinement: A History of the Prison in Africa, Asia, and Latin America* (Ithaca, NY, 2007)

Drapkin, Israel, *Crime and Punishment in the Ancient World* (Lexington, MA, 1989)

Drew, Katherine Fischer, *Laws of the Salian Franks* (Philadelphia, PA, 1991)

Egmond, Florike, *Underworlds: Organised Crime in the Netherlands, 1650–1800* (Cambridge, 1993)

Elias, Norbert, *The Civilizing Process* (New York, 1982)

Evans, Richard J., *Rituals of Retribution: Capital Punishment in Germany, 1600–1987* (London, 1996)

Guilaine, Jean, and Jean Zammit, *The Origins of War: Violence in Prehistory* (Oxford, 2005)

Farris, William Wayne, *Japan's Medieval Population: Famine, Fertility, and Warfare in a Transformative Age* (Honolulu, HI, 2006)

Fijnaut, Cyrille, and Letizia Paoli, eds, *Organised Crime in Europe* (Dordrecht, 2004)

Foucault, Michel, *Discipline and Punish: The Birth of the Prison,* trans. Alan Sheridan (New York, 1977)

Friedman, Lawrence M., *Crime and Punishment in American History* (New York, 1993)

Frierson, Cathy, 'Crime and Punishment in the Russian Village: Rural Concepts of Criminality at the End of the Nineteenth Century' , *Slavic Review,* XLVI (1987), pp.55~69

Gately, Iain, *Tobacco: A Cultural History of How an Exotic Plant Seduced Civilization* (New York, 2001)

Gibson, Ian, *English Vice: Beating, Sex and Shame in Victorian England and After* (London, 1978)

Given, James Buchanan, *Society and Homicide in Thirteenth-century England* (Stanford, CA, 1977)

Hanawalt, Barbara A., *Crime and Conflict in English Communities, 1300–1348* (Cambridge, MA, 1979)

—, *'Of Good and Ill Repute': Gender and Social Control in Medieval England* (New York, 1998)

Hawk, David, *The Hidden Gulag* (Washington, DC, 2012)

Hengel, Martin, *Crucifixion* (Philadelphia, PA, 1978)

Hinckeldey, Christoph, *Criminal Justice through the Ages: From Divine Judgment to Modern German Legislation,* trans. John Fosberry (Rothenburg, 1981)

Hobsbawm, Eric, *Social Bandits and Primitive Rebels* (Glencoe, IL, 1960)

Hopwood, Keith, ed., *Organised Crime in Antiquity* (Swansea, 2009)

Howard, D. L., *John Howard: Prison Reformer* (New York, 1958)

Huang Liu-Hung, *A Complete Book Concerning Happiness and Benevolence: A Manual for Local Magistrates in Seventeenth-century China* (1699), trans. Djang Chu (Tucson, AZ, 1984)

Hughes, Robert, *The Fatal Shore: The Epic of Australia's Founding* (New York, 1987)

Ignatieff, Michael, *A Just Measure of Pain: The Penitentiary in the Industrial Revolution, 1750–1850* (New York, 1978)

Jaruboon, Chavoret, and Nicola Pierce, *The Last Executioner: Memoirs of Thailand's Last Prison Executioner* (Dunboyne, County Meath, 2006)

Jatar, D. P., and M. Z. Khan, *The Problem of Dacoity in Bundelkhand and the Chambal Valley* (New Delhi, 1980)

Jay, Mike, *The Unfortunate Colonel Despard: The Tragic Story of the Last Man Condemned to be Hung, Drawn and Quartered* (New York, 2005)

Johnson, David T., 'The Jolly Hangman, the Jailed Journalist, and the Decline of Singapore's Death Penalty', *Asia Journal of Criminology,* VIII (2013), pp.41~49

Johnston, Norman, *Eastern State Penitentiary: A Crucible of Good Intentions* (Philadelphia, PA, 1994)

—, *Forms of Constraint: A History of Prison Architecture* (Urbana, IL, 2000)

Kadri, Sadakat, *The Trial: A History from Socrates to O. J. Simpson* (New York, 2006)

Karch, S. B., *A Brief History of Cocaine* (Boca Raton, FL, 1998)

Karras, Alan L., *Smuggling: Contraband and Corruption in World History* (Lanham, MD, 2010)

Karras, R. M., J. Kaye and E. A. Matter, eds, *Law and the Illicit in Medieval Europe* (Philadelphia, PA, 2008)

Keller, A., ed., *Hangman's Diary: Being the Journal of Master Franz Schmidt, Public Executioner of Nuremberg, 1571–1617,* trans. C. Calvert and A. W. Gruner (London, 1928)

Kennan, George, *Siberia and the Exile System* (Chicago, IL, 1958)

Kropotkin, Peter, *In Russian and French Prisons* (London, 1887)

Leonardsen, D., *Crime in Japan: Paradise Lost?* (New York, 2010)

Levenson, Thomas, *Newton and the Counterfeiter: The Unknown Detective Career of the World's Greatest Scientist* (Boston, MA, 2009)

Li Chi: Book of Rites, trans. James Legge (New York, 1967)

López-Burgos, María Antonia, *Travelling through a Land of Bandits: British Travellers in Andalusia, 1809–1893* (Malaga, 2002)

MacDowell, Douglas. M., *Athenian Homicide Law in the Age of the Orators* (Manchester, 1999)

Macfarlane, Alan, *The Justice and the Mare's Ale* (Oxford, 1981)

McKnight, Brian E., *Law and Order in Sung China* (Cambridge, 1992)

MacLachlan, Colin M., *Criminal Justice in Eighteenth-century Mexico: A Study of the Tribunal of the Accordada* (Berkeley, CA, 1974)

McLynn, Frank, *Crime and Punishment in Eighteenth-century England* (London, 1989)

McMahon, Vanessa, *Murder in Shakespeare's England* (London, 2004)

Masters, R.E.L., and E. Lea, *Sex Crimes in History: Evolving Concepts of Sadism, Lust-Murder, and Necrophilia–from Ancient to Modern Times* (New York, 1964)

Morris, Norval, and David J. Rothman, eds, *The Oxford History of the Prison: The Practice of Punishment in Western Society* (New York, 1995)

Moxham, Roy, *Outlaw: India's Bandit Queen and Me* (London, 2010)

Ooms, H., *Tokugawa Ideology: Early Constructs, 1570–1680* (Princeton, NJ, 1985)

Peters, Rudolph, *Crime and Punishment in Islamic Law: Theory and Practice from the Sixteenth to the Twenty-first Century* (Cambridge, 2005)

Pike, Ruth, *Penal Servitude in Early Modern Spain* (Madison, WI, 1983)

Pinker, Steven, *The Better Angels of Our Nature: Why Violence has Declined* (New York, 2011)

Pollock, F., and F. W. Maitland, *The History of English Law: Before the Time of Edward I* (Cambridge, 1978)

Rediker, Marcus, *Villains of All Nations: Atlantic Pirates in the Golden Age* (Boston, MA, 2004)

Reid, John Philip, *A Law of Blood: The Primitive Law of the Cherokee Nations* (New York, 1970)

Robinson, O. F., *The Criminal Law of Ancient Rome* (London, 1995)

Roper, Lyndal, *Witch Craze: Terror and Fantasy in Baroque Germany* (New Haven, CT, 2004)

Roth, Randolph, *American Homicide* (Cambridge, MA, 2009)

Rothman, David J., *The Discovery of the Asylum: Social Order and Disorder in the New Republic* (Boston, MA, 1971)

Rushby, Kevin, *Children of Kali* (New York, 2002)

Salgado, Gamini, *The Elizabethan Underworld* (Gloucester, 1984)

Salvatore, Ricardo D., and Carlos Aguirre, eds, *The Birth of the Penitentiary in Latin America: Essays on Criminology, Prison Reform, and Social Control, 1830–1940* (Austin, TX, 1996)

Sansom, George, *A History of Japan, 1334–1615* (Tokyo, 1963)

Schreiber, Mark, *The Dark Side: Infamous Japanese Crimes and Criminals* (Tokyo, 2001)

Sellin, J. Thorsten, *Slavery and the Penal System* (New York, 1976)

Semerdjian, Elyse, *Off the Straight Path: Illicit Sex, Law and Community in Ottoman Aleppo* (Syracuse, NY, 2008)

Sen, Satadru, *Disciplining Punishment: Colonialism and Convict Society in the Andaman*

Islands (New York, 2000)

Shaw, A.G.L., *Convicts and the Colonies: A Study of Penal Transportation from Great Britain and Ireland to Australia and Other Parts of the British Empire* (London, 1966)

Souyri, Pierre François, *The World Turned Upside Down: Medieval Japanese Society,* trans. Käthe Roth (New York, 2001)

Spierenburg, Pieter, *The Broken Spell: A Cultural and Anthropological History of Preindustrial Europe* (New Brunswick, NJ, and London, 1991)

—, *The Prison Experience: Disciplinary Institutions and their Inmates in Early Modern Europe* (New Brunswick, NJ, 1991)

—, *A History of Murder: Personal Violence in Europe from the Middle Ages to the Present* (Cambridge, 2010)

Sturm, M., *Vice in a Vicious Society: Crime and Convicts in Mid-nineteenth-century New South Wales* (St Lucia, Queensland, 1983)

Tatar, Maria, *The Hard Facts of Grimms' Fairy Tales* (Princeton, NJ, 2003)

Taylor, Philip Meadows, *Confessions of a Thug* (Oxford, 1998)

Trow, M. J., *Vlad the Impaler: In Search of the Real Dracula* (London, 2006)

Tydlesley, Joyce, *Judgement of the Pharaoh: Crime and Punishment in Ancient Egypt* (London, 2002)

Vincent, A. L., and C. Binns, *Gilles de Rais: The Original Bluebeard* (London, 1926)

Vronsky, P., *Female Serial Killers: How and Why Women Become Monsters* (New York, 2007)

—, *Serial Killers: The Method and Madness of Monsters* (New York, 2004)

Weatherford, Jack, *Genghis Kahn and the Making of the Modern World* (New York, 2004)

Wilson, Colin, *Monsters of Weimar* (London, 1999)

Wolf, Leonard, *Bluebeard: The Life and Crimes of Gilles de Rais*(New York, 1980)

Wu, Hongda Harry, *Laogai: The Chinese Gulag* (Boulder, co, 1992)

致　谢

没有哪个作者能够凭一己之力完成一本书。学术界的所有工作都是建立在那些愿与后来者分享其知识和研究的人的毕生奉献之上的。在此，我要感激为本书奠定基础的一代又一代学者。我尤其要感谢锐克讯图书出版社（Reaktion Books）的迈克尔·利曼（Michael Leaman），他在几年前给我带来了本书的出版计划。你说罪与罚的全球史？谁会蠢到要啃这块硬骨头？嗯，我啊，而且现在我明白为什么此前无人尝试此题材了——无论如何，我已尽我所能。我还想感谢及时提供意见和建议的审稿人，是他们让本书得以完善。此外，我也该感谢89岁高龄的远房表姐、曾在老维克戏院工作的艾达·戈尔达普的宽容，2014年8月，她慷慨地借出自己的电脑室供我检查排版，尽管我晚上结束工作时总是忘记关电脑。最后要说的是，如果没有我妻子伊内斯·巴南德雷以及艾瑞克和鲁斯提两个孩子一如既往的支持，我绝对无法完成本书。我敢肯定，伊内斯再也不想听到关于钉十字架、斩首和断肢的话题了——至少在短期之内。